280天同步胎教全程指导

第三军医大学第一附属医院
妇产科教授

陈诚⊙编著

中国人口出版社
China Population Publishing House
全国百佳出版单位

前言

F o r e w o r d

胎教是婴儿早期教育的一个起点，是与宝宝心灵沟通的第一步。出生后的宝宝是否健康聪明，以及日后是否具有良好的个性潜质，与他们在胚胎发育期间的环境影响和教育关系很大。本书根据孕妇特殊体质设计，分为孕早期、孕中期、孕后期和产后期四个部分，对每位准父母进行科学的全程指导。

普天下父母都希望自己的宝宝聪明、漂亮、活泼。特别是在社会飞速发展的今天，更希望自己的孩子智力超群、才能出众，以便在将来激烈的竞争中立于不败之地。而人才的培养不是短时间内所能完成的，必须从胎儿做起。胎儿具有惊人的能力，为开发胎儿这一能力而施行的胎教，越来越引起人们的关注。据美国著名的心理学家对千余名儿童的多年研究，得出的结论是：人的智力获得，50%在4岁以前，30%在4～8岁之间获得，另20%在8岁以后完成。4岁以前完成的50%就包括胎教在内。婴儿出生前形成的大脑旧皮质，是出生后形成的大脑新皮质的基础，只有在大脑旧皮质良好的基础之上才能使大脑新皮质得到更好的发育，以达到超常的智商水平，发挥其非凡的才能。

现代科学的发展已证明，胎儿不仅具有视觉、听觉、活动和记忆能力，而且能够感受母亲的情绪变化。在妊娠期间，采取适当的方法和手段，有规律地对胎儿的听觉和触觉实施良性刺激，通过神经系统传递到大脑，可促进胎儿大脑皮质得到良好的发育，不断开发潜在能力。一个优秀人才所具备的丰富想象力、深刻洞察力、良好记忆力、敏捷的思维能力和动手能力等在胎儿期通过胎教能得到潜在的培养。古今中外大量事实也表明，胎教对促进人类智商的提高是至关重要的。为此，许多国家在胎教方面都做了大量研究，并成立了胎儿大学或胎教指导中心，推广普及胎教知识，以培养更多的早慧儿童。

编　者

目录
CONTENTS

PART 1
成功人生从胎教开始

走近胎教

胎教方法

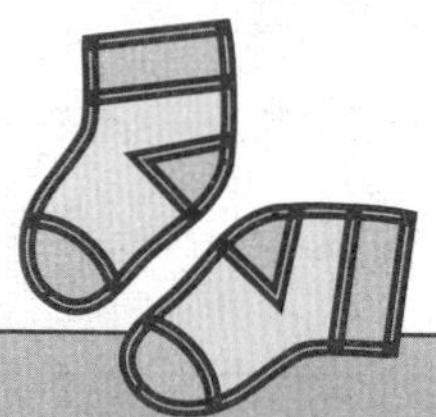

PART 2

科学优生和有备而孕

优生知识

有备而孕

PART 3

十月怀胎全程指导

欣喜与忐忑的孕早期

因孕相随——妊娠第一个月

渐显“孕味”——妊娠第三个月

母子互动的孕中期

安定期来临——妊娠第四个月

感受胎动——妊娠第五个月

互动“功课”——妊娠第六个月

充满期待的孕晚期

“孕美人”有理——妊娠第八个月

❤ 健康度孕 ❤

❤ 合理起居 ❤

❤ 饮食营养 ❤

❤ 胎教要点 ❤

❤ 心情与运动 ❤

❤ 末月小结 ❤

“孕动”健母胎——妊娠第九个月

兴奋期待——妊娠第十个月

健康度孕

合理起居

饮食营养

胎教要点

心情与运动

本月小结

附录：这些知识很重要

1 成功人生 从胎教开始

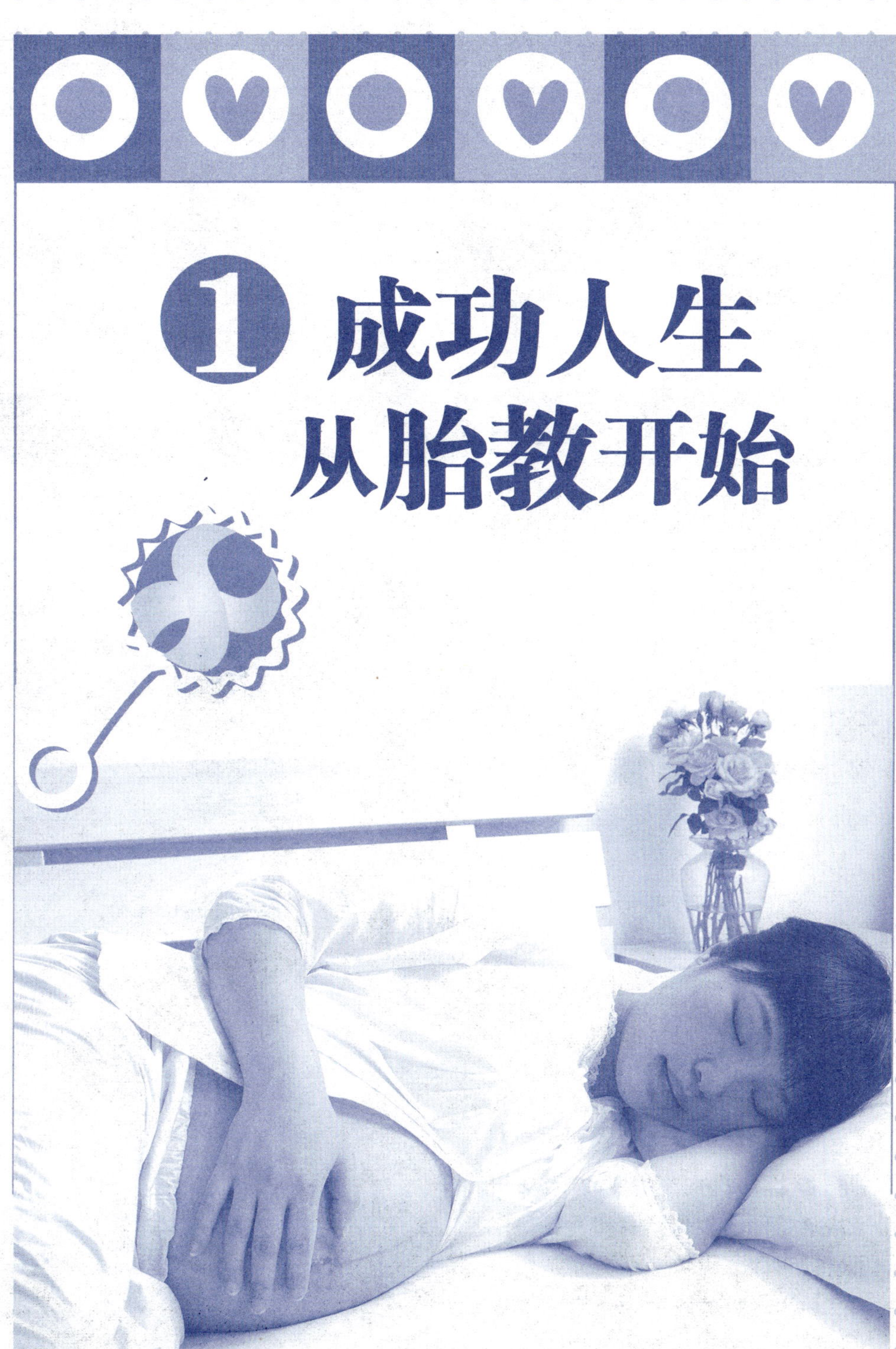

走近胎教

认识胎教

胎教理论和方法最早起源于中国古代。然而，西方发达国家的现代医学、人体科学等综合学科的研究者们，近些年来，越来越重视对于胎教理论和实践方面的探索与研究，其基本原因，是因为胎教已经成为现代优生学的辅助性学科。

那么，究竟什么是胎教呢?

从字面意义上看，胎教，似乎应当解读为："胎"=胎儿，"教"=教育，连起来就成了"对胎儿的教育"。这种望文生义的解释，似乎也通顺。但是，这种解释方法，只是从字词意义上的浅表性理解，不能代表胎教的真正含义。

今天，越来越受到生育年龄阶层人们青睐，同样受到研究者和学界重视的胎教理论和实践活动，已经远远地超越了人类传宗接代、繁衍后代的生命延续活动概念。而是从继承传统文化精髓和发扬现代科学技术研究手段的优势两个方面结合，去解决生命科学、人体科学中一个基本课题——优生学的问题，从而达到提高人类自身繁衍效果和自身素质的结果。从这个意义上看，正符合胎教学说中，对于广义的胎教的定义。由这个定义出发，可见胎教是集人类优生、优育、优教等多项理论和实践活动为一体的一门学问。

现代生命科学的研究已经证明，婴儿在出生前，形成的大脑皮质，是出生以

后大脑新皮质层形成的基础。只有这个基础生长发育得好，出生以后大脑皮质的接受、存储知识，形成能力和智慧的功能才有可能发挥更好的作用。胎儿脑皮质发育的好，是出生以后婴儿能形成良好的性格、优秀的个性、心理和生理素质、发达智慧的决定因素。而胎儿时期形成的大脑基础，必定要受到妊娠期间母亲的生理、心理环境的影响，成为决定胎儿先天性素质的重要因素。

因此，顺应胎儿和母亲身心发展的自然规律，为胎儿的成长发育创造良好的物质环境，就是胎教的重要因素。父母在生育孩子前和妊娠胎儿的过程中，具有健康的身心，优美、舒适、宁静、和谐的生活环境，妊娠期间母体保持平和、安定、愉悦的心境，使胎儿在生长过程中得到良性刺激，才能为未来的宝宝奠定较高智慧、较强能力的基础，才能孕育出聪明、健康的孩子。

总之，胎教，从广义上说就是在妊娠期间，孕妈妈除了重视自身健康和营养条件以外，还要重视周围生活环境的影响，努力保持积极的心理状态和情绪体验，从而让胎儿在母体环境中得到良好的生长发育。也就是要在妊娠期间创造优美、良好的环境，通过母亲和胎儿的正常的信息交换，使胎儿受到良好的母体影响，促使胎儿的身心基础得到健康的生长发育。

狭义的胎教，或者说胎教的具体做法，则是指通过一定的手段、方式，包括对话、抚摸、音乐、适度锻炼等方法，对母腹中的胎儿施加良性影响。

由此可知，正确的、科学的胎教，就是妊娠期间，孕妈妈要保证自身身心健康，保证充足、均衡的营养，根据胎儿在不同发育阶段中，身体各个系统、器官生长发育的特点，对胎儿实施一定的良性刺激，使胎儿的身心健康发育良好，各种能力得到健康成长。

现代科学的研究已经证明，胎儿不仅具有一定的视觉、听觉、记忆和活动的能力，而且能感受到母亲的情绪变化。在妊娠期间，采取适当的方法和手段，有规律地对胎儿听觉、触觉实施良性刺激，通过发育中的神经系统传递给大脑，能促进胎儿大脑的皮质得到良好的发育，具有较强的开发潜力。在妊娠期间，通过胎教的方式，潜在培养作为优秀人才所需要具备的优秀素质基础，这就是胎教的目标。

胎教的基本原则

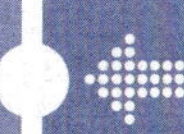

怀孕母亲，毫无疑问是胎教的主角。但是，家庭所有成员都应当齐心合力，为胎儿宝宝的生长发育创造一个温馨、和谐的外部环境。

母亲是主角

胎儿是由母亲孕育的，母体既是胎儿赖以生存的物质基础，又是胎教的主体。母体要为胎儿的生长发育提供一切必要的条件，母亲的身体素质和营养状况直接影响到胎儿的体质健康。同时，母亲自身的文化修养、精神健康情况，又不可避免地会对胎儿形成中的生命基本素质产生深刻影响，对于孩子的精神世界产生不可低估的作用。

因此，孩子生命中的“第一任教师”的重要角色，责无旁贷地由母亲承担。即将做妈妈的女性，都应当充分认识到自己的责任，主动增强体质、加强个人修养，才能很好地承担好自己的责任。

当然，并不是说文化水平不高，就承担不了对孩子胎教的任务。在胎教过程中，最关键的因素是作为母亲的爱心，把培养孩子作为生活的中心内容，付出一切可能的精力和时间，倾注自己全部的爱意，孩子一定不会令人失望的。

父亲的作用很重要

当然，在胎教的实施过程中，父亲的作用也很重要。确定妻子怀孕以后，作为胎教最主要辅助者的准爸爸，要和妻子一起制订胎教计划，掌握胎教知识，安排胎教活动。毕竟，胎教需要准父母的密切配合、通力协作。从受孕前的健康检查、孕前健康准备和营养储备做起，调整好生活作息，商定和选择最佳受孕的时机，以各自的最佳状态参与造就新生命的全部过程，奠定胎教的优生优育基础。其次，还需要参与者制造有益的胎教氛围，创造良好的胎教环境，帮助怀孕妻子调整妊娠中的情绪。第三，作为准爸爸需要在胎教实施过程中，积极主动参与，充分发挥父亲无可替代的作用，施加良好的影响。

家庭成员密切配合

胎教，并不仅仅是即将做父母的夫妻双方的任务，家庭的其他成员，包括孩子未来的爷爷、奶奶、姥爷、姥姥都是胎教活动的参与者。

在怀孕期间，家庭所有的成员都应当给予热情的帮助和充分的体谅，不要让孕妈妈感受到精神压力，需要所有家庭成员一起，为孕妈妈创造一个宽松、和谐的生活和精神环境，让胎儿能在祥和的氛围中健康成长，这就是积极地参与胎教活动，为未来宝宝的胎教做出了贡献。

尊重科学、循序渐进

胎教，是一门科学，实施胎教需要遵循科学性的原则，以科学的教育、心理、生理、优生学等理论为指导，根据胎儿生长发育过程中的规律，因地制宜、因人而异、因势利导地选择正确合理的胎教方法，引导胎儿在母体内顺利、健康地生长。

胎教是一个循序渐进的过程，需要作

为准父母的实施者具有充分的耐心和恒心，既不能操之过急、揠苗助长，更不能三天打鱼、两天晒网。需要坚持每天都怀着轻松愉快的心情，定时和胎儿宝宝进行交流，给胎儿以良性刺激。

胎教，不能创造奇迹，却可能激发胎儿的内部潜能，让宝宝在生命之初接受到良好有益的良性刺激。

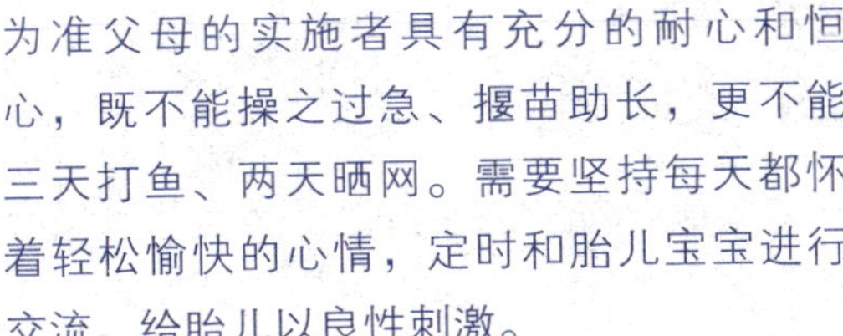

正确对待胎教

天下所有的父母都会对自己的孩子抱着较高期望，但也要明白，胎教的目的，只是要使未来出世的宝宝具有良好的遗传和先天素质，为出生后的发展提供良好的条件。因此，需要从自身和家庭环境的具体情况出发，实事求是地对待胎教，给宝宝创造良好的先天条件，而并不是要通过胎教创造出“神童”、“天才”。

胎教的实施和效果，受到众多因素的影响和控制，每一个人的身体都有各自的差异，自身修养水平不同，环境因素影响也不同，胎教实施的程度不同，这些构成胎教的基本元素都会导致胎教的不同结果。尽管，现代医学和技术的发展，为胎教实施提供了可行的依据，也有很多实验和实例证明了胎教的可能和效果。作为实施者，对于胎教应当采取科学的态度，相信科学的胎教，但绝不能神化胎教；肯定胎教的成果，绝不夸大胎教的作用；保留对于胎教的认识，拒绝对于实施胎教的尝试——这样，才是对待胎教的正确态度。

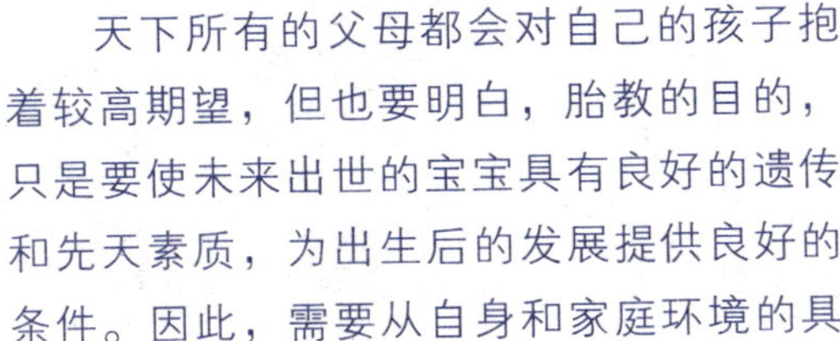

胎教的基础

人们通常说，家庭中的孩子，是父母爱情的结晶。从这个意义上说，胎教的基础源于爱。

父母在实施胎教的时候，必须充满爱心，孕妈妈只有用充满爱的心灵来孕育胎儿，才能做到时时刻刻关注胎儿的成长，积极付诸实施，与胎儿充分进行积极的交流和沟通。在这样一个充满爱心的孕育过程中，母亲才能用细腻的情感体验，深切感受到胎儿的点滴变化和成长，体验到从无到有、日渐强烈的母爱，情感逐步在妊娠期间得到充分的升华，从而缓解和转移自己的烦躁不安的情绪，对胎儿正在萌芽中的意识给予良性的刺激、传递爱的信息，对胎儿健康成长有利，也会为日后宝宝形成热爱生活、积极向上的良好性格打下基础。

父母的关爱，能否充分与胎儿沟通和交流，是胎教最终是否能够成功的关键所在。因此，从这个意义上看，父母实施胎教的过程中，爱心越加强烈，胎教的效果也就会越好。

胎儿的感知

卵子与精子相会在母体内受精的时候，只是一个单细胞。在受精以后短短的266天中，会在母体中分裂并且迅速增殖形成身体各个器官。仅脑细胞制造就要多达1 000亿个，尤其是在妊娠初期，胚胎细胞分裂的速度相当惊人。

从受孕后第4周起，胎儿的听觉系统开始发育，当然，耳部形成要到第8周，听觉中枢神经系统发育完善，则要到第25~28周。在胎儿的几种感觉器官当中，最为发达的是听觉。

听觉系统

是胎儿与环境保持联系的主要器官，也是进行听力训练、实施音乐胎教的物质基础。近代人们越来越重视对于胎儿听觉功能的研究，用现代科技手段对胎儿的听力进行测定，除了证明胎儿具有完整的听力之外，进而提出胎儿在母体子宫内能接受教育，进行学习，并且能形成最初的“记忆”，这种新的认知，为胎教提供了科学依据。

即使在母体混沌世界中，胎儿也能聆听。人们发现，刚出生后的婴儿哭闹时，如果母亲把婴儿抱到自己的左胸前，婴儿很快会安静下来，并安宁入睡。这种现象被研究者们解析，原来胎儿在母体内时，就已经习惯了听取母体血液流动的声音和血管中传来母亲心脏的律动声。出生后的婴儿，如果把耳朵贴近母体心脏部位，来自母体熟悉的声音和律动，立刻能把婴儿带回早期在母体内安静和安全的环境中，自母腹中就开始的安全感体验，世界上任何优美的催眠曲都难比功效。

有人发现，孕期母亲打一次大喷嚏，会让体内的胎儿为之一惊。虽说，胎儿感觉系统的功能建立和发展，要到妊娠中后期才能形成，但是，眼、耳、鼻、皮肤等感觉器官，却是在孕早期形成的。

如果胎儿患有先天性耳聋症，在母体子宫内就能得到诊断。在胎儿出生后，还可以施行早期听觉训练，这样，为避免少数孩子失去听力提供了可能。

胎儿有一定的学习能力

谁也不能否认，胎宝宝有感觉、有知觉、有运动能力，他也有学习能力。研究发现：婴儿出生第一天就能认出妈妈的声音。法国科学家曾给一些婴儿进行过法语和俄语的选择试验，结果发现他们对法语的发音反应更为强烈。这就说明，这个小

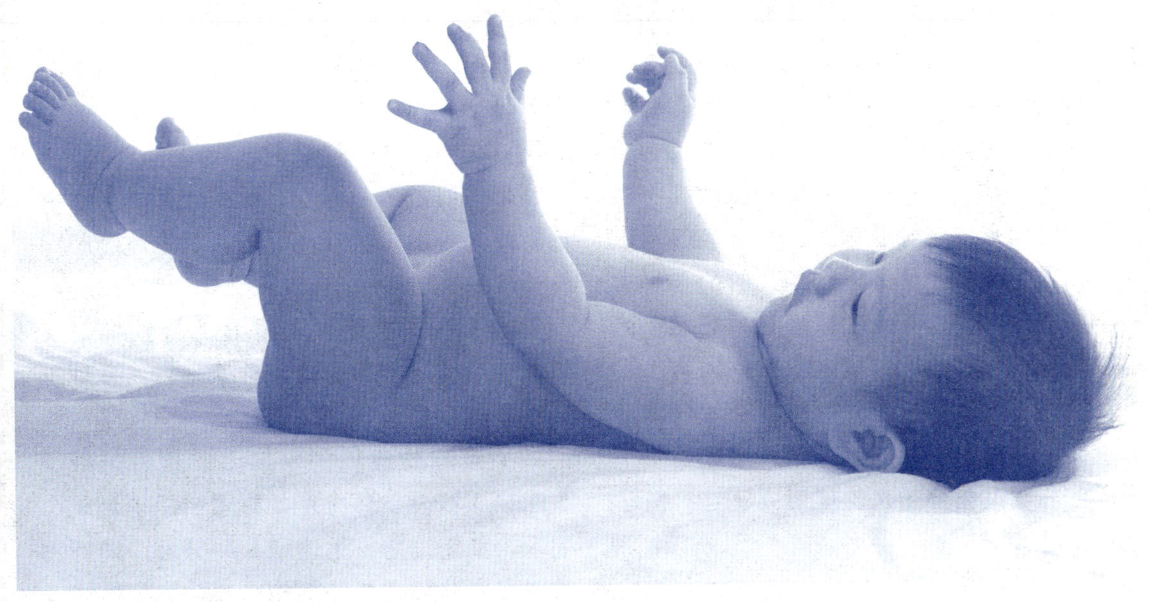

生命在胎儿时期就对妈妈的声音有感知能力了。

所以说，婴儿也不是一张白纸，因为他早在胎儿时就已经掌握了很多有关这个世界的信息。胎儿对于包围着他的羊水，子宫的血流声，肠道的蠕动声，心跳声等，都会有感觉，通通进入大脑，储存起来，所以出生后他对来自妈妈的声音十分熟悉亲切；而对于外界的信息，只要他曾听到过，也会表现出亲切和兴趣。

所以，我们说，胎宝宝在腹中就已经有了学习能力，他一天一个样子，他的感觉、知觉、运动系统一天天成熟，一天天接受着来自妈妈和外界的信息，在没出生时，就把它们都存储起来。所以，胎教是多么的有必要！尤其是孕后期，胎宝宝已经完全可以感觉并理解这些信息了。准妈妈，准爸爸们，一定要给他有益的刺激，让他在腹内就接受到最好的教育！

产前环境促进

国内外医学、心理学的研究共识认为，人的知觉是在出生后建立的，哪怕最初的知觉，也要在出生后半个月产生。

人对于客观事物的认识，哪怕最简单的认识，要通过感觉和知觉综合才能完成。感觉是知觉的基础，没有对事物的各种感觉，就不会引发进一步的知觉。没有知觉仅仅有感觉时，只能通过某个感觉器官感受到事物的某种属性，不能在大脑中建立事物的整体映像。

但是，从妊娠第五个月开始，给胎儿适当的声、触摸刺激，就是希望用适度的良性刺激，诱导和刺激相关的神经通路和大脑皮质中枢，使这些部位的锥体细胞增加更多的树突，以促进和周围锥体细胞建立传递信息的突触联系。使大脑与感觉、运动、思维、记忆等密切相关的网络更加丰富，有利于胎儿出生以后智力开发。这就是人们所说的“直接胎教”的内容。实质上，是在产前对胎儿大脑发育的一种环境促进作用，它和胎儿大脑剧增期所给予的营养促进组合起来，就形成了“产前环境促进”的内容。

现代医学科学研究发现，在人的大脑皮质锥体细胞树突和树突棘发生、发展，以及锥体细胞之间突触建立的多少，与人一生中的行为、学习、记忆和能力有直接关系。

如果在胎儿大脑细胞分裂增殖的第一个高峰期，即妊娠12~18周，大脑皮质的多层结构将要全部形成时，给母体保障热量、蛋白质、微量元素、维生素等必需营养素的充分供给，就能促进大脑锥体细胞生长得更多。

抓住胎儿大脑生长发育的最快的时机，补充胎儿所需要的多种氨基酸、多种维生素、微量元素，特别是锌、铜、碘，还有必需脂肪酸特别是二十二碳六烯酸（DHA），使锥体细胞的核蛋白保证合成需求，能使细胞核迅速增长并分裂，细胞质增多并分裂，总体上使胎儿的大脑锥体细胞迅速增长。因此，强调在孕期合理充分地饮食营养供给，就是产前环境促进的主要内容，也是胎教的重要因素之一。

胎教方法

音乐胎教

音乐胎教是指通过给胎儿不断地传输优良的音乐性声波，促使胎儿脑神经元的轴突、树突及突触的发育，为后天的智力及发展和音乐天赋奠定基础。

妊娠期间的孕妈妈欣赏音乐，不但能使母体得到精神上的松弛、思想情绪上的享受和充实，而且还能使胎儿在大脑生成时期，从细胞组织到细胞活动过程中，

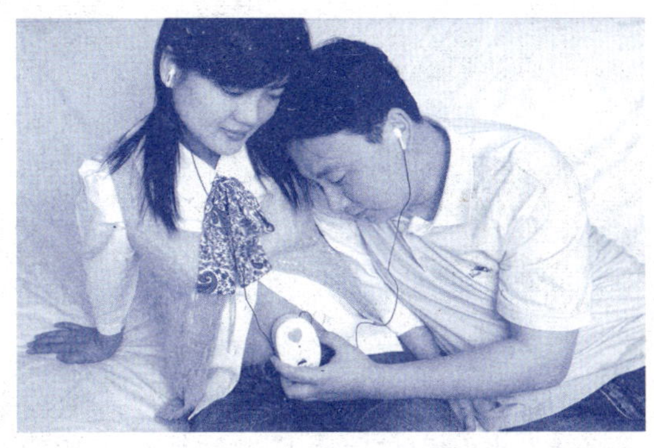

增进品质，受到音乐影响而生长刺激因素活跃，这就是先天对音乐细胞活跃能力的渗透作用。

在欣赏音乐的过程中，孕妈妈最好能随着音乐，轻声吟唱或哼唱乐曲的主旋律，几个乐句或者乐段。并且，尽可能地引起欣赏兴趣，随着节奏、旋律微微做出动作，以便于身心更加融入音乐之中，更好地发挥音乐胎教的作用。

实施音乐胎教的方法，有多种多样。由于人们的文化水平、禀赋素质、欣赏水平、生活环境的不同，有的孕妈妈可能喜爱音乐，有的则可能对音乐不很感兴趣。但是，有一点可以肯定的是，绝对不喜欢音乐或者说丝毫“没有音乐细胞”的人很少，只是很多人没有尝试到音乐有益于身心、有益于健康的好处而已。如果某人自幼生长在偏远的山村，对于音乐兴趣不是很大，但却会有自己所喜欢、所钟爱的民歌、山歌或者地方戏曲和地方民间音乐。而这一类音乐，一般具有很强的表情性和感染力，虽然地域性极强，对于熟悉和喜爱者来说，听起来会给人以十分亲切的感觉，欢快活泼的戏曲或民歌、民间小调对于习惯于欣赏的人来说，同样可以起到音乐胎教的作用。

实施音乐胎教，并不一定局限在某一种方式或具体的形式上，最终目标在于，能起到愉悦孕妈妈情绪、陶冶性情、增加乐趣和生活信心。

常用的音乐胎教法包括：

音乐熏陶法

适宜于爱好音乐，并且善于欣赏音乐者采用。具有一定音乐修养的人，一旦听到优美的音乐，就能很快进入音乐世界，情绪和情感都会变得愉快、宁静和轻松。孕妈妈每天都能欣赏几段音乐名曲，听几段轻音乐，在欣赏与倾听感受的过程中，借乐曲勾勒的意境和形象浮想联翩，让思绪飞往青山绿水之间，舞在蓝天白云之下，春水秋雨、花红柳绿，能放任遐想，悠然神往，让自己徜徉在美好的境界里，沉浸在美妙的音乐世界中，天长日久坚持下去，当然能收到很好的胎教效果。

吟唱谐振法

怀孕母亲经常用柔和的声调，吟唱、哼唱轻松的歌曲和音乐，唱的同时，想象着胎儿正在体内静静地聆听，以期达到母爱与胎儿心音的谐振，这种方法称为吟唱谐振法。

吟唱谐振法适合日常生活随时随地进行，不必拘泥于时间、地点、场所、环境的限制。只要有时间、心情好，随时吟唱几句自己喜欢的曲子或者熟悉的旋律，让腹中的胎儿不断地感受到母亲温柔的声音。无论是打扫房间、做饭、晾洗衣服的时候，随时随地都可以吟唱或哼唱起来，既调整了自我的情绪，又向胎儿传递了母爱的信息，还能为胎儿产生艺术的潜在影响。当然，无论吟唱还是哼唱，声音都不宜太大太高，以自己悄然细语的音量为宜。

朗诵抒情法

在音乐伴奏和歌曲伴唱的同时，适当朗读诗词予以抒情，也是一种很好的音乐胎教形式。现代胎教音乐，也正在朝着器乐、歌曲、朗读三位一体的方向，不断推出新的产品。市面上出售的胎教音乐商品中，往往都有器乐演奏欣赏、歌曲吟唱和朗读、朗诵相结合的考虑，注重在综合调整和激发母亲的感情的同时，孕妈妈和胎儿共同得到美的熏陶。

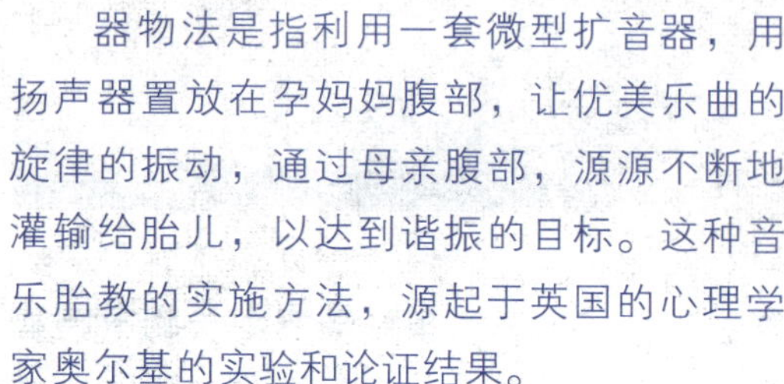

器物法

器物法是指利用一套微型扩音器，用扬声器置放在孕妈妈腹部，让优美乐曲的旋律的振动，通过母亲腹部，源源不断地灌输给胎儿，以达到谐振的目标。这种音乐胎教的实施方法，源起于英国的心理学家奥尔基的实验和论证结果。

但是，使用器物法需要特别注意，扬声器在母体的腹部移动时，播放的乐曲声一定要轻柔和缓，播放时间一般以5~10分钟为宜，不能过长、过久，更不可过猛、过响，以免使母腹中的胎儿感到疲乏，不但起不到音乐胎教的效果，反倒会引起胎儿的烦躁。

环境胎教

环境胎教，是指充分利用可以调整的物质环境，为胎儿的生长发育提供更好的生存空间。

胎儿赖以生存发展的环境，可以分为内环境和外环境。

内环境

一般是指母体内的生理、特殊化环境，包括子宫内的温度、压力和羊水代谢状况，以及母体的营养、健康情况等。

外环境

是指存在于母体外部的，能对母体和胎儿形成一定影响的所有因素，包括怀孕时的季节、气候、孕妈妈居住的生态环境和习惯的家庭生活方式、夫妻关系，甚至包括本人的工作条件和社会交往情况等。

胎儿在母体中，既要受到母亲体内环境的影响，同时也要受到母亲体外环境的作用。因此，运用环境胎教的方法，需要注意：

保证营养

保证孕期摄取充足、合理的营养，以保持母体内部生理、生化环境的稳定。尤其是在妊娠中期以后，一定要保证摄入足够的蛋白质，以保证胎儿的脑细胞和整个神经系统的正常发育。

谨慎用药

预防疾病，谨慎用药，也是保证母体良好环境的重要方面。一切疾病和大部分药物，都有可能通过胎盘传递给胎儿，造成不良影响和严重的后果。

寻求良好自然条件

选择适宜的受孕时机，为胎儿寻求良好的自然条件。尽可能为妊娠期间的孕妈妈提供安静、卫生、环保的起居条件和工作环境，远离噪声、震动、高温、粉尘、放射线等有害因素，远离各种有毒、有害物品。

人文环境

夫妻和家庭成员要通力合作，安排好日常家庭生活和人际关系。孕妈妈本人需要正确对待和善于调整好社会关系，包括夫妻关系、婆媳关系、邻里关系、同事关系和其他人际关系，使自己能和他人有较多的心理相融，创造一个良好、和谐、有利于胎教的社会关系环境。

抚摸胎教

抚摸胎教，是指孕妈妈本人或者由丈夫用手在孕妈妈的腹壁上轻轻地抚摸胎儿，对胎儿形成触觉上的刺激，以促进胎儿的感觉神经及大脑感受区的发育。

现代医学科学研究和实验证明，到妊娠中期以后，胎儿的体表绝大部分表层细胞已经具有接受信息的初步能力，并且能通过触觉神经来感受母体外的刺激，反应渐渐灵敏。

妊娠20周以后，就可以安排和进行抚摸胎教。每晚临睡前施行，最好定时，并且注意胎儿的反应类型和反应速度。如果胎儿对抚摸的刺激不喜欢，就会用力挣扎或者用蹬腿来表示自己的不满，有了类似反应，应当停止抚摸。如果胎儿接受到抚摸以后，过一会儿后，再以轻轻的蠕动来做出反应，就可以继续进行抚摸。抚摸一般应当从胎头部位开始，然后，沿着胎儿背部到臀部至肢体，动作要轻柔有序。

抚摸时间不宜过长，一般以5~10分钟为宜。抚摸可以和计数胎动结合进行，并且注意记录胎儿反应情况，以利下一次再

次按照胎儿的反应继续实施。

抚摸胎教法，通过对胎儿进行皮肤触觉刺激，来激发胎儿运动的积极性和获得来自母体外的爱抚。基本做法，是孕妈妈卧床，把双手放在腹部，先顺时针方向用手指轻压抚胎儿，胎儿受到压抚后，会出现轻微的胎动，对母亲的抚爱做出反应，之后再做逆时针方向抚压。每天母亲临睡前进行抚摸，每次5分钟，稍事休息后再做一次。这种方法最适合孕晚期。

经过抚摸训练以后出生的婴儿，一般会比没有经过训练而出生的婴儿的反应要灵敏。在以后成长过程中的翻身、爬行、站立、行走等动作的发展都要早一些。

抚摸法也可以配合音乐进行，随着缓慢、轻柔的音乐节奏实施抚摸，效果会更好。

游戏胎教

一般地说，做游戏，是孩子们出生以后最喜爱的活动和学习方式。

游戏胎教，是通过触摸的方式来实施的一种母胎互动式交流活动。

近些年来的医学科学发展和研究结果证明，通过超声波的监测，人们发现，胎儿在母亲体内就具有很强的感知能力，利用胎儿的这种感知能力，对胎儿进行游戏胎教训练，有利于增进胎儿活动的积极性，进一步有利于胎儿智能的发育。

人们通过超声波的屏幕对胎儿在母体内的活动情况进行了监测和分析发现，胎儿某一天醒来后，会打一个呵欠，伸开腿蹬了一下，感到舒服。偶然间碰到了漂浮在身边的脐带，用小手抓过来，动一动，送到嘴边咬一咬、玩一玩，这些动作都会使胎儿产生快感。于是，新发现的脐带就成了胎儿的“玩具”，以后再醒来，就会再而三地玩脐带。通过胎儿的这些动作和大脑发育的情况联系和分析，研究者们认为，胎儿完全有能力在母体内，通过动作不断增加快感，有益于大脑的发育。而且，完全能在父母给予的外界刺激下，进行游戏训练活动。

游戏胎教，是在胎儿生长发育到一定程度，具备了一定的动作和感受能力以后，通过外界对于母体腹部触摸的方式来进行的。一般来说，游戏胎教适合妊娠5个月以上，每天早晚各进行一次，可以伴随抚摸胎教的方法进行，每次3~5分钟。

在胎动频繁时期，胎儿会在母体内伸手、蹬腿，踢母亲的肚子。在胎儿踢动妈妈肚子的时候，母亲轻轻地拍打被胎儿踢动的部位，然后，等待胎儿再次踢动。一般在过2~3分钟以后，胎儿会再踢，这时候再轻轻地拍几下，接着再停下来，胎儿则会过一会儿再踢。

如果拍打的部位改变一下，胎儿也会再改变方向再踢，回应刚才母亲的轻拍动作。渐渐地，胎儿会形成反射，只要在觉醒状态下，母亲的拍打信号只要传递到胎儿感觉器官，作为回应，胎儿会很乐意地用动作来回应妈妈的拍打信号。

拍打腹部改变方向时，要注意，改变方向的位置，离胎儿回应的位置不要太远，让胎儿下一次回应能力所能及。渐渐地改变方向、位置，外界的拍打和胎儿在母体内的回应范围越来越大、越来越宽，胎儿的动作幅度、力度和频率也会越来越强。这样做，就能逐渐锻炼胎儿在母体中的动作反应、运动能力，促进动作发展，进而达到促进大脑相关能力的发展。

天长日久地做下来，母胎之间的这种游戏方式，会形成一种良性的交流联系。孕妈妈不仅能通过抚摸胎儿和宝宝沟通信息联系、交流感情，还能进一步把胎教的方式从起初的抚摸，升级到游戏，进而升级到帮助胎儿在母体内做“体操”，通过运动、互动式交流，加强母胎感情联系，增强胎儿的活力和能力。

相关研究和实验报告证明，在母体中就由浅入深、由简到难、由少到多的动作训练，达到母胎“体操”训练的胎儿，出生以后的动作发展能力较强。例如，进行成长中的翻身、抓握、移动身体、活动肢体，进而学习爬、滚、坐的大动作和精细动作能力，都要比没有进行过相关训练的婴儿要早，要做得好一些。特别是经过训练的婴儿，小肌肉群的发育更为明显。提高运动能力，能促进大脑相关区域的发展。正如俗语说的“手巧心灵”，手巧与心灵有密切关联，动作能力的发育程度，能间接刺激到大脑的发育状况。

实施游戏胎教方法需要注意的是，妊娠初期的3个月内、临近预产期的阶段，以及有早期宫缩征兆者，不宜实施胎儿触摸运动。

此外，还需要注意，实施游戏胎教，手法要轻柔、温和，要循序渐进，不能急于求成。每次实施时间不能超过10分钟，否则，只会起到相反作用。

美育胎教

美育胎教的方法，是根据胎儿意识的存在，通过母亲对美的感受，把美的意识信息传递给胎儿的胎教方法。

人们通过视、听、感受、体会，享受着世界上各种形式的美，而胎儿在母体内是无法看到、听到、感受到这些的。所以，母亲要通过自己的感受，把美感通过神经传导输送给胎儿。从这个意义上来说，美育胎教的主要内容，是妊娠期间的母亲要多多欣赏美的东西，包括音乐、美术、文学艺术、自然景色和自身形体的审美，通过审美的愉悦感，在自身享受美的陶冶的同时，把良好的审美愉悦和情绪作为信息，传导给腹中的胎儿，让胎儿得到宁静、安详、和谐、愉悦的情绪熏陶。

美育胎教，主要包括音乐、形体、艺术欣赏、自然美等方面。

音乐美育

对胎儿进行音乐美育，可以通过心理上和生理方面两种途径来实施音乐美育的培养和熏陶。

从心理上看，音乐能使孕妈妈心旷神怡、浮想联翩。通过欣赏音乐让情绪达到最佳状态，并能通过自己的神经中枢，把这些美好的良性信息传递给腹中的胎儿，让胎儿也受到感染和影响。同时，安静、悠扬的音乐节奏，可以为胎儿创设宁静的环境，能使躁动不安的胎儿安静下来，通过音乐节奏、旋律的谐振，感受到外部世界的和谐和美好。

从生理上看，悦耳怡情的音乐效果，能激起母亲自主神经系统的活动，由于自主神经系统控制着内分泌腺，能使内分泌系统分泌出激素，这些激素经过血液循环，能进入胎盘，使胎盘血液成分发生变化，有利于胎儿健康的良性化学成分增多，从而激发胎儿大脑及各个系统的功能活动，感受到母亲的美育刺激。

艺术欣赏

艺术创作，是人类源于自然、社会资源的感觉，又加上各自审美解读的不同感受，用个体的灵性、才能加以归纳、概括、表达、表现、再现出来的高度浓缩的审美成果。

进行艺术欣赏，是需要调动欣赏者身

心、个人体验、感悟能力等多方面审美因素来进行的情感活动。无论是文学艺术、表演艺术、绘画、书法、雕塑，还是戏剧、舞蹈、影视文艺作品，无不始终贯穿着创作者们竭尽全力的才华和努力。

艺术欣赏的过程，对于孕妈妈来说，毫无疑问是极好的享受审美愉悦的过程，对于自身和胎儿来说，都属于良性的审美和美育活动。因为，在胎教过程当中，美育，是通过母亲对于美的感受，审美愉悦的享受来实现的。而欣赏艺术的过程，就是对于声音、形体、色彩、语言乃至于想象力的综合调动，来完成审美信号的输入。

形体美育

形体美育，主要是通过孕妈妈本人在整个妊娠期间，保持自身完美的气质、风采，来完成对腹中胎儿的美育熏陶。

妊娠期间，是一个特殊时期，怀孕的母亲将要完成角色的转变，由为人之女转变成为人之母，在妊娠期间会逐渐显露出越来越强烈的母性，使自身形成一种独特的美感。

并不会由于以前婀娜苗条的身姿因为怀孕而变得臃肿、走形，也不会由于早先水嫩、细腻的肌肤因为怀孕而干涩、粗糙甚至出现讨厌的妊娠斑而影响到女性的魅力。

与之相反，随着怀孕日期的推移，逐渐显现出来的母性之美，会让怀孕后的女性显露出独特的一种魅力，显得沉静、安详、大方。举手投足之间，无不体现出人类最高尚、最伟大的情感——母爱的美。而这种美，正是千百年以来，艺术大师们竞相追求和表现的一种永恒的美的境界。

当然，形体美育，也包括孕妈妈自身在整个妊娠期间对于自身举止和行为的表现。首先，需要让自己保持良好的道德修养和高雅的情趣，争取做到知识广博、举止文雅，充分展现自己的内涵美。

其次，为自己配置色调淡雅、明快、合适得体的装束。舒适合体的服装，能让自己心情愉快，或素面朝天，或淡妆恰到

好处，都能使自己精神焕发。保持良好的心情，给他人以特殊审美阶段的美的形象，自身充分享受审美感染的同时，让腹中的胎儿也能受到影响，获得愉悦的美育情趣。

自然美育

大自然之美，是世间美的最高境界。妊娠期间，孕妈妈多到大自然中去，欣赏美丽的自然景色，能促进胎儿大脑神经细胞的发育。

无论是野天苍茫的辽阔草原，还是浩瀚无际的大海，无论挺拔峻峭的山岭，还是幽静怡人的谷地，无论是春花秋月，还是鸟啼莺鸣，大自然毫无疑问是人类生存最和谐的环境，是人类审美意识的根源，自然中的一切美景，能开阔人们的眼界，启迪人们的审美意识，给人带来审美享受，让人们得到精神上的升华。

在大自然中感受的审美情趣，通过自身的感受传递给胎儿，使胎儿也间接地得到自然美的陶冶。同时，在欣赏大自然景色的同时，怀孕母亲呼吸到新鲜空气，感受到良性刺激，也有利于胎儿大脑的发育。

2 科学优生和有备而孕

优生知识

科学优生和有备而孕

 从基础做起——优生才能优育 

优生，才能优育，实行计划生育基本国策几十年来，这个基本原理已经在我国家喻户晓，人人皆知。

那么，作为普遍的生育年龄的夫妻，怎么才能做到从自己做起，让家庭孕育计划达到优生的基本要求呢？

简单地说，优生优育，就是在生育阶段，采用科学、合理的方法，指导家庭的养、育过程，尽最大可能保证孕育夫妻能生育、培养出健康聪明的下一代。

优生，是指生出一个体格健壮、智力发达的孩子。

优育，是根据新生儿和婴幼儿的特点，用科学的知识与方法抚育孩子，达到身体强健、智能卓越、社会素质较高的人才培养目标。

通过优生、优育，能避免和减少有缺陷和残疾的孩子出生，培养高素质、高智能的下一代，让每一个家庭所养育的后代更加聪明健康，从而提高人口总体素质，使家庭美满幸福，民族昌盛繁荣，国家兴旺发达。

《中华人民共和国婚姻法》中规定，以下几种情况不能结婚：

1. 直系血亲和三代以内旁系血亲禁止结婚。
2. 双方都曾患过精神分裂症或躁狂抑郁性精神病的男女不能成为夫妻。
3. 双方家族中三代以内患有相同隐性遗传病的男女不能结婚。

为了保证公民生活和国家整体人口素质，暂时不宜结婚的情况包括：

1. 生殖器官畸形或性功能障碍暂时不能进行性生活。经过手术或其他治疗，

等功能恢复以后再考虑结婚。

2 处在各种传染病的隔离期。如开放性肺结核、急性传染性肝炎、伤寒、霍乱、传染性非典型性肺炎等。要等到传染病治愈和隔离期过后才能结婚。

3 正在患较严重的全身性疾病。如结核的活动期、肾炎、肝炎、心脏病等。

4 患有麻风病或性病。

5 患有精神病。

具体地说，采取措施达到优生目标，包括以下几个方面的内容：

1 避免近亲结婚。

2 接受婚前咨询和检查，防止遗传病传给下一代。

3 保持身体健康，怀孕之前和怀孕期间避免接触有害物质等。

4 做好孕期保健，预防病毒感染，注意孕期用药和营养卫生。

5 定期做产前检查。

在以上几方面内容中，避免近亲结婚已经列入国家法律，成为强制性法律文件。

第2项“接受婚前咨询和检查，防止遗传病传给下一代”，我国从2003年10月1日起施行的《婚姻登记条例》中，简化了婚姻登记程序和条件，对婚前医学检查不再做硬性规定。虽然婚检从强制到自愿，但并不意味着婚检不重要。准备结婚的男女双方应本着对对方负责、对未来的家庭负责、对后代负责的态度，把医疗保健机构进行“婚前检查”变成一种自觉行为。

为了保证孕育出健康、高素质的下一代，孕育前的夫妻双方，最好能接受孕前健康检查；并且，在整个妊娠期间，按照国内妇幼保健的相关惯例，按时、定期遵照医嘱进行例行的产前检查，为母胎健康保驾护航。

优孕——领先在未雨绸缪之际

优生，在国家法律的指导和规范下，成为生育阶段家庭的自觉行为。健康、无遗传性疾病隐患和影响生育健康的疾病的夫妻，为了做好家庭孕育，则需要适当地了解相关优孕知识，让家庭的孕育计划能科学、完美地实施。

在国家宏观计划生育指导的范围内，作为个体的家庭，希望能生育优秀、高素质的下一代，则需要在家庭生活、夫妻双方健康等方面，制订家庭优孕计划，实施优孕措施。

家庭优孕，包括选择最佳生育年龄来生育，在健康的身体状况下生育和拥有健康的生活方式几个方面的内容。

按照传统观念，人们只是强调女性怀孕期间的身心健康。近年来，随着人们生活质量提高、相应的生殖健康观念更新、优生优育的研究拓展，医学研究与健康新观念普遍认为，要维持整个孕期的健康，就应当不仅仅限于怀孕期间的10个月。根据世界卫生组织报告抽检结果表明，即使在孕妈妈各种检查、诊断结果全部正常的情况下，仍有2%的胎儿出生后会出现某些方面的异常。因此，对于准备怀孕的女性来说，如何在怀孕前做到优生意义上的怀孕，实在是关系到众多家庭幸福与人生的大事。

完整的怀孕期限，应该扩充到13个月，其中应当包括至少3个月的怀孕准备期。夫妻双方在这个准备期内，把自己的身心健康调整到最佳状态，这样，对于拥有一个健康顺利的孕程，孕育一个健康的宝宝来说，绝对帮助良多。

女性最佳生育期

一般说来，女性怀孕的高峰期在24~25岁。优生学研究认为，女性的最佳的受孕年龄在24~29岁。因为这个年龄段的女性，身体已经发育成熟，体质最为健壮，精力最旺盛，卵巢功能最活跃，排出的卵子质量最高，这个阶段中受孕做母亲，能获得最佳胚胎。而且，妊娠并发症少，胎儿发育好，早产、畸形胎、痴呆儿的发生率最低，分娩也会最顺利。此外，这个年龄段的夫妻精力充沛，生活经验积累较为丰富成熟，有利于抚养好婴儿。

女性如果年龄过小怀孕，胎儿会与正在发育中的母亲争夺营养，对母子身体健康都不利。而女性过晚育，特别是在35岁以后才怀孕，患妊娠高血压综合征、妊娠期糖尿病、巨大儿、难产、手术产的机会都会增加。产后，新生儿发生窒息、损伤和死亡的概率也会加大。而且，由于孕妈妈年龄偏大，卵巢功能开始衰退，卵子出现老化现象，产生畸形儿、痴呆儿的发病率会增加。

男性最佳生育期

生殖学研究证明，男性在25~35岁，身体、心理和智慧都趋于完善，性欲也比较旺盛，这个阶段中产生的精子质量最高，拥有最强的生命力，可以给下一代遗传最好的基因，其中包括智力和体格。如果男性生育年龄过大，所生的孩子先天性畸形和遗传病的发病率也相应增高。遗传优生学研究者们普遍认为，男性的最佳生育年龄应当比女性晚1~5岁。

传统医学在生育最佳年龄上，讲究“合男子必当其年”、“男虽十六而精通，必三十而娶。女虽十四而天癸至，必二十而嫁”之说，是有一定的优生学道理的。其实说的也就是到了一定成熟年龄，才能拥有健康合格的精子和卵子，减少后代患先天性疾病或“禀赋不足”、健康欠佳的情况出现。在适当的年龄生育，就可以“孕而育，育而子坚壮强寿”，保证受孕成功，胎儿发育正常，出生后健康聪明，生命强盛。

孕育之前，夫妻双方达到最佳身体状况和养成健康生活习惯，也是家庭优生优育的重要工作，下面将专门介绍。

优孕前提——选择最佳的受孕季节

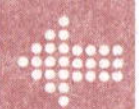

四季变化各不相同，选择最佳的受孕季节，对准妈妈的健康和胎宝宝的生长发育有着重要的意义。那么，最佳的受孕季节为几月呢?

夏末秋初的7～9月份是较好的受孕季节，因怀孕早期，正值秋凉，此时准妈妈食欲增加，睡眠也较好，而且秋天的水果、蔬菜新鲜可口，鸡、鱼、肉、蛋供应充足，准妈妈摄入这些营养物质对自身营养和胎宝宝的发育都十分有利。经过10月怀胎，孩子在来年的4～5月份出生，正是春末夏初时节。风和日暖，气候适宜，对新生儿的护理较容易，并且有利于产妇的身体恢复。

此外，专家指出，早春和冬季不利于优生优育。早春，空气湿度增大，温度逐渐升高，有利于各种病毒的生长，因此准妈妈易感染病毒性疾病；冬季，气候寒冷，对于孕早期最为娇弱的准妈妈来说非常不利；冬季空气污染也比较严重，发生缺陷儿的比例相对较高。

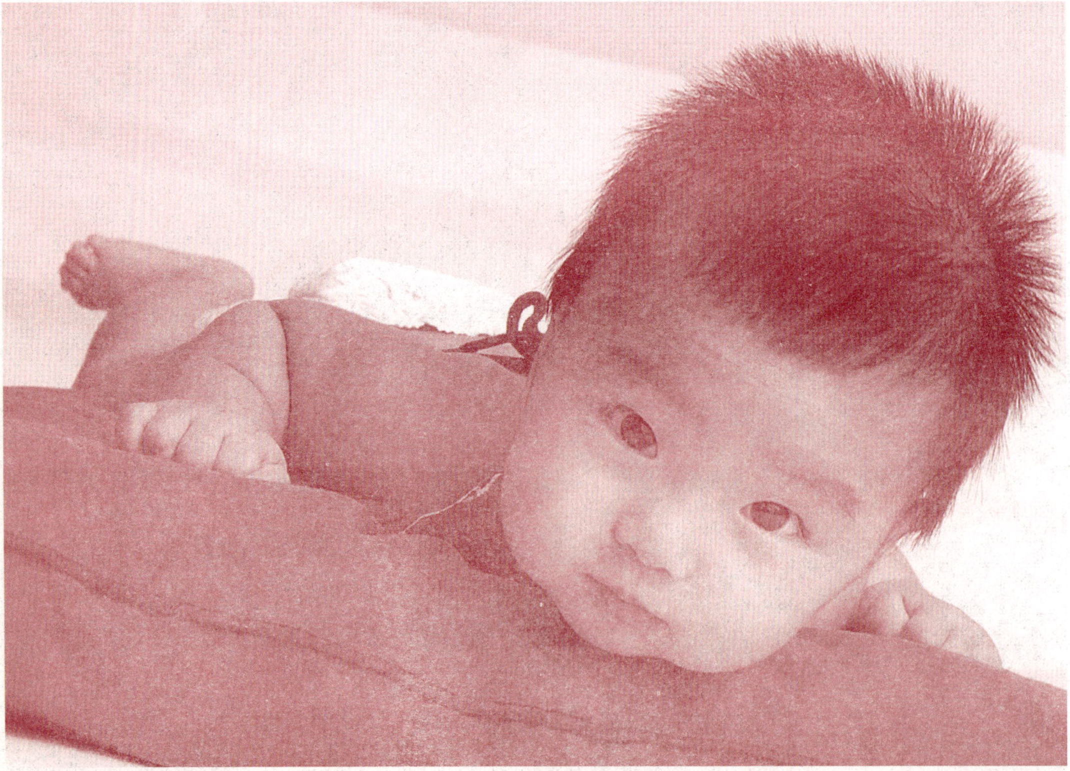

享受和谐——最佳受孕时间

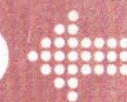

适度调整健康，调养好身体状态，选择夫妻双方都在最佳健康状态。在这种身体条件下，性生活质量高，性爱节奏和谐，也能为受孕提供最佳的身体环境条件，从而为高质量的生殖细胞结合打下良好的基础。

男女双方在感觉到身体不疲劳状态下，保持情绪愉快时性爱受孕，在这种状态下，夫妻双方的性功能最和谐，非常容易进入性高潮，形成优良的受精卵。反之，男女双方或一方身体疲惫或者心情欠佳，都会影响到精子或卵子的活力，不利于形成优良的受精卵，会影响到受精卵着床和生长，导致流产，影响胎儿发育。

准备受孕的前几天，男女双方都一定要充分注意身体，好好休息，放松心情。

准备受孕前，性生活既不要过于频繁，也不要过于疏落，这样都不利于受孕。过频性爱会造成精液稀薄，精子数量减少；过疏则会使精子老化，活力不佳。如果女性在性爱时达不到性高潮，也不利于形成优良的受精卵。

建议选择最佳日期和最佳时刻，因为随着生殖健康概念的推广、优生学的研究深入，能提供相关知识，做到有备而孕。

稍加注意、努力做好——受孕环境说

受孕环境，不仅包括夫妻双方生活的外部环境，还包括男女双方身体健康状况和心理因素共同构成的内部环境。为了孕育具有优秀素质的下一代，其实，只需要稍加注意，适度调整，就能努力做到更好。

受孕时的良好环境，是优生优育不可缺少的条件。

受孕效果与性爱时间的关系是极其密切的。女性在排卵期，阴道分泌物激增，性感增强，这是排卵的征兆。卵子离开卵巢后，寿命一般为1～2天。精子在阴道酸性环境中，至多能生存8小时，而进入子宫之后，能生存2～3天。所以，每个月经周期内要在排卵前后两天内性爱，才有可能受孕。如果性爱次数太少，就可能失去受孕机会。而性爱太少时，还因精子在男性生殖道内积存过久、活力衰退而影响受孕机会。

一般认为，性爱次数较少的夫妻，死精数目往往会增多，影响受孕。反之，性爱过频也会使精子数量减少或精子发育不全而影响生育。

我国古代传统医学极其重视客观环境与优生的关系，要求选择天气受孕。大风大雨、大雾、大寒、大暑不孕，雷电霹雳、日食月食、地震海啸等自然灾害类天气不孕，甚至严格到没有明月的阴沉天气也不孕，看上去似乎有些迷信色彩，并非没有科学道理。因为，恶劣的自然环境会

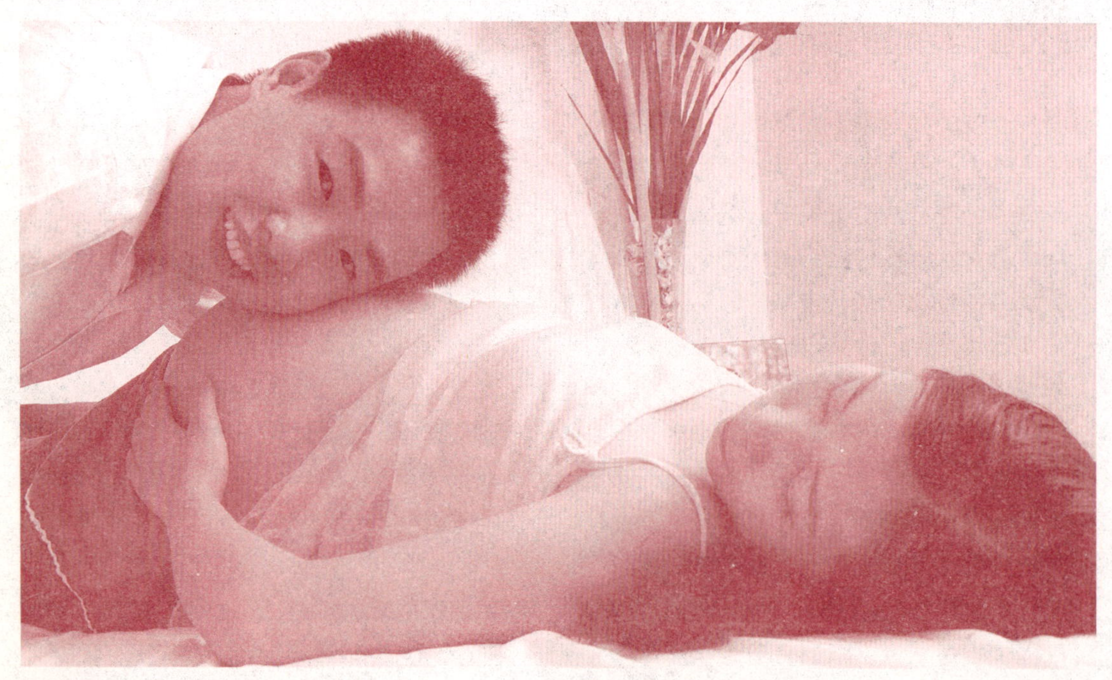

给男女双方的心理带来不利影响，现代医学与科学的研究成果发现，人体自身生物场与自然环境磁场的关联，受其影响的因素极多极大。

所以，理想的受孕环境，要选择气候变化较小、天气较好的日子，大的自然环境应当是空气清新、令人精神振奋和男女双方精力充沛的日子。传统医学还认为，性欲亢奋，甚至纵欲无度，精气妄泄，就会导致肾虚，造成疾病。肾虚的人，精气不足，生成的精子数量少，质量差，活动能力弱，不容易受孕。即使孕育，其胎儿也可能智商低下，先天不足。女性太多性欲，同样耗泄阴气，阴血受损，后果也是一样的。因此，要提倡节欲健身，以养精蓄锐，增加精子和卵子的生命活力。

良好的环境，能使怀孕女性有一个较好的心情，在这期间受孕，更有利于优生。环境因素包括气候、周围整洁清爽、空气清新等。好的环境都有利于精卵结合着床和胎儿的发育成长。选择最佳环境条件，要求夫妻双方感情融洽，思想统一，步调一致，还要注意兼顾工作、学习等，在经济和物质方面能协调一致，缺一不可。

遗传和后天——影响宝宝智力的因素

人的智力发育，包含着许多复杂的因素。智力是以脑组织正常发育为物质基础，大脑的生长发育又离不开先天遗传和后天教育因素的双重影响。

目前通用的智商测量标准为“200分制”，最高分数200分，最低90~110分者均属正常的智力范围，120~140分为高智商人，155分以上则是绝顶聪明的人，称为人才。分数越低，表示智力越差，70分以下的为智力低下。

常规情况下，高智商的父母所生的子女往往智商较高；父母智力有缺陷者，孩子有可能表现为智力发育不全、精神缺陷者达到59%。

遗传

与后天因素共同决定孩子的智商。

社会环境的影响和自身努力，对智商的作用不可低估，后天的教育、训练和营养等因素也会起很大作用。高智商的下一代离不开遗传这个基本要素，后天因素则是智商发展的基础。

生育一个聪明伶俐的孩子，首先要保证孩子的大脑完好、无疾患，脑功能才正常，才能在后天教育的作用下，获得较高的智力。

健康男女在正常情况下，生下的孩子大多数是健康的。但也不能排除如基因突变，或双方隐性疾患基因的相遇，可能显示出的特殊情况。也就是说，患有某种遗传病或严重疾病的夫妻，对子女身体健康、体质的影响和作用无疑是终身的。

智力的形成，不是一个简单的问题，它的产生、发展、扩充、完善都离不开大脑的发育。大脑是智力形成的物质基础，而大脑的生长发育又受着先天遗传因素的影响。

那么，智商高的夫妻，子女是不是就一定聪明机智呢？其实不一定。因为培养一个高智商的孩子，如果不从胎儿期、新生儿期、幼儿期就开始教育，那么先天的一些优势也会消失。既不能夸大遗传的作用而忽视后天因素的作用，也不能强调后天教育的作用而否认先天遗传的影响，只有同时具备这两个条件，孩子才能向高智商方面发展。

智力的实际表现，受后天的教育、训练以及营养等的影响很大，主观努力和社会环境也起到相当大的作用。没有这一点，再好的遗传基础也不行。

遗传提供了智力的基本素质，后天因素则影响其发展的可能性。因此，要想使后代智力超群，就必须在优生和优育上一起下工夫，使孩子的智能潜力得到最充分的发挥。

胎教的前奏——孕前心理准备

孕育孩子，是人生大事，却没必要精神过于紧张。

夫妻双方不要因为刻意追求而自我徒增压力，不如放松心情，设想一下未来生活，双方多沟通，谈谈有孩子后的具体生活，家务劳动、教育抚养孩子、经济开支等，把具体情况设想得多一些，到时候就不会手足无措。更不要在要孩子的问题上畏难不前，或只顾事业而错过最佳生育期，错失享受天伦之乐。

准备受孕时，夫妻双方感情要融洽，工作要顺心，近期内未经受较大的精神创伤，预计在未来一段时间内也不会有太大的烦恼、忧愁和引起家庭生活变故的事件发生，不会产生如职务升降、工作调动、失业下岗、临考等令人精神紧张，产生焦虑情绪的状况。情绪过分紧张会影响到胎盘和子宫的供血，使胎儿发育受到影响。

心理状态能影响到母体自身的生理功能，影响排卵和卵子的活动力，影响精子的接纳，长期的心理刺激还会影响胚胎和胎儿发育。男性的消极心理状态会影响自身生理生殖功能，使妻子产生思想负担，间接影响胎儿生长与发育。

受孕前，夫妻双方心理状态都必须良好健康，才有利于自己的生命延续——迎接家庭新成员。

育儿的过程，虽说辛苦加倍，但随之而来的幸福，小生命一天一天成长过程中细微变化的欣喜和愉悦足以回报做父母的劳累。这一份天伦之乐，只有亲身经历者，才能体悟得到。

从日常生活做好——生理周期与卫生

生理周期，是女性一生中相伴甚久的“好朋友”，它代表着女性的性特征、生育能力和魅力。但是，注意例行生理周期的卫生，并非每一个人都能做到、做好。注重生理周期运行时段的卫生与保健，与优生优育、有备而孕关系密切。

例行的月经期间注意卫生，有利于女性身体健康，更有利于受孕。不注意经期卫生，会引发疾病，除身体受损外，也会妨碍受孕，甚至失去生育能力。

做好经期卫生要注意以下几点：

注意会阴卫生防感染

女性生殖道的外口距肛门较近，一般大便中又含有很多致病菌，所以容易引起生殖器感染。特别是月经期如果生殖道下部不清洁，很容易造成上行性感染而引起盆腔炎，影响生育。所以，平时要经常洗外阴、会阴处，内裤要消毒并勤换。月经期应禁止性爱，以免带入细菌引起炎症。

避免过度疲劳

因为女性月经期容易疲劳，抵抗力降低，如过度劳累会导致身体恢复慢。适当休息和轻微劳动可促进盆腔血液循环，使月经血流通畅，还可减轻或消除腹胀、腰酸等不适，对身体有利。

避免湿冷

月经期间，由于全身抵抗力减弱，容易感冒，所以要注意保暖，避免寒冷刺激。特别要防止下半身受凉，如淋雨、用冷水洗脚、洗冷水澡、坐凉地、光脚等。这些细节容易引起盆腔脏器的血管收缩，使经血过少甚至出现月经不调，从而影响生育。

忌口，远离刺激性食物

月经期间要吃新鲜、易消化的食物，禁止食用生、冷、酸、辣等刺激性食物。要多饮水，保持大便通畅。

避免情绪波动

月经期女性情绪容易波动。如果情绪波动大，中枢神经系统功能紊乱，会引起月经失调，甚至发生闭经而影响生育。

如果曾经被经期综合征所困扰，那么，在进行怀孕前的健康调整期的3～6个月之内，就应当特别注意保持经期卫生和心理健康，有利于妊娠。

调整健康——从生活细节做起

现代职场中的育龄夫妻，大多数已经习惯于快节奏、忙忙碌碌的城市生活，并没有意识到自己的生活习惯中，有很多不利于健康生育的内容。

要以健康的体魄、完美的机体来应对延续生命、繁衍下一代的大事，需要保证夫妻双方的健康状况处在最佳状态，那么，请不要忽视从自己的日常生活习惯开始做起，来调整身体健康。

除去停服避孕药物、调整好心理，做好接受家庭新成员的心理准备之外，夫妻双方还应当做到：

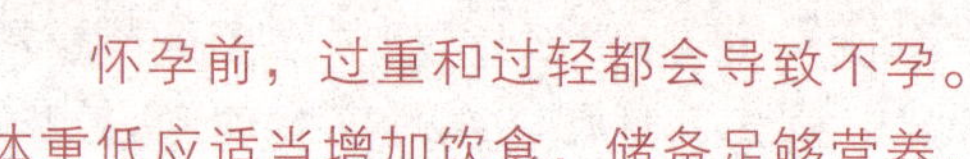

管理体重

怀孕前，过重和过轻都会导致不孕。体重低应适当增加饮食，储备足够营养，为胎儿打下良好基础。超重的最好适度减肥，接近标准体重后再怀孕。

饮食管理

减少人工甜味作料，选用新鲜天然食品，避免食用含食品添加剂、色素、防腐剂的食品。远离含咖啡因饮品，叫停汽水、可乐、乙醇（酒精）类饮品。停止服用各种兴奋剂及镇静剂，吸烟嗜好要戒除。

积贮营养

如果曾有贫血史，有过节食减肥经历，或有过体内脂肪过多等营养失调现象，于优生不利，最好请医生帮助诊断，有目的地调整饮食，积贮平时体内含量偏低的营养。

规律运动

养成规律的运动习惯，选择一种自己喜欢，能持续，适合于任何季节的运动。

补充营养

怀孕3个月前，停止服用所有营养补充剂，摄取营养均衡的天然食物。如果机体缺铁，可以进食牛肉、绿色蔬菜、葡萄干等，缺钙可进食虾皮、乳制品和豆制品等，用天然食物补充身体需要的营养素。

补充叶酸

准备怀孕和孕早期，摄取富含叶酸的食物：红苋菜、菠菜、生菜、芦笋、龙须菜、豆类、酵母、动物肝及苹果、柑橘、橙子等。

生活起居习惯的健康、“绿色化”，其实并不难做到，只要从以前不太被注意的细节开始做起，并且能养成良好的习惯，受益的不仅是孕育阶段这个特殊时期，而且会有益终身健康。

全面调理身体——受孕前的生理准备

实际上，优生优育的概念，首要的是“优”身，夫妻的身体状态如果能经过调整，在最优状态下实施生育方案，至少能通过努力不难做到。让双方的生理功能都达到最优良状态，就是具体优生优育的措施。

受孕生理准备，主要包括生理功能调适、身体素质调养、饮食的调理、性生活的合谐和性器官的卫生等，可以说是一次身体的全面调整。

生理功能全面调适

怀孕生孩子绝非只是两性结合，单纯生殖系统的事，涉及准备养育孩子的男女性身体全部。双方都要时刻注意卫生，采取必要可行的保健措施，使身体保持最佳健康状态。准备怀孕前，双方都要进行身体检查，发现有关疾病和不够理想的生理功能问题，就要及时进行治疗、调养和功能锻炼。为保证精液的正常成分和卵子的成熟质量以及生殖器官的健康状况，都要进行检查和调理，必要时可以主动前往孕产科门诊和接受优生指导，确保双方在生理机能正常而健壮的状况下怀孕。

身体素质全面调养

男女双方身体无病、生理功能正常很重要。准备怀孕前，男女都应当注意身体素质的锻炼，使身体健康，精力充沛，再加上两性协调的性生活和健康化的节律，使精子和卵子保持处在最佳性状，对新生命在形成过程中获得优良遗传基因有利。调养期要保持性生活的正常，在女性排卵期前减少性爱次数，使男性养精蓄锐，以利于排卵期内性爱时，产生足够数量、高质量的精液。

讲究衣食住行

在准备受孕前一段时间内，男女双方均不宜穿紧身衣裤如形体裤、牛仔裤等，这类衣着透气性差，紧包男女外生殖器，使女性患阴道炎症可能增大，直接影响受孕。男性则会使睾丸压紧到腹部，增加睾丸的局部温度，使生精功能减退，受孕后畸形儿或先天性缺陷儿发生率会增高。

纠正不良习惯

受孕前一段时间，双方戒烟、戒酒是必需的。还应当多摄入一些有利于下一代新生命健康的营养。在运动方面，不宜参加诸如赛车、长跑之类高消耗体能运动，防止改变生理节律；也不宜去远行旅游，以防影响生理功能的平衡。

3个月以上——孕前夫妻健康调整期

决定要生一个孩子，夫妻双方需要留出3个月到半年时间，调整健康，对男女双方的健康与生育能力都密切相关，提高怀孕几率，更是确保孕育健康小宝宝的必要阶段，包括孕前营养调整、生活规律、生活习惯和适度运动。

或许，已经习惯于快节奏、忙忙碌碌城市生活，并没有意识到自己的生活习惯中，有很多不利于健康生育的内容？或许，“亚健康”状态已经降临而不为自己所知？

年轻夫妻在决定怀孕以后，就要做好优生的准备，改变自己不良的生活方式。

戒烟

烟草中含有多种有毒物质，其中以尼古丁、氰化物和一氧化碳等对胎儿影响较大。尼古丁能导致血管收缩、心率增快，孕早期会使孕妇体内黄体酮分泌减少，子宫内膜发育受影响，造成流产。同时孕妇血中一氧化碳增加，血液中氧含量减少，一氧化碳很容易通过胎盘，使胎儿得不到充足的氧气，致胎儿生长发育受阻，易发生流产、早产及胎儿宫内窒息和胎儿死亡。怀孕前，如果准爸爸经常吸烟，会影响精子质量，甚至导致精子异常。怀孕后，体内的胎儿极易出现宫内发育畸形，生长缓慢。宝宝出生后，出现记忆力差或记忆障碍，影响宝宝的正常发育和将来的智力。由此可见，吸烟对母子健康均有影响，所以在准备妊娠前，夫妻双方均应戒烟，也要避免在烟雾弥漫的环境中生活，才能做到优生。

禁酒

正常人经常或大量饮酒，会影响身体的健康。而结婚后的丈夫经常酗酒，不仅影响精子的发育，造成精子的畸形，还会影响受精卵的顺利着床和胚胎发育，出现流产。同时，乙醇（酒精）还可能通过胎盘进入胎儿血液，造成胎儿宫内发育不良、中枢神经系统发育异常、智力低下等，称为酒精中毒综合征。女性饮酒可使生殖细胞受到损害，受精卵质量不健全，所生婴儿无论体力、智力都比正常婴儿差，常有小头、小眼眦等颜面畸形，面容丑陋、四肢关节异常、心脏或其他内脏畸形。因此，夫妻双方在计划怀孕前6个月甚至一年就应该停止大量饮酒。

经常熬夜

男女双方在孕前长时间熬夜，会使精神委靡、生物钟紊乱，整天处于昏沉状态，甚至出现呼吸困难、四肢乏力。在这种状态下受孕，会影响胎儿的生长发育，严重的会导致流产。所以，在孕前夫妻双方要早睡早起，作息规律，并加强体育锻炼。

桑拿浴

桑拿浴是一种既具时尚又能保健的休闲方式，然而，医学专家警告说，频繁出入桑拿房可能成为男性不育症的元凶。精子对温度的要求比较严格，必须在略低于体温的条件下才能正常发育，睾丸的温度一般要比机体温度低3～4℃，而桑拿浴的温度却要比体温高出许多，不利于精子生长，或造成精子活力下降，从而导致不育。

不良饮食习惯

年轻夫妻、尤其是女性多有偏食、挑食的坏习惯，只吃想吃的食物，却不管它的营养成分是什么。不良的饮食习惯会使女性营养缺乏，身体素质下降，所以孕前要饮食搭配合理，不挑食、偏食，多吃水果、蔬菜，增加维生素摄入量，并注意尽量不饮咖啡、浓茶。

调整起居

起床、运动、上班、睡觉，做好规则而有内容的起居安排，容易使心情平静，会增加受孕概率。

充分睡眠保证8小时以上，最好在晚上10时以前睡觉。

不宜经常穿束身衣裤、化纤质地的内衣裤，内衣质地以纯棉为佳。

尽量远离辐射源，包括有电磁场的微波炉、电磁灶等电器；有普通电话时尽量不用手机，非用手机不可，也要长话短说。

调整饮食习惯——孕前营养准备

不同身体状况和素质的夫妇，可以根据自己的实际情况，有的放矢地准备和补充所需要的蛋白质、脂肪、糖类（碳水化合物）、维生素和矿物质，为生育健康、聪明的宝宝打下物质基础。

准备孕育的夫妇所需要的蛋白质、脂肪、糖类、维生素与矿物质，要比平时状态多，宜在专业人员指导下，掌握好所需营养的量。

养成良好的饮食习惯

不同食物中所含的营养成分不同，含量也不等。应当吃得杂一些，不偏食，不忌嘴，什么都吃，养成好的膳食习惯。

加强营养的摄入

特别是蛋白质、矿物质和维生素类营养素。各种豆类、蛋、瘦肉、鱼类等含有丰富的蛋白质；海带、紫菜、海蜇等食品含碘较多；动物性食物含锌、铜等元素较多；芝麻酱、猪肝、黄豆、豆腐乳中含有较多的铁；瓜果、蔬菜中含有丰富的维生素。孕前夫妇可以根据各自家庭、地区、季节等情况，科学安排一日三餐，保证营养的同时，注意不要营养过剩，注意多吃水果。经过一段时间健体养神的缓冲期，双方体内存储了充分的营养，身体健康，精力充沛，为优生打下坚实的基础。

避免各种食品污染

食物从原料生产、加工、包装、运输、储存、销售直至食用前的整个过程中，都有可能不同程度地受到农药、金属、真菌毒素和放射性核素等有害物质的污染，对人的健康产生严重危害。因此，在日常生活中尤其应当重视饮食卫生，防止食物污染。应当尽量选用新鲜的天然食品，避免含有食品添加剂、色素、防腐剂物质的食物；蔬菜要充分清洗干净，必要时可以浸泡一下；水果宜去皮后再食用，避免农药污染；尽量饮用白开水，避免饮用各种咖啡、饮料、果汁饮品。家庭炊具尽量使用铁锅或不锈钢炊具，避免使用铝制品及彩色搪瓷制品，防止铝元素、铅元素对人体的伤害。

强调营养，并不代表吃得越多越好，多吃会造成妊娠期母体体重过重，胎儿生长过大会给分娩带来困难。有不少人因为妊娠期饮食失调造成肥胖，产后数年仍不能恢复，而影响健康。而营养过剩，与糖尿病、慢性高血压、血栓性疾病的发病都有密切联系。

应当科学、合理地安排妊娠期的饮食，既满足孕产期的特殊需要，又不过量，以保证母婴健康。如不能掌握适量的营养物质的准确摄入和补充，最好找专业医生帮助。

准爸爸孕前的饮食

人类的生殖活动，要达到怀孕繁殖下一代的境地，需要男女双方通过性爱，由男方精液射入女性阴道，使精子通过输卵管、子宫去完成与卵子的相会，完成生育使命。怀孕过程的成功与否，与男女双方都密切相关。

在男性生殖系统中，精囊腺、前列腺和尿道球腺等各自会分泌出不同量的液体，联合组成精液浆，担负输送数以亿计的精子前往女性阴道、完成生殖过程的使命。精液浆的90%以上主要成分是水，使精液浆呈液态并能流动，便于输送精子。还负责供给精子生存的营养物质，是精子的“粮仓”，为精子的活力提供足够能量。精液浆里，含有果糖、山梨醇、白蛋白、胆固醇、多种维生素、多种酶类物质

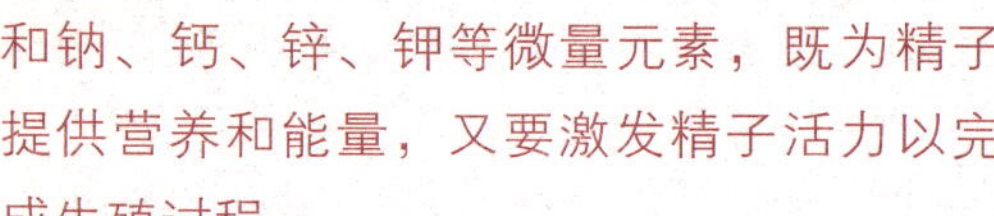

和钠、钙、锌、钾等微量元素，既为精子提供营养和能量，又要激发精子活力以完成生殖过程。

因此，决定要怀孕生育下一代的家庭中，男性也要注意食物的营养成分，多吃含有微量元素和营养物质的食品，以利于提高精液浆的质量，保障生殖过程的顺利完成。

富含上述营养物质的食品，在前面有介绍，男女都应当注意饮食营养的补充摄入。

女性的孕前营养储备

现代女性的营养不良，绝大多数并不是吃不饱吃不好的饥饿型，多数出自饮食搭配不当、挑食、偏食、不良饮食习惯、为减肥有意识不当节食等原因引起的某种营养不良。

女性孕前饮食，主要是为孕早期的3个月贮备营养素，对于妊娠很关键、极重要。

胎儿发育的重要时期是怀孕的前3个月，胎儿的各重要器官心、肝、肠、肾等都分化完毕，初具规模，大脑开始发育，胎儿必须从母体内获得足够而齐全的营养，特别是优质蛋白质、脂肪、矿物质、维生素。这些物质一旦不足，会妨碍胎儿的正常发育。而这些营养成分有的并不能随用随摄入，有一部分要依赖母体的储存。

怀孕后1～3个月的胎儿发育关键期，正是母体妊娠反应时期。孕早期多数女性会出现恶心、呕吐、不想进食等妊娠反应，严重影响充足营养的摄取，妊娠早期胎儿的营养来源，很大一部分只能依靠母体内的储备，摄取母体怀孕前一段时期的营养储备。

营养贮备的研究成果告诉人们，于胎儿有利的因素是：许多营养素可以提前摄取，能在人体内储存一段时间。

这种储存能力，给女性在孕前提前摄取营养，为孕期做营养准备创造了有利条件。出自这种生理特点，怀孕前的女性提前3个月内注意补充营养，对于体内营养素储存，满足孕早期需要，对优生优育极为重要、极其关键。

作息规律——攸关优生优育

怀孕前的健康准备，很重要的一项就是调整作息时间和规律，因为孕前生活节律的调适，有利于夫妻双方精神饱满，身体机能活跃，让健康状况达到良好的状态，为优生打下坚实的基础。

当夫妻双方机体处于极度疲劳或患病的情况时，由于营养和免疫功能不良，会使精子和卵子的质量受到影响，同时也干扰子宫的内环境而不利于受精卵着床和生长，导致胎萎、流产或影响胎儿脑神经发育。

另外，一旦怀孕，胎儿会通过母体来区分白昼和黑夜，这样孕妈妈本身正常的作息就十分重要了。早睡早起、睡眠规律充足的孕妈妈，生下的孩子会比其他的孩子活泼健康。

人除了睡觉外，大部分时间都在坐着，长期久坐者容易造成血液循环不顺畅，同时也会引发妇科方面的疾病，甚至可能导致不孕症。

此外，气滞血瘀也易导致淋巴或血行性的栓塞，使输卵管不通；更有因久坐及体质上的关系，使子宫内膜组织因气滞血瘀而增生至子宫外，形成子宫内膜异位症，这些都是比较明显的不孕原因之一。

如果自己的工作几乎离不开“坐”，那么最好接受医生建议，每40分钟后休息10分钟，做一做伸展动作，或下班以后量力而行地适当散步、游泳、跳韵律舞等，都能有效改善因久坐造成的循环障碍。

实施优孕——准备怀孕

一个新生命的诞生，是卵子和精子结合的结果。它的遗传物质一半来自丈夫，一半来自妻子。为了生一个健康、聪明的宝宝，就需要计划怀孕的夫妻双方，尤其是女性，要做好当妈妈的心理准备，并从优生方面认清母亲的责任，对未来的孩子负责。

如果说男女双方商量妥当，要开始实施家庭孕育计划，迎接宝宝的到来，需要做好停止避孕、做孕前检查和健康调整、并且及早学习了解必要的孕、产、育科学知识。

停止避孕

停止服用长期口服避孕药后，最好再配合使用避孕套、杀精剂、子宫帽等器具避孕措施，等到月经周期恢复正常几个月后，再试行怀孕。停用口服避孕药以后立即怀孕，就不容易估算正确的怀孕日期，更不利于正确估算预产期，这对怀孕后期相当重要。而取出宫内节育器的最佳时间，是在月经净后3～8天。如果有妇科炎症，一定要先治疗痊愈后再怀孕。皮下植入缓释避孕药物的，取出药物后，要过几

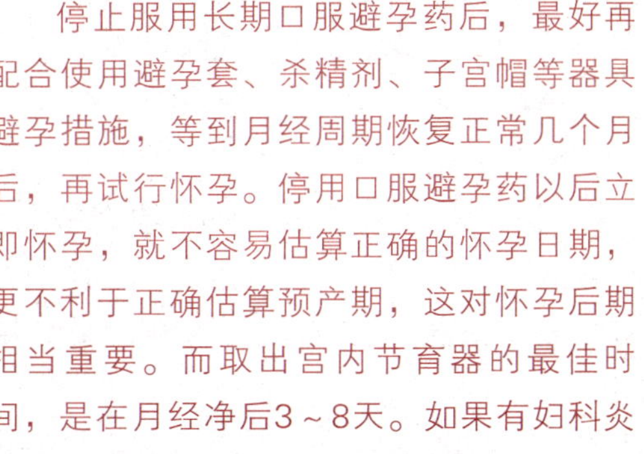

个月才能恢复正常的月经周期。因此，不管是采用哪一种避孕措施，最好都在停止避孕3个月到半年以后再受孕，当然，不包括使用避孕套措施在内。

健康检查

作为准备怀孕的夫妻，应该在身心健康的良好状态下受孕，这里要特别提醒的是，身体健康状况不能只凭自我感觉。年轻人体力强，往往在大病初期，或患有某些遗传性疾病及潜匿性疾病时，可能不会出现明显的自觉症状。因此，准备受孕的女性，应去医院进行一次系统的健康检查。

调整健康

给自己留出3个月到半年时间，用来调整健康，对男女双方的健康与生育能力都密切相关，确保怀孕概率，更是确保孕育健康小宝宝的必要阶段。

准备怀孕前，首先要注意自己的体重，过重和过轻都可能会导致不孕。如果体重低于正常值，应适当增加饮食，贮备足够营养，为将来的胎儿生长发育打下良好基础。体重超重的女性最好孕前适度减肥，降到接近标准体重后再怀孕。因为孕期体重还要增加约12.5千克左右。过于肥胖，易发生高血压、糖尿病、巨大儿、难产等症状。

养成规律的运动习惯，是保证孕育的前提之一。只需要把生活起居形态稍加调整，加入有规律的运动习惯，对怀孕期间控制体重也会有帮助。当然，也不必过度锻炼身体，更不必突然增加运动量或从事高难度运动。可以选择一种自己喜欢、能持续、适合于任何季节的运动，最好能同时锻炼和强化背部、腹部肌肉，对怀孕会有很大帮助。

了解孕产知识

作为未来的妈妈，在怀孕前了解一些孕产方面的知识，对增强信心、平安顺利度过整个孕期会有很大帮助。因此，应该弄清楚自己适宜在什么情况下受孕，什么情况下不宜受孕，怎样受孕有利于优生，受孕后怎样才能早发现、早确诊，以及如何做好孕期保健，怎样才能保护好自身健康，才有利于胎儿的生长发育，如何配合助产人员顺利分娩等，都是需要了解和掌握的孕育知识。

另外，作为一名合格的母亲，在赋予宝宝生命的同时，还应为他（她）创造一个良好的成长环境，所以，在决定要一个宝宝之前，请先好好审视一番自己和家庭，看看是否有供宝宝健康成长的适合氛围，包括物质生活条件、经济能力和心理上的充分准备。

怀孕之前的6个月，夫妻双方都要慎服药物。由于部分药物会对受孕和胎儿的形成与发育产生影响，并且在体内停留和发生作用的时间较长。因此，孕前6个月需要服用药物时，最好能向医生咨询并选择适当的药物。

③ 十月怀胎全程指导

欣喜与忐忑的孕早期

1 因孕相随——妊娠第一个月

妊娠第一个月，男女两性的生殖细胞——精子和卵子在女性的体内结合，成为受精卵。这个小到连肉眼都看不见的新生命，形成后7～11天，开始在母体内着床，逐渐生长发育成为胚胎。此时，身为准妈妈，一般都还不会出现生理性反应。

妊娠初期这一个月，严格意义上说，还算不上已经有了“妈妈”、“胎儿”的关系，但本着未雨绸缪的原则，需要耐心地从女性的生理特征、认识胚胎的形成过程知识开始，逐步了解安胎养胎知识，走近胎教。

健康度孕

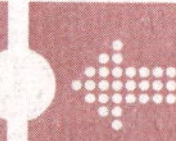

护航40周——防疫和医院

健康平安度过孕期，最基本保健要求，是要事先做好防疫工作和确定自己孕期保健和整个围生期保健的医院。

孕前防疫

准备做孕妈妈的女性，希望在孕育宝宝的十个月里平平安安，不受疾病的干扰。除了加强锻炼，增强机体抵抗力这个健体根本之外，针对某些传染性疾病，最直接有效的办法就是注射疫苗。目前，我国还没有专门为准备怀孕阶段的女性设计的免疫计划。但有两种疫苗最好能提前注射：一种是风疹疫苗，另一种是乙肝疫苗。因为如果孕妈妈感染这两种疾病，病毒会垂直传播给胎儿，引起不必要的麻烦。

妊娠期间，最好不要接种任何疫苗。但是在疾病流行期间，为避免感染，一些危险性较小的疫苗可以考虑接种，接种前要告诉医护人员自己怀孕的事实，请对方斟酌减少用量。如果曾经有过接种疫苗后发热、恶寒等强烈反应的，接种疫苗要更加谨慎。最好事先请教医生，以保障母子平安。

找好医院

根据自己的健康情况、需要、经济条件、居住区地点及医院所能提供的医疗服务水平，为自己选择一家做孕期检查、保健和分娩医院。注意一定要去规模大的医院或正规专科医院，还要注意了解医院妇产科的医疗和服务水平，是否能为自己提供人性化的孕产期和围生期医疗保健服务及相关指导。

一般规模较大的医院和正规妇幼保健机构，不光能提供生殖健康咨询服务、妇幼保健信息，还会不定期地举办孕、产、育知识培训班或胎教学校，对妊娠期的男女进行相关知识的全面科普教育，为自己找好定点医院以后，可以做相关咨询，报名参加孕产、围生知识学习，对自己和准爸爸来说，都会受益匪浅。

做女人“准”好——生理周期、排卵期

排卵期，是育龄女性特有的生理周期，可以通过计算排卵期，来相对准确地测算自己是否怀孕。

正常育龄女性的卵巢，每月排出一枚成熟卵子，卵子被排出后进入输卵管，一般可以存活1～2天，而男性的精子则是连续产生的。精子通过性生活进入女性体内，通常能在女性生殖器内保持2～3天仍有活性，因此，精卵结合的受孕能力在48小时之内。如果女性在排卵前后一定时间内有性生活，就有怀孕的可能。这段可能怀孕的时间称为“排卵期”。

掌握排卵期很重要，一方面能使错过女性排卵期过性生活而导致不孕的夫妻，有受孕的可能；也会使暂时不想怀孕的夫妻，在没有其他避孕措施的情况下，错过“排卵期”过

性生活，以防止受孕。

在女性排卵期内，整个内生殖器的反应，都是有利于受孕的，包括子宫内膜的充血和宫颈口分泌的黏液。

推算排卵期

推算排卵期，一般有下列几种方法：

宫颈黏液观察法，需要到医院做。

基础体温测定法，既在人体经较长时间睡眠后醒来（一般在清晨），尚未进行任何活动及说话前，所测得的体温，为基础体温。正常情况下，育龄女性的基础体温，于月经前半期较低，排卵期更低，排卵后24小时至几天内可突然或缓慢上升0.3～0.6℃。因此，测量基础体温最好从月经来潮第一天开始，坚持每天测量，并用坐标纸纪录，以便观察分析。

行经日期推算法，即认为每次排卵都应在月经来潮前14天左右，通常把排卵前5天至排卵后5天称为“排卵期”。然而这种方法不太可靠，因为大多数女性月经不那么规律和准确。相比之下，前两种方法比较可靠，但有些麻烦。

排卵期自我计算

排卵期第一天 = 最短一次月经周期天数减去18天。

排卵期最后一天 = 最长一次月经周期天数减去11天。

在采用这个公式计算之前，要求本人连续8次观察、记录自己的月经周期，得出本人月经周期的最长天数和最短天数，代入以上公式得出的数字，分别表示该女性排卵期的开始和结束的时间（月经周期的计算，是从本次月经来潮的第一天，到下次月经来潮的第一天）。

例如：某位育龄女性前8个月的月经周期最长为30天，最短为28天，代入公式为：排卵期第一天 = 28天—18天 = 10天，排卵期最后一天 = 30天—11天 = 19天。即：这位女性排卵期于本次月经来潮的第10天开始，本次月经来潮的第19天结束。

如果通过观察，自己的月经很规律，为28天一次，那么可以把月经周期的最长天数和最短天数均定为28天，代入公式，可以计算出自己的排卵期为：本次月经来潮的第10～17天。这种计算方法，是以本次月经来潮第一天为基点，向后顺延天数，而不是以下次月经来潮为基点，倒算天数，因此不容易弄错。

找出自己的排卵期后，如想怀孕，可从排卵期第一天开始，每隔一天性爱一次，连续数个周期，便有可能怀孕。

造化之初——了解受孕过程

女性一生中虽然拥有几万个卵泡，但能成熟并且排出的卵子会因人而异，有400~500个。从12~14岁女性卵巢发育成熟后开始排卵。一般情况下，每月排出一个成熟卵子，如果这个卵子与精子结合，就成为受精卵。受精卵如果在子宫内着床，便发育成胎儿。如果卵子没有受精，则会随月经排出体外。到下一个月经周期，卵巢又会排出一个成熟的卵子。

卵子大小接近0.2毫米，算得上人体内最大的细胞。卵巢虽然与输卵管很近，但却不直接与输卵管相连接，卵子从卵巢排出后，可能直接落入输卵管，也可能先落入腹腔，再进入输卵管。

女性排出的卵子，在输卵管壶腹部与精子结合，就是受精的过程。受精卵会渐渐向子宫移动，经过4~5天时间到达子宫腔。受精卵会分泌分解蛋白酶，能在内膜表面形成一个缺口，逐渐向内层侵蚀植入，而内膜上的缺口很快就得到修复，并很快地把受精卵包裹在子宫内膜之中，这就是受精卵的着床过程。

这时，大约已经是受精后的1周（7~8天），这就是囊胚的形成过程。囊胚植入后，发育迅速，到受精第一个月末，胚胎就能长到约5毫米。

精子

人们知道，人体是由数亿个细胞组成。担负着繁衍生命功能的细胞被称作生殖细胞。男性的生殖细胞是精子，女性生殖细胞是卵子。

精子，作为男性生殖细胞，最早被人

类发现的时间在17世纪末，荷兰学者雷文虎克发明显微镜之后，其助手哈姆用显微镜在精液中发现。

精子诞生在男性的生殖器官——睾丸中的精曲小管中，形如蝌蚪，体积极小，长度约4.6微米，宽2.6微米，厚1.5微米，拖着一条尾巴。依靠尾部有节律的摆动，每秒钟能运动前进50～60微米。精子的头部有一个叫做顶体的结构和核细胞，内含酶类物质，有助于穿透卵子的细胞膜进入卵子内，细胞核内，储藏着人类的各种遗传物质，包括遗传基因的核心——染色体。

决定下一代新生命男女性别的关键，取决于精子细胞核中携带的染色体种类。精子在男性性器官睾丸中的形成，须经由原始的精原细胞，经历初级精母细胞、次级精母细胞、精子细胞最终分裂，一个精原细胞会分裂成为4个成熟的精子，性染色体随之分裂。精原细胞中含有46条染色体中原本有一条X和一条Y染色体，4个精子中分别有2个仅有X染色体，2个仅有Y染色体。而女性的卵子细胞分裂后，所含的染色体全部是X染色体。于是，决定新生命的细胞核中染色体的组成为：

X精子+X卵子=XX合子（女性）
Y精子+X卵子=YX合子（男性）

男性的生殖器官中，睾丸总重量20～40克，每一克睾丸组织每天能产生精子1 000万个，成年男性每天能生产出1亿～2亿个精子，数量相当大。睾丸内部有数千条弯弯曲曲的小管子，叫曲细精管，每一条就是一个生产精子的组织。曲细精管管壁内有许多精原细胞，在男性性发育成熟之后，精原细胞能通过分裂、发育的复杂过程，生成精子。

精子在睾丸内诞生，大约需要90天的过程，其中74天在睾丸中形成，16天左右进入附睾中成长，而只有经过附睾中生长的精子，才具有生殖能力。

在男性的性器官前列腺和精囊中，会产生精浆，含有营养物质，能为精子提供能量和营养，也是精子活动的必须介质，精浆是男性精液的主要成分，功能在于保证精子的活力和输送作用。

卵子

人类对于卵子的研究活动，始于1827年德国生理学家贝尔首先发现哺乳动物的卵子细胞之后。

卵子是人体内最大的细胞，呈圆球形，直径约有149微米，内有细胞核与细胞质，外层是透明带和放射冠组成的卵外壳，起保护卵核的作用。

卵子诞生在女性的卵巢中。成年女性的两个卵巢中，约有4万个卵泡，每一个卵泡中有一个卵细胞，随着卵泡的不断发育成熟，卵细胞会成熟为卵子，最终冲破卵泡排出，形成女性排卵机理。

卵子在女性卵巢中，本为原始的卵原细胞，含有44条常染色体和2条性染色体X。卵原细胞由初级的卵母细胞、次级卵母细胞阶段变化成熟，成为含22条常染色体和一条X染色体的卵子。在生殖活动中，与X或Y类精子结合，成为XX合子或XY合子，最终发育成为女性或男性后代。

卵子成熟后，从卵巢中破裂而出过程，称为女性的排卵过程。排卵持续时间80～90秒，排卵前30秒左右，卵巢上的卵泡会显著向外凸出，然后出现爆发式的破裂，宛如“日出”——与大自然中，宏观世界与微观世界类似壮观景况惊人相似。排出卵巢的卵子，会被输卵管伞部捕获进输卵管，缓慢向输卵管较宽大的壶腹部移动，停留下来等待精子。

排出的卵子能存活12~24小时，最长能达到48小时。卵子成熟排出后存活的时间，即为女性受孕期。

排卵后，成熟的卵泡中因为已经没有了卵子，会变化成为一种黄体组织，能分泌孕激素，随着卵子的死亡，黄体会逐渐退化，最后被吸收掉。而如果卵子受精成为合子，孕激素能发挥作用，刺激整个机体进入妊娠状态。

射精

男女双方经过性爱活动，引起男性射精，男性每次射精能射出2.5毫升左右的精液，其中包含着有1亿~2亿个精子。

精液被射入女性阴道后，数以亿计的精子靠着尾部的摆动，在女性生殖器内快速前进，争先恐后地竞争着去与卵子相会。射入女性生殖器的精子，要通过整个阴道、穿过子宫颈、越过子宫腔后，最后进入输卵管壶腹部与卵子结合。经历过与精子长度相比来说，过于漫长的里程，数以亿计的精子会在中途夭折掉，只有数千个质量较强的能达到输卵管部位，淘汰率极高。质量较差的精子，会因为不能尽快抵达子宫腔失去活力，较大数量的精子会被子宫颈阻碍在外而夭折。

一般来说，精子进入女性生殖器内后，最长寿命为1~3天。

排卵

在女性的排卵期，体内雌激素分泌水平增高，子宫黏液会变得很薄很稀，清澈透明得像蛋清一般，分泌量也会增多，且

富含糖类、维生素和有机盐等营养物质，能为进入宫腔的精子提供所需的营养和能量，维持精子继续活动能力，有利于精子继续前进。

实际上，进入女性体内的精子，要进入子宫颈口原本就是一道关口。而精子进入宫颈口后，只有在女性排卵期内，才能够得到营养和热量补充，容易通过子宫颈。非排卵期内，女性子宫黏液会变得少而黏稠，营养物质也极少，而且内有大量的白细胞，精子不仅很难穿透这层黏液的防护层，还会被白细胞杀死。

通过子宫颈后，进入子宫腔的精子，由于宫腔内液体的帮助，得到营养物质和热量的“接济”，能够继续前进。经过子宫达到输卵管后，输卵管内的上皮细胞含有纤毛，并且会不停摆动以阻止精子前进。然而精子却具有奇异的逆行能力，克服阻力逆行而上，最终到达输卵管壶腹部与卵子相遇。最后，只有一个最具活力、上行速度最快的精子战胜上亿个竞争对手脱颖而出，淘汰掉所有“同伴”，成功与卵子结合。

受精

位于输卵管壶腹部等待受精的卵子，卵细胞外层有相对精子来说显得厚厚的一层透明带，外面还有放射状排列的冠状细胞膜。进入输卵管后大约占总量1%的精子，已经经过一次又一次的淘汰选择，被证明活力比较强。

来到输卵管壶腹部，遇上卵子后，众

多的精子会迅速包围起卵子来，利用自己顶部分泌的特殊蛋白质群起而攻之，溶解卵子的外层保护，打开一道裂隙。

在众多精子分泌的酶类物质的作用下，会有一只精子率先进入卵子内，于是，卵细胞的外围组织立即会形成一层膜，把其余围攻的精子全部拒之门外。而进入卵子内的精子，会迅速与卵子微妙结合、融为一体，这个过程即是新生命开始，称为受精。

受精后的卵子，称为受精卵。

着床

受精卵种植入子宫内膜后，形成胚胎，这个过程即着床。

受精后的卵子，立即开始细胞分裂，并会由输卵管向子宫腔移动。在受精后的四五天内到达子宫腔。

到达子宫腔后，受精卵会分泌出一种能分解蛋白质的酶类物质，侵蚀子宫内膜，并且把自己埋进子宫内膜的功能层中，接着，子宫内膜迅速被修复，这个过程称作受精卵的植入或者着床。

受精卵种植入子宫内膜后，就是胚胎。而植入胚胎以后，子宫内膜就不再脱落，女性的月经就相应停止。

受精卵埋入子宫内膜后，开始得到子宫的滋养，不断得到生长发育所需要的营养，同时也开始不断地生长和发育，成为胚胎，长成胎儿。

合理起居

自己动手DIY——居家观测基础体温

自己动手测量基础体温，是一种简便、实用、易学而又比较可靠的自我监测卵巢功能的方法。掌握自己观测基础体温的方法，作为一项能力，特别适合现代职业女性用来把握自身孕育的主动权。

每一位女性的基础体温，都具有自身独特的变化规律。掌握了这个变化规律，根据基础体温变化，可以间接地知道女性的卵巢功能，了解有无排卵、预测排卵日期及黄体功能情况。

基础体温，又称为静息体温，是指人体在较长时间的睡眠后醒来，尚未进行任何活动以前，所测量到的体温值。正常育龄女性的基础体温，与月经周期一样，呈现周期性变化。这种体温变化与排卵有关。在正常情况下，女性在排卵前的基础体温较低，排卵后会升高。这是因为，当卵巢排卵后形成的黄体以及分泌较多的孕激素，会刺激下丘脑的体温调节中枢，导致基础体温升高，并一直持续到下次月经来潮前，才开始下降。

把每天测量到的基础体温，记录在一张体温记录单上，并连接成曲线，就可以看出，月经前半期体温较低，月经后半期体温上升，这种前低后高的体温曲线，称为双相型体温曲线，表示卵巢有排卵，而且排卵一般发生在体温上升前或由低向高上升的过程中。

通常，人的体温会受到外界环境和机体内在活动的影响而有所波动，为了排除这些外来的和内在的各种影响，通常把早晨6～7时醒来、尚未起床之前的体温，作为基础体温——基础体温是人体一昼夜中的最低体温。

测量基础体温的方法虽然简单，要求却比较严格，还需要长期坚持。测量前，要准备一支体温计和一张记录基础体温的记录单（如没有这种记录单，也可以用一张普通坐标纸甚至小方格纸代替），从月经期开始，于每天清晨起床前，在不说话和不做任何活动的情况下，把体温计放在口腔里5分钟，然后把测量到的体温度数记录在体温记录单上。

为了提高测量基础体温的正确性，应当在每晚临睡前，把玻璃体温计上的水银柱甩到35℃以下，并放在床头柜上或枕头边，以便使用时随手可取，尽量减少活动。如果起床拿体温计，就会使基础体温升高，使这一天的体温数值失去意义。对上中班或夜班的女性，把测量基础体温的时间放在每次睡觉4～6小时后、初醒的时候。

基础体温一般需要连续测量3个以上月经周期，才能说明问题。如果月经周期比较规则的话，测量了几个月经周期的基础体温后，基本上就能掌握自己的排卵日期。

为了减少麻烦，可以选定从排卵日前的3～4天开始测试体温，待体温升高后再继续测试3～4天就行了，也就是说只要测量排卵期内的基础体温，可以用于避孕的需要。

测量基础体温，一般有以下几种用途：

观察卵巢功能

正常育龄女性的基础体温曲线呈双相曲线，即月经周期的前半期低，后半期高，这种情况表示卵巢有正常的排卵功能。如果基础体温呈单相曲线（没有前低后高现象），表示卵巢没有排卵。

诊断早孕

测量基础体温是一种最简单且诊断效果快的妊娠诊断法。月经周期一向规则的女性，如果突然停经，而基础体温上升后不再下降并持续18天以上，通常就可以诊断为怀孕。因为卵巢排卵后，卵泡形成黄体，分泌孕激素，孕激素会使体温升高，如果卵子受精怀孕，则黄体继续分泌孕激素，体温便会一直维持在较高水平。

指导避孕

测量基础体温，可以知道女性的排卵日期，从而可以采用安全期避孕法。

指导生育

与避孕恰恰相反，如果想生育，就应选择在排卵期性爱。因为测量基础体温可以测定女性的排卵日期，所以能用来指导生育。特别是某些不易怀孕的女性安排在排卵期性爱，能增加受孕的概率。

一般来说，基础体温测量法对判断排卵后安全期十分可靠，但有时也会遇到体温曲线不规则，因此不能确定排卵的准确时间，这种情况就不能采用安全期避孕方法。因为，有一些女性激素的平衡情况没有很明显地呈高低温起伏现象，如果激素的平衡情况不好，即使在月经期间，有性行为也可能会造成怀孕。

跟我学——早孕试纸测孕

早孕试纸，是近年来应用广泛、结果相对可靠的自我测试怀孕与否的简易工具，学会使用它，也是育龄女性掌握自我生育主动权的本领之一。

一般情况下，早孕试纸检测结果有两种：将尿液滴在试纸上的检测孔中，如果在试纸的对照区出现一条有色带（有的试纸显红色，有的试纸显蓝色），表示未受孕；反之，如果在检测区出现明显的色带，则表示阳性，说明发生了妊娠。

使用这种检测具有快速、方便、灵敏、特异性高的优点，可避免与人绒毛膜促性腺激素（HCG）有类似结构的其他糖蛋白激素引起交叉反应。但是，自测早孕的女性必须记住：早孕试纸只能作为一种初筛检查方法。

虽然早孕试纸号称有99%准确率，但万不可轻信自测结果。据妇科专家统计，早孕试纸的正确测试率差异很大，为50%～98%。

女性在家里做怀孕自我测试，如果没有任何外界的指导，一般测试结果只能达到50%～75%的精确率。如果在化验室中当着医生做这种测试，医生能确保试纸工作正常，女性能不折不扣地根据说明正确使用试纸，测试准确率就有可能接近100%。但是，在实际操作过程中，按照说明正确使用却绝非易事。对一位因为害怕怀孕而紧张惊慌的女性来讲，由于不能镇静耐心地照说明去做，错误也就在所难免。而且，测试结果也容易迷惑人，不论是颜色反应，还是线条反应，都不好准确地解释。

除此以外，虽然许多种早孕试纸上都

标明，女性在错过正常经期一天之后，便可以做怀孕自测，但实际情况却会因人而异。所以，最好在月经期迟来 2 周后，再做怀孕自测，这样结果会可信一些。如果在晚间做怀孕自测，准确率也会或多或少地受到影响。

一般来说，用早起第一次排出的尿液，会测出最准确的结果。

有不少非怀孕因素，也会导致测试结果呈阳性：如尿中带血、近期有过怀孕（在小产、人工流产或生育8周后等）、卵巢肿瘤等。

因此，育龄女性出现停经，不要仅仅依靠一次早孕纸自测来判断自己是否妊娠。为了保险起见，可以在3天后再测一次。

当然，最可靠的还是及时到医院进行全面检查，尤其是自测结果呈现弱阳性者，最好找医生确诊，以便采取相应措施。

饮食营养

胖到适度、瘦得合理——孕期体重控制

自身的胖瘦程度和体重，是女性历来极其关注的事。如果说在怀孕以前的关注胖瘦和体重，仅仅是出于爱美、出于对自己外形美观、苗条的爱护，怀孕以后，则需要对自身和胎儿、对未来宝宝的健康密切注意。

怀孕以后，“胖”与“瘦”的程度、体重增加多少合适?

怀孕期间增加总体重的范围，需要控制在11～14千克。因此，要摄取充足营养又不囤积多余脂肪，真是很不容易做到的事。

孕期营养指标，可以参考体重增加情况来自己掌握。

胎儿长大、羊水增多、胎盘增大、乳房增重、血液和组织液增多、母体脂肪增加，是孕期体重增加的原因。

孕期母体体重的正常增加，是营养良好的重要考量指标。孕前体重偏低的孕妈妈，在孕期体重可以增加得多一点；反之，孕前体重偏高者则应当适度节制。

怀孕期间体重的增加，应当是渐进式的，妊娠初期的3个月平均增加1~2千克比较合理，妊娠中后期大约每周增加0.5千克（见下页表）。

孕期的理想体重增加表

	1～3个月	4～7个月	8～10个月	总计
正常	1～2千克	5千克	5～6千克	11～13千克
偏高	2～3千克	6千克	6～7千克	14～16千克
偏低	1千克	3千克	3千克	7千克

体重指数（BMI）数值计算法：

BMI数值=怀孕前体重（千克）÷身高（米）×身高（米）

理想体重计算公式：

理想体重（千克）=22（BMI）×身高（米）×身高（米）

体重偏低：低于理想体重的90%；

体重偏高：高于理想体重的110%。

例如：身高160厘米，体重60千克的女性，理想体重为56.3千克，怀孕期间体重在66~70千克的范围内是可以接受的。

建议体重较肥胖的女性，在妊娠期不宜减重，只要每天摄取的热量不少于2 508千焦（600千卡），并不会伤害到胎儿的正常发育。需要控制体重的孕妈妈，每天热量摄取不低于4 180千焦（1 000千卡），是较为恰当且安全的，建议以均衡营养的方式进行，并且要密切配合医生定期做产前检查，随时注意胎儿生长情况。

原则上，母体的体重不要增加得太多，胎儿能正常生长发育。怀孕期间体重增加很少的孕妈妈，也不宜于在妊娠晚期急速增加体重。可以把自己的情况通过妊娠日记做详细记录，及时找医生、营养师请教，拟定出最适合自己的体重管理方案。

保质不求量——妊娠早期的营养

妊娠早期，是指怀孕的前三个月，即第1～12周，这期间，胚胎发育速度比较缓慢，每天大约增加1克，胎盘和母体的相关组织增长变化不明显，女性进食量与怀孕前基本相似，对营养素的需求量与孕中、晚期相比要少得多。但这个阶段是胎儿各种器官分化形成时期，母体需要全面合理营养，避免营养不良或缺乏，营养摄入过剩同样对胎儿不利。

妊娠早期，胚胎的各器官形成发育，需要各种营养，包括蛋白质、脂肪、糖类（碳水化合物）、矿物质、维生素和水，同时还应当考虑到早孕反应的特征，饮食要清淡，适合口味，以利于正常进食。不求多而要保证质量，可口宜食，忌偏食。妊娠早期胚胎发育，每天蛋白质摄入量不少于40克，以维持母体和胎儿需求，应食用易消化吸收的禽畜肉类、蛋乳类、鱼类及豆制品；每天至少摄入150克以上糖类（碳水化合物），约折合米、面、薯类粮食200克左右；同时注意补充含钙、磷、铁、锌、铜等元素的食品，如禽畜肉、核桃、芝麻、豆类、奶类和海产品等。

妊娠早期，会因为妊娠反应而呕吐、食欲不振，要多吃新鲜蔬菜、水果来补充足量的维生素，也有利于调整胃口，增加食欲。

妊娠前的女性，一般每天需要消耗9 196千焦（2 200千卡）的热量，妊娠后，由于胎儿、胎盘、乳腺等额外需要，每天热量需要增加到10 450~12 540千焦（2 500~3 000千卡），这些热量要依靠饮食提供。

蔬菜中的糖分含量约2%，而水果中糖分约10%，水果中的糖分不仅高于蔬菜，而且还含有能直接被吸收到消化道的单糖，使体内糖吸收增加。孕期活动量减少，进食过多的水果，会使过多的糖储蓄于体内，出现肥胖，多余的糖也可通过胎盘进入胎儿体内储存，使胎儿也偏胖。

水果中的矿物质含量比蔬菜低，因此不能代替蔬菜。营养学家提倡，孕期每天吃500克的绿色蔬菜，再根据主食量的多少进食水果，但不要以水果代替主食和蔬菜，选择水果要选含糖分较少的水果为好。

对于孕妈妈来说，鸡蛋是一种很好的营养品。在100克鸡蛋中，含有蛋白质14.7克、脂肪11.6克、热量711千焦（170千卡）、钙55毫克、磷210毫克、铁2.7毫克、胡萝卜素1440毫克等，营养丰富，又易消化吸收。

白领孕妈妈——上班族职业女性的营养

作为现代职业女性，对于形体的胖瘦程度的关注，普遍要高于自身饮食习惯和营养状态。而进入妊娠期以后，对于胖瘦程度、体重多少的关注，应当让位于对于饮食习惯和营养状态的重视程度。

城市上班族职业女性生活节奏比较快，通常按早八晚五，每周五天作息，一日三餐普遍是：早餐边走边吃，午饭以快餐为主，晚餐买一点外卖食品回家吃。这样的饮食结构，肯定会影响到怀孕后营养状态，影响到未来胎儿健康。

人体所必需的六大营养素包括：蛋白质、脂肪、糖类、矿物质、维生素和水，仅仅在炸鸡、汉堡包和比萨饼等快餐食物中不能包含足量。

职业女性在怀孕后，应当好好调整一下饮食习惯。不论怀孕前饮食习惯有多随便、多能凑合，为了肚子里的胎儿的健康，一定要注意摄入营养比例和搭配的合理，到快餐店吃饭，不要忘记吃一点生菜色拉，吃全麦片面包，营养就会比汉堡强一点，再夹上一点番茄等。工作之余，还可以为自己准备一些水果、新鲜蔬菜、坚果、酸乳酪等。每天保证有一定的鲜奶摄入量也很重要。

还应当注意，一些有食品添加剂和色素的加工食品，虽说经食品检验通过、“基本不会”危害人体，但并不是“绝对不会”危害健康。

要知道，进入妊娠期是进入了特殊时期，腹中胎儿的体内解毒系统发育不完善，肝脏的排毒功能尚不足，有毒的物质可能会囤积在体内，等到贮存到一定量时，会导致发病，危害健康，因此，但凡快餐食品，有添加剂、色素的食物还是少吃为佳。

饮食习惯是否科学、营养状态是否健康，一旦进入孕育阶段，必须引起职业女性的充分重视。

嗜酸口味——味觉变化的缘由

“酸儿辣女”的俗话，已经被现代科学证明并没有道理。但是，妊娠期间味觉普遍变化，喜欢吃酸口味食物，则是自然现象。

嗜酸，是怀孕以后女性典型的口味变化和征兆。

怀孕以后，母体内胎盘会分泌出一种物质，称为绒毛膜促性腺激素，有抑制胃酸分泌的作用，使孕妈妈胃酸分泌量显著减少，各种消化酶的活性也大为降低，从而影响到正常消化功能，伴随产生恶心、呕吐和食欲不振。此时，吃一些酸味食品，这些症状会得到明显的改善。因为酸味能刺激胃的分泌腺，使胃液分泌增加，还能提高消化酶的活力，促进胃肠蠕动，增加食欲，有利于食物的消化吸收。因此，怀孕后适当吃一些酸味的鲜水果，如柑橘、杨梅等，对身体颇有好处。

实际上，在妊娠期喜欢吃酸味食物，是孕妈妈机体自我调节的一种方式。酸味能刺激胃液分泌，提高消化酶的活性，促进胃蠕动，有利于食物的消化和各种营养素的吸收。怀孕后爱吃酸味食物，有利于胎儿和母体健康。

很多新鲜的瓜果含酸味，这类食物含有丰富的维生素C。维生素C可以增强母体的抵抗力，促进胎儿正常生长发育。因此喜吃酸味食物的孕妈妈最好选用一些带酸味的新鲜瓜果，如番茄、青苹果、橘子、草莓、葡萄、酸枣、话梅等，也可以在食物中放少量的醋或者番茄酱，增加一些酸味。

妊娠初期，针对早孕反应引起的恶心、呕吐症状，可以多餐少食，饮食宜清淡，不宜吃腌菜之类。

怀孕期间需要丰富的营养食物，不需要忌口。因为这段时间不仅要保证维持自己的生理需要，还要保证胎儿生长发育所需的全部营养物质，还要为分娩和哺乳期的高度消耗做准备，保证这时的营养直接关系到优生优育。

虽说孕妈妈一般不必忌口，但也应当注意调味品的食用。如果吃得太咸，随后喝水太多，易出现水肿。每天食盐摄入量应当控制在6克以下。如果酸甜食物进食太多，也会影响食欲，对牙齿不利。有痔疮的孕妈妈不能多吃芥末、姜、胡椒、辣椒等，以免加重痛苦。

咸菜和醋渍类腌制品，偶尔作为餐桌佐味的调剂食品，并无不可。但是，最好不要经常吃，因为这一类食物中的维生素、蛋白质等营养成分受到破坏，而且可能存在致癌物质亚硝酸盐，对胎儿和母体有害无益。

必需营养天天补——补充叶酸

人体必需的营养很多，怀孕特殊阶段，与平时有所不同，需要特别注意补充叶酸来保证母胎的需求。

叶酸，是一种水溶性维生素，是人体必需的三大造血原料之一，人体内不能合成，所需要的全部须从食物中获取。叶酸进入人体后，转变成四氯叶酸参与人体代谢功能，发挥生理作用。

如果孕期缺乏叶酸，会使红细胞生成障碍，引起巨幼红细胞性贫血。如果怀孕早期缺乏叶酸，会影响到胎儿神经系统的正常发育，导致脊柱裂或无脑儿等神经管畸形发生。

绿叶蔬菜中含有叶酸，叶酸是蛋白质合成的基础，也是血液细胞和新生细胞形成的基础。胎儿生长发育离不开叶酸。妊娠期出现贫血和疲劳症，则是叶酸缺乏的症状。妊娠期如发生贫血，必须每天从摄入的食物中补充，因为叶酸不能在人体内储存。

如果属于服用过避孕药后怀孕的情况，更加应当注意补充叶酸和维生素B_6和维生素B_{12}，因为体内的这些营养物质完全可能已经消耗尽。如果在计划怀孕阶段，孕前补充足量的叶酸，可以减少胎儿出现脊柱裂的发生率。

如果体内叶酸缺乏，需要纠正1～2个月，所以，服用叶酸最好是在怀孕前3个月直到孕后3个月，剂量每天0.4毫克。服用和补充叶酸，要遵医嘱。

每天都食用含有2～4种蛋白质的肉类、鱼类、家禽类、奶制品、豆制品、蛋类或果仁、谷物、豆奶混合食物。

富含叶酸的食物，多为新鲜绿叶蔬菜，如菠菜、生菜、花椰菜、芦笋、绿芥菜、豆芽等，动物肝脏和黄色、橙色的蔬菜和水果也含有较高的叶酸。

胎儿大脑发育的必需营养——适当补充二十二碳六烯酸（DHA）

传媒中关于育儿用品的各种各样的广告，普遍对于补充大脑必需的营养DHA极尽渲染和夸张，甚至让人觉得，如果不补充DHA，就达不到大脑智慧的基本需要。是这样吗?

DHA是二十二碳六烯酸的英文缩写，是一种大脑营养必不可少得多价不饱和脂肪酸，它除了能阻止胆固醇在血管壁上沉积、预防或减轻动脉粥样硬化和冠心病的发生外，更重要的是DHA对大脑细胞有着极其重要的作用，对脑神经传导和突触的生长发育极为有利，是人的大脑发育、成长的重要物质之一。

人体维持各种组织的正常功能，必须保证有充足的各种脂肪酸，如果缺乏它们可引发一系列症状，包括生长发育迟缓、皮肤异常鳞屑、智力障碍等。DHA作为一种必需脂肪酸，其增强记忆与思维能力、提高智力等作用更为显著。流行病学研究发现，体内DHA含量高的人的心理承受力较强、智力发育指数也高。

人的记忆、思维能力取决于控制信息传递的脑细胞、突触等神经组织的功能，即信息在神经系统内的传递范围、方向和作用。DHA在神经组织中约占其脂肪含量的25%，突触是控制信息传递的关键部位，是由突触膜和间隙组成，DHA有助于突触和间隙的结构完整、功能发挥。当人的膳食中长期缺乏DHA时，突触膜结构会遭到破坏，进而对信息传递、思维能力产生不良影响。

DHA与胆碱、磷脂都是构成大脑皮质层的重要物质，是贮存及处理信息的重要结构。DHA有维持脑细胞膜完整性及促进脑发育、提高记忆力的作用，是大脑营养的必需物质。DHA还可以促进视网膜视杆细胞发育。

营养学家主张，自怀孕4个月起，孕妈妈应当适当补充DHA。

除了专门的DHA制剂外，能帮助孕妈妈摄入DHA的食物有：核桃仁、榛子仁等，多种坚果内含有丰富的天然亚麻油和

亚麻酸，人体摄入后，经肝脏处理能合成机体所需要的DHA。

海鱼、深海鱼肝油、甲鱼等也富含DHA，孕期可以有意识地适当加大摄入量。

每天吃好——均衡饮食营养

均衡饮食的营养结构，通俗地说，就是要吃饱、吃好，吃得有利健康、吃得科学合理。

吃饱、吃好，是怀孕期间饮食营养的需要，那么究竟每一天、每一餐要吃多少？怎么样才能做到吃好呢？

其实，吃好的正确含义，就是要均衡饮食中的营养成分，补充母体自身和胎儿生长发育所需要的营养素。

孕期做到饮食均衡，正确补充营养素，应当考虑到：

不需要增加更多的主食，而是应当增加副食品的种类和数量，尤其是要注意摄入足够的蛋白质和钙质。

饮食结构搭配要多样化，避免偏食，以求全面摄入营养素。

要做到因人、因时、因地安排膳食。

常吃大米、白面者，应当多补充B族维生素，添加杂粮和粗粮。

夏天蔬菜多时，多吃一些新鲜蔬菜；秋季水果多时，多吃一些新鲜水果。

平时不习惯吃肉、蛋、乳类高蛋白食物的女性，可多吃些豆类和豆制品，以补充蛋白质的不足。

身材高大、劳动量和活动量大的女性和平时饮食量过少的女性，应适当多吃，补充足够营养。

妊娠早期3个月内，胎儿生长发育缓慢，每天体重增加1克左右，各种营养的需要量和未怀孕时基本相同。但到了孕中期和孕晚期，由于胎儿生长发育很快，体重平均每天要增加10克，因此要多补充营养，而且要合理搭配食物，平衡各种营养素的摄入，以利胎儿生长发育和母体自身日益增长的消耗所需。

胎教要点

胎教的基础——母胎信息联系

母体和胎儿之间，不仅仅是血脉相通的关系，还具备心灵、情感相通的联系。

母体和胎儿能分别通过不同的途径，彼此之间传递生理、行为、情感信息，这也正是进行胎教的先决条件。

一方面，胎儿开始在母体存在，促进母体分泌维持妊娠所需的激素，使母体产生孕育胎儿必需的生理变化，如子宫变大、变软，乳腺增生、乳房增大，基础代谢加快、激素活动增加，全身各器官的生理功能增强等，来自胎盘分泌的一系列激素不断输送给母体，刺激母体相应反应，维持妊娠的进行。总之，自从胚胎在母体子宫中着床“安营扎寨”后，就会积极地发动分泌物质功能，协助和促使母亲来维持自己的小生命——别看小东西小得微不足道，却已经能对自己的生存施加一定影响。

另一方面，母体也在积极地向胎儿传递各种生理信息。母亲如果情绪不安，分泌出来的激素会使血液中的化学成分发生变化，通过胎盘会对胎儿的生长发育产生影响。如果母亲有嗜烟、酗酒、滥用药物、暴饮暴食甚至遭受外界伤害等情况，会使胎儿生长环境发生有害变化，使胎儿产生恐惧，表现出胎动异常、胎心动过速等。

母亲的情感，如怜爱胎儿、喜欢胎儿，还有恐惧不安等信息，也会通过相关途径传递给胎儿，产生潜移默化的影响。有研究证明，母亲在绿叶成荫的环境中散步，心情舒畅愉悦的时候，信息很快传递给胎儿，体察到母亲恬静心情的胎儿会随之安静下来。而母亲如果愤怒，胎儿在体内也会迅速捕捉到来自母体情感信息，变得躁动不安。统计表明，有不少毫无医学理由的自然流产发生，正是出自母亲的心理因素造成的。

至今为止，人类科学研究还不能完全破译母亲与胎儿之间是如何进行情感沟通的方式之谜。然而，事实已经证明，但凡生活幸福美满的母亲，所生的孩子大都聪明伶俐，性格开朗，而孕期遭受不幸的母亲所生的孩子，容易出现反应迟钝、发生自卑、怯懦等心理和人格缺陷。

并不神秘——自然胎教与积极胎教

胎教，往往被认为是玄虚、缥缈的东西，甚至会让人觉得高深莫测、可望而不可即。

其实，自然胎教并不神秘。

“有喜了！”医生把确诊后的信息，告诉给热切盼望当中的准父母，给家庭带来无限的喜悦和新的希望，这种喜悦和希望，就是最朴素、最自然的胎教。接下来，准爸爸和准妈妈之间会猜测：“一定是个最好的孩子！”“漂亮像你，聪明像我，孩子一定会很完美！”这就是不自主地对胎儿进行积极胎教了。

沉浸在美好向往之中的孕妈妈兴高采烈，容光焕发，充满信心，也对腹中的胎儿充满期待，在盼望和期待中度过40周妊娠期。母亲心目中，孕育中的胎儿是夫妻爱情的结晶，是两个人生命的延续，是自己最心爱的，以逐渐产生的博大母爱关注胎儿的变化，呵护胎儿成长——这就是自然胎教、积极胎教。

胎儿在孕育过程中，个人的性格、气质特点就已经开始萌芽，包括爱、憎、忧、惧、喜等不同的情感，因此，能在母体内对母亲的细微情绪、情感变化做出敏感的反应。

实际上，作为实践的胎教，任何人都能做到，而且在有意无意中自然地做着。从这个意义上说，胎教不玄，也不神秘，关键在于准妈妈是否拥有高度的责任感和美好的愿望，是否能有意识地注意身心修养，在妊娠期保持良好的情绪，用极大的爱心对待生活，能从生活的细枝末节当中寻找到美的感受，静静地等待宝宝的来临……实话说，这些要求并不难做到，每一位母亲都应当能够完成。

心情与运动

心态调整——孕妈妈心理很重要

每个孕妈妈都渴望有一个健康活泼的小宝宝，然而孕育小生命却是一个漫长而又艰辛的过程。所以从准备怀孕起，准妈妈就将开始经历生命中最大的变化。为了更好地适应这一变化，孕前良好的心理准备对准妈妈来说至关重要哦！

有计划地消费

怀孕、养育小宝宝不仅辛苦，而且需要一定的物质基础。因此在准备要宝宝的那一刻，就要学会有计划地消费，为怀孕、宝宝的出世做一定的积蓄。

愉快地接受怀孕期的各种变化

怀孕确实会使女人在体形、情绪、饮食、生活习惯、对准爸爸的依赖性等诸多方面发生变化，所有这一切都是正常的、必须经历的自然过程。所有想当妈妈的人都应以平和自然的心境来迎接怀孕和分娩的到来。

接受未来家庭心理空间的变化

小生命的诞生会使夫妻双方的两人生活格局变为三人生活格局。宝宝不仅要占据爸爸妈妈的生活空间，而且要占据夫妻各自在对方心中的空间。这种心理空间的变化往往为年轻的夫妇所忽视，从而感到难以适应。虽然妈妈对于宝宝付出的可能更多，但是也千万不要觉得宝宝是自己一个人的，而忽视了和爸爸的交流哦！

做好受孕的准备

宝宝的出生会给家庭增添许多家务，夫妇双方要主动共同分担。特别是在准妈妈怀孕时，准爸爸更要主动承担家务，切忌大男子主义哦！不过因为现在的孕妈妈和准爸爸基本上也都没有兄弟姐妹，所以方便的时候，请家里的长辈给予适当的帮忙和指导也是不错的选择。

存一份心情——妊娠日记要点

家用照相机、摄像机已经普遍进入了人们生活，珍藏和保存一份精彩的生活记录，为众多家庭增添了生活乐趣。在孕育过程的起点——妊娠期间配合影像资料，记一份文字版的妊娠日记来补充家庭生活档案，也能给未来的宝宝建立完整的纪念册。

妊娠期怀胎十月的历程中，准妈妈和腹中的宝宝会不断变化，也难免会出现这样和那样的不适感。莫不如自己建立一份妊娠日记，认真记录妊娠期发生的情况，加强与医生的合作，为医生提供准确的诊断依据，同时也为自己、为家庭和孩子留下一份珍贵的档案资料。

妊娠日记除了记述自己的情感和感受外，还可以记录以下内容：

末次月经日期。记录这个日期可以帮助医生计算预产期，并且据此判断胎儿生长发育情况。

早孕反应。记录早孕反应开始的时间及发生的程度，饮食调理的方法、进食数量以及医生治疗的情况等。

第一次胎动日期。胎动大多数发生于妊娠18～20周，胎动的日期也可以帮助计算预产期和判断胎儿发育情况。还应该记录每天胎动的计数，监测胎儿发育。

阴道流血。妊娠期出现阴道流血，大

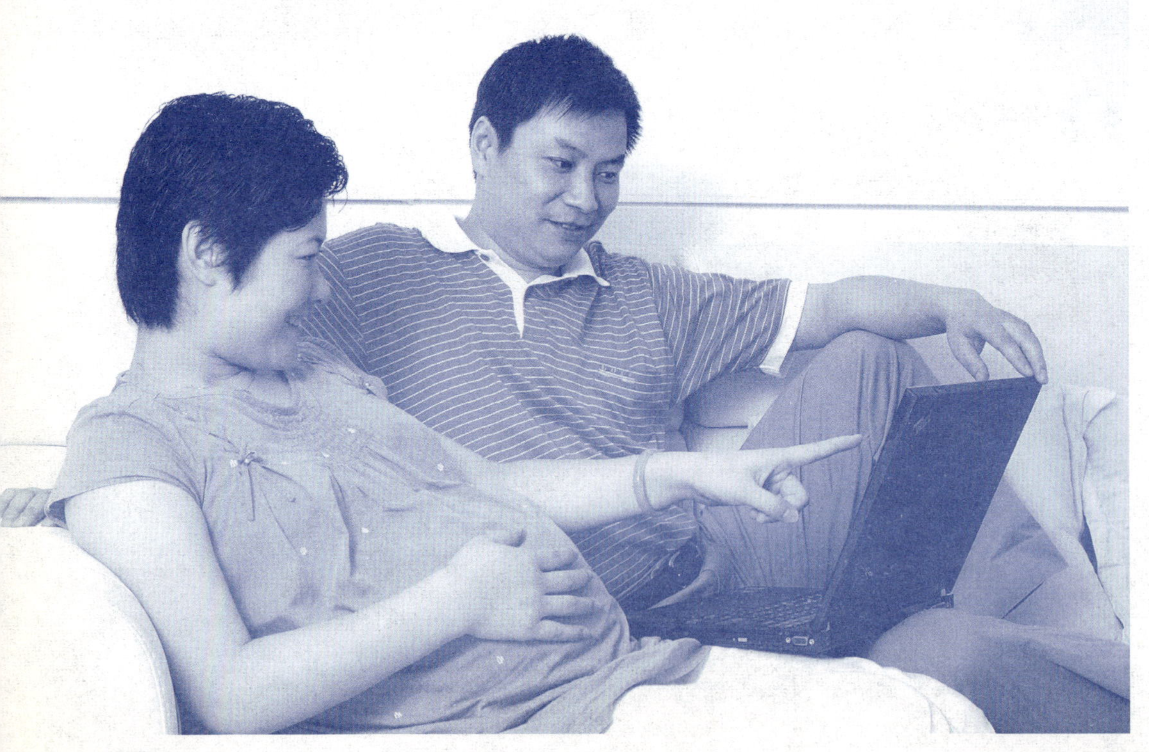

多属先兆流产，也可能出现了异位妊娠。应当准确记录血色、血量及有没有其他组织排出。

妊娠期患病及用药情况。日记要记录孕期不舒适的感觉，患病的症状、医生的诊断、服用药物的名称、剂量和服用时间的长短。

接受放射线等有毒有害物质情况。各种放射线均对胎儿不利，如果在孕期做过X线检查，或接触过其他放射性物质，应当记录照射部位、剂量和时间。如果孕期曾经接触过农药，或在化学制剂污染严重的环境中工作，也应当记录下来。

胎动计数。在出现胎动现象后，应当记录每天胎动次数。

性爱情况。一般说来，在妊娠早期和晚期是禁止性爱的。孕中期的性生活频率也不宜过多，而且每次性爱都要记录下来。

体重变化。妊娠女性要注意自己的体重变化，一方面供医生参考，另一方面可以根据体重变化情况，调节饮食。

检查情况。每次产前检查后，都要记录检查情况和日期，记录血压、尿蛋白、血红蛋白检查结果，还要记录有无水肿及宫底高度。

其他情况。妊娠日记还应当记录妊娠期生活、工作、精神心理上的重大变化。

不要忽视妊娠日记的作用，记录下自己细微的生理变化和反应，能够在妊娠期间的产前检查中，帮助自己向医生提供更准确、更详细的资料。当然，等到孩子呱呱坠地、逐渐长大以后，再来重读它，会更能体悟到为人之母的历程。

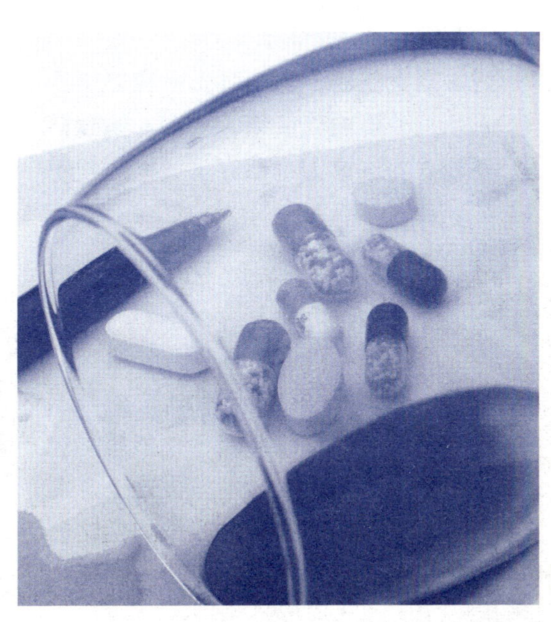

情绪多变——妊娠初期的心理变化

对于一般人来说，情绪的好坏能直接和间接地影响到人的身心健康，对孕妈妈来说，情绪更会影响到自身健康和胎儿的成长。

怀孕之后，孕妈妈的心理因素很复杂。有些传统观念把妊娠分娩不看做圣洁的事，使孕妈妈们形成害羞、自感卑琐等心理，使孕妈妈的性格更加内向，凡事变得更加消极被动，依赖性变得更强，得不到满足时则会表现出抑郁情绪。

妊娠初期，早孕反应折磨着孕妈妈，一系列生理变化需要适应，给生活、工作、学习带来种种不便。加上有很多人事前并没有做好怀孕的心理准备，诸多的不适感和不利因素会使怀孕女性心理上产生不平衡感，忧郁、疲劳等不良因素影响，变得心眼儿小、在生活琐事上易钻牛角尖、动不动就发脾气，动辄哭天抹泪的情况。

妊娠期女性的心态、眼光会变得明显与孕前不同，影响到情绪，更会影响到健康。不仅自身，家人也都应当共同重视不良情绪对胎儿的影响。

正常人在急剧变化的情绪下，除了面部表情、身体和声音等外部表现会变化外，明显的功能变化出现在自主神经系统，心跳加速、加强，血压升高，血糖增高，血液含氧量增加，中枢神经系统控制下的内分泌腺体也会发生变化。

孕妈妈如果发生强烈的情绪变化，会刺激到胎儿。长期持续的不良刺激，会影响到胎儿的身心发育。临床调查证明，新生儿爱哭闹，多数与母亲妊娠期有过长时间的焦虑状况有关；而幼儿神经质和暴躁，可以追溯到母亲妊娠期常常发怒或恐惧情绪的影响。

因此，孕妈妈在注意营养和休息之外，一定要控制过激的情绪，制怒节哀，排忧少虑，适度丰富生活内容，要尽可能使自己的情绪变得更加“外向”一些，及时排掉不良情绪，更加积极、乐观地对待孕期生活。

从现在做起——养成散步习惯

散步，是比较适合孕早期的运动项目。散步有利于呼吸新鲜空气，能提高神经系统和心、肺等器官功能，促进全身血液循环，增强新陈代谢，加强肌肉活动力和功能。

在整个妊娠期间，养成每天散步的习惯，对于自己和腹中的胎儿的好处是不言而喻的。

如果距离很近的外出，可以轻松地步行前往，当做一次散步。步行不仅可以调

节心情，更有益于身体健康。

正确的走路方法

好的走路姿势，就是用全身哪儿都不用力的自然体态走路，基本要点是，伸直后背，两手和谐摆动，头和上身尽量不要上下摆动，用全身走路。此外，后脚蹬地面，向前伸出的脚，要脚跟先着地。

步行的好处

可以缓解焦躁不安的情绪；调整身体状况，减轻恶心、呕吐；培养体力，以利分娩；妊娠期间努力积攒体力会增强分娩的信心；防止妊娠肥胖症发生；适度疲劳感有益睡眠；预防腰痛；加速产后恢复等。

每天宜走距离

以每天4 000~5 000步为标准，步行时间为40分钟左右，距离约有3千米，按这样的程度，孕妈妈体力应当能达到，每天可以步行往返到1. 5千米远处。

需中止步行的情况

有出血；手脚肿胀；腹部发胀及其他不宜出行的情况。

特别提醒

不要沿着公路边散步！

公路上车辆流动量大，所排放的尾气中所含的废气严重影响到人的健康。此外，公路边高分贝的噪声，对母体和胎儿都不利。散步地点，最好选择空气清新的公园、郊区、林荫绿地和清静的水面或湖泊边为佳。

本月小结

养精蓄锐，调整情绪。

孕妈妈要做产前检查，一定要化验血液，确定自己是ABO或Rh血型，预防出现母子血型不合的可能。

妊娠第一个月，是指孕妈妈从上一次月经的第一天算起，四周以内的时间。如果月经周期为28～30天，则妊娠第二周末精卵结合。受精后约4天，分裂成细胞团的精卵沿着输卵管到达子宫。第三周，细胞团脱去外膜，为着床作准备。第四周，胚胞已牢固地种植入母体的子宫里。

女性怀孕后心理上变化和生理变化交织在一起，会形成孕期特有的行为、体征和独特的心理应激反应。体内除雌性激素发生改变外，肾上腺皮质激素分泌也会亢进，使得早孕女性心理变得较为紧张。

胚胎情况

卵子在输卵管壶腹部受精后，由于输卵管中纤毛及肌肉的运动，令受精卵渐渐向子宫方向移动，使它在受精后4~5天到达子宫腔，然后在子宫内停留3~4天。这时，受精卵分泌出分解蛋白质的酶在子宫内膜表面造成一个缺口，并逐渐向里层侵蚀。受精卵进入子宫内膜以后，子宫内膜上的缺口会迅速修复，把受精卵包围在子宫内膜之中，然后，受精卵便完成着床。着床发生在受精后的第7~8天，这时的胚胎称为囊胚。囊胚植入子宫内膜后，会迅速发育。到第一个月末时，胚胎长度约5毫米，是一个腹部隆起的椭圆形，其中便是心脏原基。它虽然没有心脏的形状，却已经具有活力，会在胚胎中轻轻跳动。

妊娠3～4周，称为胎芽期。胎芽身上0.5～1厘米，状如小海马。

母体情况

受孕两周之内，一般女性没什么明显变化。也就是说，在妊娠第一个月，母体不会出现任何反应。

确定是否已经妊娠，现在就应当对怀孕的表现有所了解，妊娠一般有四个早期征兆：

月经过期：如果月经一直很规律，近期有过性生活，在应当来潮的日期没有来月经，应该想到是怀孕了。

小便频繁：妊娠后，生殖器充血压迫膀胱，会引起小便次数增多。

乳房变化：在妊娠第一个月末，乳房会有胀感和轻微疼痛。

早孕反应：常见有恶心、呕吐、食欲不振、疲乏、嗜睡等症状。

到怀孕第一个月结束以后，在妊娠第4~5周，早期供给胎儿营养的胎盘、绒毛和脐带开始工作。多数人还没有出现孕早期的妊娠反应，有个别人会出现全身乏力，发冷、发热等类似感冒的症状。

孕初期须做的三件事

首次孕检：孕初期首次体检包括询问家庭史和本人病史、测量基础血压、称体重、听心肺、妇科检查以及化验小便、肝功能等。

建立“孕期保健卡”：医生确定怀孕后，孕妇应立即建立“孕妇保健卡”，在医生的指导下安然度过妊娠、分娩与产褥各个时期。

测算预产期：妊娠通常持续9个多月。在这9个多月的时间里，胚胎从一个简单的细胞，变成由数百万个细胞组成的、极复杂的有机体。在整个人生过程中，任何时间都不会像这一小段时间那样生长得如此迅速。

一旦确诊妊娠，便可预计孩子出生的时间，医学上称为“预产期”。

计算预产期，只需在末次月经第一天加上9个月零1周即可。例如，末次月经是1月1日，加9个月为10月1日，再加1周（7天），为10月8日。10月8日就是预产期。真正分娩可能发生在预产期的前后2周内。

每3周来一次月经的妇女，其妊娠期限应为280天－1周=39周。

每4周来一次月经的妇女，其妊娠期限应为280天= 40周。

每5周来一次月经的妇女，其妊娠期限应为280天+1周 = 41周。

如果自己的月经周期不太规则，或者记不清末次月经的日期，就应在妊娠早期根据妇科检查来推算。

胎教要点

医学古籍《千金方·徐之才逐月养胎方》有“一月之时，血行否涩，不为力事，寝必安静，无令恐畏。”是指孕期初月血液运行缓慢，准妈妈不要做力所不能及的劳务，睡卧须安静，不要有恐惧害怕的心理。因为生理原因，容易出现情绪不快、精神疲倦和烦躁不安，特别需要增加精神和饮食营养，家人应当给予适当的抚慰，努力调节好正常生活。

继续保持健康的生活方式，注意营养的均衡摄入。如果以前生活起居不够规律，那么，为自己和未来宝宝的健康，一定要纠正过来，不要熬夜，每天定时休息，保持充足睡眠，不要过度劳累，避免做过于剧烈的运动。

本月推荐食谱

从现在起，要开始养成规律有序的饮食习惯——每天三餐两点。别以为这事儿小，良好、有规律的饮食习惯，能伴随经历漫长的孕育里程，能给孕妈妈和未来的宝宝带来健康和平安。

早餐：要有主副食搭配，干稀搭配。以牛奶、粥、汤配着吃面包、点心等主食，佐以鸡蛋、蔬菜、水果等。如果不习惯早餐吃肉，可以尝试换成豆制品，以满足蛋白质的需要。

加餐点心：酸奶、奶酪配水果。如果早餐喝牛奶肠胃有不适，可以在加餐时喝，喝时最好配两片饼干或面包。

中餐：要吃好，最好不要吃西式快餐。如果不得已，记着要加一些蔬菜色拉或水果。用果汁、矿泉水替代碳酸饮料。

加餐点心： 吃一点坚果、豆制品和饼干、面包。

晚餐： 只要能确保营养，可以适当少吃一点主食，以降低摄入的热量。但要注意，肉类和蔬菜、水果不能缺少。如果晚上睡眠不太好，可以在临睡前半小时加服一杯奶，既有助于睡眠，又利于养胃。

食谱列举

【抓炒腰花】

猪（羊）腰子300克，淀粉、植物油、酱油、料酒、糖、盐、葱、姜各适量。

腰子洗净，片成两片后，剔除红白色臊腺，再切成连刀腰花片，裹上淀粉，放入五成热油锅，翻炒，加酱油、料酒、糖、盐、葱、姜等出锅即可。腰子可补肾气，适于孕前食用。

【炝西兰花】

西兰花菜400克，干辣椒3个，花椒10粒，盐、味精、水淀粉、植物油各适量。

西兰花洗净切成小块，入沸水焯一下，去生味后捞出沥干，干辣椒切成一厘米长小段。锅内入油烧至六成热后，下入干辣椒段和花椒炝锅，煸出香味后，入西兰花快速翻炒，入盐和味精调味后即可。注意焯烫西兰花时不宜久，否则绵软无口感，炝辣椒和花椒时出香味即可，不宜炸焦煳。

菜色青翠，脆嫩辣香，可口宜人，富含维生素。

【八宝饭】

糯米150克，莲子75克，红枣125克，蜜冬瓜条50克，蜜樱桃25克，桂圆肉25克，瓜子仁50克，白糖、食用油、湿淀粉各适量。

莲子去皮去芯，火上蒸半小时至熟透拿出。糯米淘净，盛入瓷盆中加白糖和清水调匀，上火蒸半小时至熟透取出。红枣洗净去核，和蜜冬瓜条、桂圆肉切成小粒。取小碗10只，把莲子、红枣、蜜冬瓜条、桂圆肉、瓜子仁分别放入碗底，再把热糯米分别盛在碗上面，入笼用旺火蒸半小时取出。炒锅置火上，加入2000毫升清水、100克白糖，把蒸好的八宝饭下锅，拌匀后再入食用油，再用湿淀粉勾芡，起锅分为10碗，分别撒上蜜樱桃即可食用。

【红粉佳人】

低脂鲜奶240毫升，胡萝卜30克，苹果50克，蜂蜜1茶匙。

胡萝卜洗净，去皮，切成小块；苹果洗净，去皮，去核，切块。将鲜奶、胡萝卜、苹果放入果汁机中，搅打均匀（约3分钟），最后加入蜂蜜调味，连果菜渣一起饮用。

这一道饮品，色泽粉红、味道香甜、入口滑润，是怀孕期间早餐佐餐饮品中的佳品。

特别提示

怀孕期间，为摄取足够的钙质，不少孕妈妈每天都喝鲜奶，但多数人会觉得单纯喝奶似乎没有变化，也有不少人不喜欢喝奶、不喜欢吃富含必需营养成分的胡萝卜。这道饮品的设计，在鲜奶中通过新鲜蔬果的搭配，除了能获得钙质以外，另外也可以摄取到胡萝卜素、膳食纤维。

粉红色的果汁颜色和苹果的天然香味，能激发人的食欲，兼有视觉审美效果。

【豆腐烧鱼】

鲤鱼一条约1000克，豆腐500克，葱段、姜片、料酒、酱油、白糖、味精、辣酱、蒜苗丝、植物油各适量。

鱼去鳞洗净，切成3～4厘米长、1.5厘米厚的长方形块，豆腐切成麻将牌大小块。炒锅加油烧热后，加葱、姜爆锅后，放入鱼块，烹入料酒加盖略焖。加入酱油、白糖，待色匀后加少许水，用小火烧开1分钟，然后续水烧开滚沸片刻，再加入豆腐块，出锅前加入辣酱、味精，烧2分钟后出锅，上撒青蒜苗丝。

【高汤】

母鸡500克，肘子500克，精盐、味精各7.5克，料酒、葱、姜各10克。

宰杀母鸡后去净毛及内脏，洗净，鸡脯肉及鸡腿肉剔下，与翅膀一同放入锅中，加入清水，待烧开后撇去血沫，然后用小火煮2～3小时；鸡脯肉和鸡腿肉去净油脂后，捣碎成鸡茸，加入清水调稀，放入精盐、料酒、葱、姜、味精等待用；煮好的鸡汤滤净碎骨肉，并撇去浮油，烧开，将调好的鸡茸倒入汤内搅匀，待开后再撇净油沫等杂质，即可成为高汤。

特别提示

高汤，一般食谱中也称为清汤，是家庭烹饪中最常用的原料之一。为方便家庭使用，可以按照上述做法，一次制作好一大锅，凉凉后，用带格子的加盖容器盛出后，放入冰箱冷冻室冻成冰块状，随用随取，家庭烹饪时既方便快捷，且能达到营养和调味的需要。

2 妊娠反应出现——妊娠第二个月

确定已经怀孕的那一刻，是女性一生中最难忘的瞬间。欣喜若狂、激动不已，还伴随着一些忐忑不安：毕竟，从为人子女、为人妻的角色，即将转换成为人之母。自己生日、爱侣的生日、结婚纪念日……那么多重要的日子，相比之下这个时刻显然更加重要：一个全新的小生命，从此以后会天天伴随着自己，开始生长的历程。

诗人们吟诵说，做母亲，令女性的生命历程更精彩。当然，知道这个精彩消息的日子，孕妈妈自己可能不一定好受：生理上的反应会很折磨人，会考验自己的耐受能力，同时随之而来、与日俱增的幸福感，也会充盈在今后每一天的生活中。

健康度孕

为母胎保驾——了解孕期的产前检查

有不少女性怀孕后，不愿意做妇科检查，担心做妇科检查会导致流产，或对胎儿有影响、对自身健康有影响……这些担心完全多余。

产前检查，是为了让妇产科医生了解孕妈妈的健康状况和胎儿的生长发育状况。女性怀孕后，都应进行全面而系统的产前检查，可以以此为依据，来纠正身体的某些缺陷，保障母亲和胎儿的健康与安全。

第一次产前检查，应当在确认自己怀孕的时候进行。

医生一般建议在孕期第12周时到医院报到，建立保健卡。因为通常怀孕的前3个月是比较危险的时期，过了这段时期以

后，孕妈妈的情况就会相对稳定，可以按照医生指导和要求，做有规律的检查。

怀孕第3个月时，要做一次较全面的产前检查。

妊娠初期的全面产检

包括以下内容：

询问病史：医生需要了解孕妈妈的一般情况，包括年龄、职业、住址；既往病史，有无心、肝、肾病等内脏疾病史；家族史，夫妻双方的家族中有无传染病、遗传病史；月经史，包括初潮年龄、月经周期、来潮天数、末次月经时间等；婚姻史，包括结婚年龄、配偶年龄、配偶健康状况等；妊娠及分娩史，过去有无流产、早产、死胎等情况，过去妊娠、分娩的情况；本次妊娠经过，包括早孕反应、病毒感染或服用过的药物、X线检查等情况。

全身检查：检查孕妈妈全身状况、营养状况，测量身高、体重、血压，检查乳房发育状况，同时检查各脏器状况。

产科检查：包括腹部检查，检查子宫底高度、腹围、胎位、胎心等；阴道检查，了解阴道有无真菌或滴虫，产道、子宫及附件有无异常；测量骨盆内外径。

化验检查：必要的化验有血常规、血型、尿常规，肝功能、肾功能及乙肝表面抗体等。

孕期产前检查

孕期检查并不是一次做完了事，整个孕期都要坚持定时、定期进行产前健康检查，观察胎儿发育，及早发现异常，及早纠正和处理。同时，了解孕妈妈的健康情况，及早预防和治疗各种并发症。

一般说来，整个孕期的产前检查应当做9~13次。

在怀孕第6个月以前，每个月检查一次。

妊娠28周后每2周检查一次；妊娠36周后每周检查一次。如果感觉到有异常，则应当随时就诊。

首次产前检查，应当从月经停止及发生早孕反应时开始。在怀孕第3个月左右，一定要做一次较全面的检查并详细记录。

孕中期检查内容

每次体格检查测量血压、体重、宫高、腹围、胎心率，并注意有无下肢水肿。

复查血常规，及时发现妊娠合并贫血，复查尿常规及时筛查妊娠高血压综合征。

怀孕15～20周，建议做先天愚型（唐氏综合征）和神经管缺陷的血清学筛查。

怀孕20～24周，建议做B超筛查胎儿体表畸形。

怀孕24～28周，建议做妊娠合并糖尿病筛查（50克葡萄糖筛查试验）。

孕晚期检查内容

孕晚期体格检查，注意检查胎位，如发现异常及时纠正。

记数胎动并记录；建议定期做胎心监护。

产前复查B超，观察胎儿生长发育情况、胎盘位置及成熟度、羊水情况等。

要注意，每一次产前检查的记录，都要妥善保存，作为分娩时医生诊断和了解妊娠史和健康状况的依据，更是有利于母子围生期保健、产后康复和婴儿保健的需要。

来自胚胎的信息——妊娠反应

在妊娠早期，胎儿对于母体来说是一种异物，母体会对它产生应答反应，这种生理反应就是妊娠反应。

多数女性在怀孕第6周左右开始出现妊娠反应，表现为恶心、呕吐，特别容易在清早和晚上出现。因人而异，当然也会有人一点反应也没有，也有人可能一直持续到20周以后甚至到分娩。还有一些人，会在怀孕第8个月的孕晚期出现类似的症状，称作“第二次妊娠反应”。

因此，早孕反应的一系列症状，叫做妊娠反应更合理一些。而这种现象的产生，主要由于增多的雌激素对胃肠道平滑肌的刺激作用所致。轻度恶心、呕吐可以不必治疗，更不要禁食或少吃，相反应当少吃多餐。否则会因为进食少发生营养不良，对母子均不利。

妊娠反应并不仅仅表现为孕吐，还有以下一些生理不适感：

疲倦嗜睡

妊娠初期，孕妈妈容易感到疲倦，常常会想睡觉。许多人会出现浑身乏力、疲倦，或没有兴趣做事情，整天昏昏欲睡，提不起精神。这是孕早期的正常反应之一，怀孕3个月后会自然好转。要保证充足的睡眠，想休息的时候就尽量休息，不要勉强自己。

尿频、尿不尽

刚怀孕的时候，老是想上厕所，总觉得尿不尽，许多孕妈妈在刚怀孕时出现尿频现象。这是因为怀孕前3个月，子宫在骨盆腔中渐渐长大，压迫到膀胱，从而使孕妈妈会一直产生尿意。到了怀孕中期，子宫会往上抬到腹腔，尿频的现象就会得到改善。但到了怀孕末期，尿频现象会再度出现。感觉到尿频时，不妨多上几次厕所，这没有关系，尽量不要憋尿。如果在小便时出现疼痛或烧灼感等异常现象时，要立即到医院寻求帮助。此外，临睡前1～2小时内不要喝水，可以减少起夜次数。

乳房不适感

刚刚怀孕后，乳房可能会出现刺痛、膨胀和瘙痒感，这也是妊娠早期的正常生理现象。会觉得乳房肿胀，甚至有些疼痛，偶尔压挤乳头还会有黏稠淡黄的初乳产生。并且随着乳腺的肥大，乳房会长出类似肿块的东西。这些都是做母亲的必然经历，自从受精卵着床后，伴随着体内激素的改变，乳房也会作出相应反应，为以后的哺乳做好准备。可以采用热敷、按摩等方式来缓解乳房的不适感。每天要用手轻柔地按摩乳房，促进乳腺发育，还要经常清洗乳头。

饥饿感

多数孕妈妈从怀孕开始，总感觉饥饿，这种饥饿感和以前空腹的感觉有所不同。怀孕后，孕妈妈的口味和胃口多少会起一些变化。在妊娠初期，许多人会变得“爱吃”起来，这没多大关系，想吃就吃，没必要压抑自己的食欲。当然，食物最好以清淡、易消化的为主。平时随身带一些食物，感觉饿的时候方便拿出来吃。一下子不要吃太多，本着“少食多餐”的原则。

阴道分泌物增多

有些女性在妊娠初期发现自己的阴道分泌物较往常多。妊娠初期，受激素急剧增加的影响，阴道分泌物增多是正常的现象。如果外阴不发痒，白带也无臭味，就不用担心。但如果出现外阴瘙痒、疼痛；白带呈黄色，有怪味、臭味等症状时，就需要去医院就诊，这可能是因为外阴或阴道疾病所致。如果听之任之，会影响胎儿的生长发育。出现类似问题，应当注意清洁卫生，勤换内裤，保持内裤及会阴部清洁。

出现妊娠反应以后，会令人疲惫、慵懒和很不舒服，在这个特殊阶段应当注意：

消除精神紧张

一般女性怀孕后，或轻或重都会出现

恶心、呕吐、嗜睡、乏力等早孕反应，会在第12周左右自行消失。保持心情舒畅、精神轻松愉快，消除不必要的顾虑，更不要把孕育看做是沉重负担和痛苦。坚定信心，相信自己能够顺利度过妊娠反应期。

注意休息，加强营养

对待妊娠反应，要注意休息，饮食上多吃一些清淡可口、易于消化的饭菜，不要吃油腻食物。少吃多餐，每餐不要吃太饱，同时多吃蔬菜、水果以补充维生素和矿物质。口服维生素B_6有止吐作用，每次1~2片。

严重者全面检查

对反复呕吐、不能进食等重症患者，应当到医院由医生做全面检查，必要时住院治疗，以防意外发生。

合理起居

为了胎儿——妊娠初期禁忌性爱

怀孕后，尤其是妊娠初期这3个月内，为防止意外，夫妻之间的例行性爱活动需要中止。

妊娠初期，孕激素的分泌还不够充分，胚胎在母体子宫里的状态还没有稳定下来，如果做爱则容易引起流产。而且这个阶段孕妈妈一般都会早孕反应，严重的生理反应会让身体很难受，并且性欲可能不强，所以最好不要性爱。

妊娠初期，特别要注意防止发生流产，有这些情况的女性一定要严格禁忌性生活：有腹痛或阴道出血等情况，或医生认为有流产或早产可能的情况、有多次流产史或早产史的情况，应当特别注意减少再次发生流产或早产的可能；有前置胎盘等产科原因不宜有性活动者；有严重妊娠合并症者。

妊娠初期，最好暂时中断两性间的例行亲热行为，以免引起不必要的意外甚至流产，因为，男性的精液当中，含有大量的前列腺素，会刺激子宫中的胎儿，引发不必要的麻烦。

夫妻间的情感交流方式，可以暂时改换做非性爱式的其他方式，包括拥吻、爱抚等。做丈夫的尤其要特别克制自己的情欲，体贴孕妻，度过这孕早期危险的3个月，再言夫妻性爱之事。

嗜睡很正常——睡眠问题

嗜睡、睡不够和总觉得慵懒、疲倦，是妊娠初期的生理反应之一。

在妊娠初期，由于基础新陈代谢量增加，身体内分泌系统发生较大变化，造成热量消耗快，血糖不足，导致困倦、乏力、嗜睡状态出现，这不是病态。加上因为刚刚怀孕，多少会产生一些焦虑、期待的心理，还会担心胎儿是否健康，担心自己是否能够胜任承担孕育、养护孩子的重任，担心自己将来身材是否能够恢复、担心自己家庭未来等，精神负担会较大，感觉会很疲倦。

因此，安静而轻松、舒适而高质量的睡眠，对于孕妈妈来说十分重要。特别是在夏季的中午，最好能舒舒服服地睡一个午觉，克服漫长天气给自己带来的困倦、疲乏感。当然，午睡不宜睡得过久，以防止晚上失眠，影响到整体睡眠质量。午睡时，要尽量放松全身，可以把双脚垫得高一点。

在妊娠初期的3个月，胎儿在母体子宫内的盆腔中，外力直接压迫或自身压迫的重量，都不会很大，因此，选择睡觉的姿势可以很随意，怎样舒服就怎样睡，仰卧位、侧卧位皆无不可。但是，需要特别提醒的是，如果有趴着睡觉、抱搂着抱枕等物件睡觉的习惯，最好从现在起就开始改掉，及早纠正不良的睡姿，是为了未来几个月腹部变大后，保护好腹中胎儿和确保自己的良好睡眠质量，有益于母子身心健康。

日常健康细节——远离辐射源

在妊娠初期的3个月，母亲操作电脑，胎儿平均所受到的照射剂量0.006×10^{-2}戈瑞（0.006拉德）。这与孕期允许的最大照射量0.5×10^{-2}戈瑞（0.5拉德）相差很多。所以说，电脑显示屏所发出的X线不会对胎儿造成不良影响。

但人们发现，除了X线外，电脑显示屏周围还会产生超低频磁场。在体外实验中，这种磁场可以在细胞膜水平上干扰细胞的代谢和增殖，从而影响胚胎的正常发育，在一些动物实验中也发现，这种磁场会干扰和破坏胚胎的正常发育过程，对胚胎产生不良的生物作用。

长期使用电脑对胚胎和妊娠过程造成的不良影响不仅仅是超低频磁场，还有微波、射频、低频电场、紫外线等。

妊娠期间，使用电脑时间要有所控制，不宜久坐在电脑前。每隔1小时，最好能站起来活动活动，到窗口或室外呼吸一次新鲜空气。

微波炉、电磁灶及其他辐射源最好能远离。手机辐射一般测定对人体无大妨碍，但为了自身和腹中胎儿的健康起见，也应当减少使用量为佳，更不要把手机挂在胸前，也不要放得离腹部很近、很久。

电离辐射（包括各种射线）、非电离辐射（包括红外线、紫外线、微波、无线电波、视屏显示终端等）、噪声、振动、化学物质（包括铅、汞、锡、锰、砷、有机溶剂、高分子化合物等）均有害于孕妈妈和胎儿。因此，应当特别注意环境条件，以利母子健康。

舒适宽松是原则——孕期衣着与服饰

怀孕了，从现在起，穿着和服饰问题不仅仅关系到个人形象，更是母胎健康平安的大事。

孕期衣着包括外衣、内衣、鞋子等，应当注意：

款式要适合孕期形体。由于腹部日渐膨大，无论内衣和外衣都要适合变化的体形，使行动方便，感到舒适，有利胎儿生长发育。

宽松为佳，是孕期衣着的基本原则，柔软、舒适、不宜贴身是选择衣服的要求，冬天要注意保暖、厚实、宽松并重。腹部不能有紧扎的带子。选择布料可以以竖纹为主。衣裙和衣裤设计以上小下大的A字形为主，看上去会顺眼很多。

如果衣着过于紧身，在外力压迫下可致胎儿骨骼变形，组织发育不良或影响到胎位不正。如果衣服不合体，会使体形变得看上去更加臃肿笨重。尤其是鞋子，应当随着孕期不同时期脚的变化更换，以穿着舒适为原则，使鞋子适合变化了的脚。千万不可以穿高跟鞋，也不宜穿凉鞋和高跟木屐，最好选用软底布鞋或旅游鞋。

衣服用料要讲究，贴身内衣必须使用有利健康的材料，以防疾病。现在，衣服用料品种极多，如果选择不当，会伤害孕期健康和影响到胎儿成长。

鞋子选择以好穿和舒适为原则，妊娠期身体重心改变，宜选择后跟较宽大、穿着稳定的鞋子，运动休闲鞋也较适合孕期，安全又舒适。夏天穿凉鞋时，一定要穿系有鞋带的才安全，不宜穿拖鞋型凉鞋以防摔绊。冬天穿靴子虽然有利于脚部保暖，但穿脱却不方便，尤其不宜穿长筒靴子。

在整个妊娠期，一定要远离高跟鞋，以确保安全。

穿得宽松、舒适，是整个妊娠期间的衣着服饰基本原则。

提醒意外怀孕者——应注意的健康问题

因为是第一次怀孕，有不少人往往已经妊娠自己还浑然不觉。如果原没有生育计划，或根本不了解身体的反应，以致疏忽了生活上的细节，都很可能对胎儿和母体产生不良的影响。

就身体反应而言，妊娠初期可能会有类似感冒的症状，如果乱吃药，不仅不能达到治疗的效果，说不定还会生出畸形儿呢！所以在任何情况下，都不要任意服用药；最安全办法是去看医生，找出病因。

产前检查

如果已证实自己怀孕了，为确保自身和宝宝的健康，必须定期接受产前检查。

饮食禁忌

禁止抽烟和喝酒。

咖啡及浓茶要尽量避免。

避免脂肪及热量高的食物，如油炸食物及甜点等。

避免刺激性的食物，如咖喱、辣椒等。

避免含钠太高的食物及调味品，如太咸的食物、味精、卤制食品、罐头、快餐等。

充分休息和睡眠

怀孕期间，会特别容易觉得疲劳，每天睡眠要足8小时，白天最好午睡片刻，不要长时间站立或步行。

日常生活细节

避免盆浴，宜使用淋浴，尤其在怀孕最后的2个月。洗澡时，避免刻意冲洗阴道。

避免攀高、提举重物、压迫腹部，避免过度操劳及激烈运动。

妊娠初期、后期及曾早产或流产者，不宜长途旅行。

怀孕期间口腔及牙齿很容易受到侵害，要注意口腔卫生清洁，早晚及饭后应刷牙漱口。

要穿宽松舒适及吸汗的衣服，宜穿防滑的平底鞋，告别紧身衣、牛仔裤、高跟鞋。

保持心情愉快，多吃蔬菜水果，喝适量的水分，适当的身体活动如散步，养成定时排便的习惯，以保持大便畅通。

节制性爱，怀孕前3个月、临产前3个月及曾有流产或早产趋势者，最好避免性生活。一般情况下怀孕12～28周的孕妈妈，不需禁止性生活。

此外，尽量不要做X线检查。自觉身体不适时，不要勉强做剧烈运动或远游，初次怀孕应特别注意，防止意外流产。

饮食营养

精心选择、善待自己——营养食物推荐

妊娠初期的饮食原则最重要的一条，是少食多餐，因为妊娠反应带来的食欲不振、恶心呕吐会引起严重的厌食、挑剔的口味，意味着妊娠期餐桌上的食物样样都要通过精心选择，需要能满足营养需求，最能缓解妊娠初期生理反应的食物。

针对妊娠初期的特点，为自己精心挑选几种能满足特殊时期营养和食欲不振趋势的食物，让自己和腹中的胎儿能有充足不断的营养保障。下面这些食物，有助于减缓厌食、呕吐的症状，为自己增加热量。

麦片：为了让自己有一个充满活力的早晨，把早餐的烧饼、油条换成麦片粥。麦片不仅能让人保持一上午都精力充沛，还能降低体内胆固醇的水平。不要选择口味香甜、精加工过的麦片，最好是天然、没有任何糖类或添加成分的麦片。按自己的口味在煮好的麦片粥里加一些果仁、葡萄干或蜂蜜。

脱脂牛奶：妊娠期每天需要从食物中吸取的钙比平时多。多数食物的含钙量有限，孕期喝更多的脱脂牛奶是聪明选择。孕妈妈每天应该摄取大约1 000毫克的钙。

瘦肉：铁元素，在人体血液转运氧气和红细胞合成的过程中作用不可替代，孕期血液总量增加，以保证能够通过血液供

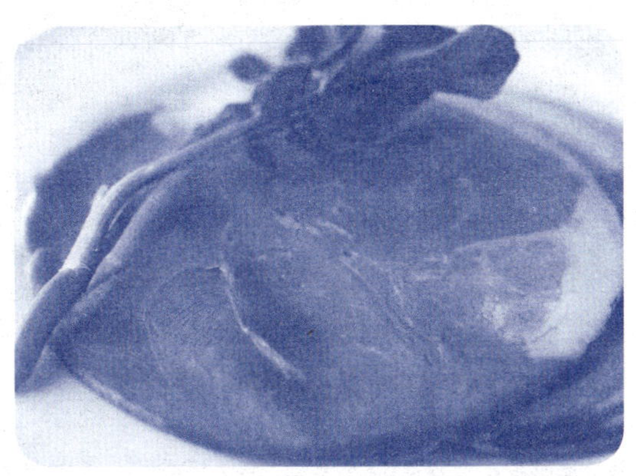

给胎儿足够的营养，对于铁的需要成倍地增加。体内储存的铁不足，会感到极易疲劳。瘦肉中的铁是这项需求的主要来源之一，也最易于被吸收。

全麦饼干： 小零食，多用途。能在床上细细地咀嚼，还能有效地缓解孕吐反应；上班路上，在车里吃几块，可打发时间；在办公室里突然有想吃东西的欲望时，携带方便而且不会引人注意。能保证血糖平稳、精力充沛。

柑橘： 尽管柑橘类的水果里90%都是水分，却富含维生素C、叶酸和大量的纤维。能帮助人保持体力，防止因缺水造成的疲劳。

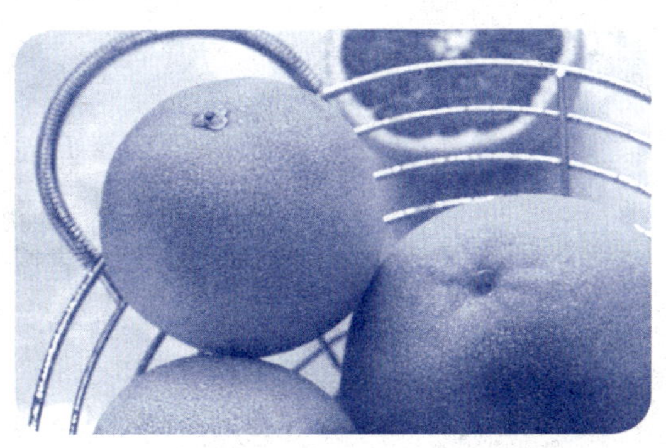

香蕉： 能快速提供能量，抗击疲劳。受到呕吐困扰的时候，容易被胃接受。切成片放进麦片粥里，也可以和牛奶、全麦面包一起做早餐。

全麦面包： 把精粉白面包换成全麦面包，就可以保证每天20～35克纤维的摄入量，全麦面包还能提供丰富的铁和锌。

绿叶蔬菜： 菠菜含有丰富的叶酸和锌；甘蓝是很好的钙的来源。把沙拉的原料改革一下，加入莴苣，一定会提高这道菜的营养价值。

坚果： 怀孕前，如果因为坚果脂肪含量高敬而远之，现在应该重新认识到，脂肪对于胎儿脑部的发育很重要。吃坚果，可以让人饿得不那么快，但坚果的热量和脂肪含量较高，每天摄入量应控制在28克左右。

鸡蛋： 有不少人在近阶段中，一看见

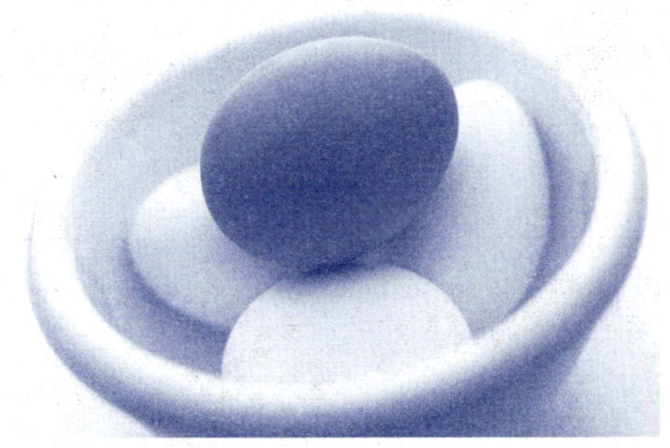

肉就觉得恶心，鸡蛋就成为孕期摄取蛋白质的最佳来源。鸡蛋中含有人体所需的各种氨基酸。煎鸡蛋再配上新鲜蔬菜，既简单又丰盛。如果受不了煎鸡蛋的味道，就煮上或蒸两个鸡蛋吃。

花椰菜：营养丰富，健康美味，富含钙和叶酸，还有大量的纤维和抵抗疾病的抗氧化剂。内含的维生素C，可以帮助吸收其他绿色蔬菜中的铁。

豆制品：对于素食者，豆制品是最好不过的健康食品，能提供很多孕期所需的营养如蛋白质。

干果：干果是方便、美味的零食，随身携带，随时满足想吃甜食的欲望。可以选择像杏脯、干樱桃、酸角类干果，但不要吃香蕉干，经过加工的香蕉干脂肪含量高。

冰淇淋：完全没有必要因为怀孕而剥夺自己吃冰淇淋的权利。一些甜食，包括冰淇淋、酸奶或者是牛奶做成的布丁，可以成为饭后小点心，可以提供每天所需钙质的1/3。

低脂酸奶：酸奶富含钙和蛋白质，即便有些患有乳糖不耐症的孕妈妈，酸奶也易于吸收，还有助于胃肠保持健康的状态，防止便秘。

试一试这些富含营养、又能减轻孕吐的食物，会发现，妊娠反应也并非那么难忍难熬了！另外还有一个建议：即使连续地吐了，也要再接着吃，胃里总会留下一些食物的。这种方法，对于自己的耐力，也是一个较好的考验。

防患未然，从“吃”做起——妊娠初期的饮食禁忌

在这个月里，不仅仅因为妊娠反应而吃不下，还必须牢记着有很多东西不能吃。

妊娠初期，不仅因为妊娠反应的困扰而食欲不振，而且因为是胚胎最初分化期，还有许多饮食禁忌，应当了解哪些东西不能吃，哪些东西要少吃。

不宜接触烟、酒，不仅仅自己不抽烟不喝酒，包括平时不在有烟环境内久待，因为被动吸烟也会对孩子造成伤害。

妊娠初期如果感染弓形体，会造成流产或死胎，后期感染会引起胎儿先天性疾病。因此，孕妈妈不要吃生的或未煮熟的肉类。切生肉时，不要用手触口和眼，切完后要彻底洗手。不要玩猫及接触小动物，因为弓形体常存在于猫粪内。

有少数孕妈妈在妊娠初期，特别渴望吃巧克力、辛辣食品、水果、土豆泥等；也有的人特别渴望吃非食品类东西，如泥块、玉米淀粉等，医学上称异食症。吃下这些非食品类东西，对母体和胎儿都是有害的。一般来讲，这种现象在怀孕3个月之后就会消失。

妊娠初期，有一些富含营养的食物却不宜食用，以防发生意外。

饮食黑名单

从妊娠初期开始，就要了解饮食禁忌，不要吃不利安胎的食物：

杏仁：含有氢氰酸，能通过胎盘影响到胎儿，孕期禁食。

薏苡仁：本为药食兼用的植物种子，但药理性质滑利，对子宫肌肉有兴奋作

用，有促进子宫收缩而诱发流产可能，孕期禁食。

山楂：有活血化瘀作用，亦有收缩子宫功效，孕早期最好不要食用。

螃蟹：有活血化瘀作用，有堕胎之嫌，孕期禁食。

宜少吃和慎吃的食物

过敏性食物，包括海产品、动物内脏等，如果吃了过敏则尽可能少吃，或煮熟、煮透再食用。

油炸食品：油炸食物有较多的铝及含苯环物质，不仅易催人衰老，还会影响到胎儿发育，可诱发癌肿、畸形等。

黑木耳：具有活血化瘀的功效，不利于胎盘稳固和生长，孕期应慎食。

生鱼、生肉、生鸡蛋及末煮熟透的鱼肉蛋类食品，不仅营养不易吸收，而且含菌，对母子皆不利。

腌制食品不宜吃，如香肠、腌肉、熏鱼、熏肉、烤羊肉串等，所含亚硝胺能致胎儿畸形。

可疑的食物：不新鲜的肉、鱼、贝类、发芽土豆、霉变的花生、不能确认的野生蘑菇，以及变质或久放的水果、蔬菜等都不可食用。

高糖类食品、热量过高食品，以及过咸、过辣的食品都宜少食。如奶油、肥肉、糖果、糕点、巧克力等。这些食物含热量高，孕妈妈多吃会导致体重剧增、脂肪蓄积，可能引发中毒症、糖尿病、肥胖症等合并症。

刺激性食物：葱、姜、蒜、辣椒、芥末、咖喱粉、调味料，不宜多吃。

不可吃霉变食品；不可只吃精米细面；不要吃全素食。

尽可能少吃方便食品和罐头食品。

尽可能少吃补品或无医生指导而乱服用补药。

尽可能少吃过咸和高盐含量食品。

少饮用碳酸饮料和浓茶，不能喝酒、不能饮用咖啡和含咖啡因饮料。

甜食和冷饮虽说好吃，不要贪吃、多吃。

减轻呕吐——食疗验方推荐

妊娠第2～3个月，是妊娠呕吐最严重的阶段，孕妈妈被晨吐、闻到异味后的恶心感和吃下东西就吐的生理反应困扰得欲罢不能。

然而，因为属于怀孕后的正常生理反应，又不能服用药物来止吐，因此，**推荐几种能缓和妊娠呕吐的食疗验方：**

【生姜橘皮饮】生姜10克，橘皮10克，加红糖调味，煮成糖水当茶饮，能缓解妊娠呕吐。

【扁豆粉】用生扁豆75克晒成干，研成细末，每次10克，用米汤送服，对妊娠反应有一定疗效。

【梅干菜瘦猪肉】梅干菜15克，榨菜15克，瘦猪肉丝100克，食盐、味精适量，共煮汤服，常食用能辅助治疗妊娠呕吐。

【鲜柠檬汁】鲜柠檬500克去皮、核后切小块，放入锅中加250克白糖浸渍24小时，再用小火煨熬至汁尽，待冷却再拌入少许白糖即可食用。

【鲜蔗汁】用新鲜甘蔗绞汁，加生姜汁少许当做茶饮，有治疗孕期口干、心烦、呕吐、恶心等效果。

【姜韭生菜汁】生姜20克，韭菜50克，生菜50克。将所有材料捣烂榨汁，直接喝，具有开胃、缓解孕吐的功效。

【丁香梨】梨1个，丁香15枚，梨去核放入丁香，密闭后蒸熟，去丁香食梨，有治疗妊娠呕吐作用。

科学合理保平安——孕期喝水有讲究

水，是生命之源。对于新生命妊娠期间的孕妈妈来说，喝水更是首要大事，在孕期怎么样合理、科学地喝水，更是关系到母子健康、平安的大事。

水对于人体的主要生理功能，是促进新陈代谢。水作为一种载体，向人体内各组织输送营养物质，促进人体细胞生长，并带走代谢产生的废物，以便排出体外。水分是构成人体细胞及体液的主要成分，对维持体内电解质及渗透压平衡有重要作用，并能调节和维持体温。如高热时多喝水可以降温，因水的比热大，少量汗的蒸发就可以散发大量热。关节、眼球及人体组织间的水还能作为润滑剂，起润滑作用。

一个人每天约需2 500毫升水，才能维持机体的水平衡。除从食物中摄入约1 000

毫升水和体内代谢产生约300毫升水外，每人每天需要饮水1 200毫升。

如果人体失去水分的量达到体重的2%时，就会感到口渴和尿少；失水量达到体重的6%就会全身乏力、抑郁、无尿；失水量达到体重的10%时，则会出现烦躁不安、眼球内陷、皮肤失去弹性、全身乏力、体温升高、脉搏加快和血压下降。

喝水注意事项

建议整个妊娠期内饮水要注意：

起床后喝一杯新鲜白开水，白开水对人体有内洗涤作用。早饭前30分钟喝200毫升25~30℃的新鲜白开水，可以温润肠胃，使消化液得到足够的分泌，以促进食欲，刺激胃肠蠕动，有利于定时排便，防止发生妊娠期痔疮和便秘。

早晨空腹饮水能很快被胃肠吸收进入血液，使血液稀释，血管扩张，从而加快血液循环。

孕期不要口渴才喝水：口渴，是大脑中枢发出要求补水的救援信号。感到口渴时，说明体内水分已经失衡，脑细胞脱水已经到了一定的程度。怀孕期间饮水应当每隔2小时一次，每天8次，每次不少于200毫升，全天不少于1 600毫升左右。

孕期不宜喝的水

久沸或反复煮沸的开水：如大锅炉里的水。水在反复煮沸后，水中的亚硝盐类、亚硝酸根离子以及砷等有害物质的浓度相对增加。喝了久沸的开水后，会导致血液中低铁血红蛋白结合成不能携带氧的高铁血蛋白，从而造成血液中毒。

没有烧开的自来水：自来水中的氯与水中的残留有机物会相互作用，产生一种有害物质。孕期也不要喝在热水瓶中贮存超过24小时的开水，因为随着瓶内水温的逐渐下降，水中含氯的有机物质会不断被分解成为有害的亚硝酸盐，对孕妈妈的体内环境不利。

保温杯沏的茶水：茶水中含有大量的茶碱、芳香油和多种维生素等。茶叶浸泡在保温杯中，维生素被大量破坏，茶水苦涩，有害物质增多，饮用后，易引起消化系统和神经系统功能紊乱。

养成健康有益的饮水习惯，不要等到感觉到口渴了再喝水，不仅孕期需要，也是女性自我保健的重要措施。

保持愉悦的心情，给初“落户”到母

胎教要点

保持愉悦心情——情绪胎教

体的胎儿提供良好的外部环境，就是情绪胎教。

妊娠后生理功能的变化，家庭成员对胎儿的期望或猜想，特别是祖父母辈对生男生女的偏好，都会有形或无形地让孕妈妈的心理蒙上阴影。

妊娠后横膈抬高，心脏的活动受到影响，肺活量减少。如果情绪异常，心率加快，更促使每一次心脏收缩时的搏出量减少，使孕妈妈及胎儿的血液循环都相应地减少。人体的肾上腺素分泌去甲肾上腺素，情绪紧张或环境剧变时，肾上腺素的分泌增加，交感神经系统的活动明显加强。研究证明，在惊恐状态下，人体血液中去甲肾上腺素浓度可增加到正常时的100倍，引起心率加快、心脏收缩力加强、周围血管收缩，使血液重新分配；肝糖原及脂肪分解，血糖和游离脂肪酸增加。去甲肾上腺素增多可以引起孕妈妈周围血管收缩，使胎盘供血供氧不足；去甲肾上腺素还能导致子宫平滑肌收缩，进一步使缺氧的胎儿血液循环受限，引起发育畸形、流产、早产。

我国古代特别重视强调怀孕期间的个人修养，主张“自妊娠之后，则需行为端严，性情和悦”，“常处静室，多听美言，令人诵读诗书，陈说礼乐，耳不闻非言，目不观严事”。要注意自己的行为修养，如果开口说话脏话连篇，动辄与人口角，动小心眼，斤斤计较，这些表现，不会给胎儿带来好的影响。

孕妈妈的心理状态对胎儿的发育也有直接影响，胎儿和成人一样，除了需要充足丰富的营养供身体发育需要之外，还需要有丰富多彩的精神生活，而这种精神需求是由孕妈妈直接传递给胎儿，孕期保持愉快的心情和轻松的心境，就是胎儿最开始沐浴到的、最好的精神胎教。

每一天，孕妈妈都可以通过各种方式，如散步、听音乐、养花，与准爸爸一起讨论对宝宝的期待谈话，来愉悦自己的心情，消除妊娠焦虑症，让胎宝宝在和谐轻松的氛围中健康成长。

教育工作者认为，父母是孩子的第一任

胎教之本——家庭基本环境

老师，从这个角度出发，家庭是最早的教育基本环境。实施胎教，家庭环境更加重要。

在妊娠以后，还不能适应角色变化的孕妈妈，性情往往会发生较大变化。原本温柔娴静的，到了孕期会变得焦躁不安，喜怒无常；原来开朗好动活泼的，有可能变得抑郁寡欢、怠倦懒散；甚至有些人会变得爱哭、好激动、小气，这些都是正常现象。

家庭人文环境

怀孕以后，大脑皮层功能会出现暂时的失调，兴奋和抑制功能不平衡，自制力会减弱。由此而引起孕妈妈或趋向于抑制状态，表现出怠倦、嗜睡、懒散，对外界事物缺乏兴趣；或是趋向于兴奋状态，表现得易怒、易激动、易烦躁。

总之，进入这个阶段的孕妈妈，在家庭琐碎事物上往往会表现得特别挑剔，精神上会变得特别脆弱。家庭成员，尤其是做准爸爸的，要理解这种由于生理原因导致的心理和情绪变化特征，尽量多迁就她一些，在身体不适的时候，多多给予关怀照顾，多关心体贴入微一些，在慵懒厌倦的时候，多陪着她外出散一散心。

轻松、体谅、关怀的家庭人文环境，减轻孕妈妈的心理和精神负担，就是对于正在成长过程中的胎儿宝宝的胎教人文环境。

家庭物质环境

让孕妈妈居住在安静舒适的家庭环境中，是环境胎教中非常重要的基本物质环境。

保持居室的清新、整洁，随自己喜好选择适当的音乐，丝竹管弦、黄钟大吕、交响、古典、现代、蓝调、天籁之声、低吟浅唱……只要是自己喜欢的音乐，或悠扬、或激昂、或宁谧、或和谐、或清逸超然，都能使孕妈妈赏心悦目，心境自然能变得平和、静谧。这样的家庭环境，对于胎儿宝宝来说，肯定是有益的。

孕期的室内，以宁静悦目的中性浅色调作为基调比较适宜。当然，要和自身的性格、习惯、爱好和情趣搭配。室内装饰也根据自己的欣赏习惯和爱好，适度装点，可以在潜移默化中体现自己的审美情趣，宁心悦目。

在按照自己喜闻乐见的环境当中生活，能使人置身于平和之中，呼吸平稳，血压平缓，情绪柔和，语言优雅，举止安详，这种平和恬静的情绪和心态，会默默地感染着腹中的小生命，胎儿在这样的外部环境中，也能感受到惬意和舒适，能够健康地成长和发育。

相反，如果说让孕妈妈生活在一个色彩纷乱、吵闹喧哗的环境中，满眼都是炽热、激荡的气氛，心情也会变得浮躁、飘忽不定，会随着声、光和色彩变换的强烈刺激，变得呼吸急促、血压上升，心情也不会平静和安宁。

母悦胎安——本月的音乐胎教

优美的音乐作品，听起来使人愉快，还能表达强烈的情感，显示出惊人的震撼力。因此，音乐是胎教过程中最为普及和常用的方式之一。

音乐胎教一般分作两类，一类是让胎儿直接欣赏音乐，一类是孕妈妈自己欣赏。

由于在妊娠第二个月的时候，胎儿的感觉系统还没有完成发育，因此，这段时间的音乐胎教主要以母体欣赏为主。

胎教音乐一般分为给母亲听和给胎儿听两类。实际上，给母亲听的音乐同样会作用于胎儿。

欣赏到优美的旋律时，母亲会沉浸于其中，如醉如痴，腹中的胎儿也会变得安静，母子之间达到心灵共鸣。胎儿易于接受的，普遍是较为低沉委婉的音乐，不愿意接受尖、细、高、快的声响。当然，孕妈妈自身素质高低，对音乐理解程度不同，以及周围环境卫生的变化和母体心情好坏等，都会对胎儿有不同的影响。

对胎儿经常给予声波刺激，音乐作用于胎儿的听觉器官，能刺激大脑和细胞增长，有利于开发智能潜力，有利健康。选择胎教音乐，要注意保护胎儿听觉器官。频率过高的音乐，会影响胎儿的内耳，影响到出生后对于高频声的接受，如果音乐节奏过高、强度过大，则会使胎儿中耳性听力受损下降，所造成的危害是潜在的，甚至要到未来孩子从事专业时，才能发现听力方面的缺憾。

孕妈妈欣赏音乐，主要通过欣赏美好的音乐来调节情绪，平衡心理，养心怡情，从而产生美好的心情，通过愉悦的神经体验，把这种良性感受传递给胎儿，用自己美好的情绪信息，给胎儿以良好的胎教。

欣赏音乐，对于母体和胎儿来说都是一种享受，具体方法不限，可以戴着耳机听，也可以不戴耳机，还可以边听边唱，每一个人都可以根据自己的喜好和环境随意安排。每天安排一两次。

音乐的曲调、节奏、旋律、强度各自不同，对于人体所产生的情感和引起的共鸣程度也不同，选择胎教音乐时，要根据自己的实际情况，有针对性地选择曲目，从而达到有利于胎教的目的。

由于妊娠第二个月时，大多数孕妈妈会由于孕吐的不适感造成食欲不振、情绪不佳，建议最好选择一些旋律欢快流畅，充满生机、活力，氛围喜庆活泼的乐曲，使自己受到热情舒畅的音乐感染，振奋因为早孕反应引起的消沉情绪。

推荐音乐：民乐《喜洋洋》、《百鸟朝凤》、《花好月圆》。管弦乐《欢乐舞曲》、《拉德斯基进行曲》、《微笑波尔卡》、《天使小夜曲》、《天鹅湖序曲》。

优美的音乐，通过听觉器官作用于人体，能使人的身心处于一种和谐状态。当然，如果孕妈妈才艺高超，能够自己动手亲自抚琴、演奏一曲，或者跟随着自己喜爱的旋律浅吟低唱，直抒胸臆，则更能胸畅气舒，心情豁然开朗，奏得、唱得痛快淋漓。

联想胎教——设计胎儿宝宝的形象

自从确诊怀孕以后，孕妈妈就时时刻刻地开始为未来的宝宝设计形象了：是男还是女？是像爸爸还是像妈妈？

联想胎教法的核心，在于孕妈妈放开联想的思路，通过对于美好事物的意境的联想，把对于美好体验的信息传递给腹中的胎儿。

怀孕第二个月，正是胎儿宝宝各器官进行分化的关键时期，孕妈妈采用联想胎教的方法，调整自我情绪，享受美的体能。母体的联想内容很重要，美好愉悦的联想，毫无疑问会对胎儿产生良性影响。

设计胎儿宝宝的形象，欣赏天真、可爱、漂亮的婴幼儿照片，可以做为本月联想胎教的重点内容。

有不少人，在孕期给家庭中的墙壁上挂满自己喜欢的、各式各样的婴幼儿照片，时时刻刻都看得到，据说，是为了让自己的宝宝出生后漂亮。无论这种做法有没有科学依据，但对于孕妈妈保持心情舒畅，进而使胎儿受到良好刺激，是有一定作用的，因而，值得去做。

一般来说，孕妈妈可以把自己的想象，通过语言、动作等方式，传达给腹中的宝宝，并且要持之以恒。还可以经常和准爸爸一起来猜想、描绘自己所希望的婴儿的模样，这样，能保持愉快心情，通过体内良性分泌和化学变化来影响到胎儿——只要对腹中胎儿有益的，就是良性胎教。

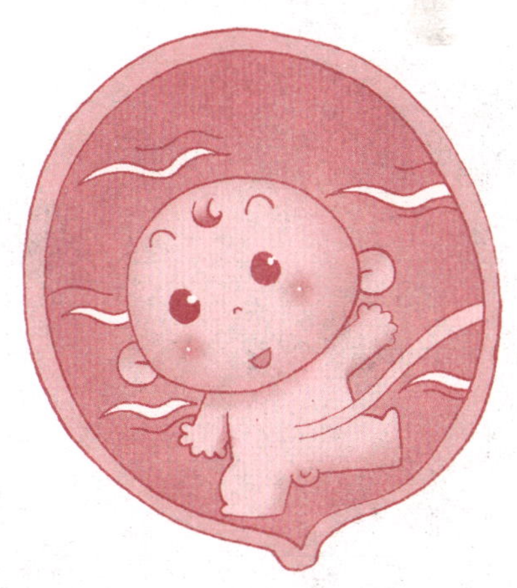

具体地说，从受孕之初起，就应该积极地设计孩子的形象，把美好的愿望具体化、形象化下来，想象着孩子会具有什么

样的面貌，什么样的性格，什么样的气质等等。经常看一看自己喜欢的儿童画片或照片，仔细观察自己和准爸爸双方，以及双方家人的相貌特征，取其长处进行综合，在头脑中形成一个清晰的印象，并且反复进行描绘。对于全面综合起来的具体形象，成为一种信念“就是这样的一个孩子”，在整个妊娠期默默地呼唤，使它与腹中的胎儿同化，久而久之，这种信念从希望潜移默化被腹中胎儿所接受，成为胎教的内容。所以，有不少孕妈妈在宝宝出生后，往往会对新生儿毫无陌生感：“孩子就是我想象的样子！”

还可以预先设计制作一些胎儿出生以后的用品，先买一些玩具、卡通、玩偶等，在一针一线的缝制过程中，在日常生活的细节当中，培养跟腹中宝宝的感情。

家庭成员在一起为未来宝宝准备日常用品的过程中，精神生活得到充实和慰藉，时间也会觉得过得快。

设计宝宝的形象，有利于孕妈妈不断树立和增强信心，调整心态，有力地帮助孕妈妈度过妊娠初期反应严重的阶段。

心情与运动

身心调适——快乐度孕

确认怀孕之后，通常会表现出两种心理反应趋势。第一种，可能表露出一种非寻常的喜悦，因为即刻感到自己真正体验到人类之母的优越感与自豪感。已经和一切母亲一样成为伟大女性，并可以以此报答父母和丈夫所给予的爱。此时，虽表面上流露出羞怯，但欣喜之情溢于言表，可能感到周围的人们都在关注自己，并有一种想向所有人宣告的冲动。

略有平静之后，又可能陷入一种茫然或担忧状态。此时，开始考虑种种将要面临的新问题而产生心理压力：如何适应由女人、妻子，到母亲的社会角色的转变，如何孕育腹中的胎儿，以及在孕期和分娩中可能遭受的困苦。更加忧心忡忡，还总会幻想胎儿的健康与性别。

随着胚胎的生长发育，会伴有易疲劳、乳房触痛、恶心、尿频、性欲减退、情感脆弱等表现。情感脆弱表现为对外界情景的敏感、容易引起伤感、流泪、烦恼、不安与畏难。此时，会常因一些琐事而生气，听不进哪怕是稍微违愿的话，或者看什么都不太顺心，会比以前爱哭、动辄掉眼泪等。这个时期，需要帮助孕妈妈认识自己的心理变化，积极调整心态，有益于胎儿的发育。

要注意疏导情绪。情绪有如流水，若要围堵控制，必定造成泛滥。相反，顺势

而导入正轨。情绪是先理智而发，如果任其自由发展，不以理智立即导入正轨，则情绪必定胜过理智，终而使理智盲目而被役使。

应当重视不良情绪对胎儿的影响，对正常人来说，人在情绪急剧变化的情况下，除了面部表情、身体和声音等外部表现有所变化外，还会引起身体内部的变化。特别是植物神经系统，通常会发生明显的机能变化，如呼吸加快、加深、心跳加速、加强，血压升高，血糖增加，血液含氧量也随之增加。同时，中枢神经系统控制下的内分泌腺也发生变化。刚刚怀孕后的女性如发生强烈情绪变化，会刺激胎儿。长时期的持续不良刺激，会影响胎儿身心发育。

所以说，在孕期保持乐观情绪，克服和避免不良情绪和精神状态，对于孕期女性和胎儿健康都十分重要，在家庭和工作环境中，要尽可能地营造一种和谐舒适、愉快松弛的生活环境。

适度运动——健康度孕

怀孕以后生理上会发生很大变化，内脏器官负担加重，活动不便，容易疲劳，出现喜静厌动的慵懒现象，往往坐下就不愿起身。站着想坐，坐着想靠着，靠着想躺下，躺下不愿起来。结果，喜静厌动、娇慵懒惰会导致身体新陈代谢功能减弱，抵抗力下降，体质会一天天变差。

妊娠期间坚持适当的体育锻炼，能调节神经系统功能，增强内脏功能，帮助消化，促使血液循环，有利于减轻腰酸腿痛、下肢浮肿等压迫性症状。孕妈妈宜多到户外活动，既呼吸到新鲜空气，又受到阳光紫外线照射，促进身体对钙、磷的吸收利用，有助胎儿骨骼发育，防止发生骨质软化症。体育锻炼还能增加腹肌的收缩力量，防止腹壁松弛而引起的胎位不正和难产，届时缩短产程，减少出血。

妊娠初期，胚胎在子宫内扎根不牢，锻炼时要防止流产。妊娠晚期需防止早产。所以，在怀孕的早、晚两个时期中，不能做跳跃、旋转和突然转动等激烈的大运动量锻炼，可以散步、打太极拳、做健身操等。妊娠第4～7月时，可以进行散步、慢跑、跳节奏较慢的健身舞。锻炼时间，每次不宜超过半小时。锻炼的运动量，以活动时心跳每分钟不超过130次为宜，在运动后10分钟内，能恢复到锻炼前的心率为限。

孕期不但能锻炼，而且应该多多锻炼，才有利于母婴健康和优生。但有习惯性流产史的孕妈妈，不属应锻炼者，应当遵医嘱。

本月小结

妊娠第二个月（5～8周），胚芽发育成胚胎。胚胎有躯体和“尾”，能分辨出眼，以及手和足上的小嵴，这些小嵴就是今后的手指和脚趾。本月是胎儿绝大部分器官的分化和形成期，又称为胚胎器官形成期。

一般人会误以为自己的月经来迟，实际上月经已经停止。也有些人月经预定日期会有少量出血现象，即“妊娠月经”。但如果伴有下腹部疼痛，则可能属异常出血，为了安全，还是请医生检查一下比较好。

发现月经推迟，已经进入了妊娠第二个月，即第5～8孕周。要尽可能趁早到医院接受检查，确认是否已经怀孕，对各方面都有益。

孕早期的第二到第三个月，是最容易流产的时期，必须特别留意。基础体温上升，会一直保持到第三个月末，进入孕中期以后，逐渐恢复正常。

从现在起，最好能相对固定自己度过整个妊娠期的医院、医生，有利于定点、定期产前检查和掌握情况，对于孕期保健和未来顺利度过围产期都有益。

胚胎情况

到妊娠第二个月末时，胚胎已经与胚外组织分开，胚胎已初具人形，出现两条腿。头长大，脸轮廓出现，可分辨出眼、耳、口、鼻。骨组织开始骨化。胚胎重2克，身长2～3厘米，头体各占一半。6周时胚胎的脊柱和脑部开始形成，心脏开始跳动，用B超能测出胚胎和心脏的活动。7周后，四肢开始形成。8周后胚胎开始有了眼睛，还没有脸和外耳道。胚胎开始蠕动，但母体还感觉不到。胚胎在最初几周发育最为迅速，仅在前8周，就能由一个单细胞发育成为一个拥有2亿个细胞的成形人体，称作胚胎，度过这个月以后，您腹中的宝宝就会被称为胎儿。

受孕后30天左右时，胚胎对各种致畸因素最敏感。到55～60天以后，敏感性下降，这个时期要特别警惕避免接触致畸因素。

母体情况

停经已2个月，此时除妊娠反应明显外，应当确诊妊娠。进行妇科检查时，会发现子宫颈发蓝、变软，子宫体增大柔软。尿妊娠试验阳性，血绒毛膜促性腺激素（HCG）升高。超声波扫描能显示囊胚影像。妊娠期第8周时，子宫如拳头大小，柔软。因为子宫迅速地成长扩张，母体会有阵发性腹部疼痛感。

妊娠初期，会出现严重的晨昏、乏力，身体不适，恶心呕吐，食欲不振等早孕反应症状。因为恶心呕吐的原因不愿意吃东西，但也必须吃一些有营养的食物，以保证母子需要。

早孕反应是从妊娠4～7周开始的，反应的时间、症状、程度因人而异。少数人反应严重，80%的人有反应，也有少部分人无任何反应。

这段时间里，子宫扩张压迫膀胱，导致尿频。性激素分泌增多，会导致情绪波动极大，容易烦躁，而这个阶段正是胚胎发育的关键时刻，过分的烦躁不安，会影响到胚胎发育。

由于怀孕而产生异常的疲倦感，会令人变得慵懒，大白天也经常疲惫不堪，嗜睡而且特别容易睡着。这种情况一般在停经40天左右出现，会持续到3个月（12周）孕早期结束。

怀孕女性身体逐渐习惯于怀孕后，反应症状自然消退，恢复正常精力。此期间严禁夫妻性爱，最好不要外出旅行，更不要过量运动，以防引发流产。

妊娠反应一般表现为恶心、食欲减退，空腹时要吐，头晕乏力，不能闻油烟或异味。这些反应怀孕3个月后会自然消失。

怀孕第5周以后，胚胎进入器官分化期，易感性最大，避开病毒、有毒化学物质、有放射线的场所至关重要。

如果月经过期7天，就应当到医院确证是否怀孕。

胎教要点

本月，胎儿的脑部已经发育到80%，脊髓神经细胞也大部分完成发育，可以开始实施对胎儿的最初始胎教。

孕妈妈不必为腹中的宝宝担心，要做到的是照顾好自己，包括摄入足够的营养物质，调整适宜的作息时间，避免接触有害自身和胎儿的物质。在妊娠反应不很强烈的时候，适当做一些运动。每天增加1小时睡眠时间，注意保证休息。

保证充足的氧气，每天到绿地或林荫中散步一小时。

精神愉快十分重要。妈妈和宝宝的神经系统虽然没有直接联系，但有血液物质及内分泌的交流，母体的情绪变化会引起某些化学物质的变化。

在饮食上，应选择清淡可口和易消化的食品。此时，能吃多少就吃多少，不必太介意营养够不够的问题。

注意不要缺水，养成定时饮水的良好习惯，让体内的有毒物质能及时从尿中排出。

这一时期最容易发生先兆流产和自然流产，应避免用力的动作和剧烈活动，包括性爱。

本月推荐食谱

妊娠呕吐会折腾得人筋疲力尽，但为了自己和宝宝的健康，还是尽量要争取多吃一点，不要因呕吐而拒食。

为了自己也为了胎儿，想吃什么吃什么，能吃多少尽量吃。自己可以总结规律，吃什么吐，吃什么不吐；什么时候吐，什么时候好一些。抓住一切时机，争取多吃一点。同时可多吃含钾多的食物，如香蕉、苹果、海产品、豆制品等。

可以选择外形能吸引人感官、口感清爽、富含营养的食物来进食。番茄、柿子椒、鲜香菇、鲜红果、苹果、香蕉等，既色彩鲜艳，又营养丰富，诱发食欲。

三餐的食物要对自己的胃口，烹饪方

中餐 尽量做到营养全面，不可以轻易马虎，要尽量使自己吃得东西种类杂一些，确保蛋白质、脂肪、糖类及微量元素摄取的足量。

晚餐 以蔬菜和植物性蛋白为主，配以适量的粥或汤面条。

三餐之间，可以自己制作一点饮料，替代饮水，用以缓解恶心、呕吐症状。

式要多样化，尽可能减少营养素的流失。选择食物的原则要易消化，易吸收，同时能减轻呕吐症状。例如，烤面包、营养饼干、大米或小米粥或青菜粥。干食品能减轻恶心、呕吐症状，粥汤能补充因为呕吐失去的水分。

早餐 可以用谷类食物作为主食，配以少量的新鲜蔬菜和水果。比如蛋花麦片粥，配上新鲜小菜或苹果、草莓。

推荐参考食谱

早餐：大米或小米粥50克，蛋糕50克，酱鸡蛋2只。

加餐点心：饼干50克，新鲜水果150克，坚果仁20克。

午餐：米饭100克，炒青菜150克，青椒炒肉一份约150克。

加餐点心：牛奶或酸奶250克，面包50克，新鲜水果适量。

晚餐：馒头100克，糖醋排骨50克，海米鸡蛋汤250毫升。

食谱列举

【糖醋胡萝卜】

胡萝卜250克，白糖25克，米醋13克，精盐、香油各适量。

胡萝卜去根、叶，洗净，用刀刮去皮，切成6厘米长的细丝，放小盆内，撒上精盐拌匀。把盐渍的萝卜丝用清水洗净，沥干水，放入碗内，加入白糖、醋、香油拌匀放入盘内即可。酸甜爽口，清淡。

增进食欲，缓解妊娠呕吐，适合孕早期食用。

【糖醋嫩藕片】

白糖50克，白醋60克，新鲜嫩藕250克。

白糖和白醋放入锅内，酸甜程度和比例根据个人口味喜好调节，加入适量清水放在火上烧煮至沸，离火后倒入容器内待凉；嫩藕洗净，刮皮并削去两端藕节后，切成薄片，迅速浸入糖醋水中，以免变色；腌制5～6小时后即可捞出装盘食用。

酸甜醒胃，清脆可口，可作为调剂开胃的菜肴。

【姜汁甘蔗露】

甘蔗1根，生姜50克。

甘蔗去皮、榨汁约1茶杯；生姜去皮洗净、榨汁。将甘蔗汁、姜汁一同放入盅内，隔水炖热温服。

味甜，微有姜辣味，可健胃开脾、下气止呕，适用于胃气上逆的妊娠呕吐。

【蛋醋汤】

用鸡蛋打散搅匀，加入白糖5克、米醋100克再搅拌均匀。锅里加清水适量煮沸后，把搅匀的蛋液倒入，煮沸即可。

每天饮用一次，连用3天能止呕。

【鲤鱼粥】

鲤鱼1条，糯米30～60克，葱白、豆豉各适量。

鲤鱼去鳞、内脏收拾净，洗净加水煮约1小时，去鱼留汁；糯米淘洗净，放入鱼汁、葱白、豆豉、糯米煮粥。

晨起做早餐食用，既营养丰富，又有利水止呕作用。

【芹菜粥】

芹菜连根120克，粳米250克。芹菜洗净切碎，用粳米煮粥。

温热服食，可以抑止恶心呕吐。

【什锦果汁饭】

大米、牛奶各250克，白糖200克，苹果丁100克，菠萝丁、蜜枣丁、葡萄干、青梅丁、碎核桃仁各25克，番茄酱、淀粉各15克。

米淘洗净入锅内，加牛奶和适量清水焖成软米饭，再加入白糖拌匀。番茄酱、苹果丁、菠萝丁、蜜枣丁、葡萄干、青梅丁、碎核桃仁放入锅内，加清水300毫升和白糖50克烧沸，用淀粉勾芡。米饭盛入小碗，然后扣入盘中，浇上果汁即成。

特别提示

色泽美观，味道香甜，营养全面，富含蛋白质、糖类和维生素等多种营养素。能使孕早期女性得到充分的营养，且能满足胚胎生长对营养素的需求。

3 渐显“孕味”——妊娠第三个月

妊娠第三个月，孕妈妈已经开始习惯自己身体的初步变化，心理上也渐渐地接受怀孕的事实，胎儿也在妈妈的体内一天天地长大。从受精卵成长到现在，胎儿身上的人类特征越来越明显，大脑、胃、肠、肺、肝、肾脏等重要器官已经开始活动，因此，胎儿现在已经能算作是一个“人”了。

从第8周开始到20周，是胎儿成长最迅速的时期，因此，从现在起孕妈妈会开始“显怀”，腹部会迅速膨大，显示出“孕味”来。除了需要得到丈夫和家人的支持和照顾呵护之外，身为职业女性，也应当让同事们知道自己有了身孕，以便于让自己在工作环境中，得到同事们和周围环境中人们的谅解和照顾。

健康度孕

自然选择——保胎与流产

怀孕之后，人们都希望平安度过妊娠期，生下健康的婴儿。但是，平安度孕并非易事。

怀孕早期不少人会意外出现下腹坠痛、阴道流血等症状，这往往是流产征兆。如果出血量较多，说明胎儿已经保不住，应当施行刮宫术。但如果出血不多却断断续续不止，应当怎么办？是设法保胎还是任其发展？

通常，早期流产是由胎儿异常或者孕妈妈的原因，胎儿异常所占比例相当大。近年来有关研究表明，自然流产的胚胎有30%~60%属先天异常，早期流产的胚胎有半数以上属于有缺陷，若继续妊娠下去，则会发展成为不健康胎儿。

有缺陷或种种问题的胚胎死亡之后，通常并不立即排出母体，一般要经过2到4周以后，母体才会出现下腹部坠痛、阴道出血等流产表现。这段时间内胚胎虽然已经死亡，而胎盘绒毛还未完全死亡，继续产生内分泌素，即使孕妇做尿液妊娠试验，仍然会显示阳性。

一般孕期出现流产迹象后，都要尽力保胎，了解到上述情况之后，就不必再努力坚持。

对于早期妊娠流产的先兆，医生的观点一般倾向于听其自然发展，让孕妈妈卧床休息。因为按照自然选择的规律，发育良好的胚胎并不是很容易发生流产。因此，对此不必过于紧张。如果卧床休息一段时间后，症状消失，流血停止，则可以继续妊娠，倘若流血淋漓沥沥不止，超过一周时间，或者流血量增多、超过月经量连续3天以上，则流产势不可当，继续保胎一般没有多大意义。要知道，妊娠早期发生的这种流产，一般属于自然淘汰的优胜劣汰过程，保胎也无济于事。

妊娠期3个月以上的流产和习惯性流产发生，主要是孕妈妈方面的原因较多，因此，产科医生会针对个体情况，做出不同的保胎处理，主要是积极寻找流产的原因，查找母体子宫有无畸形、宫颈是否松弛、有无糖尿病、有无夫妻双方血型不合问题等，然后依据不同原因，对症处理。

遵医嘱养胎——适度卧床

妊娠前3个月，有不少妊娠反应比较严重、伴有先兆流产或其他并发症状的孕妇，会接到医生的嘱咐：需要适度卧床休息，养胎、保胎。

那么，是否需要整天都卧床静养呢？

正常情况下，“养”胎，也不必整天卧床。如果在漫长的40周里，主要靠卧床休息来养胎，在身体上、情绪上和精神面貌上都会形成不良影响，会对健康形成很大的威胁。

对身体的影响

卧床休息太长时间，会造成肌肉僵硬、麻木、萎缩，怀孕过程中的种种妊娠反应如心绞痛、便秘、隐隐的背部疼痛，会使身体更加不适。长时间卧床休养还会造成肌肉减少，易缺钙导致骨质疏松。

对情绪的影响

容易发生抑郁、焦虑、对自己失去信

心、担心身材走样……都是卧床休息可能带来的顾虑。总是待在床上会使人觉得与世隔绝，和外面的世界失去联系，会助长胡思乱想，进而影响情绪。

对精神的影响

长时间卧床休养，会损害记忆力，使语言表达能力下降，削弱运动功能，也会使注意力难以集中。

绝大多数人不必在孕期卧床静养，适度活动，对母体和胎儿都有益处。

当然，在妊娠反应严重的时候、体力不济时，需要短期卧床休养。

有早产征兆、有出血现象和高危妊娠的孕妈妈，会受到医生“卧床静养”的医嘱。

这样卧床静养

必须卧床静养者，可以采取以下措施，来预防卧床休息的消极影响，保持身体健康舒适。

舒适第一：穿着让自己感觉舒服的衣服，比如说纯棉的、宽松的衣服。保证房间内温度适宜，躺在床上要盖上毛毯，备一个合适的枕头，会舒服很多。

康复治疗：总是躺在床上会使四肢和背部感觉酸痛麻木，处于卧床休养期可以进行物理治疗运动，减轻卧床休养带来的种种不适，可以咨询医生看物理疗法是否适合。

按摩治疗：如果医生说可以进行按摩，就定期做一做按摩来放松身体和肌肉，减轻肌肉疼痛。

适当运动：可以在床上做一些强度不大又比较安全的运动，通过运动加速血液循环，也能锻炼四肢的肌肉和骨骼。

合理起居

学会全面爱护自己——日常自我呵护

人们都说，怀孕中的女人最美丽动人！这话极有道理。其实，只要有心针对日常生活中的种种问题，学会调整自己、呵护好自己，就能排解所有的不适感，让自己的孕期过得舒适、安逸，做一个不折不扣的“孕美人”！

只要把握大原则，就能做一个快乐、健康的孕妈妈。针对日常生活的衣食住行，下面列举一些适合孕妈妈挑选最方便的小窍门，让妊娠期过得更健康！

饮食习惯，孕前就要慢慢调整

大多数女性在怀孕后，都懂得有意识地阅读相关书刊，了解需要补充哪些营养，哪些坏习惯要戒除；但是，很多“积习已久”的习惯，一时之间要改、要戒除，真的会很难。譬如原本没有喝牛奶习惯的女性，在怀孕后，突然饮用牛奶或是奶制品，容易造成轻微腹泻；原本每天习惯喝上好几杯咖啡的女性，怀孕后一时之间要完全戒除，实在相当不容易。因此，在生育计划开始实施之前，就可以开始采取循序渐进的方式，逐渐调整饮食习惯，给自己身体一点适应的空间。

穿着，舒适宽松

孕妈妈在穿着方面，最重要就是舒适、宽松。由于孕期因为体内激素的改变、微血管充血，皮肤变得敏感，在春夏季节交替时，更要注意衣物的透气性。

棉麻织物透气性佳，对孕妈妈的皮肤基本不造成刺激性。人工纤维的衣物，感觉较不透气，穿在身上容易造成孕妈妈的敏感肌肤感到压迫感、不舒服。建议上班族孕妈妈平时多放一件薄外套在公司，因为长期待在空调房间内，体温和室外空间容易落差悬殊，如果正值春夏或夏秋交替时节，早晚温差大，一不小心，就有可能感冒。

洋葱式穿法：在季节交替时，更应注重身体的保养。无论做哪种打扮，衣服款式都要以穿脱方便、洋葱式的穿法为原则。而对于有需要参加宴会的孕妈妈来说，服装款式要以宽松为大原则。尽量不要穿戴有毛绒材质的披肩或是饰品，避免造成皮肤过敏；此外，对穿着其他非纯棉材质的人来说，在贴身的内衣裤选择上，一定要选透气、吸汗的材质。有些孕妈妈不习惯穿着孕妇的专用内衣，会以运动型内衣代替，只要把握住有支撑力、棉质、吸汗、弹性佳的大原则，避免蕾丝、尼龙纤维，穿得舒适最重要！

托腹带的使用：在孕期周数逐渐增加以后，体型的改变会让孕妈妈常感腰酸背痛不舒服，使用托腹带，则可以加强腰背支撑力。其原理是利用弹性纤维设计，帮助腹部及腰背部的肌肉，不会因腹部肌肉长期拉扯而松弛，导致酸痛。其次，托腹带也可以帮助孕妈妈随时保持抬头、挺胸的姿态，矫正不良姿势。不过，在挑选上，则要把握纯棉、高透气性、宽幅够大、穿脱方便的款式为主，如果使用以后感到极不舒适，应停止使用，或向医生咨询。

家庭，夜间照明很重要

即将进入妊娠中期，孕妈妈挺着大肚子，行动实在不方便，因此，需要格外注意家中行动线路的调整，以及家具摆设的便利性和安全性。

采光照明很重要：尤其是夜间照明上，在通往洗手间的走道上，或是在厨房、客厅、卧室，最好都加装小夜灯，保持适当的夜间照明，让孕妈妈行动更安全。

主要通道保持净空：随着怀孕周数的增加，以及体型的明显改变，家中的行动线路，最好要加大且保持净空。诸如各厅室间的走道、门口的鞋柜，都应尽量避免堆放杂物；原本放置在主要通道上的储物柜，也应尽量移往别的房间。此外，也应该避免将自行车、电动车停放在大门口，导致出入的通道过于狭窄，给孕妈妈行动造成困扰。

浴室铺上防滑垫、扶手：洗澡，是一天中最令人舒服的享受了，但是建议家中有孕妇的，无论是盆浴或是淋浴，最好都在浴室里铺上防滑垫。建议习惯使用莲蓬头淋浴的孕妈妈，可以在莲蓬头下方贴上防滑垫；至于习惯站在浴缸里面淋浴或是泡澡的人，最好在浴缸里也贴上防滑垫，以免肥皂泡沫起滑导致不小心滑倒。浴室中也可以加装扶手，加强支撑力，提升浴室安全性。浴盆边、马桶旁边也最好能装上扶手，以方便孕期体形不方便行动的孕妈妈扶持。

物品收纳集中在肩膝间高度：家中有孕妇，物品收纳的习惯也必须调整。因为孕妈妈容易重心不稳，加上挺着大肚子，无论是踮起脚尖、蹲低，都会非常困难。因此，经常使用的物品，收纳高度不应超过肩膀以上、膝盖以下。

贴上防滑贴条：譬如在楼梯最后一阶与地板交接处、室地板与室内地板之间的落差，应贴上防滑贴条，避免孕妈妈容易因重心不稳而摔倒。另外，床铺与地板之间可以适当铺上小地毯，有些家中浴室门口会铺上踏垫，但在这些地垫底下，最好都能再使用防滑贴条固定，避免踏上去滑倒。

寝具，色调舒缓

由于女性怀孕后，整体激素的改变，也会影响孕妈妈的生理和心理状况。因此在寝具布置的颜色及材质的挑选上，提供下列几点建议：

舒缓色调为主：春夏以浅色系、原色系为主，譬如淡黄、鹅黄、浅绿、浅蓝、淡

粉红、淡紫等，都有舒缓心灵、安定身心、减压的功能；应尽量避免有构图复杂的花纹，或是太过浓艳、强烈对比的色彩。

天然棉麻的材质优先：春夏季节来临时，家中寝具的材质也要换季。由于孕期体内激素改变，皮肤会变得较为敏感，因此，寝具材质应以透气的棉、麻为主。任何新添置的寝具，最好都先经清洗、曝晒于阳光下之后再使用，避免附着于新寝具上的化学物质，造成肌肤过敏。

床垫不宜过软：在挑选寝具上，除棉麻材质外，床垫也是影响妈妈宝宝健康的重要因素之一。随着怀孕周数增加，乳房胀大，肩膀重心向后移，再加上宝宝在子宫内成长，整体重心的改变，会让躺在床垫上的孕妈妈腰酸背痛更明显。如果床垫太硬，翻身时容易压迫到骨骼，造成酸痛；床垫太软，支撑力又会不够，翻身会很费劲。

如何判断床垫的柔软度及支撑力呢？提供两种判断的方法：第一，在硬地板上，加上两床垫被的感觉；第二，在垫子上加一层垫褥的感觉。所以，选购床垫的时候，千万不要客气，直接躺下去，感受感受就知道了！

选对床垫后，会觉得腰部少了点支撑力，试试把枕头或是大抱枕垫在大腿下方。这是运用将下肢垫高、增加腰部脊椎圆弧度的原理，如此一来，整个背部及腰部就能完全服贴在床垫上了。

抬头挺胸，预防腰酸背痛

正常人体的脊椎，从正面看来是一条直线，从侧面看来，是弯曲的S型。

孕妈妈的肚子越来越大，腹部越向前，脊椎向前弯曲的角度会越大。假使腹肌与背肌的力量不够，没有足够的支撑力，就会造成腰酸背痛。

因此，多锻炼腹部及背部肌肉可以预防腰酸背痛的发生，而最偷懒、又不用花钱的方式，就是保持抬头、挺胸！

在妊娠初期，更需要锻炼腹肌以及背肌，来应付今后体型的变化。

物质“硬件”——居室环境调整

居家环境，是怀孕期间外部环境的最主要构成部分之一，对于孕妈妈和胎儿宝宝来说，是关系健康状况的大事，是举足轻重的物质基础环境。

怀孕期间，孕妈妈的居室尤其要注意，因为胎儿对环境影响极为敏感，加上小生命抵抗力弱，成年人不在乎的细节，放在胎儿身上可能会引起大麻烦。

居室要整齐清洁，勤扫除。要有较好的通风，多开门窗，使空气流通，给人以清爽感。即使是冬天寒冷时，也要注意每天开窗通风，去除室内污浊的空气，使阳光照入室内。常呼吸到新鲜空气，会令人感到舒适恬静，对孕妈妈的精神和身体

都有益，对胎儿生长也有好处。

温度要适宜，切防室温过高或者过低。一般来说，室内温度最好控制在20~22℃。室温太高如达到25℃以上，会使孕妈妈感到精神不振，头昏脑涨，全身不适，甚至影响到食欲。如果室内温度过低，则会影响到人的正常生活，让人不愿意行动，全身发紧，还易引发感冒、咳嗽等症状，对母胎健康都不利。调整室温要注意，夏天可多开窗通风，使用空调或电扇降温，但不能使室温过凉，更不能对着风扇和空调直吹，以免发生感冒或其他疾病。冬天可以暖气调节室温，若以火炉取暖，千万要防止一氧化碳中毒，对母子造成危害。冬季室温也不可高于室外太多，以防温差过大，去户外引起感冒。

空气湿度以50%为宜。若相对湿度太低，会让孕妈妈感到口干舌燥、咽喉疼痛、鼻子流血等不适。增加湿度的方法，可以在室内摆放水盆、在地上洒水、在炉火上放水壶或暖气片上放水槽，也可以在室内放一些适宜的花草。相反，如果室内湿度过高，空气潮湿、衣服被褥发潮，会引起消化功能失调，食欲降低、肢体关节酸痛、水肿等。这时，要打开窗门换气，去除室内潮湿源，也可以打开空调的“除湿”功能降低室内湿度。

放置几盆花草。可以改善室内环境，令人赏心悦目，有益身心健康。但在孕妈妈的居室内，不宜放松柏一类植物，因为气温高时，松柏较浓的气味会影响到孕妈妈食欲，令人感到恶心、厌烦。另外，洋绣球、五彩梅等一类容易使人产生过敏反应的花草也不宜放入居室。还有一些香味过浓的花，如夜来香、米兰等也有些人不适应，一般不宜摆入居室。

不要刺激性气味。酒味、烟味儿都会刺激孕妈妈，对胎儿不利。如果在室内吸烟，会让母子被动吸烟，不利健康。煤烟气味对人体不利，更不利于母婴健康，生炉子取暖的室内最好装上换气扇，保持室内通风良好。

特殊时期身体保洁——注重个人卫生

随着体内胎儿越来越大，孕妈妈的身材越来越“显山露水”，妊娠，这个特殊时期的新陈代谢加快，汗水多、头发变油、分泌物增加……个人身体卫生保洁需要特别关注。

妊娠期由于汗腺和皮脂腺分泌旺盛，头部的油性分泌物会增多，阴道分泌物也会增多，因此，妊娠期间应当经常洗头洗澡和更换衣服——要特别注意和重视这些事关个人卫生的细节。

口腔卫生

是孕期个人卫生的重要内容，孕期唾液黏性增加，食物残渣易附着在牙齿上滋生细菌，造成感染。为减轻孕吐的痛苦，有些人采取用零食来应对，如果不注意口腔清洁，易形成蛀牙。孕期还会造成牙龈肿胀，引起炎症，一旦口腔有炎症，会对母子都不利。因此，孕期要在饭后立即刷牙，吃完东西后，要勤漱口，特别在临睡前一定要刷牙，保持口腔卫生，是预防牙病的唯一方法。

洗澡

洗澡的方式，最好采用淋浴，不宜用盆浴。因为妊娠期内，尤其是中晚期，洗盆浴会把细菌带入阴道，容易在产后引起产褥感染。如果在公共澡盆洗浴，则更容易发生传染病。洗淋浴不用弯腰，尤其适合腹部膨大起来的孕妈妈。如果淋浴条件不方便，可以改为擦澡，或者用脸盆、水桶盛水冲浴。

洗澡时要注意扶着墙边站稳，防止滑跌。水温要适中，过热或者过冷均有可能造成胎儿受损害和流产。洗澡如果水温过高，体表血管扩张，血液大量集中在体表，内脏供血不足，容易造成胎儿缺血缺氧而导致先兆流产。如果水温过低，易引起腹部受凉、腹泻，诱发子宫收缩而导致流产。因此，孕期洗澡的水温是一件极其重要的大事，要把握好。

孕期新陈代谢加快，易出汗，尤其在夏季更要勤换衣、勤洗澡，保持身体清洁卫生。每天洗澡来降温，不失为一种好方法。内衣裤要天天更换，最好穿着较宽大、通气性强的棉织类衣物，保持身体凉爽。避免中午或天气太热、太冷时外出，以防中暑或着凉。注意室内通风换气，不要直接对着空调吹身体。

洗澡要注意三适当

次数适当：夏季酷热，每天洗澡不可多于两次；春秋气候宜人，每周1～2次即可；冬天每两周一次就足够了。

时间适当：饥饿时、饱食后1小时以内不宜洗澡。水温适当。无论春夏秋冬，浴水温度最好与体温接近27～35℃为宜。太凉或太热的水对皮肤造成的刺激，会影响孕妈妈的周身血液分布，不利母体健康及胎儿发育。

方式恰当：淋浴比盆浴更适合孕妈妈，因为淋浴可防止污水进入阴道，避免产前感染。再者，孕妈妈身体笨重，进出澡盆、浴缸不便，容易滑倒，使腹部受到撞击。

洁阴三不可

孕妈妈还要经常进行外阴局部皮肤清洁。这是因为，孕妈妈外阴部发生了明显变化，皮肤更柔弱，皮脂腺及汗腺的分泌

较体表其他部位更为旺盛。同时由于阴道上皮细胞通透性增高，以及子宫颈腺体分泌增加，使白带大大增多。

阴部清洁时务必注意：

不可用热水烫洗；

不可用碱性肥皂水洗；

不可用高锰酸钾溶液洗。

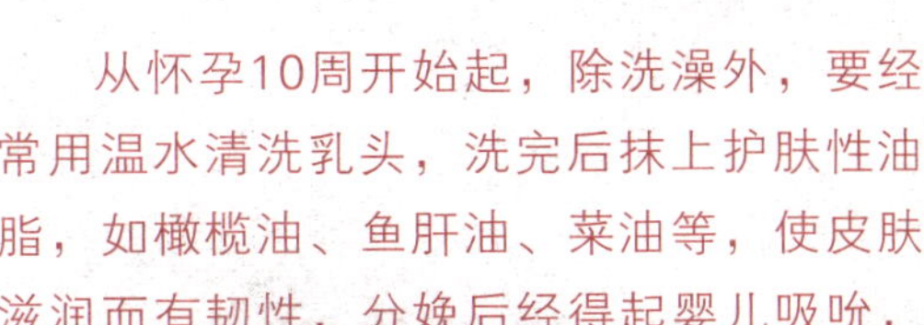

清洁乳头

从怀孕10周开始起，除洗澡外，要经常用温水清洗乳头，洗完后抹上护肤性油脂，如橄榄油、鱼肝油、菜油等，使皮肤滋润而有韧性，分娩后经得起婴儿吸吮，否则容易发生乳头皲裂。

注重颜面护理——保护皮肤

俗话有“怀胎扮靓妈”的说法，认为胎儿能让怀孕妈妈变得更加漂亮，这话有一定的道理。因为妊娠期间，内分泌系统的变化，一般都能使母体代谢加快，肤色光洁、头发亮泽，整个人更添妩媚。

孕妈妈的脸色一般都会显得红润光泽，这反映出营养状态较好，有充足的睡眠，生活规律的缘故。

然而，随着孕期延长，不少人会出现皮肤油腻、干燥、面部色斑和色素沉淀等问题。

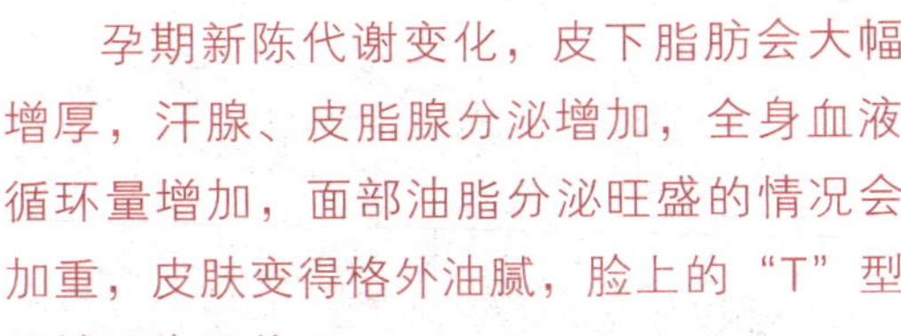

皮肤油腻

孕期新陈代谢变化，皮下脂肪会大幅增厚，汗腺、皮脂腺分泌增加，全身血液循环量增加，面部油脂分泌旺盛的情况会加重，皮肤变得格外油腻，脸上的“T”型区域更为显著。

应当保持皮肤的清洁，每天多洗几遍脸；饮食上要多摄取富含优质动物蛋白质和维生素A、维生素B_6、维生素B_2、维生素C等食物；颜色深的蔬菜、水果能使皮肤颜色更加漂亮；均衡摄入营养平衡的食物，能使孕妈妈的头发和皮肤及体内各器官得到很好的保护。

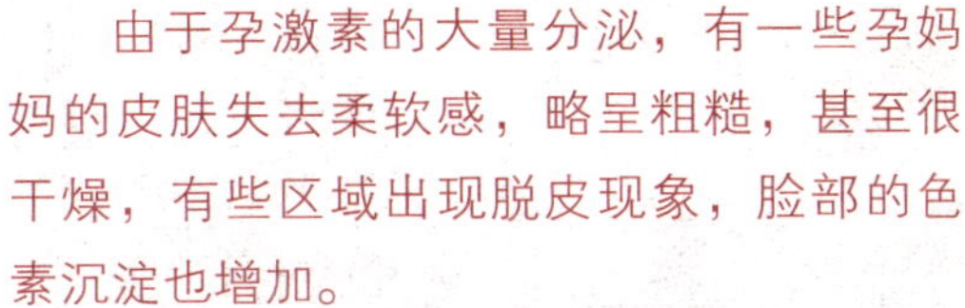

皮肤干燥

由于孕激素的大量分泌，有一些孕妈妈的皮肤失去柔软感，略呈粗糙，甚至很干燥，有些区域出现脱皮现象，脸部的色素沉淀也增加。

干性皮肤的孕妈妈不要频繁地洗脸，因为皂碱会将皮肤上的天然油脂洗净，最好改用婴儿皂、甘油皂洗脸；使用能给皮肤增加水分的护肤品，涂抹在干燥区内并轻轻地加以按摩，沐浴时不应浸泡太久，否则容易造成皮肤脱水，可以在水中加一点浴油，使用不含皂质、中性的沐浴露或婴儿香皂；沐浴后，应在全身涂抹润肤油。

要特别注意饮食营养平衡，增加镁、

钙等矿物质的摄取，如肉类、鱼、蛋，还要增加必要的脂肪酸和维生素，如绿色蔬菜、水果、坚果、谷物、牛奶、鱼油、豆类等；在每天的饮食中，减少含兴奋剂的饮品，如咖啡、酒、茶，多喝水。

面部色斑

孕妈妈面部多会长黑斑，且孕后不易恢复。妊娠中、后期皮肤会变得敏感，对紫外线抵抗力减弱，皮肤容易被晒黑，面孔出现黄褐斑，额头和双颊出现蜘蛛斑。虽说在产后会不同程度减轻，但孕期还是要不间断采取一些必要的保护措施。

多数孕妈妈的瘢痕会在产后3个月内自然减淡或消失，如果褪不掉，去请教医生，慢慢调理。由于妊娠期是较易发生皮肤炎症的时期，所以，即使以前靠得住的产品，也要慎重使用。尽量避免刺激，不要化太浓的妆，散步时一定要涂上防晒油或打遮阳伞、戴遮阳帽。

色素沉淀

除了面部，孕期的身体肌肤也受到很大影响，本来就有色素沉淀的区域，如乳晕、痣及雀斑，外阴部、大腿内侧及腋窝的颜色会加深，肚子正中央还会出现一条黑色妊娠线。那条黑线是腹肌为了容纳扩大的子宫而放松的结果，生产后自然消退，不必过分担心；黑线及乳晕在产后色泽可能还很深，但过一段时间之后会逐渐淡化至消失。阳光会使原有色素部位颜色加深，直接曝晒紫外线易罹患皮肤癌，最好避免日光直晒，在炽热的阳光下尽量保护好原有色素的皮肤部位。

妊娠纹

怀孕后乳头、乳晕及外阴部皮肤会出现色素沉着，颜色变深，在腹壁、大腿上部、臀部等处会出现一些紫红色花纹，称作“妊娠纹”。

妊娠纹的形成，主要是由于子宫增

大，皮下脂肪增厚，使腹壁和大腿上部的皮肤过度伸展，导致皮下的一些弹力纤维发生断裂，毛细血管破裂，有少量血液渗出所致，因此在外表可见到粉红色或紫红色妊娠纹。

分娩后子宫逐渐恢复，皮肤张力下降，皮下弹力纤维断裂处的渗出液逐渐被吸收，但断裂后的弹力纤维不能愈合，原来呈紫红色或粉红色的妊娠纹会逐渐变成银白色，这种银白色皱纹会终身存在。而出现在面部、乳头、乳晕等处的色素沉着会逐渐消退变浅，直至消失，只有个别人的变化不太明显。

妊娠期手指甲会很脆，极其容易折断，因此最好常常剪短指甲，一定要停止使用指甲油。

呵护挺然双峰——孕期乳房养护

乳房，是女性第二性征，也是女性美的魅力源之一。拥有傲人的双峰和婀娜的曲线美，更是女性的崇尚和追求。妊娠期间，乳房会经历第二次发育，能让从前的“飞机场”变得坚挺、饱满，养护好乳房，不仅为了未来哺乳宝宝的需要，更是为了女性今后健康、靓丽、自信的生活。

怀孕期间，乳房会胀大，而胀大的乳房组织会把皮肤撑大，等到产后退奶或是不喂母乳以后，乳房会恢复原先的大小，理论上并不会有乳房变小的问题，但是因为乳房的皮肤经过乳房变大再回复原状的情形下，皮肤会有变松的现象，导致妈妈觉得自己的乳房变小了，其实不是乳房变小，而是皮肤变松了。

乳房主要是由腺体组织、脂肪所组成，里面的肌肉很少，腺体组织在母亲泌乳时，会充满奶水，使胸部变得较大。停止喂奶后，乳房内的水分和奶水减少，就像肚皮被撑大后再变小，会变得松松的。因此，当乳房开始胀大时，务必要穿着合适的内衣支托，以免皮肤被撑得过松。

女性妊娠后，乳房受到雌激素、孕激素及胎盘泌乳素的影响，乳腺腺泡及腺管发育，脂肪沉积入结缔组织充血，乳房逐渐发育增大，还会出现乳房胀痛。产后，乳房要担负哺乳的重任，因此，在孕期就要做好保护乳房，为哺乳期做好准备。

养护乳房注意

上衣要宽松，选择合适的乳罩。随着妊娠月份的加大，乳房大小变化，及时更换尺寸合适的乳罩。

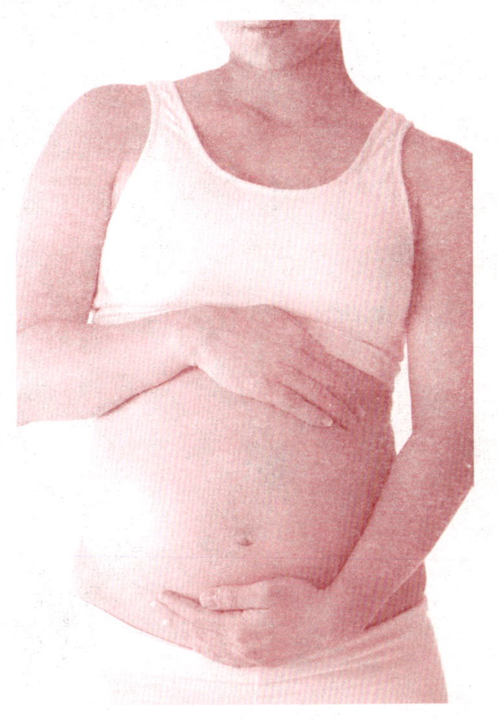

注意乳房卫生，经常洗澡，常常清洗乳房。

注意观察乳头的形状，多数女性的乳头是凸起的，如果有个别人乳头内陷，经常用手指把乳头向外牵拉，坚持一段时间，就可以把乳头拉出来。否则，等到胎儿娩出再做准备就晚了。

找到原因好入梦——失眠的应对

睡眠机制，是人类调整机体功能、消除疲劳、康复休息机制的最重要方式之一。但在妊娠期间，因为种种生理、心理、外界因素影响而导致失眠、睡不了踏实觉得情况常常会发生，容易引发因休息不佳而烦躁、情绪不佳等不良因素。

孕期出现失眠情况很常见，分析造成失眠的因素，就能找到应对办法。

生理因素

对女性来说在期盼孩了呱呱坠地的妊娠期，喜悦的同时，有不少忧虑和烦恼。在妊娠6周以后，早孕反应会造成食欲减退、偏食、恶心、呕吐、头晕、倦怠等。12周内，由于胎儿增大，子宫体积日渐膨胀，多数人入睡困难，夜里醒转次数增加，睡眠明显减少。

疼痛因素

孕期有几种疼痛，是引起失眠的主要因素。

头痛：少数人在孕期会出现日趋严重的头痛和失眠症状，有时还伴有呕吐，看东西时视力模糊。同时下肢水肿、血压升高、尿中有蛋白，是妊娠高血压综合征。

胸痛：孕期胸痛多发于肋骨之间，疼痛部位不固定。这多数是由于怀孕引起的缺钙，或由于膈肌拉高所造成。

胃痛：由于消化道蠕动减慢，胃部有饱胀不适感；还有人因为胃里不断泛酸水和胃灼痛导致失眠。

腰痛：随着怀孕时间的增加，感到身体沉重，站立或步行时，为保证重心前移的平衡，必须挺胸突腹，再加上双脚外八字分开，造成腰部脊柱适度的前凸弯曲，引起脊柱性腰痛，影响夜间睡眠。

腹痛：有些子宫后倾的孕妇，在孕初期会感到骨盆区域有牵引痛或下坠感。日益增大的子宫进入骨盆，引起髋关节的疼痛，造成夜间觉醒多，睡眠少。

仰卧因素

长期采用仰卧位睡眠，久而久之会失眠。仰卧位时增大的子宫压迫下腔静脉，使回心血量减少，心输出量下降。有些人会突然发生胸闷、气急、面色苍白、出冷汗等症状，甚至血压下降、休克，称“仰卧位低血压综合征”。

长时间仰卧，会导致血压下降时，通过压力感受器的作用，引起交感兴奋，释放大量肾上腺素，导致血压急剧上升，称为“仰卧位高血压综合征”。不论低血压还是高血压，都会对睡眠产生不利影响。

失眠的自我调护

引起失眠的原因来自多方面，属心理原因可以解除不必要的顾虑，保持良好的心境，听听轻松舒缓的音乐，看看愉悦身心的风光片，放松训练或请心理医生帮助，运用心理疗法来解决。

睡眠是健康的基本保障机制，如果孕期的失眠属于病理方面的原因，要及时请医生诊治，以免加重病情。如果属于睡眠体位不当者，妊娠期要改用正确的睡眠姿势，即左侧卧位。

饮食营养

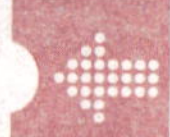

合理、均衡——这个月的饮食营养

这个月，是妊娠反应最严重，每天因为恶心、呕吐而影响进食情况最严重的阶段。而胎儿宝宝进入了器官分化形成时期，营养保障对于母胎都很重要。因此，吃饭的烦恼成为了生活中的主要矛盾。

妊娠第三个月的进食方式，以少食多餐为好，最好每2～3小时进食一次。

保持一日三餐和两次加餐点心，继续注意加强营养合理、均衡的摄入。

妊娠初期恶心、呕吐多在清晨空腹时较重，此时可吃些体积小、含水分少的食物如饼干、鸡蛋、巧克力等。要鼓励自己多进食，进食后如果发生呕吐，千万不要精神紧张，可以做一做深呼吸动作，或听一听音乐，到室外散一散步，然后再继续进食。进食以后，最好卧床休息半小时，可使呕吐症状减轻。晚上反应较轻时，食量宜增加。食物要多样化，必要时在睡前可适量加餐，以满足自身和胎儿营养需要。

孕吐阶段的饮食调理很重要，因为怀孕最初3个月，是受精卵分化最旺盛、胎儿各种器官形成的关键时刻。

轻度的孕吐反应，一般在妊娠3个月左右会自然消失，对身体无大的影响，也不需特殊治疗，只要情绪稳定，适当休息，注意调节饮食即可。

孕吐较重时的饮食应以富于营养，清淡可口，容易消化为原则。所吃食物先简单后多样化，尽可能照顾怀孕后的饮食习惯和爱好，如酸的、甜的、咸的、辣的，任随选用。为了减轻胃肠道负担，减少呕吐症状，可以选用鸡蛋、饼干和酥脆爽口的烤面包干、烤馒头干、烧饼以及各种水果等。

孕吐时如果吃苹果，一方面可补充水分、维生素和必需的矿物质，同时又可调节体内水和电解质平衡。纯苹果汁（不加防腐剂）是孕期最佳饮料之一；自家榨制的新鲜苹果汁中，含有丰富的铁、钾和镁。既富于营养，又能使孕妈妈开胃，吃得香一些，还能防止便秘。

孕吐症状减轻，精神好转，食欲增加后，可以适当吃些瘦肉、鱼、虾、蛋类、乳类、动物肝脏及豆制品等富含优质蛋白质的食物；同时要尽量供给充足的糖类、维生素和矿物质，以保证怀孕女性和胎儿的需要。

不加油盐、调料的新鲜鲤鱼，对治疗妊娠呕吐有良效。一般人会认为没有加任何调料的鱼很难下咽。事实相反，有妊娠呕吐反应的孕妈妈却会愈吃愈感香甜可口，对于抑制呕吐、满足口味、增加营养，具有独特的效果。此外，无论孕吐程度如何，均应忌食肥腻及不易消化的油炸食物，酒类因有强烈的刺激性也应绝对禁止。

科学搭配多样化——营养补充这样做

妊娠初期3个月里的饮食原则，提倡富于营养和易于消化，各种营养素要做到均衡搭配，品种多样化。要注意新鲜蔬菜、水果、豆制品、蛋类、瘦肉、鸡、鸭、鱼类等的摄入，适当增加含钙、铁丰富的食品，忌食辛辣食物，注意盐的合理摄入。

人们都知道，人体需要的营养素主要是糖类、脂肪类、蛋白质、维生素及各种微量元素如铁、钙、镁、锌、铜、锰、硒等。发育中的胚胎，同样很需要这一类物质。如果不偏食，把鸡、肉、蛋、鱼、新鲜蔬菜、水果等均衡搭配，一般不会发生营养不良或者其他营养性疾病。妊娠期，人体血容量会增加50%，但只要每天能保证吃进70～100克精瘦肉，就不会发生贫血。

孕妈妈每日所需的热量为9205～10460千焦（2200～2500千卡），而一位成年女性每天需要的热量为7531～9205千焦（1800～2200千卡），活动量越大，所需热量越多，这个区别并不是很大。与专家建议的一般女性每天需要摄入的营养量相比，孕妈妈所需的营养略高一些。

鉴于妊娠初期孕妈妈的口味和生理反应等情况，在饮食营养方案上，倡导几项要点，这就是：吃一点野菜，无须专门补铁剂，少脂多蔬果，讲究科学食酸和少吃肝类为佳，用它来指导日常食谱。

吃一点野菜好

野菜养分丰富，与栽培蔬菜比较，蛋白质高20%，矿物质达数十种之多。以蕨菜为例，铁质、胡萝卜素、维生素C的含量分别为大白菜的13倍、1.6倍、8倍。再说马兰头，含铁量是苹果的30倍，是橘子的10倍，超过芹菜与白菜。至于叶酸，每100克红苋菜叶叶酸含量高达420微克，超过栽培蔬菜中含叶酸之冠的菠菜。因此，在孕期的餐桌上添一碟野菜，无疑为胎儿增加了一条营养供给的渠道。野菜污染少，对母胎双方都较安全，味道也佳，还可以激发食欲，能减轻厌食症状，有利于优孕。

无需专门补铁

为增加怀孕期间体内铁的贮备量，防止母胎贫血，传统观点多主张补充一定量的铁元素。研究表明，对于健康怀孕女性，此举大可不必，因为怀孕能刺激母体对铁的吸收，以满足胎儿的需要。专家为此检测健康怀孕女性的铁吸收量，36周时比12周时高5倍，若3餐中常吃柑橘、番茄等维生素 C含量丰富的食物，铁的吸收率能加倍，完全不会缺铁。另外，此时补铁并不能减少早产或孕期并发症，反而可能有不良作用，如减少锌的吸收，反而妨碍胎儿体格与智能发育。因此，孕妈妈宜坚持平衡膳食的原则，不要盲目偏食高铁食物，更不要没有医生指导而自行服用铁剂。

少脂多蔬果

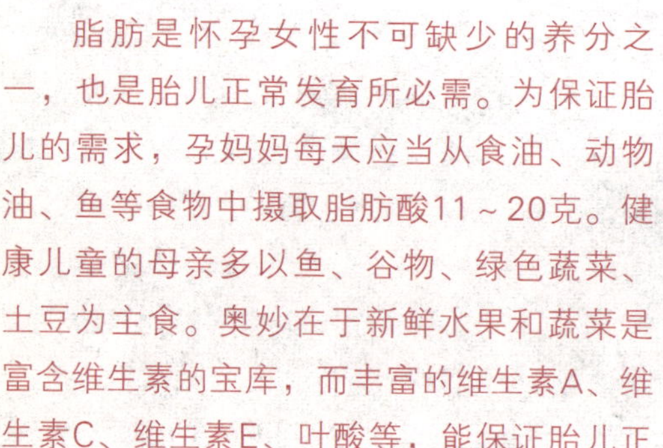

脂肪是怀孕女性不可缺少的养分之一，也是胎儿正常发育所必需。为保证胎儿的需求，孕妈妈每天应当从食油、动物油、鱼等食物中摄取脂肪酸11～20克。健康儿童的母亲多以鱼、谷物、绿色蔬菜、土豆为主食。奥妙在于新鲜水果和蔬菜是富含维生素的宝库，而丰富的维生素A、维生素C、维生素E、叶酸等，能保证胎儿正常生长发育。

吃酸有讲究

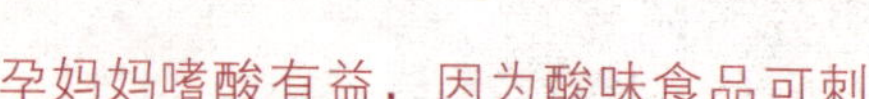

孕妈妈嗜酸有益，因为酸味食品可刺激胃液分泌，提高消化酶的作用，促进胃肠蠕动，改善孕期内分泌变化带来的食欲下降以及消化功能不佳的状况。加上酸味食物可提高钙、铁以及维生素C等养分的吸收率，有助于胎儿的骨骼、脑及全身器官的发育。怀孕女性宜选食番茄、橘子、杨梅、石榴、葡萄、绿苹果等新鲜果蔬，不要吃人工腌制的酸菜、醋制品，一些人工制品虽然味道也是酸的，但养分已遭到不同程度的破坏，而腌菜中含有亚硝酸盐等致癌物，于母胎双方皆不利。

水果入菜

利用菠萝、柠檬、番茄、脐橙、苹果和梨做材料，来烹煮食物，可以增加食欲，还可以加醋以增添菜色美味。

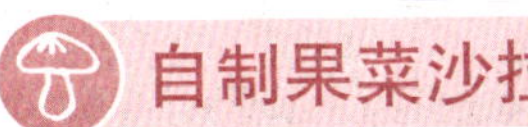

自制果菜沙拉

选用苹果、香蕉、梨、圣女果、草莓、黄瓜、橘子、猕猴桃等新鲜水果，洗净或去皮，切小块，用市售的沙拉酱搅拌均匀，加入适量酸奶，在微波炉里稍许加热，然后再次拌匀即可食用。自制果菜沙拉用材方便，制作简单快捷，味道鲜美可口，又能为母体腹中宝宝提供充足的营养，还能减轻恶心、呕吐和因妊娠反应造成的厌食症状，令人胃口大开，充分享用美味。

对于工作忙，喜欢在外面买现成的食品食用的孕妈妈，应当特别注意食品质量，选择近期制作出厂，外观新鲜，没有碰撞或破裂，不含色素及防腐剂的食品。不要选择腌熏制品，如腌肉、熏鱼等食品。因为质量不好的食品食用后会引起食物中毒；含亚硝胺高的食品食用后，易引起胎儿畸形。

妊娠期的饮食结构，应当根据生理变化和不同阶段对饮食不同要求而随时调整。原则上采取少吃多餐的方式进食，什么时候想吃就什么时候吃，想吃什么就吃什么。

胎教要点

宁神静息——胎教辅助法

胎教的效果取决于母亲的用心程度，如果母亲总是心情烦躁不安，胎教的效果就会大打折扣。

实施呼吸法，旨在帮助孕妈妈调整心情，让自己能在心情烦躁的时候，通过自我呼吸的方法，把心情宁静下来。

在对腹中胎儿实施胎教训练前，先学会呼吸法，对稳定情绪和集中注意力是行之有效的。

宁神呼吸法

实施呼吸法时，任意选择一场所，可以在床上、沙发上或坐在地板上。使自己的腰背舒展，全身放松，微闭双目，手可放在身体两侧，也可放在腹部，衣服宜宽松。

准备好后，用鼻子慢慢吸气，在心里数5秒；肺活量大的人可以数6秒；感到困难时数4秒。吸气时，要感到气体被储存在腹中，然后缓慢、平静地用嘴或鼻呼气。呼气时间是吸气时间的两倍。这样反复呼吸1～3分钟，就会感到心情平静，头脑清醒。

实施呼吸法时，尽量不去想其他琐事，要把注意力集中在吸气和呼气上。一旦习惯了，注意力就会自然集中。在胎教前进行这样的呼吸，对增强注意力，准确地按照程序进行胎教，有很大帮助。

每天早上起床时，中午休息前，晚上临睡前，各进行一次这样的呼吸法，养成自我调整呼吸的习惯，孕妈妈在妊娠期间最容易出现焦躁的精神状态可以得到改善，有利于进一步提高胎教效果。

动作胎教法

进入妊娠第3个月，可以开始实施动作胎教法。先由简到繁，养成习惯，以利于以后到了妊娠中、后期，胎动激烈时，或在实施各种胎教方法之间，都可以先用这种方法，每次2~5分钟。

姿势：孕妈妈仰卧在床上，头不要垫得太高，全身放松，呼吸匀称，心平气和，面部呈微笑状，双手轻放在胎儿位上，也可把上半身垫高，采取半仰姿势。

注意：不论采取什么姿势，一定要感到舒适为基本原则。

方法：双手从上至下，从左至右，轻柔缓慢地抚摸胎儿，心里可想象自己的双手正在爱抚可爱的小宝宝，带着一种喜悦和幸福感，深情地默想或轻轻说出来："小宝宝，妈妈真爱你"；"小宝宝真舒畅"；"小宝宝快快长，长成一个聪明健康的小宝贝"等。

夫妻自助DIY——抚摸胎教

抚摸胎教，现在已经可以开始实施。夫妻自助做抚摸胎教活动，不仅有益胎教，也有利于夫妻感情融洽，让孕妈妈感受到丈夫的关爱。

胎儿宝宝的皮肤感觉，一般在妊娠第8周开始出现，到怀孕第12周左右，感觉能力就能达到和成年人一样敏感和发达。因此，这个月就可以开始施行抚摸胎教。

要点：经常抚摸腹部，能增进孕妈妈的血液循环，也有利于胎儿受到良性刺激，促进胎儿智力的发育。通过抚摸，能够把触觉刺激传递到胎儿的大脑，反复刺激，能强化感受器官和大脑的联系，从而有利于大脑皮质的生长，为孩子未来大脑智力奠定基础。

抚摸动作，一定要轻柔，并且要全身心投入，好像已经在抚摸未来小宝宝一样，充满爱心和喜悦，但要注意，不能拍打和按压腹部。

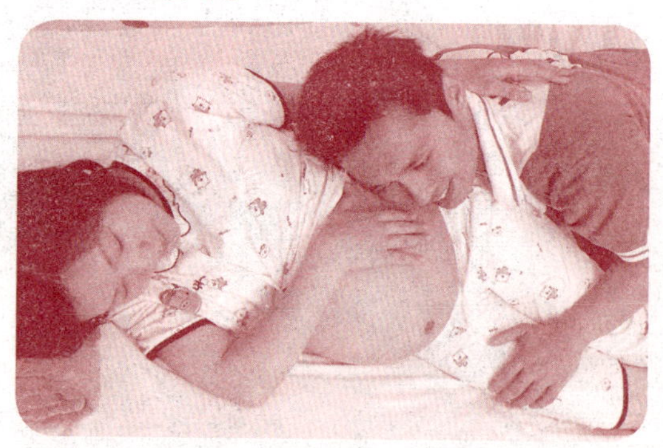

方法：每天临睡前，孕妈妈平躺，全身放松，用双手从上到下，由中间向两侧反复抚摸胎体，然后，轻轻按一按胎体，不宜过重。天长日久，这种轻按，会得到胎儿的反应。或者轻轻拍、摸胎体以后，

再轻柔地按一按。每天坚持做，每次5～10分钟。

胎儿宝宝是夫妻感情和生命的共同结晶，也是家庭未来的中心。因此，进行抚摸胎教时，准爸爸最好也能主动加入、积极参与。

做丈夫的抚摸和协助，不仅对胎儿有益，对于孕妈妈在心理上、生理上也有安抚和慰藉功效。对于做丈夫的关怀、体贴和介入胎教活动，孕妈妈会非常高兴。而且，有了准爸爸的积极参与，往往能使得胎教活动坚持不懈、持之以恒。

夫妻一起相互配合默契，心灵交融，意念相通，关爱胎儿，胎教活动更能持久坚持。

夫妻协同——音乐胎教

到妊娠第三个月，胎儿的耳朵已经形成，虽然整个听觉系统的发育还需要一段时间，但是，胎儿已经对声音有了一定的反应。适度刺激胎儿的听觉，有利于整个系统的发育和完善。

胎教音乐的曲调、旋律、节奏和响亮程度不同，对于孕妈妈和胎儿产生的情感和共鸣也会有各自不同的效果。优美细腻、韵律柔和、节奏舒缓、描述诗情画意境界的乐曲，听来具有镇静、安定心神的作用。轻松明快、节奏明朗、活泼欢快的乐曲，旋律跌宕，有舒心振奋作用。不同类型的音乐，在不同情况下欣赏，对于孕妈妈和胎儿的影响和作用也会完全不同。

选择音乐来欣赏，应当根据自己的个人喜好来决定。聆听中外古典著名乐曲，有利于提高个人审美素质，提升欣赏品位，陶冶情趣，怡情养性，在日常生活中润物无声、寓教于乐地调整自己。如果个人偏爱地方小调、民俗乡音甚至戏曲俚曲，只要能改善和调整心情，也并无不可。在总体上选择胎教音乐的基本原则，应当以喜欢听、听了能改善情绪为标准。

能消除紧张情绪的音乐：海顿《交响曲第100号军队》；西贝流士《花兰颂》；法雅《芭蕾组曲〈三角帽子〉》；鲍罗定《中亚细亚草原》。

适宜放松、帮助睡眠的音乐：海顿《小喇叭协奏曲》；罗西尼歌剧《威廉退尔》序曲；普罗高菲夫组曲《彼得与狼》。

在妊娠早期，适宜听轻松愉快、诙谐有趣、优美动听的音乐，使早孕的忧郁情绪得以缓解。这样的音乐如《欢乐颂》、《月光奏鸣曲》、《拉德斯基进行曲》、《少女的祈祷》等。

关于音乐胎教的物理声学与生理声学基础问题，国外有科学研究工作者对于声音能否传到孕妈妈的子宫曾作过研究，结果表明：低于1兆赫的声波，可以衰减不大地透入母体腹中。部分实验与“B超”监测同步进行，当母体外声音突然停止时，观察到胎儿胎动现象。证实体外的声音传入了体内，被胎儿“听到”并做出反应，这一研究结果表明，声音“胎教”有可靠的科学的依据。

在这个月，还可以通过声音和动作，与母腹中的胎儿进行适当的谈话和呼唤训练，对胎儿的听觉系统发育进行良性刺激。需要为宝宝取一个小名，经常和胎儿聊聊天、说说话，让胎儿及早地习惯于听取和熟悉父母的声音。在呼唤和谈话的过程中，胎儿能够感觉到父母的爱心，增进母体和胎儿之间在生理上和情感方面的联系，对于胎儿的身心健康发育生长，具有积极促进作用。

心情与运动

胎梦——日常心理活动延续

睡眠不踏实、多梦，经常会被梦境惊醒过来——众多孕妈妈都有过胎梦，尽管不少人都知道那只是个梦，不能当真。但清晰的梦境的确给了自己不少心理暗示，既有好也有坏。

某位孕妈妈梦到与一个漂亮可爱的小女孩一起玩耍，没过几天后就被确定怀孕，于是遇人便会讲起自己这个“特准”的胎梦……

而另一位孕妈妈却在为自己某天的噩梦而担心，梦到生出的宝宝虽然可爱，但左手却有6个手指，尽管家人都安慰“这只是个梦”，但自己仍很担心，怕生出的宝宝畸形……

梦，是人在某一阶段的意识状态下所产生的一种自发性心理活动，是协调人体心理平衡的一种方式，特别是对人的活动、情绪和认识活动有较明显的作用。正常的梦境活动，是保证机体正常活力的重要因素之一。

孕妈妈和家人做了与胎儿有关的梦，可以视为睡眠状态下某种心理活动的延续，表示想达成某种愿望，比如想要男孩或是女孩，希望孩子健康等。因此，不要把胎梦看得过于神秘，迷信胎梦的内容反而会对孕妈妈的心理产生不好的影响。比如假孕现象，就是因为过分担心自己怀孕或是过分担心自己不能怀孕，而使心理对生理产生了影响。

日有所思，夜有所梦，怀有美好憧憬的孕妈妈梦到未来宝宝是很正常的事。但是，有的孕妈妈常常因做梦过多影响了睡眠，白天精神不佳，有时还做些惊恐、吓人的噩梦，则对自己和胎儿都不利。

孕期有这样或那样的心理压力、思想负担很正常：怀的是男孩还是女孩？胎儿是否健康，会不会有发育异常或畸形？在怀孕过程中，因得过感冒等疾病或服用过药物以后，更是疑虑药物对胎儿有影响，总会梦到胎儿不健康。有的人在怀孕以后身体不适、体力欠佳，常常担心自己能否承受得了妊娠的负担，担心分娩时能否顺利，会不会发生难产或意外。各种各样的精神压抑或心理障碍，使孕妈妈百思不得其解，造成失眠、多梦甚至总是做噩梦。

孕妈妈很容易疲劳，休息和睡眠可以使细胞能量得以补充，避免疲倦、恢复体力。良好的睡眠，有助于缓解精神压力，增强神经系统和免疫系统的功能，也可降低产后患抑郁症的概率。因此，除每晚8小时睡眠以外，孕期还应该在白天安排一个小时的休息时间。但同时也要注意，要是每天的睡眠时间过长，会让体重增加过多，也会增加孕期疾病的发生。

如果出现晚间睡眠不好，梦多、做噩梦，白天精神不佳，并因为梦境而产生心理负担，会对孕妈妈本人和胎儿产生不好的影响。唯一有效的办法，就是放松身心，正确对待不必要的顾虑，消除那些不必要的精神负担。

不必把胎梦看得神秘，有什么思想疑虑和心理负担，应当找专业医生咨询或治疗，使身心处于健康状态，愉快地度过孕期。

孕期瑜伽——放松身心良法

在孕期适当运动、锻炼，能提高血液循环能力，改善肌肉力度和伸缩能力，增强体能和韧带张力，支撑腹中宝宝的重量。因此，适度运动，也是重要的胎教内容之一。而孕期瑜伽，不仅仅是做运动，也是调整和放松身心比较优秀的方式之一。

孕期瑜伽，是近年来新兴的保健时尚运动，对于孕妈妈平安健康度孕极其有帮助。除了医生要求必须卧床静养者和孕早期有轻微出血的孕妈妈之外，都可以根据自身的能力，来决定自己练习时间的长短和强度大小。以适度、舒服、无疲劳感为基本体感原则，做到循序渐进，量力而行，不要强求。

冥想式

刚开始，可以试做简易好学的冥想式：

动作说明：双脚交叉盘坐，脊柱挺直收腹，双手手掌向下放在双膝上，肩、肘放松，微微自然闭眼，排除大脑杂念，调整正常的呼吸。

运动量：根据自己的身体情况，决定运动时间长短，以舒适为基本原则，逐渐感到身体和意念完全放松和宁静下来。

练习时间，可以坚持在整个孕期中。

放松身心的冥想式打坐，有助于髋关节的伸展，增强柔韧性，对于未来分娩有益。

做冥想式习惯放松以后，一两周以后，可以再试着做一做第二式动作，站立回旋式。

站立回旋式

动作说明：站立，双脚平等分开约两脚宽，吸气2~4秒，手心向下，双臂伸直从身体前方慢慢抬起至与地面平行；呼气2~4秒，髋部不动，从腰部扭转，头、臂同时向后转身到最大限度，腿不弯；吸气2~4秒，慢慢还原，保持手臂平伸不放下。然后，按同样顺序做另外一边，身体转正还原以后，呼气放下手臂，换另一边换臂做。

注意事项：重复共做三轮。可以持续到孕期结束。此款动式旨在增加脊柱和腰部的柔韧性，有利于未来的分娩。

呼吸三式

适合所有健康的孕妈妈进行，只要按照介绍的顺序来做就可以，这套动作也没有场地限制，只要有椅子就能进行。但切记椅子必须没有轮子、能固定在原地防止打滑，以防跌倒。

猫姿拱背：坐在椅子上，两脚打开与肩膀同宽，脊椎保持延伸拉长(亦即背打直)；双手环抱肩膀，手朝向肩胛骨的位置移动；吸气把脊椎拉长，吐气拱背，来回五六次。

功效：增加脊椎的活动度，伸展上背，可单独进行，亦可作为暖身运动。

开胸：坐在椅子上，两脚打开与肩膀同宽，脊椎保持延伸拉长(亦即背打直)。然后，将双手往后放在椅垫两旁，把头往上抬向斜前方做扩胸。停留在扩胸状态并进行3～5次呼吸(吸气与吐气)。

功效：增加脊椎的活动度，伸展胸部。

侧弯：坐在椅子上，两脚打开与肩膀同宽，脊椎保持延伸拉长(即背打直)。举起右手，臀部坐稳，下半身不动，将上半身轻轻往左侧弯，再回复到预备动作。再换左手进行，每一边各做两三次。

功效：增加脊椎的活动度，伸展侧胸。

说明：这三项动作，均能促进呼吸功能。

注意事项：随时保持肩膀放松与脊椎拉长、延伸(背部打直)。

按照说明做运动，不会挤压到腹部。但如果有肚子被挤压或身体不舒服的情况，则应马上停止。

做过瑜伽后，孕妈妈会感觉到神清气爽，精神舒畅，腹中的胎儿宝宝也能充分感受到妈妈的这一份舒畅。

当然，学习瑜伽，最好能在专业瑜伽教练的指导下进行。孕期属于特殊阶段，特别要注意量力而为，不要让身体过度劳累。

因人而异——选择适宜的运动

如果在怀孕之前有运动习惯的，妊娠期内可以继续做一些较为轻松的运动，不会妨碍怀孕。如果在怀孕之后才开始有意识地做运动，要避免长时间、大活动量的剧烈型运动，应当尽量避免以防流产。

健康度过漫长的40周妊娠期，需要做适度运动，临产时，必须运用肌肉的力量使分娩过程顺利完成。因此，在妊娠期如果完全不做运动，则容易在这数月之内，使自身的肌肉变得松弛、无力，临产时面临阵痛劲力微弱，会因为使不出劲来而延长分娩时间，给自身造成不利，还会在临产后因肌肉组织机能欠缺而导致子宫恢复迟缓。因此，在妊娠期内，需要保持适当的运动，锻炼肌体组织活力。

家务劳动，也可以算作一种运动。每天都以不累为原则，适当做一些力所能及的家务事，于健康有益。

最值得推广的妊娠期运动方式是散步，每天在户外有新鲜空气的阳光下，缓缓步行20~30分钟，不仅可以舒畅身心，增进血液循环，补充身体所需的氧气，增加机体活力，还能促进新陈代谢功能，增强食欲，帮助消化吸收，更有助于夜间安然入睡，效果显著。

有专家主张孕早期可以每天进行缓步慢跑。缓步慢跑时应当注意气温变化，在穿着轻薄衣服及气候清凉的时候进行。必须注意自己的脉搏，如果静下来10分钟后，脉搏还没有恢复正常，要立即中止。缓跑时，要频频饮水，避免因为脱水会引起早产。

运动量较小的体育活动，对于正常的妊娠是安全的。既能增强孕妈妈的体质，又能给宝宝以积极的暗示，能使出生后的宝宝性格开朗、体格健壮。

除了散步之外，在怀孕前习惯进行的运动仍然可以继续，但要注意：

不要做腹部运动及弹跳运动。

不宜做急速、猛力拉扯肢体的动作。

不要参加任何比赛。

运动时，以自身不要感到太累、太疲乏为宜，太热、过多流汗都不宜。

在妊娠期，不要做挑战自身体能极限的运动。

运动时要注意，穿着舒适一些，尤其是鞋子。

游泳活动只要适度，也是安全有益的。

即使是自己已经做习惯的运动，也应当向医生做一做咨询，征得医生同意并听取医生关于运动量的建议。

本月小结

妊娠第三个月，是指从第9周开始的4周内。

到第10周，胚胎期结束，进入胎儿期。手指和脚趾已清晰可见，胎盘开始形成，脐带也逐渐长长。第11周末，孕妇的子宫已有拳头那么大，如果按压子宫周围，能感觉到它的存在，此时胎儿的性器官形成。

胎儿的身体每天长1毫米，到第3个月末时有6～7厘米长。

第3个月早孕反应加剧，同时增大的子宫压迫膀胱底部，会引起排尿频繁，妊娠12周左右，子宫超出盆腔进入腹腔，对膀胱压力减轻，尿频现象会好转。本月仍然是胎儿最易致畸时期，孕妈妈们须谨防各种病毒和化学毒物的侵害。

胎儿情况

胎儿身长6～7厘米，重20克，四肢已能活动，动作微弱。头大，躯干和腿部增长，手指甲与脚趾甲长出，眼睑、声带、鼻子明显，胎儿的脸更像人脸，双眼逐渐靠拢，不再处在头的两侧。胳膊长得较快，能分辨出前臂、肘与手指。

母体情况

子宫底已在耻骨联合上二三横指，通过妇科检查能查出增大，腹部外形无明显变化。在妊娠1~12周内，孕妈妈体重增加2~3千克。

妊娠第10周左右，孕妈妈情绪波动会很大，刚才还是喜笑颜开，一会儿就会变成乌云密布一般。这个时期变化莫测的情绪，多少会令人感到不安，这是孕期雌激素作用的结果，属于正常现象。乳房会更加膨胀，乳头和乳晕的色素加深，阴道会有乳白色分泌物。腹部可能会有一条深色竖线出现，这就是妊娠纹。面部也许还会出现褐色斑块。这些都属怀孕特征，分娩结束后斑块会变淡或消失。

在过去的12周中，胎宝宝由两个互不相关的精原细胞和卵原细胞结合为一体，发育成胚芽，生长成胚胎。现在，“它”的生命已经从无到有，确确实实地孕育在母体中。它经历的过程，重演了生命进化、人类进化史数万年历程——这是一件多么伟大的事！

完全有理由，为自己喝彩，为自己加油，因为孕妈妈所经历的一切，正是千百万年来，每一个生命、每一个母亲的历程。

从现在起，妊娠早期结束，将进入宝宝快速生长发育的孕中期。以前好些不能吃的、不能做的，从现在起将会宽松很多，打起精神迎接妊娠中期的精彩生活吧！

胎教要点

始终保持平和、宁静、愉快轻松的心理，对胎宝宝充满爱意，是本阶段胎教要点。

正常情况下，母亲有节律的心音，是胎儿最喜欢听的音乐，母亲体内的肠蠕动声、呼吸声，也能给胎儿以稳定的感觉，处在良好的子宫内环境中，能使胎儿得到良好的生长发育。

相反，如果孕妈妈焦虑、紧张不安，或者忧郁悲伤时，会使血液中的内分泌激素浓度改变，胎儿会立即感觉到，表现出不安。如果长时间存在不良刺激，会使胎儿出生后罹患多动症的可能性增加，还可能发生畸形。

如果胃口不好，要吃得精，多吃蛋白质含量丰富的事物及新鲜水果、蔬菜等。要清淡、爽口。

如果呕吐得很厉害，要去医院检查，输液治疗很有效。

一般而言，正常孕妈妈不会有腰痛感

觉，如果发现腰痛，多为先兆流产征兆，应引起重视，及时治疗。

要保证充足的睡眠，每天中午最好睡1～2小时。

在体内大量雌激素的影响下，从本月起，口腔会出现一些变化，如牙龈充血、水肿以及牙龈乳头肥大、增生，触之极易出血，医学上称为妊娠牙龈炎。孕期要坚持早、晚认真刷牙，漱口，防止细菌在口腔内繁殖。

温度适宜时，每天应当到公园、绿地散步1小时。

蚊虫叮咬后，切忌涂用清凉油。

叶酸的补充应持续到第3个月末。

妊娠3个月时，要做一次较全面的检查，并且在医院办理围生保健手册，以便今后定期进行产前检查。

本月推荐食谱

一/日/参/考/食/谱

7：00早餐：牛奶250毫升，麦片25克，煮鸡蛋一个50克，面包或面条50克，小菜一碟。

10：00加餐：红枣银耳汤：红枣25克、银耳25克；饼干25克。

12：00午餐：米饭100克，玉米面粥50克，红烧小排骨炖海带：排骨100克、海带25克；豆腐干炒芹菜：豆腐干50克、芹菜200克。

15：00加餐：洗净的番茄150克生吃，核桃3个。

18：00晚餐：清蒸鱼150克，蘑菇炒青菜：蘑菇50克、青菜200克；米饭100克；豌豆苗汤。

20：00加餐：苹果200克。

食谱中的鱼、肉类、米、面主食类、蔬菜等可等份调换。

食谱列举

【萝卜饼】

白萝卜250克，面粉250克，猪瘦肉馅100克，姜、葱、盐、油各适量。

白萝卜切细丝，用菜油炒至五成熟。把肉馅与萝卜丝调成馅。把面粉和成面团，分成小剂，擀成薄片，包入萝卜馅，制成小饼，烙熟即可。

有健胃理气，消食化痰功效，适用于食欲不振，消化不良，食后腹胀，咳喘多痰症。

【油菜粥】

新鲜油菜100克，粳米100克，先煮粳米粥，近熟后加入油菜，慢火煮熟，随意食用。

有调中下气的功效，能治脾胃不和，食滞不下，胃气上逆，嗳气呃逆。

【鸡丝馄饨】

面粉、海参、虾仁、香菇、香菜、紫菜、香油、葱、姜、酱油、盐、鸡汤各适量。

把面粉和好擀成薄片，切成四方形。虾仁剁碎成茸，海参、香菇切丁，混在一起后调入盐、酱油、葱花、姜末和香油拌匀，然后用馄饨皮包上馅。用鸡汤兑入少许开水煮沸后下入馄饨煮熟，调入紫菜、香菜和盐、香油即可食用。

补虚强身，提高机体免疫力。

【番茄炒豆腐】

先用开水把番茄烫一下，去皮，切成厚片。把豆腐切成3厘米左右长方块。锅内放少许油，待热后，放入番茄小炒片刻，然后把切好的豆腐放入锅内，加少许酱油、白糖、盐、味精滚几滚，待豆腐炒透即可装盘。

西红柿与豆腐一块炒，既能增加食欲，又可以补充营养。

【酸菜鲫鱼汤】

鲫鱼去内脏，洗净后用油煎一下，放入2碗水煮沸后，放入酸菜、葱、生姜。先用大火煮3~5分钟，然后用小火煮15~20分钟，汤变成乳白色即可。鲫鱼含丰富的蛋白质、糖类、钙、铁等营养成分；酸菜有去腥味、开胃作用。

饭前喝一碗酸菜鲫鱼汤，可以开胃。

【家腌酸黄瓜】

黄瓜洗净后，切成细条，用盐腌15分钟，渍水，加入少量食醋、糖搅拌。用保鲜膜封住碗口放入冰箱内，30分钟后即可吃。如果觉得凉，可以放在桌上晾一会儿。

黄瓜富含糖类、纤维素、镁、钾、维生素C、叶酸、钙、维生素A等营养。吃生黄瓜容易反胃，可以通过简单的制作，使黄瓜味道更美又不失营养。

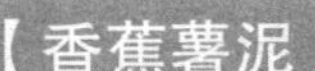

【香蕉薯泥】

香蕉去皮，捣成泥，土豆或红薯蒸熟，压成泥状放凉，与香蕉混合均匀，加入草莓或新鲜樱桃、杨梅、荔枝皆可，然后根据自己的口味，淋上蜂蜜或者酸奶。也可以用市面上能买到的色拉酱，和水果调拦均匀后吃。

特别提示

孕期饮食应以怀孕女性健康和胎儿发育为宗旨。注意平衡膳食，补充营养，不应当只顾自己的饮食爱好和体型的胖瘦。

可以为自己准备一些健脑食品，核桃糕、果仁面包都可以用于加餐食用。还可以自制香蕉薯泥作为小点心，提供丰富的叶酸。

凉拌烹调法：以绿色蔬菜、胡萝卜、白萝卜、小黄瓜等作为凉拌的材料，都是很好的佐餐小菜。

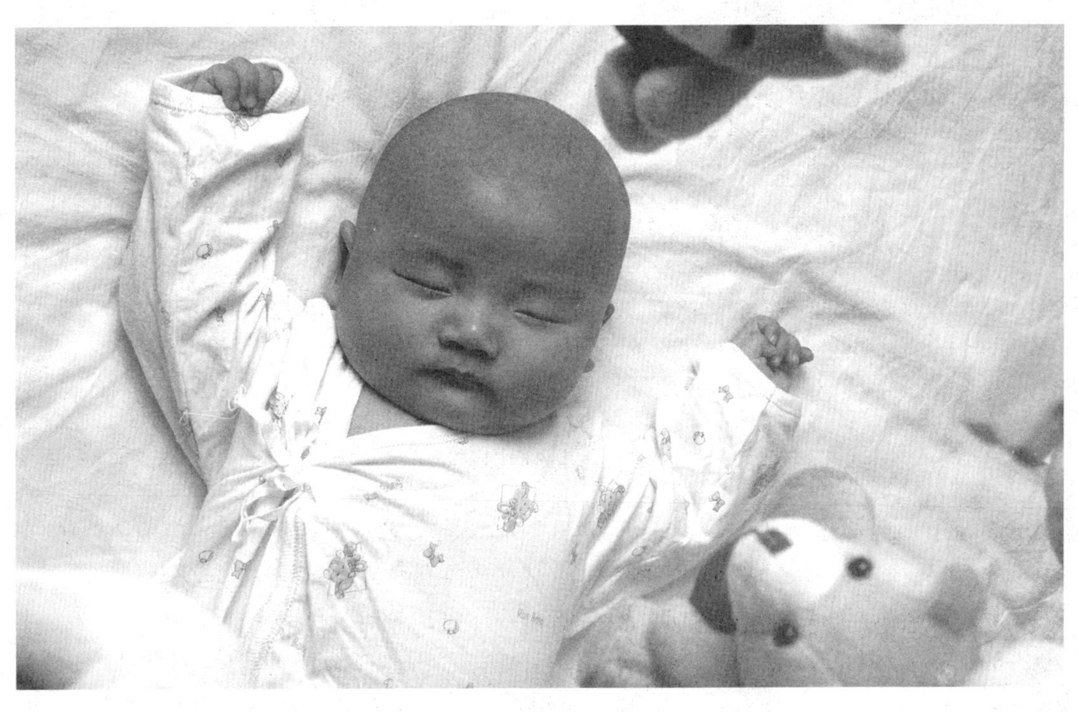

母子互动的孕中期

十月怀胎全程指导

4 安定期来临——妊娠第四个月

妊娠第四个月，已经度过了初期早孕反应令人难忍难耐的几个月，从外貌上看孕妈妈的身材还没有过度 “显山露水”，外形看上去还不一定“像”一位孕妇，但腹中的新生命却已客观存在，并且开始了从简单的细胞合子到“人”的成长过程，在母体子宫中重演人类先祖进化的漫长历程。

进入妊娠中期，孕妈妈的身体状况逐渐恢复，精神状态也有所好转。随着生理反应期的过去，睡眠、食欲、心理状态都会变得越来越好——进入了人们所称的安定期。

同时，腹中的胎儿开始了迅速成长的时期，会使妈妈的身材迅速变化，腹部、腰身、臀部、乳房等部位变大，因此，妊娠第四个月，一般被视为母胎相对稳定的“安定期”，又称为“显山露水”的阶段。

健康度孕

感受胎儿成长——进入安定期

怀孕中期是怀孕的第二阶段，即妊娠中期或称孕中期。胎儿在此期间发育很快，怀孕16周后已能感觉到胎动，胎心也开始有规律跳动。从现在起，孕妈妈能切切实实地通过互动，感受到小生命的存在，并且一天一天地成长起来。

安定期，一般指胎盘形成后的妊娠中期，一直到孕晚期之前的一段时间。在这个时期中，流产发生的威胁降低，孕妈妈的健康状态比较稳定，早孕反应症状逐渐消失，食欲恢复，身体状况较佳。

进入安定期，孕吐及胸部压迫感等令人不舒服的症状消失，身心安定，因此而被称为安定期。为了使胎儿发育良好，必须摄取充分的营养，蛋白质、钙、铁、维生素等营养素也要均衡，不可偏食。有可能出现妊娠贫血症，因此对铁质的吸收尤其重要。尿频与便秘现象渐渐恢复正常，但阴部分泌物仍不减少，容易受病菌感染。每天应淋浴，并勤换内衣裤。在这个阶段中，孕妈妈流产的可能性已减少很多。因此，外出旅行、出差，夫妻性行为的恢复等都不必再禁忌。

为了促进胎儿在母体内很好的发育，应当注意一些生活细节：

衣着：要宽大，胸罩、裤带不宜太紧，以保证胎儿生长、活动不受限制。

卫生：经常洗澡更衣，保持皮肤清洁，促进新陈代谢，以增进身体健康。不穿高跟鞋。

家居：居住房屋空气要流通，应注意居家环境清洁。

乳房：经常用肥皂或酒精擦洗乳头，以免日后哺乳时乳头破裂，容易感染得乳腺炎。乳头过短要经常向外牵拉，如果有乳头凹陷(俗称“马口奶头”)，应当坚持做向外牵引，使乳头逐渐突出，以便婴儿能吸吮。

营养：胎儿长得快，要特别注意营养供给，多吃含蛋白质食物、维生素及矿物质(铁、磷、钙)。必要时可补充铁剂及钙片。这样以保证自身及胎儿生长所需要的养料，还要储备为分娩和哺乳时的营养供给。

按时产检：此期间，要注意做好孕期保健，定期到医院检查。若有异常情况，应遵医嘱按时查看，通过检查，可以观察胎儿生长发育和母体的健康情况，如有异常及时矫治。

进入安定期，仍然需要继续保持心态宁静和情绪的平稳，可以做一些体能允许的孕妇体操等。还要注意管理体重，防止食欲旺盛引起营养过剩、体重增长过快，带来影响到母胎健康的副作用。

胎动——胎儿健康的晴雨表

自从知道自己怀孕后，年轻的孕妈妈们就在不安和甜蜜中度过，最希望的就是自己的宝宝能健健康康、平平安安地来到这个世界。从孕中期开始，孕妈妈都能先后感觉到腹中胎儿的律动，并且可以通过胎动来关注胎儿的健康情况。

除了要进行正规的产科检查外，孕妈妈在家中如何知道自己腹中的宝宝在健康成长呢?

健康的胎儿，虽然还没有问世，但时刻都显示出蓬勃的生命力。胎儿发育到3个月时，器官、系统就开始工作了。有的把羊水吞进胃里，再吐出来，有的还做出各种特殊反应：腿、脚、拇指和头部都会动，小嘴会张开、闭上、吞咽。刺激眼睑就会把眼睛眯起来，碰到小手会握紧拳头；若碰到小脚丫，便把小脚趾张开成扇形，这些能力属于先天性反射，能保留到出生后几个月消失。

生命的律动

这种胎动从怀孕两三个月就会开始，象征着生命的律动。当然，最初的感觉并不明显。一般来说，胎动从妊娠18～20周开始。最初的胎动很轻微，像是喝了碳酸饮料后的肠道蠕动。随着妊娠的进展，胎动越来越强烈，孕妈妈的感觉也会越来越明显。妊娠28～32周达到高峰，37～38周后稍有减少，到了妊娠最后一个月，胎儿长大充满宫腔，胎动反而会略有减少。昼夜胎动变化规律为上午均匀、下午减少，夜间8～11时胎动最多。胎动与母体关系密切，如母体休息时胎动较多、运动时较少；母体情绪紧张时胎动减少，情绪平稳后胎动恢复。正常胎动与孕妇体位也有关，左侧卧位时胎动最多。站立时胎动少，当孕妈妈使用麻醉剂、镇静药物时胎动也受到抑制。

胎动的规律

从妊娠第12周起，胎儿大多数器官形成，开始逐渐具备生理功能，四肢功能也开始完善，已经能有微弱的活动，只是母体还不能感受到。

到妊娠16周时，胎儿身长达到14厘米左右，四肢活动范围稍大，母体可以感受到胎动；到妊娠20周时，胎儿身长达到20厘米，四肢活动明显增加，多数母亲可以感受到胎动，夜间更为明显。妊娠29~38周是胎动最频繁时期；接近足月，胎动相应略为减少；过期妊娠胎动次数减少。

胎儿活动的方式有4种：蠕动、踢撞、搅动和呃逆运动。妊娠6个月起，胎儿会有剧烈的踢脚和冲撞；产前3个月左右有缓慢蠕动或扭动。胎动强的宝宝，出生后6个月内动作发展快。

正常情况下，一昼夜胎动强弱和次数有一定的变化。一天里，以早晨次数最少，下午6时以后增多，晚上8～11时是胎动最活跃的时间。这说明，胎儿有自己的睡眠和觉醒规律，称为胎儿生物钟。胎动的强弱和次数个体差别很大，有的12小时内达到100次以上，有的却只有30~40次。

胎动，还与孕妈妈的性格、情绪、爱好和外界环境的声音、光线和宫内压力有关，例如有巨大的声响、强光的刺激、触压母体腹壁等，都会使胎动次数增加。

家庭监测胎儿健康——计数胎动

做为准父母，学会家庭监测胎儿的信息，是“荣任”父母之前的一件功课，也是呵护、守望小生命的一项责任。

胎动，是胎儿在宫内安危的一个重要指标，通过胎动计数，可以了解胎儿在宫内的情况。

胎动减少就是胎儿宫内缺氧的重要信号，常见于胎盘功能减退、胎儿宫内缺氧，是胎儿宫内窘迫的信号。

但胎动过频，往往是胎动消失的前驱症状，也应当引起重视。

计数胎动的方法：

仰卧，把手放在腹部，动一次计一次数。可在每天早、午、晚各测一次，每次1小时，然后把3次计数相加再乘4，得数即12小时胎动次数。如果做不到每天测3次，可选择晚上临睡前固定测1小时。

正常胎儿每小时胎动不少于3~5次，12小时在30~40次以上，不少于20次。否则，应立即请医生检查。胎动次数应当做记录，怀孕28周以后应当每天记录。

监测好胎动情况，是掌握好孕期胎儿健康的晴雨表。

必不可少——定期产检

怀孕中期的定期产检必不可少，进入妊娠中期，要进行例行的体检。在妊娠15~18周期间，需要根据医生的建议，做一次产前诊断，通过对胎儿进行特异性检查，以判断胎儿是否患有先天性或遗传性疾病。有以下情况的孕妈妈需要做产前诊断：近亲结婚者；35岁以上的大龄孕妈妈；分娩过染色体病患儿的孕妈妈；有过自然流产史或死胎史的孕妈妈。

另外，这个阶段还应当检查一下是否母婴血型不合。

血型不合有两类，一类是ABO血型不合，一般指妈妈的血型为O型，爸爸的血型为A、B或AB型，ABO血型不合溶血病常见于第一胎。另外一种是Rh血型不合，当妈妈血型为Rh阴性，爸爸血型为Rh阳性时，会使妈妈对胎儿的血液产生抗体，第一胎胎儿发病的可能性较小，分娩次数越多，发病率越高。这类血型不合病情重，常会引发流产、死胎，严重的新生儿溶血性黄疸症等。

妥善保管和经常查询首次产检时，产科医生交代给自己的《母子健康手册》，按照手册上面的提示，自我监测健康情况，按照要求和与医生的约定，及时到医院进行例行产前检查，很重要，也很必要。

合理起居

做爱美的孕妈妈——孕期化妆的讲究

为了掩饰妊娠给自己的体态和容貌带来的变化，刻意浓妆艳抹，想把自己打扮得更加靓丽一些——爱美之心人皆有之，这本无可厚非。

在整个妊娠期，还是应当以胎儿宝宝和自己的健康为重。孕期，皮肤变得敏感，可以小心护肤，但原则上不应当化妆。因为化妆品大都是化工产品，特别是增白护肤品，其中含有铅等有害健康的物质，对母子皆不利。口红、染色剂、指甲油中全都含有有毒有害物质，其中可以通过胎盘进入胎儿体内的物质，会影响到宝宝发育甚至致畸。

但并不是孕期不要梳妆打扮，把自己形象收拾得美好一些，能增加自信心，调整情绪，精神焕发。当一个讲究、爱美的孕妈妈，首要的是注意清洁。孕期易出汗，要勤洗勤换内衣。勤洗脸，使用质量好一些的婴儿面霜护肤。脸上长了蝴蝶斑不要急于使用祛斑品。注意防止阳光直晒面部，待到产后，斑多会消退或减轻。此外，还可以做一做按摩，加快血液循环，滋养皮肤。

面部按摩

面部按摩的步骤是：先洗脸，擦干净水，然后用中指和无名指从脸部中央，向外螺旋式揉按，逐一按摩过后，用热毛巾敷片刻。

妊娠期间，由于内分泌改变，色素沉淀增加，面部易出现雀斑。自妊娠期第5个月起，孕妈妈的皮肤会变得干燥或粗糙，适度的皮肤保养是应该的。但孕妈妈化妆，以淡妆为好，因为此时皮肤比较敏感，使用过多化妆品，会刺激皮肤，极易引起过敏。妊娠期，可以使用常用的乳液和面霜滋养皮肤。一般来说，主张女性在孕期可以护肤、护发而较少化妆。

化妆品问题

口红由各种油脂、颜料化合而成，一般情况下对人体无明显危害性，但在孕期

最好不用。因为口红中的羊毛脂能吸附大气中于人体有害的重金属等微量元素，又易沾染微生物，且有一定的渗透作用，孕期常涂口红易成为污染源，不涂为佳。

市售指甲油大多以硝化纤维为基料，配以丙酮、乙酯、丁酯、苯二甲酸等化学溶剂和增塑剂，还有各种染料制成，这些化学物质对人体有一定的毒害作用，平素健康时无大碍，在妊娠期则于母胎都不利，不宜使用。

烫发剂和染发剂都是由化学药剂制成，易通过头皮进入人体血液中，对胎儿发育造成影响，孕妈妈最好不要烫发和染发。

护肤品选择

保持皮肤表面的润泽、弹性、色调和健康，是肌肤美丽的关键。在孕期，要特别注意选择天然成分的护肤品。

护肤保养品的主要功能，是保持皮肤水分，使皮肤润泽而维持良好弹性。因此，拥有这些功能的保养品，当推首选。

选择护肤品时，宜按照每个人不同的肤质考虑。干性皮肤者，应当选择较油性的化妆品；油性皮肤者，则要考虑含水分多的产品。妊娠期选择保养皮肤的护肤品，则还要充分考虑到，护肤品中香料、颜料、维生素及其他营养添加剂的成分和比例，否则，妊娠期更加敏感和娇嫩的皮肤，容易引起保养化妆品过敏，对皮肤造成危害。

不适当的化妆品使用，会引起皮肤过敏甚至产生黑斑，孕前使用习惯的化妆品，也要重新审视一番，防止因为长期刺激皮肤引起色素沉淀，甚至引起过敏性皮肤炎症。

妊娠期间，皮肤普遍油脂分泌旺盛，有些人会在这期间出现暗疮。除了要做好皮肤保洁之外，不宜使用含油成分过高的化妆品。

一般来说，水质天然植物类制剂，尤其是添加剂少的化妆品，当为妊娠期首选。

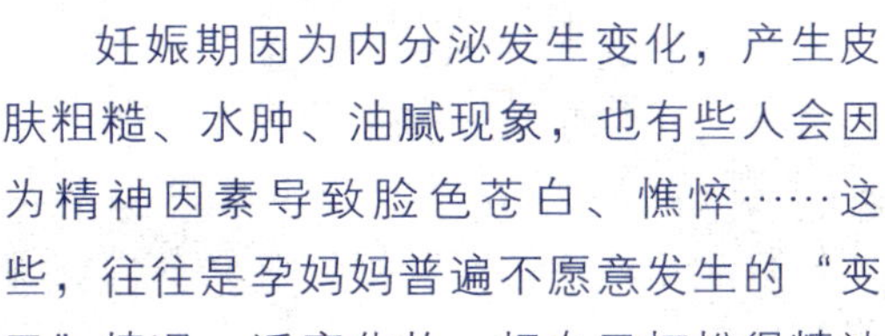

淡妆为宜

妊娠期因为内分泌发生变化，产生皮肤粗糙、水肿、油腻现象，也有些人会因为精神因素导致脸色苍白、憔悴……这些，往往是孕妈妈普遍不愿意发生的“变丑”情况，适度化妆，把自己打扮得精神一些，做一个漂亮、精神的孕妈妈，也是自我心理调适的方法之一。

妊娠初期可以采用比自身肤色稍微深一点的粉底，脸颊上淡淡敷上胭脂，使面色显得红润，稍微描一点眉毛及眼线，会更显得精神。

妊娠中期，脸部常常会发雀斑或蝴蝶斑，可以适当选用盖斑化妆品。但特别要注意，不能涂得太厚。如果使用粉底，可以在粉底上扑上透明粉以定妆，然后再画描眼线和眉毛，薄薄地施上一层胭脂。

妊娠期化妆，注意妆容要以淡为宜，只需稍做修饰，自会呈现出妊娠期特有的韵味。

除了化淡妆之外，还要注意皮肤的保护，使用具有滋养作用的化妆品为宜，最好每周能做一两次滋养面膜，以保护面部。

适度化妆，能使女性更加漂亮、更富于魅力。但在孕期化妆却要特别注意，防止化妆品使用不当伤害到胎儿。

浴室的健康细节——洗澡的要素

不要小看了小小浴室中的健康细节，不仅事关个人整洁、卫生，同样也关系到母胎健康平安的大事。

妊娠中后期，由于母体内分泌的改变，新陈代谢逐渐增强，汗腺和皮脂腺分泌旺盛，会比常人更需要沐浴，以保持皮肤清洁，预防皮肤、尿路感染。但在妊娠期洗澡时，如果不注意方法，有可能对母体和胎儿的健康造成影响，甚至永久性的损害。

在整个妊娠期的沐浴都要注意，严格掌握水温、时间和体位三项要素。

水温

过高的温度，会损害胎儿的中枢神经系统。孕妈妈体温比正常值上升2℃时，会使胎儿的脑细胞发育停滞；如果上升3℃，则有杀死脑细胞的可能。因此而形成的脑细胞损害，多属不可逆转的永久性损害，胎儿出生后会出现智力障碍，甚至畸形，还可能导致癫痫。

一般来说，沐浴时水的温度越高、持续时间越长，损害越重。所以，妊娠期沐浴水温应当掌握在38℃以下，最好不要坐浴，避免让热水浸没腹部。

时间

在浴室内沐浴，孕妈妈容易出现头昏、眼花、乏力、胸闷等症状。因为浴室内空气逐渐减少，温度较高，氧气供应相对不足，加上热水的刺激，引起全身体表毛细血管扩张，使孕妈妈脑部供血不足。母体如果供血不足，胎儿会出现缺氧、胎心率加快，严重的还会使胎儿神经系统发育受到不良影响。所以，热水浴的时间应当控制在20分钟以内。

体位

妊娠期，母体内分泌功能发生多种改变，阴道中具有灭菌作用的酸性分泌物减少，母体自然防御机能降低。如果坐浴，水中的细菌、病毒容易进入阴道、子宫，导致阴道炎、输卵管炎或尿路感染，出现畏寒、高热、腹痛症状，势必增加孕期用药机会，留下畸胎和早产隐患。因此，在整个妊娠期间，坐浴、盆浴最好能避免，以淋浴为佳。

新陈代谢旺盛的孕期里，洗澡是必须的保洁措施，也是一种享受。充分了解相关常识，安全、健康地进行沐浴，是必须措施。此外，卫生间里一定要注意防滑、防跌，加装防滑垫和扶手，这些细节虽小，可千万马虎不得。

重享“性福”——孕中期性爱

早孕反应严重的前三个月，有可能冷落了丈夫。而从现在起，流产的威胁减少，孕妈妈会突然发现，自己也有些迫不及待地需要享受来自先生的两性抚爱。享受那一份私密的两性情事、男欢女悦，在孕中期可以尽情地享受一番“性福”。

妊娠中期，不用再为避孕而烦恼，性生活质量会得到改善。加上孕期激素的作用使女性更富于魅力，会变得更性感。有很多女性在怀孕的部分时间里，能感受到前所未有的快感，享受“性福”。

怀孕初期的呕吐和疲惫，几乎令人提不起任何 “性趣”来。而到了怀孕后期，笨重的身体则不适于性爱。但在妊娠中期，更多的血液流向骨盆，在夫妻亲热时能增加器官敏感性，更容易达到性高潮。有很多女性在怀孕中期才尝到了高潮的滋味，甚至多次高潮而不用担心会伤害到胎儿，除非遇到胎盘前置等特殊情况外，一般人都可以在孕中期尽情地享受性爱。

当然，男欢女爱，享受“性福”的欢娱之时，只要注意观察身体和胎儿发育的情况，不必压制激情。享受孕期的最好办法就是放松心情。如果觉得自己对“性”没有心情，则可以尽量制造一些亲密的气氛，让先生给自己梳一梳头发，揉一揉脚，按摩一下后背和肩膀，在交流和亲昵的举止中，营造两个人的亲密无间气氛。

进入妊娠期4个月以后，胎盘形成，胎儿在母体子宫内也稳定下来，流产的危险也比孕初期小。孕妈妈早孕反应消失，性器官分泌物增多，性感受能力较强，可以愉快、适度地享受性爱。但要注意，性生活不能与孕前完全相同，在次数和强度方面要有所节制。

特别要把握的，是不要压迫和撞击日渐膨大的腹部，尽可能不要给子宫以强刺激，在性爱姿势上要做适当调整，防止出现问题。

性活动的高潮，包括刺激乳头也容易

引起子宫收缩，有诱发流产的可能性。因此，自身要特别注意调节，夫妻生活中不宜刺激乳头。

性爱的体位以采取前侧位、前坐位、侧卧位较好。还要注意动作不要太激烈、男性也不宜插入过深，以免刺激子宫引起流产。

有不少的孕妈妈害怕自己贪图享受性生活，会被丈夫的性器官伤害到腹中的胎儿。这种担忧完全没有必要。一方面女性的宫颈在阴道的上方，不会被男性性器官够得着；另一方面，宫颈口有黏液阻挡，所以，男性的性活动是不可能伤害到胎儿的。

饮食营养

营养、体重都重要——孕中期的营养原则

“一人吃，两人补”，是民间通常的说法，也最容易诱导孕妈妈陷入认识误区。孕中期以后结束了孕吐，胃口大开，容易放开来吃，进入体重增加过快的误区。

一般人都会生怕腹中的宝宝营养不足，发育不良，因此，在吃饭问题上总是惦记着宝宝，会拼命狂吃。这样吃下去的结果，往往会造成孕期体重增加过多，不仅自己的体形严重变形走样，还可能引发一些病症，而且使临产时分娩难度提高。

怀孕期间，胎儿一切成长所需要的营养素皆来自于母体，因此，孕期营养的供给，一方面为维持孕妈妈本身正常需要，另一方面提供胎儿发育需求，并为日后生产与哺乳做准备。胎儿营养素的摄取，是由母体内血液经过脐带输送，而母亲血液中的营养素含量，直接由进食的食物来决定。所以，必须注意的不仅是孕妈妈的体重有没有增加，还要注意胎儿是否在正常生长。

孕期营养指标，可以参考体重考察。

胎儿长大、羊水增多、胎盘增大、乳房增重、血液和组织液增多、母体脂肪增加，是孕妈妈体重增加的原因。

母体体重的正常增加，是营养良好的重要指标。孕前体重偏低的孕妈妈在孕期体重可以增加得多一点；反之，孕前体重偏高者则应当适度节制。总之，体重的增加应当是渐进式的，最初3个月平均为1~2千克，中后期大约每周增加0.5千克。

现代人营养的摄取，较以前改善很多，也比较注意产前的照顾，相对体重也会增加比较多。再加上很多女性为保持身材常常会节食，怀孕后如同解禁、尽情满足口腹之欲的结果，体重增加20千克以上的现象非常普遍。另一个造成体重过量增加的原因，是母体内水分积蓄太多。因此容易引起一些合并症，诸如妊娠高血压综合征（主症状为高血压、水肿、尿蛋白等）、妊娠糖尿病（可能形成巨婴症，增加难产发生；而且婴儿出生时易因血糖突然降低，造成危险）。如果引发了妊娠高血压综合征，医生会要求孕妈妈卧床休息，避免血压升高，并摄取高蛋白质食物。如果孕妇本身属肥胖体质或家族有糖尿病史，则要小心妊娠糖尿病的发生。在治疗过程中，仍然以饮食控制为优先，这是最不容易伤害到胎儿的方案。

此外，有一些孕妈妈在妊娠初期因为妊娠反应，产生恶心、呕吐、食欲不振等不适，吃不下东西，有体重减轻现象。如果孕吐现象不太严重，则无需过于担心，因为胎儿还小，需要的营养量非常少。如果情况一直持续到妊娠中后期仍然没有改善，或者仍然孕吐严重，就要考虑母体的体质，必须尽早寻求医生的指导。

建议仍然呕吐的孕妈妈，饮食原则适宜采用少量多餐的方式，把固体和液体食物分开，最好先吃完固体食物半小时以后再吃液体食物，能减少孕吐。要更加注意均衡营养的摄入。有些孕妈妈甚至闻到食物的味道都会有呕吐感，这就属于心理因素在作祟了，应当调整自己的心情，没有胃口不要强迫自己非吃不可。当然，来自丈夫和家人的安慰和鼓励，也是帮助孕妈妈度过孕吐阶段的良方。

胃口大开时——吃得健康不发胖

随着孕中期的来临，孕妈妈的胃口大开，可以尽情地解一解馋了。然而，从怀孕前就特别注意保持身材、控制进食，现在一旦解禁又胃口大开，怎么样才能健康地吃而不发胖呢？

宏观控制体重

一般而言，在理想体重下怀孕的健康女性，怀孕过程体重增加平均8~12千克。不论怀孕前体重如何，在怀孕中、后期，每月体重增加少于1千克或每月体重增加3千克以上都是不适当的。

虽然孕期不能减肥，但体重却必须控制，否则，除了身材变形之外，吃得太多引起肥胖容易产生并发症，也容易导致分娩时的生产困难。

饮食并非少吃就能减肥，掌握进食的

技巧、食物的烹调、食材的选择等，都是控制体重的关键。同样的营养价值，如果选择热量较低的食物，对体内的胎儿并没有差别，但是对于母亲本身，影响却很大。及早掌握这些观念及技巧，对于产后恢复身材也很有帮助。

只要吃得科学合理，就能找到不发胖的秘诀。吃得科学、合理，包括改变自己的进食行为和烹调方式两方面内容。

改变进食习惯

改变进餐顺序，即先喝水→再喝汤→再吃青菜→最后才吃饭和肉类；

养成每天三顿正餐一定要吃的习惯。

生菜、水果沙拉应刮掉沙拉酱后再吃。

肉类应去皮并且不吃肥肉，只吃瘦肉部分。

油炸食品先去油炸表皮后再吃。

浓汤类食物，只吃固体内容物质，不喝汤。

带汤汁的菜肴，把汤汁稍加沥干以后再吃。

用水果取代餐后甜点。

用茶、开水或不加糖的饮料及果汁，来取代含糖饮料和果汁。

注意食物的种类和吃下的总分量。

吃完东西立刻刷牙，刷过牙以后，就坚持不再进食。

临睡前3小时不再进食，白开水除外。

改变烹调方式

既要摄取足够营养，做到解馋，又希望不增加太多体重，需要适当改变习惯，要注意烹调方式的改变：

炒菜少吃，尽量用水煮、蒸、炖、凉拌、红烧、烤、烫、烩、卤的烹调方式。

以上的烹调方式尽量不要再加油，可以加酱油。

善于用葱、蒜、姜、五香粉、花椒粒、八角及一些中药材来增加香味。

烹调时少加糖；少加勾芡用的淀粉。

烹调时少用酒和料酒。

做饭、买菜前，事先计算好吃饭人数及分量，避免余下过多剩菜，让自己吃过量。

青菜可以多吃，但最好以烫余为主，或者把汤汁沥干，以减少油脂的摄食。或者用清汤、开水冲洗后再吃。

吃饭时，改变以前爱在饭上淋浇肉汤、菜汤汁的习惯。

习惯低盐饮食

是否在孕期保持控制盐分摄取量，应当视自己的具体情况区别对待。有的人平时生活习惯于吃盐就很淡，再强调低盐则会使食欲不振甚至妨碍电解质平衡。也有些人口重、吃盐较多的，如果属于妊娠高血压综合征高危人群，则必须在孕中期和晚期控制盐分。

从怀孕中期开始，适当减少盐分，习惯于吃低盐饮食，既能为将来育儿培养良好习惯，也有助于减轻体内代谢压力，减轻肾脏的负担，减少和弱化发生水肿的可能。

要做到降低饮食中盐分而又不影响食欲，可以参考一些做法：

把每天所需用盐量准备好，一般每天按6克为宜，每次做菜从总量中取用，用完尽量不追加。

做菜时加用少许酱油和适量的盐，比单纯用盐的色和味要好一些，能引发食欲。

吃泡菜和凉菜。泡菜有清爽酸味适合孕期口味，凉菜凉拌时加入醋和少许酱油味道会鲜美，营养丰富而不必多放盐。

烹饪中巧妙运用醋、柠檬、番茄等做作料，即能省掉用盐量，还能提升菜的味道。

利用原料本身香味，如香菜、芹菜、青蒜苗等，做菜时要控制用盐量加入这些原料来调理菜味道。还可以把花生、芝麻等富含脂肪的坚果类捣碎，混在菜里一起吃能增香调味。

有的菜做成糊香味，即使盐放少也很好吃，如红烧鱼、红烧鸡和红烧肉等。

利用略带甜味的番茄或甜面酱调味，如锅包肉、菠萝咕咾肉、京酱肉丝。

利用鱼汤、肉汤等高汤烹调菜肴，可以减少酱油和盐分的用量，不失蔬菜的养分。

大龄孕妈妈要忌口

怀孕年龄在35岁以上的大龄孕妈妈，妊娠期间要比20多岁的人容易发胖，体重过度增加，会容易患上肥胖、妊娠高血压综合征、糖尿病等情况。不仅这样，如果腹中的胎儿生长得过大，容易给临产分娩带来困难，对母子安全形成威胁。

因此，大龄孕妈妈出自对于母子平安的考虑，适当控制体重，一般妊娠40周内体重增加不要超过12.5千克，其中胎儿要占到3~3.5千克。

为了避免过度肥胖，控制体重，建议大龄孕妈妈从怀孕中期开始，适度忌口，避免吃下面容易导致肥胖的食物：

任何含糖量较高的食物，包括白糖、糖浆、甜味剂。

糖果和巧克力。

可乐和人工添加甜味素的果汁饮料。

罐头装水果。

人造奶油。

冰激凌、冰冻果汁、果冻。

含糖量较高的花生酱、色拉酱。

现代城市生活中，30多岁才考虑孕育问题的家庭很多，也完全没有必要谈“大”色变，只要重视科学合理地生活，做好孕期保健，平安度孕和顺利分娩一般都不会有问题。

“绿色”进餐——养成良好饮食习惯

胎儿出生以后，宝宝的生活与饮食习惯，也受到孕期妈妈进食习惯的影响。

如果宝宝从一出生起、尚没有行为或认知能力之前，就经常表现得没有胃口、不喜进食、常常吐奶、消化吸收不良，往往因为母体怀孕时的饮食状况不好，也是胃口不好、偏食，或是吃得紧张匆忙、常被外界干扰打断、极不规律。

从现在开始，一定要培养良好的饮食习惯：

定时：无论每一天的工作有多么忙碌，也应当“把吃饭的时间还给自己”。最理想的吃饭时间为早餐7～8点，午餐12点，晚餐6～7点；吃饭时间最好用30～60分钟，进食过程要从容，心情要愉快。

定量：抽出一点时间，了解一些营养知识，合理搭配。每餐各占一天所需热量的1/3，最好要呈倒金字塔形，早餐丰富、午餐适中、晚餐量少。

定点：养成定点吃饭的习惯；如果希望未来宝宝能坐在餐桌旁专心进餐，那么现在孕妈妈吃饭时，就应当固定在一个安静、温馨的地方，尽量不被干扰、影响、打断用餐。

营养均衡多变化：多变化食物的种类，每天吃多种不同的食物，营养素会容易充足。

以未加工的食物为主：尽量多吃原生类食物，如五谷、青菜、新鲜水果，烹调方式以保留食物原味为主，少用调料，少吃垃圾食品，油炸食物和市售的成品食物少吃，让宝宝在胎儿期就习惯于健康有益的饮食模式。

饮食习惯，每一天、每一餐都涉及，利用妊娠期间的“绿色”健康进食规律，养成良好的饮食习惯，不仅仅是孕期受益，将来育儿阶段对宝宝有益，而且是让自己受益一生的好事。

胎教要点

选择胎教——基本注意原则

每一个孕妈妈和胎儿宝宝的生理状况都不同，胎教方法只能作为一种辅助手段。

每一位个体的孕妈妈和胎儿，都有各自的具体情况，有各自的生理特点和生活环境以及习惯。在选择胎教的方式、方法上，也因为各自的经历、喜好、学识不同，会各自有所偏重，没有统一的标准。家庭对于胎教的理解和要求，也有各自的侧重和需求。因此，在选择自己需要、适合自己家庭胎教的方式和方法上，只需要把握基本原则。

建议选择胎教方式、方法把握的原则，应当考虑到：保证充足的营养、良好的生活环境以及健康的生活习惯，这是每一位孕妈妈在胎教时期都应当重视的。

第一项，保证孕期充足的营养。

宝宝的营养都来自母体的供给。孕妈妈摄入的营养素不足，严重的将会导致流产、早产等情况的发生。保证营养均衡，是胎教的一个重要的构成部分。宝宝在妈妈肚子里的3～6个月的时候，是大脑开始发育的时候，这个时期的营养均衡，对宝宝以后的智力开发尤为重要。

第二项，保持好的工作、生活环境。

孕期生活的环境整洁、空气清新，有助于宝宝的智力和人格的发展。孕妈妈们要适当控制看电视和使用电脑的时间，尽量少用微波炉。环境的污染也不利于宝宝的成长，孕妈妈要注意远离那些容易使宝宝受到伤害的污染源。

第三项，养成健康生活习惯。

孕期生活中要养成健康的生活习惯，形成良好的生物钟。在饮食方面不用去吃补品和补药，应禁止喝酒、抽烟，也需要准爸爸们的配合，因为被动吸烟同样不利于孕妈妈和胎儿的健康。

抚摸胎教这样做

每一个孩子都喜欢父母的爱抚，从胎儿期在妈妈肚子里开始，胎儿当然也不例外，小家伙喜欢隔着肚皮，享受来自爸爸妈妈定时的爱抚。

实施抚摸胎教的好处，是经常受到父母爱抚的孩子长大后遇事更冷静沉着、反应更机敏。

抚摸胎教，是准父母与胎儿宝宝之间最早的触觉交流，通过抚摸孕妈妈的腹部，使腹中的宝宝感觉到父母的存在并做出反应。

抚摸胎教的益处

可以锻炼胎儿宝宝皮肤的触觉，并通过触觉神经感受体外的刺激，从而促进宝宝大脑细胞的发育，加快胎儿的智力发展。

能激发起胎宝宝活动的积极性，促进运动神经的发育。经常受到抚摸的胎儿，

对外界环境的反应也比较机敏，出生后翻身、抓握、爬行、坐立、行走等大运动发育都能明显提前。

进行抚摸胎教的过程中，不仅能让胎儿感受到父母的关爱，还能使孕妈妈身心放松、精神愉快，加深了一家人的情感交流和联系。

抚摸胎教这样做

正常情况下，从怀孕2个月开始，胎儿宝宝就在母体内活动了，但活动幅度很小，孕妈妈还不能感知。随着妊娠月份的增加，活动幅度会越来越增大，从吞吐羊水、眯眼、咂手指、握拳，直到伸展四肢、转身、翻筋斗等。

一般过了妊娠早期，抚摸胎教就可以开始实施，下面介绍几种抚摸胎教的方法。

方法1　来回抚摸法，实施月份：怀孕3个月以后，可以进行一些来回抚摸的练习。

具体做法：孕妈妈在腹部完全松弛的情况下，用手从上至下、从左至右，来回抚摸。

注意事项：抚摸时动作宜轻，时间不宜过长。

方法2　触压拍打法，实施月份：怀孕4个月以后，在抚摸的基础上可以进行轻轻地触压拍打练习。

具体做法：孕妈妈平卧，放松腹部，先用手在腹部从上至下、从左至右来回抚摸，并用手指轻轻按下再抬起，然后轻轻地做一些按压和拍打的动作，给胎儿以触觉的刺激。刚开始时，胎儿不会做出什么大的反应。但是，孕妈妈不能灰心，一定要坚持长久地有规律地去做。一般需要几个星期的时间，胎儿就会有所反应，如身体轻轻蠕动、手脚转动等。

注意事项：开始时每次5分钟，等胎儿做出反应后，每次5～10分钟。在按压拍打胎儿时，动作一定要轻柔，孕妈妈还应随时注意胎儿的反应，如果感觉到宝宝用力挣扎或蹬腿，表明胎儿不喜欢，应当立即停止。

方法3　推动散步法，实施月份：怀孕6～7个月以后，当孕妈妈可以在腹部明显地触摸到胎宝宝的头、背和肢体时，就可以增加推动散步的练习。

具体做法：孕妈妈平躺在床上，全身放松，轻轻地来回抚摸、按压、拍打腹部，同时也可用手轻轻地推动胎儿，让胎儿在宫内“散一散步、做一做操”。

注意事项：最好能在医生的指导下进行，以避免因用力不当或过度而造成腹部疼痛、子宫收缩，甚至引发早产。每次5～10分钟，动作要轻柔自然，用力均匀适当，切忌粗暴。如果胎儿用力来回扭动身体，孕妈妈应立即停止推动，可用手轻轻抚摸腹部，胎儿就会慢慢地平静下来。

方法4　亲子游戏法，实施月份：怀孕5个月以后，开始有胎动，就可以进行亲子游戏。

具体做法：每次游戏时，孕妈妈先用手在腹部从上至下、从左至右轻轻地有节奏地抚摸和拍打，当胎儿用小手或小脚给予还击时，孕妈妈可在被踢或被推的部位轻轻地拍两下，稍过一会儿胎儿就会在里面再次还击，这时孕妈妈应改变一下拍的位置，改变拍打的位置距离原拍打的位置不要太远，胎儿会很快向改变的位置再作还击。这样每天反复几次，别有一番情趣在其中。

注意事项：这种亲子游戏最好在每晚临睡前进行，此时胎儿的活动最多，时间不宜过长，一般每次10分钟即可，以免引起胎儿过于兴奋，导致孕妈妈久久不能安然入睡。

准爸爸参与

实施抚摸胎教，最好有准爸爸的参加，理由如下：

孕妈妈的得力助手：胎儿最喜欢准爸爸的抚摸和男性频率较低的声音，所以在整个抚摸胎教的过程中，准爸爸一定要参加。准爸爸应当经常隔着肚皮轻轻地抚摸胎宝宝，并协助孕妈妈让胎宝宝进行一些宫内运动，最好是一边抚摸一边与胎宝宝说话，同时告诉宝宝是爸爸在抚摸、与宝宝交流。一家人一起玩游戏，定会乐趣无穷，也会让胎儿充分地感受到家的温馨。

母子之间的调解员：当胎儿的活动过于激烈，让孕妈妈感觉有些难以忍受时，准爸爸可以一边隔着肚皮轻抚胎宝宝，一边温和地说："乖宝宝，爸爸和你商量商量，踢得轻一点，好吗？妈妈感觉有些吃不消了。"这样做的效果不由得人不信，这种时候让准爸爸出面调解沟通一下，特别管用。

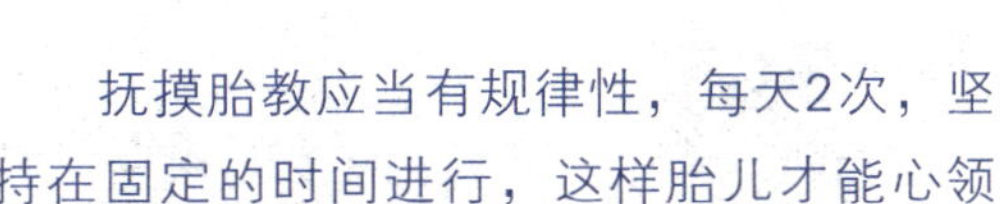

抚摸胎教须知

抚摸胎教应当有规律性，每天2次，坚持在固定的时间进行，这样胎儿才能心领神会地在相应的时间里做出反应。

抚摸胎宝宝之前，孕妈妈应排空小便。

抚摸胎宝宝时，孕妈妈要避免情绪不佳，应当保持稳定、轻松、愉快、平和的心态。

进行抚摸胎教时，室内要保持环境舒适，空气新鲜，温度适宜。

进行抚摸胎教时，如能配合对话胎教和音乐胎教等方法，效果会更佳。

值得提醒的情况，是下面这些情况不宜实施抚摸胎教：

一般在孕早期以及临近预产期不宜进行抚摸胎教。

有不规则子宫收缩、腹痛、先兆流产或先兆早产的孕妈妈，不宜进行抚摸胎教，以免发生意外。

曾有过流产、早产、产前出血等不良产史的孕妈妈，也不宜进行抚摸胎教，可改用别的胎教方法替代。

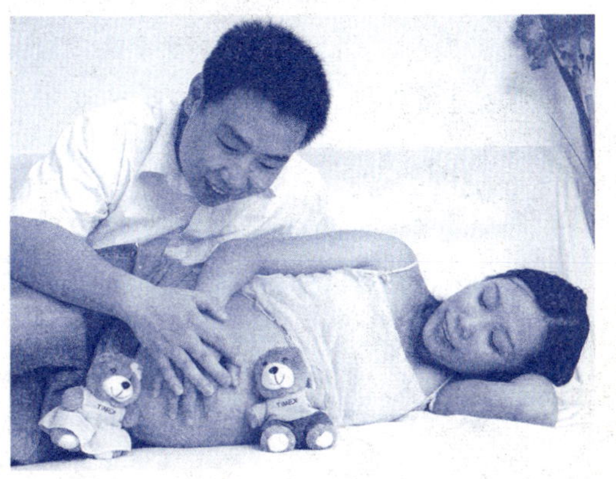

音乐胎教——世界经典名曲欣赏

人们一般认为，孕妈妈听的音乐应该以轻柔的为主，实际上，胎教音乐应该更加多元化一些。因为，不同的旋律、不同的节奏会带给胎儿不一样的感受和影响。

胎教是一种比较微妙的教育方法，是要控制母体内外环境，免除不良刺激对胚胎和胎儿的影响，其中包括情绪训练。

对胎儿音乐胎教

实施音乐胎教，是以音波刺激胎儿听觉器官，从妊娠16周起，便可以有计划地实施。每日1～2次，每次15～20分钟，选择在胎儿觉醒有胎动时进行。

一般在晚上临睡前比较合适，可以通过音响直接播放，声源应距离孕妈妈1米左右，音响强度以65～70分贝为宜。不要有低音炮和架子鼓的声音，乐曲选择悠扬一些的较好。也可以使用市售的胎教传声器，直接放在孕妈妈腹壁胎儿头部的相应部位，音量的大小可以根据成人隔着手掌听到传声器中的音响强度，亦即相当于胎儿在子宫内所能听到的音响强度来调试。腹壁厚的孕妈妈，音量稍大一些；腹壁薄的孕妈妈，音量应适当小一些。

胎教音乐的节奏宜平缓、流畅，不带歌词，乐曲的曲调应温柔、甜美。但要注意千万不能把收录机直接放在妈妈腹壁上给胎儿听。

在胎儿收听音乐的同时，孕妈妈亦可选择自己喜爱的各种乐曲，并随着音乐表现的内容进行情景的联想，力求达到心旷神怡的意境，借以调整心态，增强胎教效果。

经典名曲目

向孕妈妈推荐孕期可选来经常欣赏的十首世界经典名曲，有兴趣的，不妨试着听一听。

普罗科菲耶夫的《彼得与狼》——美丽的童话故事，以音乐形象表现出来。

德沃夏克的e小调第九交响曲《自新大陆》第二乐章——舒畅、徐缓的乐章，有利于抚慰焦躁的情绪。

约纳森的《杜鹃圆舞曲》——特别适合在早晨睡醒后听，让一天都拥有好心情。

格里格的《培尔·金特》组曲中《在山魔王的宫殿里》——感受力度与节奏，美丽的童话境界音乐形象化表现。

罗伯特·舒曼的《梦幻曲》——感受清新与自然，流畅优美的旋律如泣如诉，特别适合把音量调到若隐若现状态下听。

约翰·施特劳斯的《维也纳森林的故事》——感受春天早晨的气息，每一组音符都能愉悦人的情绪。

贝多芬的F大调第六号交响曲《田园》——交响乐佳作，在细腻的乐章中享受宁静。

老约翰·施特劳斯的《拉德斯基进行曲》——轻快、活泼，在激情澎湃中感受无限活力。

勃拉姆斯的《摇篮曲》——在乐曲声

中与宝宝说一说悄悄话，特别适合孕妈妈表达自己对孩子无尽的爱意。

维瓦尔第的小提琴协奏曲《四季·春》——变幻的乐章听来令人浮想联翩，能充分体验春天感受到的盎然生机。

适宜让自己和胎宝宝接触多元的艺术，接触不同演奏形式，不同艺术风格的乐曲，不管是欢快的、凝重的、沉静的、梦幻的、激情的、淳朴的，在音乐的海洋中汲取营养，培养胎宝宝的艺术潜能。

心情与运动

麻痹大意不得——避免心理误区

麻痹大意不得——妊娠中期，不能因为生理反应减轻，能吃能睡、精神状态变好而忽略了自己怀孕的事实，在心理上需要予以重视。

进入妊娠中期，人们普遍会出现以下几个方面的心理认识误区：

认为自己在这个时期很稳定，一般不会出什么问题，不一定非去医院检查了。

为了确保自己和胎儿的健康平安，最好少活动，就连家务活都不敢插手了。

丈夫、家人和朋友一直过度呵护，孕妈妈的心理依赖性增强了。

虽然距分娩时间还有一段时间，但孕妈妈已开始感到有压力了。

应对策略

进入健康安定期以后，对于母胎平安的注重丝毫不能松懈。

定时体检：千万不能在心理上有所放松。因为妊娠中期也可能会出现妊娠高血压综合征和贫血等症状，因此，一定要按时到医院接受检查。

积极活动：适当地活动，做一些用力轻柔、徐缓的家务，继续正常上班，可以增强孕妈妈的肌肉力量，对日后分娩有一定帮助，还能振奋精神，对于保持稳定、健康的心理状态大有益处。

做产前准备：对分娩隐约产生恐惧时，学习一些分娩知识，并和家人一起为未出世的宝宝准备一些必需品。这样，能使心情好转，会对分娩从恐惧逐渐变为对宝宝急切的盼望。

避免不良刺激：应当尽量避免让孕妈妈听到胎儿畸形、损伤及死亡的事情，避免对心理造成不良刺激。

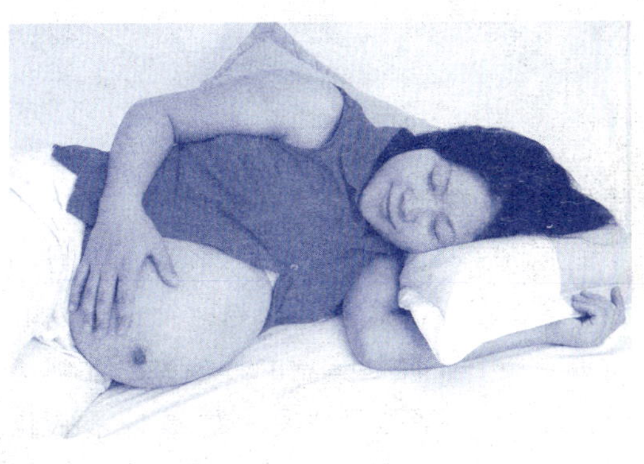

控制情绪，远离焦虑

在整个孕期，孕妈妈应当情绪稳定、正常，不要出现过于焦虑、悲伤和愤怒的情绪，否则不仅对自身健康不利，也会给胎儿带来不良影响。

然而，出现焦虑情绪却是难免的。孕期焦虑情绪，主要来源于对生育本身的恐惧感。怕产痛、怕难产、怕产畸形儿，甚至对生男生女也忧心忡忡；有些孕妈妈会因为家庭或工作原因产生长期焦虑情绪。如果焦虑情绪持续太长时间，会让人坐卧不安，消化系统和睡眠质量也会受到影响，甚至会使胃酸分泌过多，发生溃疡病；妊娠期的高血压综合征也与焦虑和情绪紧张有关。

焦虑情绪还会使胎儿胎动频率和强度倍增，胎儿在母体内长期感受到孕妈妈的焦虑而不安，会影响健康发育，出生后可能有瘦小虚弱、体重较轻、躁动不安、喜欢哭闹、不爱睡觉等非正常的情况。母体在孕期的紧张、焦虑情绪，还会导致婴儿发生腭裂、唇裂等缺陷。

孕妈妈发怒时，血液内激素水平会急剧增加，这些物质也会通过血液循环经胎盘进入胎儿体内，影响到胎儿的功能。胎儿会把母亲的情绪奇特地复制并且承袭下来，出生后在性格和情绪上还原母体的这些不好影响。

发怒，会导致母体血液中白细胞减少，从而降低机体的免疫功能，使孩子的抗病力减弱。

孕期也不宜开怀大笑。孕妈妈大笑，会使腹部猛然抽搐，不利于胎儿稳定。在孕早期会导致流产，并且会在孕晚期诱发早产。

总之，在整个孕期，保持平稳、乐观的情绪，克服消极不良情绪，对于孕妈妈自身和胎儿健康十分重要。

在家庭生活和工作环境中，应当尽可能营造一种和谐、舒适、平静、愉快的生活环境。

应对心理压力——精神松弛法

妊娠期最普遍问题是心理压力加大，精神负担过重，精神紧张而引起种种身体不适症状。

孕妈妈应当懂得，保持轻松愉快的心情很重要，不要让莫名的烦恼来影响到自己。应对常常在孕期发生的精神紧张状况，这里介绍精神松弛的方法，可以自己做一做。

所谓精神松弛法，关键在于通过注意力的集中或者转移的方法，能够自主地放松自己的紧张情绪。

用全身放松的姿势，坐在地毯或者沙发上，不要让任何人、任何事情来打扰自己。

以轻松的姿势坐好以后，先环视一下屋子的环境，在视力所及的范围内选择出三样物品来，可以是墙壁上的某一幅画，也可以是屋子里某一件摆设品，或者一个茶杯、一本书、一只钟表……

选择以后，集中自己的注意力，分别对自己的选择物品依次凝视。以物品的局部为佳，如画上面的一片叶子、摆设品的一个细节、茶杯的一条花纹、书刊封面上的一个花饰、钟表上移动的秒针等。

凝视的时间由自己而定，不必具体限时，但要在凝视过程中，对这件物品留下深刻印象，集中视线要在5秒以上。

完全身心放松地凝视三件物品以后，就会发现，自己原先紧张的精神状态，放松下来了。

精神松弛法做习惯以后，就能很快地放松心情，在今后的生活中受益。

健康运动，适度锻炼

一般来说，在早孕反应消失以后，就可以安排活动，每次活动时间不要太长，以20分钟左右为宜。如果感到疲劳随时可以停止，不必勉强自己。

进入妊娠中期，孕妈妈会开始感到自己的精力有所恢复，原来十分疲惫不堪的身体变得恢复了活力。此时，适度的体育锻炼，不论对母体健康，还是对将来宝宝的顺利分娩都大有好处。可以打乒乓球、托排球、快步走、慢跑、跳慢节奏舞、练太极拳或瑜伽等。这些活动量适中的有氧运动，不仅适宜孕期，也比较适合女性作为坚持长期锻炼的项目。

运动的前提

孕期参加体育锻炼的前提，是没有先兆流产的迹象，身体基本素质不错。锻炼时间每次不宜超过半小时，运动量以活动过程中，心跳每分钟不超过130次，运动后10分钟内，能恢复到锻炼前的心率为限度。

户外活动能呼吸到新鲜空气，获得充分的阳光照射，避免维生素D的缺乏。活动量要适当，让活动后的身体不感到疲劳和紧张为度。平时如果骑自行车上下班，怀孕后可以照常，骑车本身也是一种运动，只要留下充裕的时间，车速不要太快，避免在颠簸的路上行驶，上下车要小心，不可撞击腹部，坐垫放低一些更安全。还可以根据个人爱好选择散步、太极拳、慢舞等。

妊娠中后期身体负担越来越重，活动不便，散步是最为适宜的活动。各种球类、田径运动、跳水、骑马等运动量大，易发生意外，不宜参加。凡是带有比赛性质的活动，都易造成精神紧张，孕期都不适宜参加。

有氧体操

这里说到的有氧体操，是指专为孕妇活动和锻炼全身的运动操，可以使血脉通畅，肌肉放松。妊娠中出现的气喘、腰背疼痛等各种不适感都可以通过活动来减轻，还能锻炼临产时肌肉和持久耐力，由于活动量较适宜，还能适度扼制肥胖。

要注意的是，如果在进行活动中有腹部阵发性紧绷现象，或者出现持续1分钟以上紧绷时，一定要立即停止运动，静卧休息。

妊娠期内，随着体重的增加，孕妈妈会越来越懒于活动。活动不足，容易使健康状态失衡，不利于顺利完成孕育及分娩。因此，从孕中期开始，最好能每天都坚持做一些简单的体操。

游山玩水、享受自然——外出旅行

妊娠中期的4~7个月，是外出旅行的最佳时机，因为进入妊娠中期阶段，早孕反应期已过，腹部又不算太大、太笨重，行动还算得上灵活，而且不易流产。但在出行之前，务必找到医生，确认自己有没有不安全因素，排除早产、流产的先兆。

安排外出旅行的计划，不要忘记自己已经怀孕了的事实，要尽量避免比较劳累的日程和计划，把旅行安排成真正的休息和放松时段。

不宜进行海水浴，因为海水不像温泉浴那样，水多半比较凉，容易引起子宫收缩，不能使胎儿安宁。

在外出旅行途中应当注意：

长时间保持一种姿势，会使人感到疲劳，因此，能在车厢内自由走动的火车是较佳选择。如果乘汽车，建议每小时都能够停下来，下车到坚实的地面上走一走。

要充分考虑到能够经常去洗手间。如果能够了解到可能遭遇堵车的情况，最好为自己准备好便携式便溺器。

选择在某个旅行地的逗留期，以2~3天为宜。

旅行途中，吃饭比较简单，为减少排便会喝水较少，极其容易发生便秘。途中安排饮食的时候，别忘记自己怀孕的事，要多新鲜吃蔬菜、水果，多摄取水分。

外出散一散心，可以更换环境，开阔胸怀，提升精神，呼吸新鲜空气，观赏美景，有利于身心健康。但必须注意：

不可盲目外出，外出前要进行体检，征得医生同意。如果医生根据孕妈妈身体情况不同意外出，则应当听从医生劝告。

不可单独外出。外出旅行有很多繁杂的事宜，有人伴同，可减少许多劳累，免除身体劳累，精神紧张。

带上病历记录。出发前一定要带上备医记录，事先找好目的地的医院和电话、地址，以备不时之需。

旅游途中要注意防寒保暖，根据气候变化，随时增减衣服。外出要多带宽松的衣物，常洗常换，讲究个人卫生。在旅途中不可过劳。行程不要安排得太紧凑，要多安排停留时间，使自己有充分的休息时间。

旅游途中还要特别讲究饮食卫生，饭前便后要洗手。不管沿途摊点的食物有多大的吸引力，都不能随随便便吃。饮水最好自备，不要买小贩叫卖的饮料。

在旅游途中运动量不宜过大，要注意劳逸结合，保证充足的睡眠。行走途中要选择平路，避免陡坡。走路要慢，步态要稳，防止滑倒跌跤。

对有噪声、烟尘、辐射等污染严重的场所及疫区，要及时避开，以免对身体造成危害。登山要控制在海拔1000~2000米高度之内。

本月小结

怀孕中期，被称作“生命的律动期”，因为腹中的胎儿宝宝就要开始与孕妈妈有互动了——宝宝会有吸吮动作、伸展躯体，开始通过胎动的方式与妈妈交流。

从这个月开始，孕妈妈的身体状况逐渐恢复，精神状态也会有所好转，随着生理反应期的过去，睡眠、食欲、心理状态都会变得越来越好——进入了妊娠中期。

从本月开始，孕妈妈的食欲会大幅度增加，宝宝的营养需求量也逐渐加大，为了宝宝的健康成长，可以解放自己，全面摄取各种营养，放开了去吃各种自己平时喜欢吃、却因为担心发胖而不敢吃的东西，真是很爽的！

但是，饮食解禁有一个原则仍然要坚守：再好吃、再有营养的食物，都不要一次吃得过多、过饱，或者一连好几天吃同一种食物。

可以适度增加脂肪和含淀粉丰富食物的摄入，以增加热量，保证宝宝生长需求。

外出旅游、出差不再被禁止，身材也还不太显得臃肿和不方便，上郊区、山野大自然中享受美景，能怡情养性，这个阶段可以考虑。

夫妻性爱生活，在孕中期也不再是禁忌。因为胎儿的情况已经相对稳定，不必再担心流产。享受天伦之乐，享受性爱，也能为孕期生活增加许多乐趣，因为在这个阶段中，生理上更容易达到性高潮。

胎儿情况

胎儿身长10~17厘米，体重约120克，皮肤颜色发红，光滑透明，能透过皮肤看见血管。皮肤上有少量的细毛，即胎毛或称毳毛。外生殖器可以分辨出性别，胎心搏动增强。胎儿在羊水中运动，并且已经会吞咽羊水和排出尿液，手指甲和脚趾甲也长出，手指指纹已经出现。皮肤呈亮红透明。胎盘形成良好，胎儿的营养来源主要依靠胎盘。胎儿这时已经会皱眉、做鬼脸，也会吸吮手指，做这些动作有利于大脑发育。

母体情况

此时子宫底在脐与耻骨联合之间，下腹部微微隆起，用手可摸到增大的子宫。整个子宫已经被胎儿、胎盘和羊水占满。妊娠趋于稳定，妊娠反应消失。食欲变好。开始感受到胎动。这个时期流产的机会大大减少，母体因为腹部明显增大，原来的衣服开始不合体，孕妇装会装扮得准妈妈更加充满幸福满足感。

胎教要点

从现在起，母胎都将进入一个良性发展的时期，保持愉快心情，让腹中的宝宝和自己一起快乐度过，健康成长。

我国素有柔能克刚之说，孕期里为人处处谦和、心平气和、情绪稳定，胎儿会受益匪浅。

平日多想一些愉快的事，多看一些轻松、幽默的书籍，多看一些喜剧片和动画片，这样会缓解一些心理上的烦乱情绪。每天到环境优雅的地方散步，和自己喜欢的人谈天，精神上的放松，能使孕妈妈体内循环畅通，从而减轻妊娠的不良反应，减轻孕期的烦躁心理。

妊娠第4个月，是胎儿宝宝长牙胚的时期，要多吃含钙多的食物，让宝宝在胎儿期就长上坚固的牙胚。注意少吃含白砂糖多的食物，因为白砂糖有消耗钙的不良反应，且易引起发胖。可以选用红糖，红糖中钙的含量比同量的白糖多2倍，铁质比白糖多1倍，还有人体所需的多种营养物质。有益气、补中、化食和健脾暖胃等作用。

要少吃含盐多的食品，盐分吸收太多，会在后期引起水肿和妊娠高血压综合征。

节制冷饮。夏季不要长时间地使用电风扇，在有空调的屋子里不要待得太久。

饭量增加后，容易便秘。预防便秘应多吃粗粮及粗纤维果菜，多饮水，多活动。还可以饮些酸牛奶和蜂蜜，起到润肠通便作用。

切不可滥用泻药，有可能引起子宫收

缩而导致流产、早产。

最好每天洗澡。洗澡水不要过冷或过热，以34～35℃为宜，要选择淋浴或擦浴。

内衣要选择通气性、吸湿性好的纯棉织品，每天换洗。有实验证明，孕期戴化纤乳罩是酿成产后乳汁不足的重要原因之一。

本月推荐食谱

妊娠反应在怀孕3个月后自行缓解消失，胃口会很好，食量大增，要注意增加营养，以满足孕妈妈和胎儿需要。

所谓注意营养，不是在量上，主要是在质上；重要的在于多种营养素的平衡摄入，而不在于高级与否。吃什么有利于孕妈妈和胎儿，可以找书籍学习。

早餐：花卷50克，米粥一碗（粳米或小米50克），鸡蛋一个，蔬菜或水果适量。

加餐点心：牛奶250毫升，全麦饼干或面包50克，苹果或梨一个。

午餐：米饭150克，瘦肉炒芹菜一份（肉50克，菜100克），糖渍番茄一份约100克。

加餐点心：饼干50克，草莓100克或其他时鲜水果，坚果20克。

晚餐：米饭100克，汤面条一碗（面条50克），蛋炒青菜一份，烧豆腐50克。

妊娠中期，可以参考下面这些食物，来烹制一天的饮食：

一日参考食谱

面粉150克、大米150克、玉米面50克、豆制品50克、猪肉50克、熟猪肝10克、鸡蛋50克、酸奶150 克、番茄300克、绿叶菜500克、芝麻酱10克、植物油10毫升、西瓜500克、桃200克、核桃25克、牛奶巧克力20克。

用以上食物配制烹调膳食后，每天可以摄入蛋白质85.9克、热量11 453千焦（2 740千卡）、钙1 567.3毫克、锌20.5毫克、铁31毫克、维生素A22.59国际单位、维生素 E16.2毫克。

食谱列举

【冰糖银耳】

银耳、青梅、冰糖、糖桂花各适量。把银耳泡发好洗净。上文火把银耳煮烂，加入冰糖、青梅、桂花即可。

清热化燥，能防治便秘。

【土豆烧牛肉】

牛肉、番茄、土豆各50克，洋葱25克，食用油、盐、白糖各适量。

牛肉洗净切块，放入清水锅中用大火煮开后，改小火煮熟后捞出备用。土豆洗净，去皮切块，入牛肉汤中煮熟。番茄洗净切块；洋葱剥皮、洗净、切块。烧锅油热后煸炒番茄，加入洋葱再煸炒片刻，倒入牛肉、土豆，加盐、糖再煮1～2分钟即可出锅。

菜肴色泽美观，酸、甜香适口，含有较高的优质蛋白质和维生素。

【虾仁炒韭菜】

韭菜250克，鲜虾150克，芝麻油150克，食盐适量，葱、姜各少许。韭菜洗净，切成3厘米长的节；鲜虾剥去皮洗净，葱、姜切片。锅烧热入植物油，烧热后，先下葱入锅煸烹，再放虾和韭菜烹黄酒，连续翻炒至虾熟透，放入盐，起锅装盘即可。

清香味美，补血养血。

【雪菜肉丝面】

雪菜用清水浸泡数小时去盐分后洗净，捞出沥干水切碎，加料酒、淀粉拌匀。锅中放油烧至七成热，入葱、姜末炝锅，加入肉丝炒煸到变色后，入雪菜翻炒，入料酒，加酱油、盐、鸡精，烧开后出锅。另烧水煮沸下面条，面条至熟捞出碗，调入适量高汤，再加入炒好的雪菜肉丝。

雪菜除了富含营养之外，还有利于咀嚼和锻炼牙齿，有利于肠胃功能、防便秘。

【鲤鱼补血汤】

鲤鱼1条约500克，黄酒100毫升，桂圆肉、怀山药、枸杞子各25克，红枣4个。鲤鱼去鳞、内脏，切成三段。洗净药材，加沸水和黄酒一杯放带盖子的炖盅内，用毛边纸封盅口，隔水炖3～4小时后食用。

清淡味鲜，营养丰富。枸杞子甘软，鱼肉鲜滑，补血活血，利水消肿。

【烩果羹】

百合20克，莲子30克，青梅20克，瓜条30克，葡萄干30克，樱桃20克，小枣30克，京糕10克，白糖250克，藕粉30克，糖桂花适量。把百合用温水泡开，切大片；青梅切十字刀；瓜条切丁；小枣拍松去核；京糕切丁。莲子去皮去心，上屉蒸熟。开水倒入白糖，将百合、莲子、青梅、瓜条、葡萄干、樱桃、小枣放入煮沸，用水淀粉挂浆。把桂花放入盆内，倒入水果羹，撒上京糕。

【核桃羹】

核桃500克，白糖适量，桂花、湿淀粉各少许。核桃放在蒸锅内蒸15分钟，除去硬壳，取核桃肉放在热水中浸泡，剥去仁衣，核桃肉用小磨磨成汁，过滤。核桃汁倒入锅内，加白糖，清水烧沸，加湿淀粉，撒上桂花即可。

【炒三样】

鸡肫、鸡心、鸡肝三样各适量，素油25克，姜末、青葱段、黄酒、淀粉、糖、味精、花椒、盐、酱油、麻油各适量。撕掉鸡肫上的鸡内金，鸡肫一分为二，沸水烫过，鸡心、鸡肝洗净，三样均切片，分别用黄酒、淀粉腌10分钟。把黄酒、淀粉、酱油、麻油、姜末、葱段、花椒、盐、味精、糖调成芡汁；锅烧热加油温成八成热，把鸡肫片先下锅翻炒几下，再加进鸡心炒几下，最后加进鸡肝翻炒几下，速倒入芡汁，翻匀即可装盘。

5 感受胎动——妊娠第五个月

妊娠第五个月，几乎所有的孕妈妈，都能感受到来自腹中有力的胎动。

这个月的胎儿非常活跃、甚至很顽皮：双手能在脸孔前相互握住，会做抓手、跳跃和开口动作；还发现了第一个玩具——脐带，喜欢用小手牵拉或抓住脐带。不过，小家伙懂得保护自己，不会做得太过分。

近期内，胎儿将会经历一个飞速生长发育的过程——重量和身长都将会增加2倍以上！

从现在起，胎儿的内耳、中耳、外耳等听觉系统建立，能听到妈妈心脏跳动的声音、大血管中血液流动声、肠道蠕动声。

胎儿最爱听的声音，是妈妈话语声和吟唱声，因此，妊娠中期是进行胎教的最佳时期。

健康度孕

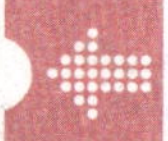

再谈胎动——胎儿的律动与自我监测

通常在妊娠18～20周时，可以感觉到胎动。胎动正常表示胎盘功能良好，输送给胎儿的氧气充足，胎儿发育正常。

从这个月开始，大多数孕妈妈都会感觉到胎动。

第一次感觉到腹中的小宝宝的蠕动，那种感受，会让孕妈妈欣喜若狂，此前承受的早孕反应再难受，也会觉得很值。

渐渐地，腹中胎儿宝宝的动作会越来越多、越来越规律，准爸爸也能在孕妻腹部明显地摸到宝宝的动作了。

胎儿主要有两种动作，一种是旋转运动，胎儿翻身，回转躯干；另一种是单纯四肢运动，拳打脚踢。胎动正常，表示胎盘功能良好，输送给胎儿的氧气充足，胎儿发育正常。

胎动一般来说是规律的，也受一些因素影响而变化。妊娠月份不同，一天内测定时间不同，胎动次数会有差异；羊水多少、母亲情绪变化、使用药物等都会使胎动发生一些变化。妊娠28~38周时胎动最活跃，临近足月时，由于胎头下降到骨盆，胎动次数相对减少。

孕妈妈为尽早接收好胎儿发出的“安危信号”，应当坚持每天监测胎动次数。

感觉到胎动以后，就可以每天定时与胎儿宝宝一起来做胎儿体操。方法是平卧床上，尽量放松，双腿屈膝。孕妈妈双手捧住子宫，用手指轻拍或轻压胎儿，胎儿感觉到刺激，便会有所反应。经过一段时间后，胎儿习惯了这种活动后，妈妈一触及便会开始运动，当宝宝累了，或烦了时，便会抖动小手或顿脚，向妈妈表示回应。开始时只做一两下胎儿体操即可，到妊娠8个月以后，可以持续做到10分钟。

胎儿的运动训练，建立在胎儿一定的自主运动能力基础上。训练时，孕妈妈应仰卧，全身尽量放松，先用手在腹部来回抚摸，然后用手指轻轻戳动腹部不同部位，观察胎儿的反应。开始时动作宜轻，时间宜在1~2分钟。

生理变化早知道——疼痛的应对

度过早孕反应期之后，生理上的变化和日渐加重的身体负担，逐渐会给孕妈妈带来种种不适症，趁着现在精神好、身体状况舒适的时候，提前在这里列举出来，以便于提前了解，等到症状发生后，会胸中有数，能逐一应对。

妊娠期间，因为机体生理负担加重，经常会在全身不同部位发生一些疼痛，这些症状一般都与孕期生理变化有关，分娩之后疼痛症状会消失。

常见的疼痛部位有头痛、胸痛、腰背痛、骨盆压痛、腿痛、臂痛等。

头痛

有些孕妈妈在怀孕早期有轻度头昏、头痛，是较常见的妊娠反应。倘若妊娠后3个月突然出现头痛，要警惕出现子痫的先兆，特别是血压升高、水肿严重的孕妈妈，要注意及时医治。

一般说来，孕期头痛是因为过劳或精神因素引起的，尽可能休息好，睡足觉，放松精神，去除忧虑和担心，开阔胸怀。把一些日常事务交给家人和丈夫去处理，自己少操心一些，免除精神因素，可以减轻和避免头痛。

胸痛

孕期胸痛时有发生，一般在胸部肋骨之间，犹如神经痛。这种情况出现可能是怀孕导致身体出现不同情况的缺钙，或者是由于膈肌抬高所致。可以适当补充含钙食物，或服用少量镇静剂。

腰背痛

孕期腰背痛是因为调节身体平衡，过分挺胸而引发的脊柱痛。一般在晚上或站立过久时，疼痛加剧。这种情况发生后，孕妈妈可以适当减少直立体位，经常变换体位和适当活动，可以改善疼痛状况。

盆骨压痛

骨盆在妊娠期，随着子宫的长大，关节韧带处于牵拉状态，常常会引起疼痛。稍用力或行走时，疼痛加重。这种疼痛无须治疗，适当休息后可以减轻。

腿痛

孕期腿痛的常见原因，往往是因为钙质或B族维生素缺乏引起。可以服用钙片和B族维生素，食用含钙、含B维生素族丰富的食物，就可以好转。

臂痛

孕妈妈在抬高胳膊时，往往会感到一种异样的手臂疼痛，或者会有一种蚂蚁在手臂上缓慢爬行的感觉。这种情况出现，是因为腹中胎儿压迫到脊柱神经的缘故。孕妈妈平时应当避免做牵拉肩膀的运动和劳动，可以减少疼痛，分娩以后会恢复正常。

浑身出现疼痛，是妊娠期间生理局部过度疲劳、组织负担过重形成的影响，分娩以后，负担消失，症状也会随之消失。但是，种种疼痛会很折磨人，需要对症了解原因，放松疲劳的组织和减轻局部负担，以缓解疼痛。

并非病症——五官异常感

因为怀孕而引起眼、耳、鼻、口的异常感，也属于妊娠期间的特殊现象，很多不适感并非疾病因素。

为使胎儿有适宜的成长环境，孕妈妈的身体功能，如内分泌、血液、心血管、免疫和新陈代谢等方面，都会发生种种改变，对孕妈妈的眼耳鼻等感觉器官造成程度不同的影响，甚至带来一些似是而非的“病症”：

眼角膜水肿

正常人眼睛角膜含有70%的水分，孕期因黄体素分泌量增加和电解质的不平衡，容易引起角膜及晶状体内水分增加，形成角膜轻度水肿，眼角膜的厚度平均增加约3%，而且越到怀孕末期越明显。由于角膜水肿，敏感度会有所降低，常会影响角膜反射和保护眼球的功能。这种现象一般在产后6~8周即恢复正常。

屈光不正

眼角膜的弧度，在妊娠期间会变得较陡，检查时会有0.25~1.25屈光度的改变，产生轻度屈光不正现象，到怀孕晚期更加明显。结果会导致远视，或者睫状肌调节能力减弱，看近物模糊就是其中之一的情形。如果原来近视的话，此时眼睛的近视度数则会增加。这种异常现象多在产后5~6周恢复正常。因此，如果出现远视或近视度数加深的情况，不必忙于配换眼镜，可以在分娩一个多月后再验配，那时候验出的度数才相对准确。

干眼症

正常人眼睛有一层泪液膜，覆盖在角膜及结膜之前，起到保护眼球及润滑作用。妊娠晚期，约80%的孕妈妈泪液分泌量会减少，孕期受激素分泌的影响，泪液膜的均匀分布遭到破坏。泪液膜减少和质量不稳定，容易造成干眼症。应当注意孕期的卫生保健，合理营养，多摄入对眼睛有益的维生素A、维生素C等营养素。

听力变化

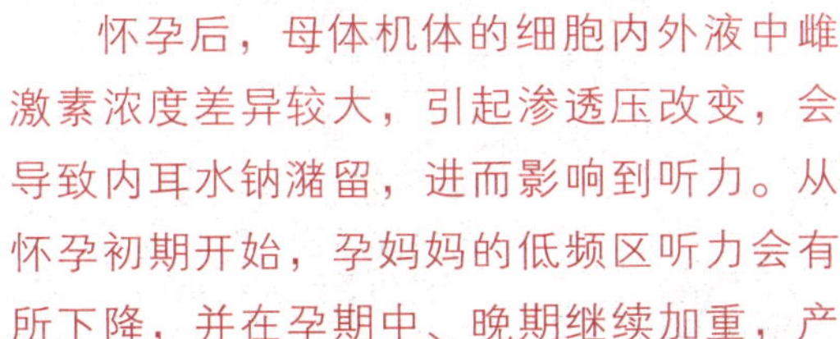

怀孕后，母体机体的细胞内外液中雌激素浓度差异较大，引起渗透压改变，会导致内耳水钠潴留，进而影响到听力。从怀孕初期开始，孕妈妈的低频区听力会有所下降，并在孕期中、晚期继续加重，产后3~6个月会恢复正常。

血管舒张性鼻炎

怀孕后体内雌激素水平增高，引起鼻黏膜的超敏反应，会导致小血管扩张、组织水肿，腺体分泌旺盛，出现鼻塞、打喷嚏、流涕等症状，约有20%孕妈妈身上会发生这种“妊娠期鼻炎”，怀孕3个月以后更明显。一旦分娩后，鼻炎会随之痊愈，不会留下后遗症。目前，对“妊娠期鼻炎”尚无十分有效的预防措施，只能通过适当治疗减轻症状。

口腔变化

妊娠期可能出现牙齿松动，易生龋病，齿龈充血、水肿、增厚，刷牙时牙龈易出血等症状，有的人还有唾液增多和流涎等尴尬事情发生，这些改变，都会随着妊娠的终结而恢复。但孕期应当特别注意口腔的清洁卫生，因为口腔感染会殃及胎儿和自身的健康，造成种种危害，不利于优生优育。

意外跌跤——不必过分紧张

偶尔出现闪失，发生意外跌倒的情况，会让全家人都谈跌色变、紧张不安，害怕对胎儿有危险。

尽管小心翼翼，还是因为种种意外，发生了孕妈妈跌倒的事，于是会惹得全家人忧心忡忡，担心影响到腹中胎儿的正常生长发育。

其实，完全没必要谈“跌”色变！

胎儿在母体内，有妈妈的子宫及羊水保护着。如果孕妈妈跌倒，一般情况下胎儿是不会受到影响的，也不会引起早产或早期破水。

在影视文艺作品里常常能看到的情节是：孕妈妈不小心滑一跤，就流产了，其实类似情况在现实生活当中比较少见。

一般情况下，除非孕妈妈的腹部受到重大撞击、或是孕妈妈有严重外伤，有可能会造成胎盘早期剥离、大量内出血，会危及到孕妈妈与胎儿的生命。

孕妈妈跌倒，从理论上讲不会影响到胎儿的健康，不过，为了安全起见，不论有无外伤、孕妈妈自己有无异常感觉，最好还是上医院一趟，让产科医生检查一下会比较安心。

另外，公路上、街道上危险多，孕妈妈们不论是骑车、乘车或自己开车，都要多注意交通安全，遵守交通规则，避免车祸发生，保护自己及胎儿的生命安全。

妊娠中晚期不适症——腰、背疼痛

腰、背疼痛和脚痛，是妊娠中期以后，腹部明显突出、身体负担加重时，孕妈妈普遍会发生的现象。

人体在正常的站立姿态时，脊柱的重心是在骶椎第二节；穿不适合的鞋子时，（特别是高跟鞋）上半身会往前倾造成重心改变，也变得容易摔跤。人体为了维持重心不变，腰椎会以前凸的姿势来补偿，造成腰部肌肉不当的使用，时间一久，就会有腰酸背痛的情形发生。

孕期易发生腰酸背痛的原因，主要是腹部日益增大，造成骨盆前倾，使腰椎的弧度变大，当腰椎曲线前倾，就容易造成腰、背酸痛，另一方面，在怀孕最后阶段孕妈妈全身的韧带（韧带好比是两块骨头间的贴片，功能在于让关节稳定）变得较松弛，原本的目的是为了生产时骨盆可以扩张，但当韧带变松时，孕妈妈如果姿势不良，也容易损伤关节或产生腰酸背痛现象。

孕妈妈虽然容易发生腰酸背痛现象，却是可以预防和缓解的，提供几种日常生活的预防和保健的方式：

不要久坐久站：避免长期维持久坐、久站的情况，只要坐或站一段时间，就要变换姿势，注意维持身体的正确姿势。

正确站姿：眼睛平视，抬头挺胸，肩膀后缩、放松，双手自然放下，收小腹，将脊椎挺起，双脚应平踩地面，膝盖朝正前方，保持重心平稳。

正确坐姿：坐椅高度应与体型成正比，先坐正坐直，再轻轻弯曲腰部，身体约呈20°，使背部形成半后倾姿势，并于背部与头颈部放置小枕头，脚下可垫小板凳。

适度锻炼肌肉：适度地锻炼腰、腹、背部等部位的肌肉，有助于预防及缓解腰酸背痛现象。

提醒孕妈妈，从孕中期约6个月开始，做任何活动，都要避免长时间采取卧姿，因为这样做会压迫腹部的大血管，造成血液循环不良。

合理起居

彰显母性之美——做一个“孕美人”

妊娠中期，孕妈妈的外貌会变得更漂亮，头发又厚又亮，皮肤光洁，容光焕发，而且更自信，尤其是孕妈妈的身形特征明显以后，如果想拍摄孕期美人照，是留下纪念的最佳时机。

有些孕妈妈会有一种羞怯感，不愿意见熟人，遇到要好的朋友时会感到很难为情。还有些孕妈妈不喜欢自己的腰宽、体胖，且为脸上出现的“蝴蝶斑”而恼火。其实，孕妈妈有一种独有的母性美，安详、沉静、大方，母性魅力逐渐展现出来，这种美不是谁都能随时拥有的。

做一个漂亮自信的“孕美人”的秘诀是：勤洗脸，谨防晒，化淡妆，常按摩，勤洗头。

妊娠期间，由于激素的作用，新陈代谢旺盛，皮脂分泌也多，往往会给皮肤带来种种恼人的麻烦。保持营养的平衡、足够的睡眠、身体的清洁、心情的愉悦既是胎儿宝宝健康的需要，也是孕妈妈美容的重点。

勤洗脸 妊娠期容易出汗，要勤洗脸，至少早晚各一次，使用适合自己皮肤、成分单纯、安全的洁面乳仔细地洗。爱出汗者更要增加洗脸次数。

谨防晒 妊娠期间皮肤比较敏感，稍不注意脸上就会出现斑点和雀斑，一直到产后都褪不掉。即使在秋冬季，如果阳光强，出门要有遮阳物。阴天外出时，也要根据季节选用防晒霜，以保护皮肤。为预防斑点和雀斑，需要多吃含有优质蛋白质、B族维生素和维生素C的食品。

化淡妆 化淡妆会使人精神焕发，眼睛明亮有神，有快活的感觉。妊娠期间，孕妈妈心里充盈的母性，会拥有一种特有的丰满、柔和的美感，不必化浓妆。外出使用方便的、性质温和、成分单纯的干湿粉饼，薄薄敷用一层便可。

常按摩 洗澡时作全身按摩，既能美容，又有解除疲劳的效果。挑一把持握方便的软毛刷按摩，感觉会很舒服。但要注意水温不宜太热。

勤洗头 妊娠期间头发易脏、发黏、蓬乱。为保持秀发舒散、清爽，要勤洗头。至少每3天洗一次头，如果因为腹部隆起而不方便，不妨上美容院或请家人代劳，都是不错的选择。

随着现代生活的内容丰富，人们拍摄孕期留影艺术照片，留下珍贵纪念的越来越多，成为继婚纱摄影之后的又一个热门。这种时尚，也代表了当代的一个新观念，即生活得更加自我、更加个性。

轻、缓、柔、舒——孕期正确行动的原则

孕期的一举一动、一言一行，都关系到母胎的健康。学会用正确的姿势活动，显得尤其重要。

从本月开始，孕妈妈的腹部渐渐增大膨隆，重心前移，身体各部位受力方向也发生变化，坐、立、行走等日常生活均与怀孕前不同，活动受到诸多限制。为了保证怀孕妈妈能健康、顺利地完成妊娠，避免出现意外，妊娠期重要的健康活动姿势是避免背部弯曲。

由于妊娠期激素使全身的肌肉拉长、

软化，孕妈妈做家务时，不宜过分弯腰和曲背，擦地一类家务活儿能干多少就干多少，在整理花园、擦地、铺床时，都要尽量挺直腰板，以蹲低或跪着做的姿势代替弯腰。

不要举提重物，因为会无法保持背部的挺直。穿低跟鞋，因为高跟鞋会加重身体重量向前倾。

从躺卧着的体位起来时，一定先要转向侧卧位，然后再转向跪姿，先用上肢和大腿的力量把身体撑起，以保持背部挺直。

站立时要尽量让背部舒展、挺直，使腹部的重量集中到大腿、臀部、腹部的肌肉上，并受到这些部位的支撑，这样能防止背痛，增加腹部肌肉的力量。可以在能照到全身的镜子前面，检查自己站立的姿势是否正确。

在由站立位改为坐位时，要先用手在大腿或扶手上支撑一下，然后再慢慢地坐下。坐椅子时，要深深地坐在椅子里，后背要笔直地靠在椅背上。先慢慢坐在椅子靠边部位，然后再向后移动，直到坐稳为止。坐有靠背的椅子时，髋关节和膝关节要呈直角，大腿宜与地平线保持平行。

由坐姿站起时，要用手先扶在大腿上，再慢慢站起来。

拾取东西时，注意不要压迫肚子。要先弯曲膝盖，然后弯腰，蹲下以后再拾取。

增强骨盆底肌肉很重要，骨盆底肌肉是支撑肠、膀胱、子宫的肌肉的吊带，由于孕期激素的作用，会使肌肉拉长、软化，因此孕期每当打喷嚏、咳嗽、大笑时，可能有少许尿液溢出。

要避免溢尿症状发生，加强骨盆肌肉的锻炼很重要。经常练习做提肛动作，开始时每天至少练习两次，熟练以后可以在任何时间练习，坐着站着均可，坚持做下去，对将来分娩时会有意想不到的帮助。

健康关注——日常生活细节

进入妊娠中期，早孕反应已经消失，食欲增加，心情舒畅，需要注意保持身心平静，以利胎儿发育。与此同时，更加需要关注自己在日常生活中一些细节，养成好习惯，以利于迎接行动越来越不便的妊娠晚期。

妊娠中期胎盘已经完成发育，胎儿的皮肤、呼吸系统和内脏相继发育完成。要继续注意避免接触有毒有害物质，避免接触化学物质，少去公共场所及人口密集的地方，尽可能防止感染。

这个阶段胎儿发育迅速，需要充分、足够的营养供给，孕妈妈要注意饮食均衡，不偏食，更不宜暴饮暴食。如果有贫血倾向要及时调整饮食，纠正贫血。

没有特殊情况的孕妈妈，最好能坚持每天饭后适量散步，有利于消化吸收。

保持个人卫生，勤换内衣裤。阴部分泌物较多时，只要没有异常感觉，则不需要做特殊处理。可以在医生指导下，适当选用妇科洗液，保持外阴清洁。

日常生活中还要注意，按照医嘱定期到医院做检查。

怀孕第5个月以后，以前的衣服基本上都穿不上了，应当抓紧时间准备适合尺寸的内外衣。

留有长发者，近阶段可以找美发店修剪头发，选择适合自己的发型，注意不要烫发，以自然直发为佳。

夫妻性爱时要注意动作轻柔，避免过频性生活。一般从怀孕4月以后再有性爱，对胎儿无碍。

开始关注婴儿用品，可以有计划地为宝宝购买和准备物品。

能继续做一些平常家务事，做饭、整理衣物都行，但要注意保护腹部免受撞击或挤压。

饮食营养

平衡膳食是“金”——饮食结构原则

孕妈妈在不同妊娠时期有不同的特点，因此，需要因人而异，灵活掌握。

要记住，平衡膳食是“金”。妊娠中期的饮食结构安排原则，从以下几方面进行：

膳食构成：每天应当有谷类主食350～500克，如米、面、玉米、小米等，动物性食物牛、羊、猪、鸡、鱼肉或蛋等100～150克。动物内脏50克，每周至少1～2次；水果100～200克，蔬菜500～750克，奶或奶制品250～500克；豆类或豆

制品50克，如豆腐、豆浆、豆制品、红小豆、绿豆、黄豆等；油脂类25克，如烹调油等。

注意粗细粮的搭配：孕期吃精白米和精白面类精制食品，会缺乏B族维生素，粗粮中含有丰富的B族维生素可相互弥补，能使营养摄入更全面。

注意荤素菜搭配：动物性食物可以提供胎儿生长发育所需要的蛋白质、脂肪等营养素，但缺乏素菜中的维生素和膳食纤维，需要进行食物互补。

调整进餐次数：随着胎儿的增长，腹部胀大，各种营养物质需要增加，胃部受到挤压，容量减少，应当选择体积小、营养价值高的食品，每天少食多餐，可以把全天所需的食物分成5餐或6餐进食，可以在两次正餐之间安排加餐，补充需要增加的食品和营养。另外，机体缺乏某种营养时可以在加餐中重点补充。

三餐分配比例：早餐的热量占全天总热量的30%，要吃得好；午餐的热量占全天总热能的40%，要吃得饱；晚餐的热量占全天总热量的30%，要吃得少。

肾脏功能差的孕妈妈，要多吃蛋白质和糖类。低胆固醇、低脂肪、高维生素的饮食都是益肾饮食。碱性食物有益于肾脏的健康，可以适当多吃一些。日常生活中，对肾脏有保健作用的食物有冬瓜、西瓜、赤小豆、绿豆、鲤鱼等。

高盐饮食因为影响体液代谢，不宜多吃，还要少吃一点脂肪。

营养在日常——解馋、吃杂

进入妊娠中期，尤其是这个月以来，孕妈妈可能会发现，自己突然变得食欲大增、胃口大开，饭量明显增加，还饿得特别快。

俗话说，一人吃，两人补。即使在怀孕前注重节食的人，也往往会放开胃口，听任自己的食欲、放开了去吃。更会有不少人发现，以前自己并不喜欢吃，或者不多吃的东西，近来也总是吃得很香、很有味道。

其实，在怀孕期间一般没有什么饮食禁忌，除了那些会对自己和孩子的健康形成隐患的食物，例如熏肉、生鸡蛋、快餐食品以外，不要限定自己不能吃这、不能吃那。而且，越是告诉自己不能吃什么，越会让自己对这种食物产生更强烈的好奇心，总会惦记着它，恨不能早一些吃到嘴来解馋！

解决“嘴馋”之道

让自己吃的食物多样化和适量化，每一样都吃点，每一样都不要吃太多，“博吃”众食物之长，“点”到为止。

饮食要多样化，在日常的三餐中合理、均衡地吃，摄取足够的营养，才是正确的巧吃和会补。当然，通过学习，孕妈妈需要了解到什么食物有益、什么有害，也只是学习营养知识的第一步。但如果怀孕以后，仍然把面包加熏肉看作是高营养食品，还认为冰淇淋仅仅是“冰的糖水”的话，甚至总是以“解馋”为借口，放纵自己、上瘾一样吃这些垃圾食物，那么，食物营养知识的普及，对孕妈妈来说已经至关重要了。

如果早已懂得吃什么有益、什么不好，所要做的就只是制定一份饮食计划，监督自己每天吃进足够品种、分量的营养食物。

一般的女性在怀孕期间，都会服用维生素来补充营养，但并不意味着就不用注意饮食中的维生素摄取。产前补充的维生素制剂，并不能满足怀孕期间所有的营养需要，多样化的食物才是确保得到所需的全部营养的关键。如果总是重复的吃某一类食物，有偏食、挑食的习惯，则会失去一些重要的营养，尤其是在孕期。

每天吃够8种食物

每天吃够8种食物，就能保证营养与健康吗？每一天、每一餐都要数够食物的种类？

如果较起真来，吃饭时候一种一种地计算，岂不是太麻烦、太教条了！

其实，提倡每天吃够8种食物，并不是一个具体的考量指标。这里所说到的8种，是一个比较宽泛的概念，指的是吃得要杂、食物品种要多。尽可能要吃得品种多一些。

人体需要的必需营养素达40种以上，只有从多种类食物中摄取，才能达到需求均衡，任何一种必需营养素的缺乏都会引发健康隐患。

提倡每天吃够8种食物，主要目的是注意加强营养，特别是蛋白质、矿物质和维生素类营养素的摄入。各种豆类、蛋、瘦肉、鱼类等含有丰富的蛋白质；海带、紫菜、海蜇等食品含碘较多；动物性食物含锌、铜等微量元素较多；芝麻酱、猪肝、豆类及豆制品中含有较多的营养素；瓜果、蔬菜中含有丰富的维生素。

根据家庭、生活区域、季节变化等具体情况，科学安排一日三餐，保证营养的同时，注意不要营养过剩，有意识地多吃新鲜的蔬菜和水果。蔬菜和水果的种类越多越好，越杂越好，不必仅仅限于8种这个具体的数字。

为自己也为宝宝——控制体重

人们的传统观念曾错误认为，妊娠期间吃得越多、体重越重越好。其实，妊娠期间女性进食过多、营养成分比例搭配不当，极易导致营养过剩，使体重超出正常的范围，即妊娠体重过重。

人体的各类生理活动都需要消耗能量，妊娠期间，热量需求量比正常时期有所增加。孕期热量供给要每天增加300～500千卡，蛋白质、糖类（碳水化合物）和脂肪是主要的供能物质。孕期要在低盐、低糖、低脂的膳食原则下，保证能量供应。

妊娠中期，绝大多数孕妈妈会胃口大开。这个阶段胎儿也在迅速长大，丰富的营养会通过孕妈妈吃的食物源源不断地供给新生命。女性怀孕后，为给腹中宝宝提供足够的养分，就必须适当增加营养。但增加营养，并不意味着放开胃口大吃一气，把自己吃得太胖、体重增加过快，那样只会有害无益。

孕妈妈体重过重会引发许多病症，如妊娠期高血压、妊娠期糖尿病及其他并发症，也会增加孕育巨大儿的概率，难以顺产，使剖宫产相对增多。

怀孕期间女性如何控制自己的体重，这些做法可供参考：

家里常备一个体重测量计，定期在相同条件下测定体重，随时掌握体重变化情况。

少食多餐，一日三餐的时间和食量多少，一定要有规律。

吃饭时，要细嚼慢咽，不可狼吞虎咽。吃得过快、食物嚼得不精细，给胃增加负担，不利于消化。

尽量少吃零食和消夜。吃零食是导致肥胖的重要因素之一，吃夜宵也是增加体重的大敌，特别是就寝前2小时左右吃夜宵，缺乏消耗，脂肪很容易在体内囤积。

避免用大盘子盛装食物，面对一大盘子美味的诱惑，人会失控。可以改用小盘子盛装食物，或者实行分餐制。

有的女性出自节约的习惯，会将餐桌上家人吃不完的食物全部吃光，尽管自己已经吃得很饱了。怀孕期间尽量不要这样做，不要因为节约食物，导致体重增加。

多吃一些绿色蔬菜。蔬菜本身不但含有丰富的维生素而且还有助于体内钙、铁、纤维素的吸收，以防止便秘，补充需要的养分。

少吃油腻食物，多吃富含蛋白质、维生素的食物。

避免吃糖类、甜食及饮用富含糖类的饮料等。

为了腹中胎儿的健康成长，大多数孕妈妈都愿意牺牲窈窕的身材，在怀孕期间，大量进食毫不迟疑，但适度保持体重，才有利于母子的身体健康。

胎教要点

正面、积极——有效的胎教途径

孕妈妈的精神情绪、行为举止以及周围环境都对胎儿有所影响。如果能给予正面的积极的影响，就能使孩子在出生后发育更正常，学习更容易，对孩子的智商、情商的发展有一定作用。这就是胎教的意义。

胎教作为孕期主要的身心健康活动内容，近年来颇受人们的重视，各种各样的胎教方式，层出不穷。但综合国内外的相关统计资料来看，以下几个方面是最有效、最重要的：

避免刺激

放松心情、避免刺激是最基本要素。孕期尽量不要看惊险刺激或恐怖的电视、不参加紧张的活动，可以多欣赏优美的音乐，阅读一些有趣味的、活泼健康的文学作品，到风景秀丽的地方去散步，保持正常的生活规律，避免懒散的生活方式。

稳定情绪

孕妈妈要精神愉快，情绪安定，遇事要自我控制，不要大喜、大悲、大怒，排除有害信息对情绪的干预。实验证明：怀孕期间的情绪激动会影响后代的情绪特征。

腹部按摩

孕妈妈可以选择晚上临睡之前，把双手放在腹部，由上至下地用手轻轻地抚摸胎儿，每次五分钟，一边可以轻轻地和宝宝聊聊天，让胎儿听妈妈的声音。

听觉训练

选择一些优雅动听的音乐，每天多播放几次给孕妈妈听，优美宁静的旋律既使人感到动听悦耳，又使人产生美好的联想。

对于强度为70分贝的音乐，胎儿即会在母腹中出现安详舒展的蠕动。而对于那些尖、细、高调的音乐，胎儿就会产生不安定、紧张的反应。

通过孕妈妈的朗读声，使胎儿接受人类语言声波的信息，对出生后孩子语言的发展有一定的促进作用。

每天好心情——情绪胎教

笑迎清晨，并让好心情保持一天，这些自己情绪调整的方式，也是情绪胎教方法。

妊娠中期，身体健康状态良好，胎儿生长发育迅速，是实施情绪胎教的大好时机。从这个月开始，就可以开始具体操作。

实施情绪胎教，实质上就是控制情绪，创造清新的生活氛围，和谐的心理环境。选择一些能使自己心情愉快的活动，如散步、阅读等，让自己保持乐观、积极的心态。

每天保持好心情

要想让胎儿发育得好，应当从外部尽量给予良性刺激，这一点非常重要。对于进入妊娠中期的孕妈妈来说，给胎儿以良性刺激并不是要采取什么特殊措施，只需妈妈每天都能保持良好的心情就可以。

孕妈妈心情良好的时候，体内会产生许多激素，包括刺激快感的多巴胺、促进神经细胞发育的生长激素等，这些激素的协同作用，能为胎儿的发育提供良性刺激。胎儿感受到良性刺激以后，也能产生快感，从而促进自身分泌能促进细胞活动的激素，使整个胎体血液循环旺盛，脑细胞活动更为活跃。

阳光生活

在母体内，胎儿感受着母亲的情绪来度过每一天，没有拒绝不良情绪的能力，也没有重复回味自己喜欢的良性情绪能力，只能被动地接受孕妈妈的情绪选择。

明白了这个道理，孕妈妈就应当充分考虑到胎儿的感受，对胎儿充满关爱，每当自己的心情不佳时，要想到腹中胎儿不得不被动接受自己的感染，由此而始终拥有一份平和的心情，让良性的情绪给胎儿传递良好的信息和刺激，使胎儿能健康生长发育。

“性福”安康

妊娠中期，享受因为孕早期的禁忌不得不中断的夫妻两性私密亲热，尽情享受“性福”，不但能和丈夫交流爱意，更能让母亲拥有比较安定的好心情。胎儿到了这个阶段，已经具备了听力，因此有的人就担心夫妻性爱会惊动胎儿，这种忧虑纯属多余。

胎儿在母体内，包裹在羊水中，加上子宫壁、腹壁的护佑，一层一层，“戒备森严”，母体内特有的保护，能让胎儿免受到外部的冲击和影响。夫妻的性生活，完全不必考虑会直接伤害、刺激到胎儿。相反，如果为此而总是忧心忡忡，引起焦虑不安和烦躁，不良情绪反倒会传达给胎儿。

不过，需要注意的是，夫妻两性交流应当注重温柔，避免粗暴，要注意姿势，不要挤压到胎儿，而且，最好能使用避孕套，以防男性的前列腺素影响到胎儿。

开始实施——语言胎教

在妊娠4个月时，胎儿的大脑已经形成，会把声音作为一种感觉来感受。5个月时，胎儿逐步形成耳朵的构造，与成人相差无几。

国内外专家学者的研究证明，在妊娠第30周以后，胎儿就开始能听到声音，会对父母亲说话的声音很感兴趣，有了进行语言胎教的基础。

小生命在胎儿期就已经具备了接受语言的能力，大脑的记忆力开始萌芽。利用胎儿这种潜在的能力，不失时机地进行认真、耐心的语言训练，对于胎儿在出生以后的能力会有潜移默化的有益影响。

实施语言胎教，核心在于父母和腹中的胎儿对话，提供温馨、和谐的环境氛围，让胎儿在接受良性刺激的同时，受到早期的能力开发练习。

我国的围生医学专家，采取自然实验法，在语言胎教方面进行了卓有成效的研究。建议从16周（即妊娠第4个月末）开始，就给胎儿取一个小名，每天呼唤宝宝的小名，作为声音的刺激条件，让胎儿从16周开始建立条件反射。在这个实验的基础上，进行亲子对话训练，取得了良好的效果，也证明语言胎教具有可行性、操作性和科学依据。

语言胎教的作用

人类与所有动物都有所区别，人类的大脑皮质特别发达。大脑皮质是用于学习知识和进行精神、思维活动的。据西方人体科学研究工作者们判定，从胎儿阶段开始，人的一生中，大脑皮质可以储存近1000万亿个信息单位。

父母和家人在妊娠期间，通过动作、声音等外界物理方式和母体中的胎儿进行交流、对话，是一种积极有效的胎教方式，可以刺激胎儿大脑皮质充分发挥作用，为后天的学习、存储信息打下良好基础。

实施语言胎教的内容很丰富，父母可以对日常生活中的事件和感兴趣的话题，从妊娠第18周以后，开始计数胎动的同步，作为母胎交流的内容来进行，在日常的对话中，既监护了胎儿的活动，又交流了母子感情。有研究证明，父母经常在妊娠期间与胎儿对话，有利于胎儿大脑的发育，对于孩子出生以后语言和智力良好发育有积极作用。

天长日久，如果坚持下去，每天都给胎儿输入良性信息，随着胎龄的不断进展，不断更新对话内容，日积月累地促进胎儿大脑皮质的发育，提高脑活动频率，毫无疑问会对宝宝的发育有积极作用。

开始时机

从妊娠第20周（第5个月）开始，胎儿的听觉功能已经开始建立起来，具备了听的能力。母亲说话的声音，不但能传递给胎儿，而且在说话时，胸腔振动对胎儿也有一定的影响。因此，从现在开始，母亲说话的时候，要特别注意自己的声调、语气、节奏。语言交流，是父母在妊娠期和胎儿进行交流的最直接手段，胎儿在母体内不断接受语言、声波的信息，在大脑尚且属于空白的皮质上“加载”声音信息的“符号”印记，有利于胎儿大脑的发育。

4个月以上月龄的胎儿，就开始会用自己的耳朵去倾听外界或者来自母亲的声音，在类似母亲说话的声音频率下，胎儿不仅能听得很清楚，而且会觉得很舒服，小家伙还能准确地记忆母亲的声音，因此，母亲的声音具有安抚胎儿情绪的作用。

针对这一点，孕妈妈应当耐心、徐缓、温和、轻柔地经常对着胎儿说话。虽说胎儿还没有对于母体外部世界的认识，也不知道父母与自己谈话的内容，只能感觉到声音的波长和频率，胎儿不是用耳朵听，而是用大脑来感觉、接受母亲的情感。

与胎儿对话

虽然，胎儿还不可能理解父母的谈话，却能听到父母的话语声，并能对语音做出某些动作反应。例如，如果父母高声争吵，胎儿就会躁动不安，在母腹内手脚乱动。因此，国外有一些孕产专家把这个阶段的胎儿称为“小小偷听者”，胎儿不仅能听到，还能从声音的频率、节奏和语气上做出简单的领会。从这个阶段开始，父母们对话的同时，就千万不能忽略了“偷听者”的存在，而且，胎儿接受的信息，完全被动，没有选择余地。

胎儿对母亲的声音最熟悉，听得最清楚，也最喜欢听。因为母子一体相连，母亲的声音最容易传递给胎儿。当然，父亲在靠近母腹的地方说话，胎儿也能听到，效果却不如母亲的好。父亲男性的声音频率较低，在妊娠后期最适合说话给胎儿听。现阶段，进行语言胎教，和胎儿进行对话，主要在于母亲。

取小名

从妊娠初期开始，给胎儿取一个小名，经常呼唤胎儿的小名，能引起条件反射，建立亲子感情联系。给胎儿取的小名要响亮上口，容易叫、容易听、容易记。准爸爸和孕妈妈轻声呼唤胎儿的小名，自然会带有一种温馨、昵爱的亲情，而亲子交流、语言胎教的基础，正是在于这种亲情主导。

对话

母亲每天都可以和胎儿谈话，发出的声音要欢愉、柔和，带着感情，带着微笑，叙述自己在做什么，看到了周围有些什么，声情并茂、绘声绘色，语速要慢，需要像幼儿园里的幼儿教师对着低龄孩子说话一样。

实施语言胎教，就是每一天数次对胎儿说话。说话的内容不拘不限：可以向宝宝诉说妈妈的爱、妈妈的想法，描述周围环境中的景色、自己正在做的事情和自己的感受，让胎儿分享自己的各种感觉和恬静心情等，都可以作为实施语言胎教、向胎儿喃喃诉说的内容。

说话的时候，孕妈妈要使自己的精神状态和全身肌肉彻底放松，精力集中，呼吸顺畅，排除杂念，心中只想着腹中的孩子，把胎儿当做面对自己的一个活生生的宝宝，耐心细致、温柔轻语，娓娓而谈，才能起到安抚胎儿、交流感情的预期效果。

和胎儿对话或谈话，应当把形象、声音、感情三项要素有机地结合在一起，这样做，才能生动、活泼、柔美，母亲也能感受到说话的趣味和愉悦，胎儿的听觉也能感受到语言信息的美好，在大脑中留下良性的印记。

形象、声音、情感三者统一起来进行的语言胎教，最大的特点就是具备审美因素，而具备审美因素的胎教，才是良性的、有益的。

心情与运动

戒焦虑、戒烦躁——自我感觉良好

在整个孕期，都应当情绪稳定、平静，不要出现过于焦虑、悲伤和愤怒情绪，否则不仅对自身健康不利，也会给胎儿带来不良影响。

妊娠中期，孕妈妈逐渐形成适应能力，心理上也能适应妊娠。相对来说，身体已经进入一个比较稳定的时期，这个时期的主要感觉，会是自我感觉良好。

孕妈妈的情绪变化，会导致生理功能甚至健康状况的改变，而这些变化能直接或间接影响到胎儿的生长发育。

孕期焦虑情绪，主要来源于对生育本身的恐惧感。怕产痛、怕难产、怕产畸形儿，甚至对将来生男生女也忧心忡忡；还有一些孕妈妈会因为家庭或工作原因产生长期焦虑情绪。如果焦虑情绪持续太长时间，会令人坐卧不安，消化系统和睡眠质量也会受到影响，甚至会使胃酸分泌过多，容易发生溃疡病；妊娠期的高血压综合征的发病原因，也与焦虑和情绪紧张有关。

焦虑情绪会使胎儿胎动频率和强度倍增，胎儿在母体内长期感受到母亲的焦虑而不安，则会影响健康发育，出生后可能有瘦小虚弱、体重较轻、躁动不安、喜欢哭闹、不爱睡觉等失常表现。母亲在孕期的紧张、焦虑情绪，还会导致婴儿发生腭裂、唇裂等缺陷，孕妈妈情绪不稳，很可能造成孩子的先天性生理缺陷。

孕期母亲如果情绪悲伤，肾上腺皮质激素分泌增加，能导致流产或生出畸形儿。母亲受到强烈的精神刺激、惊吓，或者有忧伤、悲痛时，自主神经系统活动加剧，内分泌发生变化，释放出来的化学物质会通过血液进入胎儿体内，影响胎儿正常的生长发育。孕妈妈如果由于情绪过于低沉悲伤，会影响食欲，导致消化吸收不好。也会使身体各器官处于消极状态，对胎儿的不利影响显而易见。

孕妈妈如果性格烦躁，血液内激素水平会急剧增加，这些物质也会通过血液循环经过胎盘进入胎儿体内，影响到胎儿的生理功能。胎儿还能把母亲的情绪奇特地复制并且承袭下来，出生后，会在性格和情绪上还原母亲的这些不良影响。如果在孕期烦躁易怒，还会导致母体血液中白细胞减少，降低机体的免疫功能，使胎儿的抗病能力减弱。

孕期母亲也不宜开怀大笑。孕妈妈大笑，会使腹部肌肉群猛然抽搐，不利胎儿稳定。在孕早期会导致流产，而在孕晚期会诱发早产。

保持平稳、乐观的情绪，克服消极不良情绪，对孕妈妈自身和胎儿健康十分重要。

心烦意乱时有妙招——呼吸法

对胎儿的安定影响，取决于母亲的情绪，孕期，最大的心理障碍则是母亲的心烦意乱、情绪不安。

呼吸训练法，对于稳定情绪和集中注意力来说，能起到立竿见影的效果。

实施呼吸法，场所可以随意选择，可以在家庭任何环境中：床上、沙发上或坐在地板上都可以。要尽量使自己的腰背舒展，全身放松，微闭双眼，手随意放在身体两侧，而不引起不适感，也可以放在腹部。准备好以后，用鼻子慢慢地吸气，以5秒为标准，在心里面默数1、2、3、4、5……然后一边大口深深地吸气，肺活量大的人可以延长到6秒，如果感觉到吸气时间太长可以改为4秒。吸气过程中，要让自己感到气体被贮存到腹中，然后，慢慢地把气呼出去，用嘴或鼻子呼都可以。总之，要缓慢、平静地呼出气。

经过几次呼吸以后，再开始做呼与吸时间跨度的调整，延长呼气时间，逐渐把呼气时间调整到比吸气时间多1倍，吸5秒，就呼10秒，这样反复呼吸1~3分钟以后，就会感到心情平静，头脑清醒。

实施呼吸法时，脑子里尽量不去想其他的事情，把注意力集中到自己的吸气和呼气过程中，逐渐习惯后，注意力就能很快集中。

放松身心，调整精神

身心疲倦，也是孕期常出现的情况，这里推荐几种减轻疲倦、调整精神面貌的有效方法。

想象放松。想象自己喜欢常常去的地方，如公园、农家小院、海边、小溪旁、高山间、一望无际的平原上等，把自己的思绪集中到美好的景色中，可以令人精神振奋、心旷神怡。

聊天放松。聊天是一种可以排解烦恼、交流体会的好方法，可以释放和减轻心中的种种忧虑，还能获得有益的信息。因此，是一种有益心理健康的好方法。在轻松愉快的聊天过程中，会忘却掉身体的不适。

自我按摩。闭目养神片刻，然后用手指尖按摩前额、双侧太阳穴及后颈部，每处按摩16拍，能健脑和放松。

听音乐。选择一些优美抒情的轻音乐来听，可以放松和调节情绪。

手工兴趣制作。动手制作一些小玩具、小动物、小娃娃，或者学习插花、刺绣艺术，可以增加生活情趣。如果有能力，还可以给未来的小宝宝做一些衣物。

外出散步。到宁静、空气清新的公园或郊区去散步，也是调整情绪、放松精神状态的好方法。

摆脱消极情绪——妙招DIY

作为未来的母亲，应当始终保持平稳、乐观、温和的心境，才能使胎儿的身心健康发展。

但是，生活的道路上并不总是充满阳光，妊娠反应的不适，对分娩的恐惧以及工作中的矛盾等因素，常常左右着孕妈妈的情绪，令人忧虑重重、烦躁不安，甚至会因为怀孕而变得爱发脾气，易于冲动。显然，这对于胎教来说是十分不利的，怎样才能摆脱消极情绪呢？推荐几种方法，可以在自己情绪不稳定、心情不快活的时候逐一试试:

告诫法 经常这样告诉自己，不要生气，不要着急，宝宝正在看着呢。

转移法 有时消除烦恼的最好办法，就是离开那种使人不愉快的情境，可以通过一项能引起自己喜欢的活动，如听音乐、看画册、郊游等，使情绪由焦虑转向欢乐。

释放法 可以通过写日记或向可靠的朋友叙说自己的处境和感情，使烦恼烟消云散，得到令人满意的“释放”。

社交法 闭门索居，只会使人郁郁寡欢，因此，妊娠期间仍然应当广交朋友，把自己置身于乐观向上的人群中，充分享受友情的欢乐，从而使自己的情绪得到积极的感染，从中得到满足和快慰。

协调法 每天抽出30分钟的时间，到附近草木茂盛的宁静小路上散一散步、做一做体操，心情会变得非常舒畅，美妙的大自然更能帮助自己消除紧张情绪。

美容法 不妨经常改变一下自己的形象，如变一下发型，换一件衣服，点缀一下周围的环境等，使自己保持良好的心境。

要有意识地努力稳定情绪，尽量给自己制造良好的心理和情绪环境。

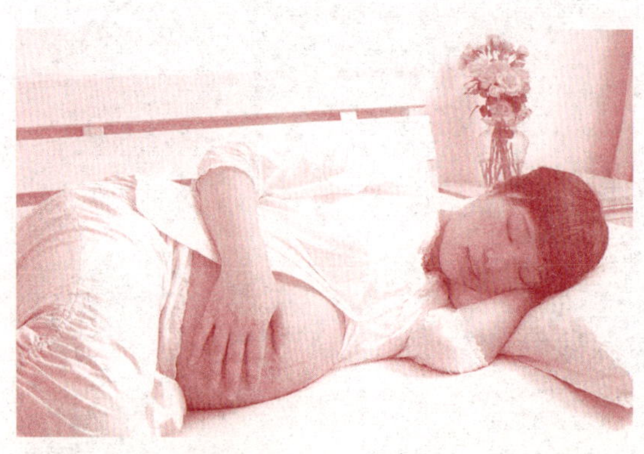

适度、合理、温和——孕期运动原则

孕期保持合理的运动非常必要，通过运动可以达到控制孕期体重增长，预防妊娠糖尿病和巨大儿的发生，促进消化吸收，锻炼分娩肌肉、帮助产后体形恢复等功效。

孕期的专门运动主要包括行走、力量练习、伸展练习三大部分。分别能起到活动身体、锻炼力度和放松肌肉组织的作用。

行走

每天变速行走20分钟左右，通过变速行走，使心率能达到每分钟110次为宜。还要包括头、颈、肩、胸、腰、四肢、盆底等全身的力量练习和伸展练习，运动时间在15～20分钟。

伸展放松

应当学会如何加强肌肉锻炼和如何放松，伸展运动，对孕妈妈尤其有利。

可以练习在垫子上练习打坐，尽量放松身体，头朝下数8秒，顺时针转动后，再逆时针转动。然后保持同一个姿势，把头抬直，双手在身后交叉相握，尽量放松肩膀肌肉，伸胳膊做扩胸运动。

力量练习

肛提肌是支持膀胱、直肠最主要的肌肉。在分娩的过程中，肛提肌被抻长，如果肌肉强壮有力的话，分娩后能较快地恢复到正常状态。这部分肌肉的恢复，对增加产后性快感和预防尿失禁能起非常重要的作用。因此，在孕期应注意锻炼这部分肌肉，有意识地每天都做一做提肛动作，还有助于临产分娩的顺利完成。

在怀孕期间，不但要知道如何加强和锻炼肌肉，还要知道如何放松。可以做一做头部按摩或做瑜伽，以达到放松的目的。

如果在孕期出现了合并症或并发症的孕妈妈，在运动前应该咨询专业人员。

在孕期能坚持做系统运动的孕妈妈，孕期体重基本能够控制在正常范围，巨大儿发生率明显下降，顺产成功率高。

温和为原则

在妊娠中期，适宜采取比较温和的运动方式，不做激烈运动。

孕妈妈每天做30分钟或更长一点时间的温和运动，是十分安全的。怀孕前的身体状况，决定怀孕时是否适合长时间运动。

避免有可能失去平衡的练习或运动，例如骑马、在山地骑自行车，即使平时这些运动都做得很好，也要牢记，怀孕时的激素分泌会使盆骨的链接处和韧带松弛，更容易扭伤和跌倒。

怀孕时，每天大约需要额外消耗1 254千焦（300千卡）的热量，所以，如果想要运动的话，特别要注意自己的饮食健康，而且要饮用足够的水来防止脱水。

运动时，血液流动加速和新陈代谢的加快，会觉得比平时热，在整个怀孕过程中，必须避免体温过高，穿得尽量宽松一些，在运动时穿着舒适的衣服和饮用大量的水，应该在比较通风的室内进行运动，尽量避免高温和潮湿的天气。

适当做家务——也是运动

孕期做一些力所能及的家务事，只要不感到疲劳，做家务也是一种运动。

每周一次的大扫除时，可以把一些干不了的活儿留给先生补做。不要蹬踩凳子、梯子去登高打扫卫生，不要搬动沉重的物件，避免给腹部带来压力，产生危险。

清洁地毯的活儿不要做，而且家中最好不要铺地毯，因为地毯中储藏着人们从室外带进来、空气中的重金属物质如铅、镉等有毒有害物质，对蔬菜、水果上残留农药和家用防腐剂的吸附力特别大，这些东西会使胚胎发育畸形。地毯中隐藏细碎颗粒比地板高达百倍，是螨虫孳生的环境，极易被孕妈妈吸入体内，发生过敏性哮喘。

不做长时间弯腰或下蹲的家务事，如擦洗地面，庭院除草等。长时间蹲着，会引起骨盆充血，导致流产。冬天尽量少使用冷水洗涮，防止受凉。

晾衣服时向上抻腰，腹部要用很大的力气，长时间会引发流产。如果洗的衣服太多，连续一件一件去晾，站立时间久了下半身会水肿，应当干一会儿歇一会儿，不可着急。

做饭时，为避免腿部疲劳、水肿，尽量坐在椅子上操作。有早孕反应时，烹调的味道会引起呕吐反应，要尽量避免。

外出购物，可当作近距离的散步，选择人不太多的路线，必要时多分几次购物。孕期不宜骑自行车外出，特别是孕早期，骑自行车腿部用力的动作过大，会引发流产。

妊娠期间，要牢记自己的动作敏捷性下降，反应也比平时迟缓，做家务事的过程中，应当处处留心，注意安全。

本月小结

这个月的产前检查，要做B超检查以了解胎儿的大小、活动情况、心跳、羊水量、胎盘位置、器官发育情况等。

可以到妇幼保健机构报名参加产前学习班，学习班一般由产科医院主持，或由妇幼保健机构组织，和众多的孕妈妈在一起听课，彼此之间交流，能增加自信心。

胎儿情况

胎儿身长18~27厘米，体重280~300克，胎头约占身长的1/3。胎儿已经长出了头发、眉毛及睫毛，眼睛还闭着。皮肤呈暗红色，皮脂腺发育，并开始分泌。脱落的上皮细胞与皮脂黏合成为胎脂，覆盖在胎儿皮肤表面。胎儿开始有吞咽动作，已经会用手抓住脐带玩儿。胎动活跃，羊水达到400毫升。胎儿心脏功能活力增强，用听诊器可以听到胎儿的心跳。

母体情况

近期内孕妈妈的下腹部膨隆，感觉到下坠。时常会有心慌、气短的感觉。因为内分泌变化，有些人会出现鼻塞、鼻黏膜充血和出血，切忌自己滥用滴鼻液和抗过敏药物。因为子宫的膨大，腹部一侧会感到有轻微的触痛。宫底高度已经平脐。此时的胃口极佳，食量极大。因为身体承受的额外负担，特别易疲倦，会感到头晕乏力，不仅白天想睡，晚上睡得也比平常多。

孕妈妈下腹部的隆起开始明显。在18～20孕周内会感到胎动。刚出现胎动时的感觉好像是自身的肠道在蠕动。此时的胎动不很活跃，且不一定每天都能感觉到，不要因为哪一天没有感到胎动而惊慌失措。

增大的子宫和腹部，会让孕妈妈必须采用侧卧位睡眠，以左侧位为好。不过，单一的左侧卧位会使心脏受压，所以适当的左右交替很必要。为翻身方便，不宜睡软床。

由于怀孕后体内激素的变化，可能会发生皮肤瘙痒。孕妈妈皮肤瘙痒是妊娠期较常见的生理现象，不需要特殊治疗，孩子出生后就会消失。注意要经常洗澡、勤换内衣、避免吃刺激性食物、保证睡眠充足、保证大便通畅，都有助于减轻皮肤瘙痒。

发生腿抽筋现象，主要因母体血液中缺钙造成。

面部出现蝴蝶形“妊娠斑”的孕妈妈，外出时应戴遮阳帽防晒。

胎教要点

随着胎儿听觉系统的建立和中枢神经系统受到刺激，本月的胎教，主要是通过母体对胎儿进行听觉、感觉、视觉、运动、记忆等方面的训练，激发胎儿的大脑神经细胞增殖到最佳状态。因为，脑神经细胞一旦完成增殖，以后细胞数目不会增加了。所以，对胎儿进行最佳训练就显得十分重要，通过训练还能使胎儿在生理上和心理上得到综合的培养和发展。

5个月时孕妈妈食欲好，身体并不笨重，精神愉快，感觉很好。此时除注意养胎外，还应当多外出到大自然中领略天地之美，到博物馆、展览馆看一看展览，活动范围可以大一些。

5个月的胎儿，能听到强烈的响声，如母亲的心音，母亲说话的声音、音乐、街上的喧哗等。应当避免尖锐、振动较大的声响刺激胎儿，要给宝宝多听一些优美柔和的声音，如中国的古典乐曲、西洋经典小夜曲等轻音乐。

在感觉到胎动以后，便可以每日定时与胎儿做胎儿体操，进而在建立胎儿一定的自主运动能力的基础上，进行胎儿的运动训练。

本月推荐食谱

中医养生学说，特别强调要“因时择食”。怀孕以后，一方面要注意根据妊娠的月份不同，随时更换食谱；另一方面要特别留意季节的变化，在饮食上，因时令而有一定的差异。

为适应孕育胎儿宝宝的需要，母体基础代谢增加，子宫、乳房、胎盘发育迅速，需要适量增加蛋白质和热量，因此，保证营养素的足量摄入至关重要。

早餐：把早餐当做正餐来吃，以重视早餐的质量和营养的均衡，既能增加营养和热量的供给，又不会使体重增加太快。

午餐：白领上班族怀孕女性下午很可能很忙，没有给自己加餐的机会，那么，中午一定要吃饱吃好，最好要吃一些肉类食物。还有，不妨在下班途中嚼一点小食品来补充。

晚餐：可以适度减少谷物类含糖较高的食物和脂肪类食品，讲究蛋白质和糖类的摄入量，这样做，既能补充足够的营养素，又不至于让体重增加过快。

常吃绿豆粥、红小豆粥、百合粥等粥品，于机体新陈代谢有益。

早餐：米饭150克，豆腐海带汤一碗，鸡蛋2个（120克）。

加餐：上午10时，水果200克。

午餐：肉丝面条150克，生菜豆腐汤一碗。

加餐：下午15时，牛奶或酸奶25毫升，饼干或面包150克。

晚餐：米饭150克，炖羊肉一盘，虾仁烩豌豆一盘，松仁海带汤一碗。

食谱列举

【虾仁烩豌豆】

虾仁80克，鲜豌豆、水淀粉、盐、葱花、植物油各适量。

鲜豌豆洗净，控干水；虾仁洗净，放入六成热的温油锅里划散，捞出控油；另用油锅烧热，煸香葱花，下入豌豆、虾仁炒熟，加盐和少许水，待豌豆熟透后以水淀粉勾芡即可出锅。

【大蒜鸡翅】

三节鸡翅、大蒜、香菇、新鲜百合、胡萝卜、盐各适量。

香菇用水泡软，去蒂备用，发香菇的水澄清后留做炖汤用。胡萝卜去皮，切成小块，将百合洗净一片片掰开。鸡翅先以热水氽烫后捞起，锅中加入香菇水及鸡翅、香菇、大蒜、胡萝卜等，一起炖煮至鸡翅熟烂，最后加入百合，以大火煮开即可。

有缓解感冒症状的作用。

【豆豉蒸鳕鱼】

鳕鱼一片，豆豉、姜丝、葱丝、盐各适量。

鳕鱼两面均匀涂抹上盐，再淋上豆豉；把姜、葱丝放在鳕鱼上，放入电饭锅中隔水蒸约10分钟即可。

【什锦凉拌菜】

绿豆芽250克，胡萝卜20克，青椒20克，水发香菇20克，花椒油15毫升，精盐8克，味精2克。

绿豆芽去两头，放入开水中烫焯一下后捞出。胡萝卜去皮切丝，香菇、青椒切丝。把三丝放入开水锅内烫透捞出。绿豆芽放盘，上面放上三丝，加入精盐、味精、花椒油即可。

【胡萝卜粥】

胡萝卜500克，粳米100克，红糖适量。

把胡萝卜切成小块，和粳米加水一起煮粥，熟后调入红糖温服。

有消胀化滞的功效，可以防治脾胃运化失常，食物积滞不行。

【猪肝烩饭】

米饭125克，猪肝35克，瘦肉20克，胡萝卜20克，洋葱50克，蒜末5克，虾仁10克，淀粉20克，色拉油50毫升，盐10克，白糖5克，味精2克，胡椒粉1克，酱油25毫升，香油5毫升，料酒3毫升。

米饭盛在盘中待用，瘦肉、猪肝洗净切成片，调入少许酱油、料酒、糖、胡椒粉、盐、淀粉。洋葱、胡萝卜择洗干净，均切成片后用开水烫熟。锅置火上放油，烧热后下蒜末爆香，放入虾仁、猪肝、瘦肉略炒。锅置火上，依次放入洋葱片、胡萝卜和盐、酱油，放水加热，用淀粉勾芡，淋上香油，淋在米饭上即成。

色香味俱佳，营养丰富，具有补肝、养血、明目功效，孕期常食能防治贫血、水肿。

【干贝汤面】

面条100克，干贝50克，鸡蛋清半个，水淀粉50克，色拉油15毫升，盐、料酒、葱、姜、胡椒粉各适量。

面条放入沸水锅中煮熟，捞出盛碗中。干贝泡发切成薄片沥干，放入碗内，加入鸡蛋清、盐、料酒、胡椒粉、水淀粉、色拉油拌均匀。葱拍扁后切成小段，姜切片。锅置火上，注油烧热炸干贝后捞出。锅留底油，烧热后下入葱、姜煸香，再放入干贝炒，入腌干贝的调料和肉汤，待成糊状，放盛面条碗中即可。

鲜香可口，含优质蛋白质、钙、铁、锌等。

【生菜豆腐汤】

生菜、豆腐、海米各适量，醋、盐各少许。

豆腐以沸水略汆后，切成条；海米以沸水烫后，加少量料酒浸发；生菜洗净、切条；油锅烧热，煸炒葱、姜出味后加入豆腐及海米煮沸，下入生菜、盐、醋即可。

6 互动“功课”—妊娠第六个月

进入妊娠第六个月，已经孕程过半，孕妈妈健康状态良好、心情舒畅。同时，胎动带来的小生命信息，会使幸福感、自豪感油然而生，现在，也正是实施胎教的良机。

六个月龄的胎儿，已经开始有了意识、有感觉、有反应，能感受到母亲情绪的细微变化，嗅觉已经发育完备，听觉反射能达到中脑，较高级的中枢神经已经确立并能支配全身，会自主地喝入羊水、排尿，自行抑制脑部活动，能自由自在地在子宫内活动，手脚活动频繁，经常会用小手或小脚推撞母亲的腹壁，感觉越来越敏感，也很顽皮。

胎儿已经开始有记忆，母子间的互动和交流可以很好地进行，不要错失最佳胎教期。

健康度孕

瘙痒、妊娠纹——皮肤问题应对

由于孕期的特殊生理反应，皮肤会出现过多油脂，发生色素沉淀，还会出现妊娠纹……因此，孕期的皮肤调理、保湿、防皱丝毫不能放松，否则肌肤状况容易急转直下。

怀孕以后，尤其是随着妊娠月份的进展，皮肤普遍会出现一些问题：

皮肤瘙痒

瘙痒症会在妊娠期间发生，为了胎儿健康，又不能轻易涂抹药物止痒。可以用一些润肤霜擦揉皮肤，能减轻瘙痒。实在不能忍受时要咨询医生，使用一些止痒药物。在体重增加过多时，大腿内侧皮肤易发生摩擦；除了要经常洗澡外，要注意穿棉质衣服，减轻皮肤的干燥和静电影响而导致的瘙痒。

妊娠纹

身体各部分因为妊娠而被抻拉开的皮肤部位，要随时涂油，涂抹油的作用是避免产后腹部及腿部留下产痕。尤其是腹部、臀部及大腿的上部等处。如市售的护

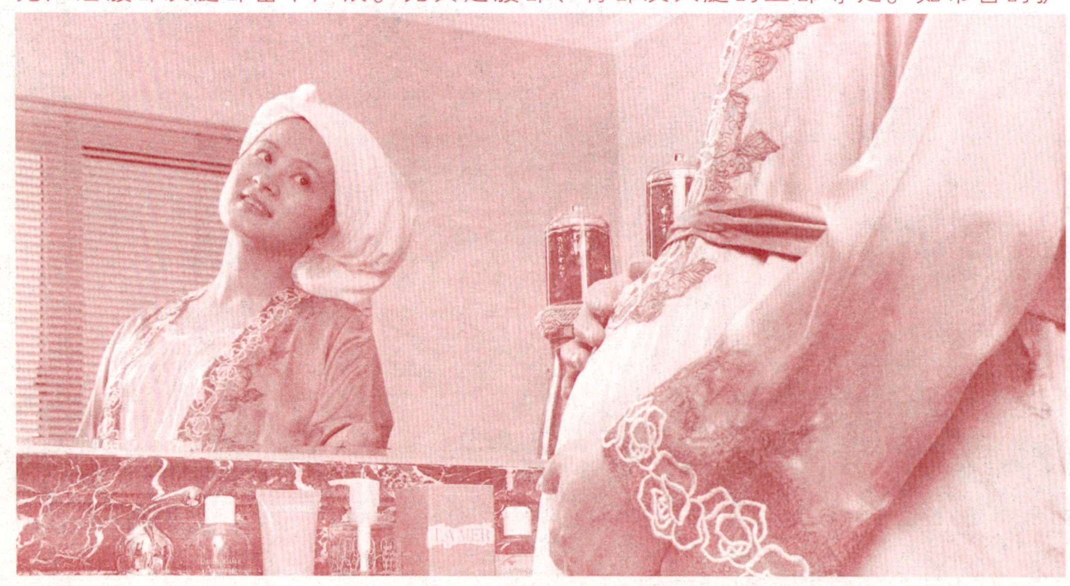

理油、按摩膏、局部调理霜，在孕期和产后都可以使用，能有效地减缓肌肤松弛，预防或抚平妊娠纹。使用托腹带来托起膨大、下坠的腹部，也可以帮助对付妊娠纹。

乳房保护

现在起，孕妈妈要经常用肥皂和温水擦洗乳头，把上面干痂擦掉，抹上油脂，防止乳头皴裂。还要注意乳头长短和有无凹陷，以免影响产后哺乳，如有乳头扁平、内陷的情况，就应当开始在医生指导下做乳房按摩。

隐隐作痛不舒服——了解孕期腹痛

孕期腹痛，尤其是腹部的隐隐约约做痛，几乎是每一位孕妈妈都要经历的现象，怀孕后为什么会腹痛，发生腹痛会不会影响到胎儿的健康？怎样应对呢？

正常的孕期腹痛，一般是以下几种因素引起的：

激素改变：怀孕以后黄体素会增高，肠道蠕动变慢，有可能使孕妈妈觉得肠胃不适、腹胀、便秘等，造成腹部胀痛、不舒服。

子宫结构改变：子宫增大会使腹压增加，子宫扩张会牵拉周围支撑子宫的韧带，造成腹痛。子宫增大后还会向上顶到胃部，加上食管与胃部的括约肌松弛，形成胃液回流，会有胸口灼热疼痛现象，躺下时尤其明显。

软骨组织松弛：为迎接临产，骨盆腔会变得比较疏松，软骨组织变松时，包括耻骨和背部都会痛。

子宫收缩：即将临产时，子宫强烈收缩，会产生阵痛，子宫收缩的次数愈频繁，阵痛会愈强烈。

正常与非正常

腹部隐隐作痛，或者发生剧烈阵痛，都是腹痛的表现，需要区别什么情况下的腹痛是正常现象，什么样的腹痛属于非正常情况，以便于及时就医，预防意外。

一般在怀孕早期就会有肠胃不适现

象；在软骨组织变松时，下腹也会略感疼痛；当腹痛来自子宫时，随着子宫体积的增大，痛楚会更明显。

怀孕早期，腹痛状况比较偏于一阵一阵地痛，痛感不明显，一直到临产时，子宫强烈收缩，才会有明显的痛楚。

怀孕期间，正常的腹痛不会太激烈，可能会感到隐隐作痛，但这种痛比较温和，如果发生十分刺痛、令人难以忍受的腹痛，可能属不正常的现象，必须尽早就医。

非正常腹痛常见原因

宫外孕：大多数的宫外孕是受精卵着床在输卵管，输卵管被发育的受精卵撑大时，会有破裂且大量出血情形，造成生命危险。因此，下腹部输卵管的位置会有强烈的疼痛，阴道常有出血。

通常在尿检确认怀孕后，医生会预约在6～7周时进行超声波检查，确认胚胎是否在子宫内着床，未确认之前，都要怀疑是否有宫外孕的可能。

宫外孕容易发生在输卵管曾经有感染、曾发生过宫外孕者，输卵管不通畅，容易卡住受精卵，发生宫外孕。

流产：如果孕妈妈在28周以前排出胚胎，胎儿体重小于1000克，没有存活的可能，就称为流产。通常在确认胚胎在子宫内着床后，大约有20%的孕妈妈会发生流产，流产时的腹痛类似于痛经，伴有子宫收缩、腹胀的感觉，合并有出血。

这类无法成功发育而流产的胚胎，大约有60%不健康，其余40%则可能因为孕妈妈本身的染色体问题或分泌的黄体素不够等因素，因此，这类流产是一种自然淘汰。如果要强留住不正常的胚胎反而无益，因此，即使不幸发生流产，也不必为此伤心。

早产：孕妈妈产出的胎儿孕周大于28周小于37周，体重超过500克，生存的机会较大时，称为早产。早产的产痛提前发生，会有子宫收缩与阵痛情形。在孕期中，偶发子宫收缩属正常，例如一天3～5次，但如果在足月之前（38周以前）出现了比较规则且越来越密集的持续阵痛，例如每20分钟就痛一次，演变为每10分钟痛一次，阵痛发生次数越来越频繁，强度越来越大，就可能是早产迹象，有可能合并有破水现象。

胎盘剥离：胎盘剥离是指胎盘与着床的子宫分开，造成胎儿无法从胎盘中得到足够的血液，导致胎儿贫血、失血过多而死亡。同时，子宫也会因胎盘剥离而开始

收缩，所以孕妈妈会有强烈的腹痛现象，有时也会有阴道出血状况。一般来说，有高血压、抽烟、多胞胎和子宫肌瘤的孕妇容易发生胎盘剥离现象。

急性阑尾炎：凡是正常人会发生的腹痛，怀孕时也会发生。例如阑尾炎、胰腺炎等，怀孕并不会使疾病发生的概率增高。但是假使孕妈妈有阑尾炎，就必须尽快处理，因为阑尾破裂有变成腹膜炎的可能。值得注意的是，变大的子宫会把阑尾顶到腹部上方，所以孕妈妈发生阑尾炎的疼痛位置与一般人不同。

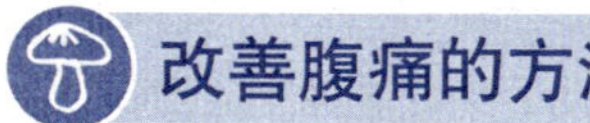

改善腹痛的方法

少吃多餐、多摄取含纤维素多的食物，能帮助肠胃蠕动，改善肠胃不适。

适度运动。运动除了能改善肠胃不适的状况，也能整体上舒缓身体的不适。不过，运动量应依照平时的运动情况，不宜过量，配合怀孕不同时期作调整。

怀孕早期、晚期所做的运动应以温和为佳，过度激烈的运动，例如跑步，可能间接导致流产或早产，散步是较安全的选择。

怀孕中期可以稍微增加运动量，最好选择不增加下腹重量的运动，如游泳、瑜伽、骑车，或为孕妈妈设计的体操，爬楼梯对有背痛的孕妈妈不适宜。

无论做哪一种运动，建议运动时间不要过长，每天0.5～1小时。

“第二心脏”——脚部保健

脚下无小事，是一句极有道理的俗语。人类的脚，被称为人体“第二心脏”，在怀孕以后，脚部增加的负担更是不轻。

每天，脚部要支持新增加的体重，脊椎前弯、重心改变，怀孕期间由于松弛素的分泌，颈、肩、腰背常常酸痛，脚部会更不堪重负，脚底痛的情况会时有发生。

怀孕3个月之后，要穿宽松、舒适的鞋，前后留有1厘米余地。鞋底防滑、鞋后跟以2厘米为好。怀孕期间脚容易水肿，最好选择柔软天然材质的软皮或布鞋，可有效减少脚部的疲劳。合成革或不透气的劣质旅游鞋，沉重而且不透气，会使水肿加重，鞋底滑、跌跤的可能性大。

怀孕后脚痛：有一种原因是先天性平足。平时无症状，孕期的生理变化往往使平足加重。人体的足弓由横弓和纵弓组成。横弓在足底的前部，内侧纵弓较多，外侧纵弓较少。足弓正常时，站立和行走主要由第1、5跖骨和跟骨负重。怀孕期间通常因为体重增加，使维持足弓的肌肉和韧带疲劳，不能维持正常足弓。

每天做适当身体运动，不要忘记做几节足操。❶ 用足缘行走。❷ 用足趾行走。❸ 足趾捡物。❹ 手扶椅背，双足并拢，提足跟外旋。

做足部保健操有助于预防脚痛，而矫

形平足鞋垫则是治疗了。这是根据个人足形，由变压泡沫做成鞋垫来矫治，材质近似人体结缔组织，能帮助足弓均匀分散和承担体重。

每日温热水做足浴，能让生完小宝宝以后的妈妈迅速恢复步态优雅风姿。

挑选合适的鞋：有气垫的款式最佳：可以平均分散双脚的压力、减缓胎儿体重增加对脚跟造成的压力。将身体力量平均分散到气垫上，才不会让孕妈妈走路感到重心不稳。

气垫鞋更舒适：怀孕的过程中，体重增加总量最好不要超过12千克，因为体重过重会造成腰、髋、膝、踝关节至脚跟无法负荷。所以过重的孕妈妈最好能控制体重，若不行的话，建议孕妈妈尽量选择气垫鞋的款式。

尖头、高跟及细跟皆不宜：因为会左右摇晃，容易重心不稳而跌倒。

有防滑功能：鞋底要有防滑设计，且具耐磨性；若鞋子本身不具有防滑设计，则可以购买防滑鞋垫，视需要补强。

透气性强：因为孕妈妈的体味会增加，所以选购透气性佳、能帮助排汗的鞋款更显重要。

鞋型宽松、低跟较平稳：因为孕妈妈本身是一个不稳定的个体，选择粗低跟的鞋款能帮助孕妈妈稳固重心，使孕妈妈不易摔跤；楦头宽松则能帮助孕妈妈的脚趾平稳放开，保持重心平稳。

容易穿脱：因为孕妈妈挺着肚子，弯腰和抬脚的动作都相当不便。因此，选择站着就能轻松套入的鞋款为佳，例如鞋面是粘扣、松紧带的设计都是不错的选择。

选鞋不可忽略的技巧：买鞋时可以轻微弯曲鞋底，拉拉鞋面材质（尽量选择柔软上皮），看看弹性如何，看看脚部是否有活动空间，避免楦头太窄而造成脚跟摩擦、脚趾变形等问题。

鞋子的大小，不只是指长度适合，也必须包括鞋子的长、宽以及鞋面外围都要符合脚型，否则可能会因为宽度及外围不符合，而使脚受到压迫变形。

新添的烦恼——小腿抽筋

一般在妊娠第六个月左右，会出现小腿抽筋现象，因为进入妊娠中期，钙质的需要量越来越大，身体的负担越来越重，局部性疲劳越来越频繁发生，这也属于正常现象。

妊娠中期以后，晚上睡觉和伸直双腿的瞬间，孕妈妈常常会出现小腿突然抽筋的现象，出现这种情况，大多数是因为腹中胎儿和母体共同的营养需求量大，钙质摄入不足造成。可以在饮食中做适当调整，多吃一些含钙质较高的食物，如海产品等，牛奶和奶制品也是较好的选择。

除了食物调整之外，保养脚部也很重要。要避免过度劳累，避免长时间站立，多用热水烫一烫脚，经常做一做足部保健按摩，日常生活中，还须注意脚部的保暖。

弯曲脚掌，以放松肌肉：尽量把脚跟前伸，同时把脚指向足背弯曲。手指用力按摩肌肉，缓步行走也能消除抽筋症状。白天多做体育锻炼，可以增进血液循环，另外应大量喝水，脱水也会加剧腿部抽筋现象。

如果抽筋现象频繁发生，则应当到医院去检查具体原因，再确定对策。

如果抽筋问题仅仅与保温有关，可以专门购置孕期专用袜，市面上有为孕妈妈设计的专用弹性袜，专为怀孕期身体变化情形设计，有裤袜、中统袜和及膝的短统袜。还加强许多的特殊功能，如抗菌防臭、更加吸汗、抗紫外线照射纤维、腿部臀部弯曲处重点编织加强、裤底部增加透气通风、色泽多样、可供搭配衣服选择等。弹性袜能减轻腿部肿胀及疲劳感，促进血液循环，长期穿着也有美化腿型的效果。

这一类专用袜的穿法，与一般丝袜相同，穿好后要把有皱折部分抚平，以免对皮肤造成压力；袜子顶端也不要有卷曲的情形，否则会让血液滞留，产生水肿。此外，要注意防止指甲、手表、戒指等刮伤弹性袜。双腿有伤口、发红、发紫等异常现象时，请就医检查，不要再穿。

合理起居

选择孕妇装原则——舒适、宽松、健康

进入孕中期的孕妈妈，逐渐开始变得“大腹便便”了。随着妊娠时间的增加，即使原先合身的衣物，也会逐渐遮掩不住日渐隆起的腹部。

身材走形，腰身变粗、腹部膨大是必然的过程。然而，只需要稍加留意和打扮，仍然能够做一个光鲜、精神的孕妈妈。

孕装选择原则

宽松、不束缚身体，是孕妇装穿着的最重要的原则，市面上的流行杂志上，大多会登载常见的孕妇装缝制方法，只要不过于复杂，自己动手做不失为好的选择。

为自己选择孕妇装，应当注意几个细节：❶不会勒紧腹部；❷好脱好穿；❸保暖，吸汗率高；❹可以水洗；❺可以利用的宽松男装；❻产后仍然能穿着；❼宽松的裤裙。

自己搭配

自制孕妇装，要避免使用脚踏缝纫机，最好采用手工缝制，以免腿脚用力不当牵动腹中胎儿。夏装可选择明亮色彩的布料，冬装如果缝制困难，可以用毛线勾成布袋状后，再缝上装饰布料，好看又别致，耐用又好做。

背带裤是一种不错的选择，除了行动方便之外，显得自然大方，纯棉背带裤配上T恤衫，会使孕妈妈显得清新、明快，透出精神。但要注意避免腰围和腹围被束缚太紧，腰部用松紧带调节尺寸为宜。通常到孕期五六个月后就要更换更大尺寸。

胸罩

青年女性每只乳房重100～200克。隆起的乳房不仅是女性体态美的表现，而且是哺育新生命的“有功之臣”。妊娠后，由于内分泌激素的刺激，乳房中乳腺管增生，乳腺泡增多，乳房增大，重量增加。为了防止乳房下垂，怀孕女性白天应戴胸罩，晚间松解，避免胸罩紧束压迫胸部。

戴胸罩有很多优点，不仅支持和扶托乳房，有利于乳房血液循环及乳房增大，防止因局部血液循环壅滞而患乳腺疾病，还能保护乳头，防止磨伤和碰疼，维持乳房美观，避免下垂，减轻在劳动和行走时乳房的震荡。就像秋冬季出门戴口罩一样，可以防止冷风钻进肌肤，既可避免受凉感冒，又有保暖的作用。

戴胸罩应当注意几点：❶不用化纤布、不透气或不吸水的布做胸罩，以免发生湿疹。❷用细软的棉布制作胸罩。❸胸罩宁大勿小，有利于淋巴液的正常流通。❹不要把胸罩放在洗衣机中与其他衣物混洗。❺每次更换胸罩前，应该把内侧绒尘拂尽，以防内衣纤维堵塞乳管，导致产后缺乳。

内衣内裤也关键

内裤直接接触外阴，如果用料不当或大小不合适，都会给外阴和子宫带来麻烦，孕期不能穿三角形内裤。内裤不仅要随着月龄增大换得合体一些，还要多备几条，以便勤换用。

选择孕期用的睡衣和家常便服：前开式睡袍最适合住院时穿，胸前有皱褶的式样，更能适应产后更加膨胀变大的胸部。家常便服应当选择吸汗力强、式样简单者为佳，伸缩性良好的运动服，也不失为一种宽松、方便的衣着上选。

秀发美更需保养——护发

一头秀发能使女性平添妩媚，也是女性美的标志之一。而在妊娠期护理好头发，还涉及产后头发的健美。

孕期女性秀发普遍比孕前更秀美，借此

机会护理保养头发得当，能延续到产后。

影响妊娠期头发的主要因素有两个：一是激素水平变化，一是与妊娠有关的精神紧张。

无论男性还是女性，体内都产生雄激素。雄激素常常与油性头发、多发垢和某些类型的秃发有关。而雌激素对头发的健康也有一些好的作用。当体内激素处在不平衡状态时，就会发生头发异常的情况。如果女性体内雄激素太多时，就会脱发甚至长出胡须来。

妊娠期间雌激素的增多，会使头发更丰厚、更健美，许多平素头油极多的女性，在孕期4~5个月时，不再多油了。女性一般从怀孕4个月开始，头发处于最佳状态，这时的头发光洁、浓密、服帖，并且很少有头垢、头皮屑。但在此时如果忽视头发的护理，便会造成产后脱发的后果。所以，孕期要认真护理好头发，注意以下几方面：

饮食

孕期饮食应当多样化，不应偏食。特别要注意食用较多含维生素、包括含B族维生素的食物。还要遵照医嘱合理服用铁剂，纠正贫血。

洗头

孕期要经常洗头，头发在刚洗过时最美，洗头以后不要用强风吹干，最好不用卷发器卷发，未完全干时不要梳理。洗后的发型最好任其自然，尽量不要过多的梳理和用过热的风来吹。

护发

妊娠期头发常比一般情况下干燥一些。所以，要按照干型头发来护养。为了防止头发断裂，可选用干性头发用的洗发剂和护发剂，能减少头发的损伤。孕期不宜烫发和染发，以防烫发和染发剂对母体和胎儿造成伤害。

除了激素水平之外，影响到头发健美的另一个重要原因，是妊娠期间的心理紧张。如果缺乏经验和妊娠知识，怕这怕那，整天忧心忡忡，头发的健康也会受到影响。

建议与其整天担心这担心那的，不如多找一些与孕育有关的科学知识类书籍看一看，了解相关科学知识，放松心态，调整好情绪，以平和愉快的精神状态度过孕期，于己于胎儿都有益。

安全第一位——骑、驾、乘车外出

外出，是怀孕期间不可避免的。尤其是职业女性，怀孕以后，往往还要照常上班很久，直到妊娠晚期。在漫长的孕期外出，难免要骑车、驾车和乘车，必须注意的细节也很多。

骑车

孕期以不骑或少骑自行车为佳。

妊娠期间，有不少人需要骑自行车购物，有些人习惯于一直骑自行车外出，也有些人为了携物方便，专门改骑自行车。

由于骑自行车时，下肢活动幅度较大，运动程度较为剧烈，极易造成下腹部充血。相对于孕妈妈来说，是导致流产、早产的致危因素之一，应当尽量少骑自行车。

骑自行车需要较好的平衡能力、肢体均匀用力和较好的应变能力，而孕妈妈在妊娠期内，这些能力都会不同程度地下降，影响到自如地使用这种交通工具，最要紧的是，容易因为应对骑车出现的种种情况不及而损害身体和腹中胎儿，因此，孕期以不骑自行车为佳。

如果出现非骑自行车活动的情况，则一定要控制时间，不宜骑得过久。骑车还要注意，尽可能选择比较平坦的路线，避免车多、人多、交通拥挤的路况，不宜颠簸，更不宜着急、过分用力，适宜慢慢地骑。

驾车

妊娠期不宜自驾机动车辆，乘车时也要分外小心。

怀孕会使身体的敏感性和神经反射功能变得较为迟钝，因此，妊娠期最好不要自己驾驶机动车辆。如果驾驶机动车辆，则容易发生事故。而且，逐渐膨大起来的下腹，也会因为容易受到刺激、撞击而导致流产或早产。所以，妊娠期内最好避免自己驾驶机动车辆，如果非不得已开车，则要特别注意驾驶安全。

摩托车较其他机动车辆的危险性要高得多，更是要特别小心。妊娠期体重逐渐变化，身体重心变化，不易保持平衡，最好不要再驾驶摩托车。

乘车

乘坐无轨电车、公共汽车和地铁时，为自己的身体和未出生的孩子着想，千万不要羞于启齿找一个座位，因为行驶中的车辆如果急刹车，会令人失去平衡和摔倒。另外，要等车完全停稳后才能下车。坐小轿车的孕妈妈选择的余地相对较大，可以挑选最舒适的后排座位，背靠沙发座或者躺下都可以；如果感到累了，就把车停下来揉一揉腿脚。

如果坐火车长途旅行，在座位上一坐几个小时是有害的。在火车上也有必要站起来在车厢里缓缓地走动走动，便于血液循环。

饮食营养

药补不如食补——了解补钙

缺钙的情况，一般在妊娠中期显得比较突出，因为到了这个阶段，身体储存的钙质已经多数消耗，自身和胎儿都需要大量的钙质，来支持生理活动和胎儿生长。

怀孕期间需要足够的钙质，但是钙质补充适量就好，而且食物才是钙质的最佳来源。

补钙要适量

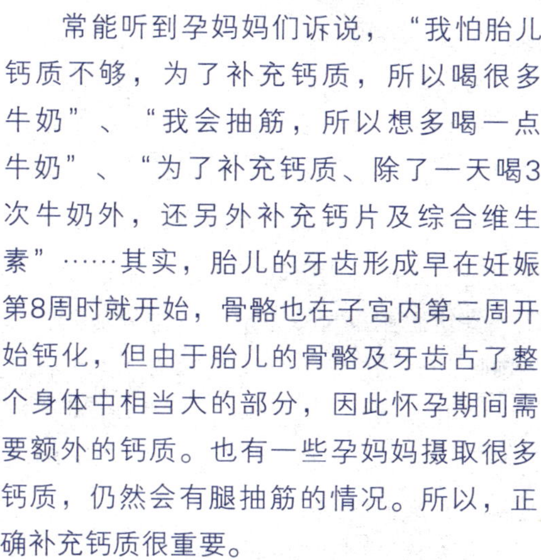

常能听到孕妈妈们诉说，“我怕胎儿钙质不够，为了补充钙质，所以喝很多牛奶”、“我会抽筋，所以想多喝一点牛奶”、“为了补充钙质、除了一天喝3次牛奶外，还另外补充钙片及综合维生素”……其实，胎儿的牙齿形成早在妊娠第8周时就开始，骨骼也在子宫内第二周开始钙化，但由于胎儿的骨骼及牙齿占了整个身体中相当大的部分，因此怀孕期间需要额外的钙质。也有一些孕妈妈摄取很多钙质，仍然会有腿抽筋的情况。所以，正确补充钙质很重要。

对于钙质建议应当在平时就注意补充增加，每天为1 000毫克，怀孕早、中、晚期就不需要额外补充了，有些孕妈妈会担心：这样真的够吗？如何达到？

其实，怀孕期间对于钙质的吸收要比正常情况有效，以应付胎儿的大量需求，只要摄取富含钙质的食物，应该很容易达到。

怀孕、哺乳期的每日饮食建议

五谷根茎类400克。

豆蛋鱼肉类100克。

水果类100克。

蔬菜类400克。

奶类250毫升。

对于不喜喝牛奶的人，也可选择高钙菜肴，提供几道高钙食谱，可以轻轻松松做出高钙菜肴：

牛奶蒸蛋：能同时吃到钙质和维生素D。

香酥小鱼：鱼骨钙质高，连骨渣一起吃才能添补钙质。

炒白菜、烧冬瓜：多添用小虾米、虾皮。

豆渣饼、红烧豆腐：黄豆制品菜肴，钙质含量高。

中药类：枸杞子、红枣、黑枣含钙量都不低，养生又固本。

有利促进钙质吸收的因素

除了增加钙质含量高的食物摄取外，还有一些能促进钙质吸收的因素，例如：

维生素D：这是很重要的，所以适度的晒一晒太阳吧。

乳糖：也能帮助钙质吸收，这就是为什么牛奶属于最佳钙质来源的原因。

钙磷平衡：非常重要，所以不是一味补充钙就可以，最佳的钙磷比为2∶1，当过多的钙导致钙磷不平衡时，反而会造成抽筋的现象。

造成钙质流失的因素

有些饮食习惯会造成钙质流失，孕妈妈们要注意：

磷酸：磷在碳酸饮料中含量较多，会快速地吸收，刺激甲状旁腺激素的释放，使钙由骨骼中释放，而且过量的磷酸也会降低小肠对钙的吸收，所以过量饮用茶或咖啡也不好，喜欢喝汽水、咖啡、茶的妈妈，从现在起最好改以果汁或白开水替代。

过多的蛋白质：也会造成钙质流失，所以，并不是肉类吃得越多越好。

仅靠蔬菜摄取钙质不够：孕妈妈要注意，不要因为某些蔬菜类钙质含量高，不爱吃肉类或豆制品的人，就改由蔬菜提供钙质，这是不行的。蔬菜含有植酸及纤维，会干扰钙质的吸收，人体对于蔬菜所含钙质吸收率较差，所以均衡饮食最重要。

选择钙片

如果用钙片补充，需要怎样选择？

首先以剂量作为考虑，符合膳食营养素参考摄取量较佳。

钙片中钙的含量，是依与钙结合化合物的重量而定，例如：碳酸钙约含40%的钙、葡萄糖酸钙含9%的钙。

市售钙片大约分为天然钙片与合成钙片，至于哪一种吸收较佳，仍有争议，但有些钙片会混合其他维生素和矿物质，如含有铁的钙补充剂因为吸收竞争，会使钙吸收降低；含维生素D的补充剂，需注意维生素D的使用，高剂量会造成中毒。

一些由骨粉、牡蛎壳等所构成的天然钙片补充剂，如果有重金属污染，长期服用反倒会造成健康伤害。

只有食物，才是最佳钙质来源。从食物中补充营养，绝不会单一摄取某一种营养素，相对也能同时获得其他必须营养素。补钙也罢，补充其他营养成分也罢，毫无疑问，食补永远是最佳方式。

多吃蔬菜、水果——补充维生素C

水果和蔬菜，都是重要的营养来源，而且两者的重要作用不能互相替代。

孕期一日三餐吃饱饭菜，身体就能获得足够的热量和蛋白质。但是，在复杂的人体代谢过程中，还需要维生素的帮助催化。

维生素分为两大类，一类只溶于油的脂溶性维生素如维生素A、维生素D和维生素E，另一类是水溶性的包括B族维生素和维生素C等。

维生素C是细胞之间的粘连物介质，不仅能修补伤口，还能激活白细胞使之吞噬细菌，增加人体抵抗力。在铁元素的运送、吸收过程中，也起着重要作用。缺乏维生素C时，微细胞壁黏着能力差，黏膜、牙龈和消化道易出血，身体抵抗力下降，容易感染。

水果、蔬菜和谷物中都含维生素，但是，蔬菜和谷物中的维生素在去皮加工、烹饪的过程中常常被破坏掉。

许多新鲜的瓜果含酸味，这类食物含有丰富的维生素C，维生素C可以增强母体的抵抗力，促进胎儿的正常生长发育。因此，喜吃酸味食物的孕妈妈最好选用一些带酸味的新鲜瓜果，如番茄、青苹果、橘子、草莓、葡萄、酸枣等，也可以在食物中放少量的醋、番茄酱，增加一些酸味。

孕期营养状况良好，是产下健康宝宝的关键，每天需要通过食物获得充足的营养，不仅要吃得好，还要讲究平衡膳食和合理营养。但是，滥补营养素无益健康，而食物是最好的营养物质来源，现代的孕妈妈和家属大多怀有一种在怀孕期多吃多补的心理。其实，最好的补品就是食物中的蛋白质、维生素、微量元素等营养素。只要在日常生活的饮食中注意营养合理、膳食平衡，食物中所提供的营养素就一定能满足胎儿和母体的营养需要。没有一种维生素、矿物质补充品，可以替代健康的饮食！

总之，只要在保持正常饮食的基础上，再注意适量调整各种营养素的搭配，就不必担心胎儿会营养不良或者营养失调，胎儿的体重也就可能保持在正常范围之内。

孕期感冒——食疗小单方

孕妈妈是最害怕感冒的人群之一，感冒病毒会对胚胎造成伤害，如果感冒再伴有高热，危害更令人担忧，而且妊娠期间感冒后还不能随便吃药。

孕妈妈感冒后，可能导致两方面的影响：一是病毒的直接影响，病毒通过胎盘进入胎儿体内，可能引起先天性畸形，诱发先天性心脏病、唇裂、脑积水或无脑儿等；二是病毒的毒素及发热诱发流产。一般来说，普通感冒造成上述影响的可能性很小，应当与其他病毒感染区别，如风疹病毒、巨细胞病毒、疱疹病毒等，治疗方面应当在医生指导下用药。到了孕中期，应当做产前诊断，以便及早发现胎儿可能出现的异常情况。

轻度感冒，仅有喷嚏、流涕及轻度咳嗽者，不一定要用药，只需服克感敏、维生素C即可，但要注意休息。也可以饮用一些中药冲剂，一般很快就会自愈。

出现高热、剧咳等情况时，则应当到医院诊治。可用湿毛巾冷敷退热，或用40%酒精擦颈部及两侧腋窝，也可以使用柴胡注射液。要注意多饮水和卧床休息。

高热（连续39℃）超过3天以上者，应当到医院做产前诊断，了解胎儿是否受影响。

介绍几种治疗感冒的食疗粥汤饮偏方：

萝卜白菜汤：白菜心250克，白萝卜60克，加水煎好后放红糖10~20克，吃菜喝汤。

菜根汤：白菜根3片，洗净切片，加大葱根7个，煎汤加白糖趁热服。

萝卜汤：白萝卜150克切片，加水900毫升，煎至600毫升，加白糖5克，趁热服一杯，半小时后再服一杯。

米醋萝卜：萝卜250克，米醋适量，萝卜洗净切片，用醋浸1小时，当菜下饭。

橘皮姜片茶：橘皮、生姜各10克，加水煎，饮时加红糖10~20克。

姜蒜茶：大蒜、生姜各15克，切片加水一碗，煎至半碗，饮时加红糖10~20克。

姜糖饮：生姜片5克，3厘米长的葱白3段，加水50克煮沸加红糖。

葱白粥：粳米50克，葱白2~3茎切段，白糖适量同煮成粥，热食。

葱豉汤：连须葱白30克，淡豆豉10克，生姜3片，加水500克煮沸，再加黄酒30克，热服，盖被出汗。

橘皮水：鲜橘子皮30克（或干陈皮15克）加水3杯，煎成2杯，加白糖，趁热饮。

香菜黄豆汤：香菜30克，黄豆50克，加水1 000毫升煎成600毫升，用食盐调味饮用。

蒸雪梨：雪梨洗净，连皮切碎加冰糖，用沙锅隔水蒸，适用于风热咳嗽。

杭菊糖茶：杭白菊30克，白糖适量，加适量开水浸泡，代茶饮。

荸荠水：荸荠数个，冰糖适量，加水同煮后吃荸荠饮汤。

胎教要点

审美也是创造——音乐胎教

寓教于乐，寓胎教于日常生活当中，也是胎教的基本原则之一。

进入6 个月以后，胎儿具有听觉能力，身体能感受到胎外音乐节奏的旋律。同时，孕妈妈可以从美妙的音乐中感受到自己在追求美、创造美，是为了生活的、人类的美贡献自己的力量。因此，胎教音乐要具有科学性、知识性和艺术性。不要违背孕期和胎儿生理、心理特点，要在寓教于乐的环境中达到胎教的目的。

孕妈妈在听音乐，实际上胎儿也在“欣赏”。因为胎儿的身心正处于迅速发育生长时期，多听音乐对胎儿右脑的艺术细胞发育是有利的。比婴幼儿更早地接受音乐教育，更早地开发和利用右脑有利于孩子的成长。出生后继续在音乐气氛中学习和生活，会对孩子智力的发育程度带来更大的益处。

音乐胎教中应注意的是，音乐的音量不宜过大，也不宜把音箱或喇叭直接放在肚皮上，以免损害胎儿的耳膜，造成胎儿失聪。

胎儿天生喜欢音乐

胎教专家发现，有的孕妈妈每天在胎动的时间听优美的音乐，胎宝宝就会很快安静下来，好似在聆听那悦耳的旋律，而当音乐一停下来，胎宝宝便又开始活动起来；有的孕妈妈错过了每天听胎教音乐的时间，胎宝宝便会在子宫“等不及”，一阵猛动让孕妈妈感到不舒服，赶紧“补课”才会安静下来。

由此可见，胎宝宝很喜欢音乐。

应该给胎宝宝听的音乐

轻松休闲的室内乐，或者准父母自己唱歌，更为安全、舒服、自然。

目前，音乐胎教有两种。一种是给孕妈妈欣赏的，音乐舒缓动听，令人产生美好的遐想，使心灵得到净化，情绪达到最佳境界；另一种是给胎儿聆听的，音乐轻松活泼，音量大小适中，促进胎儿对声波产生良好的刺激感应。

科学研究表明，胎儿喜欢听与子宫内胎音合拍的音乐，如优美的西欧古典音乐等。在巴赫、莫扎特的乐曲中，蕴藏着和人类生命节律相通的意趣，那是一种犹如河水潺潺流动样的周期波形声音，与大脑波和心跳波动的图形相似，很容易被胎儿和孕妈妈接受。

然而，节奏强烈、节奏变化大的刺激性音乐，如激烈摇滚舞曲、迪斯科舞曲、爵士乐，或是带有悲伤、忧愁情绪的慢爵士舞曲、安魂曲，都不适合做胎教音乐。前者有可能造成过分的不良刺激，后者可能会使孕妈妈情绪低落，从而给胎儿留下阴影。

除此之外，胎儿也不愿意听尖、细、高调的音乐，喜欢较低沉、委婉的声音，节奏和音量过强的音乐也会导致胎宝宝的组织细胞损伤。

真正做起来就会发现，胎教并非那么神秘、那么高不可攀，也并不是要正经八百地来“上课”，并不需要专门耗费大量的时间和精力，而且随时随地、天天都能做。

孕妈妈听音乐

从确定怀孕起，孕妈妈便可开始进行音乐胎教。听音乐时，孕妈妈要全身放松，半躺或半卧在一个舒适的地方或摇椅上，把手放在腹部注意胎宝宝的活动，聆听室内音响播放的音乐。听时，最好忘却眼前的事情，静静地随着音乐让自己的心放飞；而且，每天听的乐曲最好固定，不要变化繁多，这样便于胎宝宝记忆；音量以75～80分贝为宜，每天听2次，每次进行20～30分钟。

胎儿宝宝上音乐课

孕妈妈怀孕5个月以后，开始母子一起聆听室内乐。每次上课之前，孕妈妈先用手轻轻触压几下胎儿，让宝宝知道要上音乐课了。对活泼好动的胎儿，可多播放一些舒缓优美的乐曲，对文静少动的胎儿，则应多给听一些明快轻松的音乐。

提醒孕妈妈，不要认为胎宝宝听就行了，自己走了神胡思乱想，一定要精神投入，否则效果不好。

适合胎宝宝的音乐最好经常聆听，反复的声波经过不断地强化，能促进右脑发育。在胎儿出生后，对这样的音乐有特别记忆，哭闹不安时，再听熟悉的音乐，能安抚情绪。

父母给胎儿唱歌

现在的胎儿不仅喜欢妈妈的声音，对爸爸低沉宽厚的声音也非常喜欢。孕妈妈可在每天一定的时间里，或是做家务时，轻声哼唱一些优美抒情歌曲，如摇篮曲

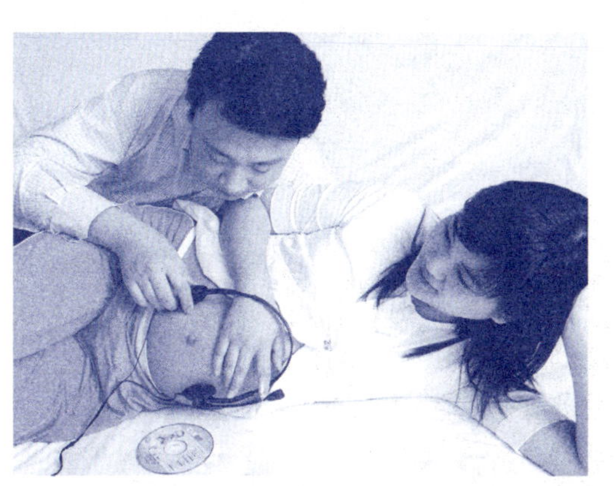

等，最好是自己非常喜爱的，这样才能唱出感情。边唱边充分想象胎宝宝的可爱样子，能使孕妈妈心柔意绵。准爸爸有时间时，一定要尽量能和妻子一起吟唱。

经常聆听父母和谐的歌声，能使胎儿精神安定，母与子心音谐振，为出生后形成豁达开朗的性格打下基础。

音乐胎教的细节——谨防误区

市面上销售的胎教音乐种类繁多，面对琳琅满目的胎教音乐商品，会令人无所适从。

实施胎教，究竟应当选择什么样的音乐?

其实，犯不上为这事儿伤脑筋、费神，胎教音乐选择的最基本原则，是孕妈妈自己喜好和兴趣，加上能听来令人心情舒畅、精神愉悦、神清气爽，就是适合自己的。

选择自己喜欢听的音乐。没有必要强迫自己听不爱听的音乐，哪怕是世界名曲，如果自己不爱听，也会让心情变得糟糕。从另一方面来说，孕妈妈心情好，更是很重要的胎教。

根据不同的心情和不同的阶段，选择不同音乐。早上，可以听一些反映大自然的音乐，晨间树林中的鸟鸣、山谷里的泉水潺潺、徐徐的微风吹拂，会令人有神清气爽的感觉。白天，听一些舒缓的、温暖的音乐，让自己的心情保持平稳，莫扎特的曲子就是不错的选择。一边听还可以一边跟肚里的宝宝说说话。晚上，像肖邦的小夜曲可以在睡前听。

选择胎教音乐，还应当懂得，并不是什么音乐都适合孕妈妈和胎儿听，更不是但凡音乐都能用来作为胎教音乐，进行音乐胎教，要注意几方面的认识误区:

胎儿在母亲腹中长到4个月大时就有了听力，长到6个月时，听力就发育到接近成年人。这时进行胎教，确实能刺激胎儿的听觉器官，促进胎儿大脑发育。但音乐胎教是优生优育的一种措施，不是决定因素。孩子智力水平是多种因素作用的结果，先天的遗传因素和后天的培养都很重要。

误解：胎教音乐等于世界名曲

并非所有的世界名曲，都适合作为胎教音乐的。例如，贝多芬的交响名曲《命运》、柴可夫斯基的交响名曲《悲怆》、圣桑的名曲《悲歌》，虽说表现与自然、命运的抗争，成年人能欣赏并从中感悟生活，但处在特殊阶段的孕妈妈听来，会让人有压抑感。

胎教音乐还是应该尽量选择一些经

典、舒缓、欢快、明朗的乐曲。

误解：胎教音乐放在肚子上听

离胎儿太近或声音太大，会影响、甚至伤害宝宝的听力，给胎儿听音乐应当使用专用的胎教传声器，音乐频率范围在500~1500赫兹之间。或者说干脆什么都不要，让胎儿隔着妈妈的肚皮听。

误解：不分早晚，想起来就听

胎儿和成年人一样有自己的作息规律，如果希望自己在欣赏音乐的同时，也能让肚里的宝宝有所收获，那么建议先掌握宝宝的作息规律，什么时候胎儿在睡觉，什么时候醒着而且很活跃。尽量要选择胎儿清醒、并很活跃的时候，每天最好养成规律，也让胎儿形成条件反射，喜欢参与每天的“妈妈的音乐时间”。

误解：给胎儿听音乐时间过长

一般给胎儿听音乐，每次在半个小时之内为宜。

音乐胎教要让胎儿反复聆听，才能造成适当的刺激。等到胎儿出生之后听到这些音乐，就会有熟悉的感觉，能够令初生的婴儿产生在母体内的安全感，对于安抚婴儿情绪有相当好的功效。

实践证明，受过音乐胎教的宝宝，出生后会喜欢音乐，反应灵敏，性格开朗，智商较高。

母胎互动操——训练腹中宝宝

有了胎动以后，母胎的互动、交流就已经自然形成，对胎儿的外界信息输入和训练实际上已经开始，只是属于被动、无意识地互动。了解胎动规律，根据胎动的规律，主动介入胎儿的律动，加以引导和训练，就是母胎互动训练。

孕妈妈怀孕到第12～16孕周时，宝宝出现第一次胎动。此时，标志着胎儿的中枢神经系统已经分化完成；胎儿的听力、视力开始迅速发育，并逐渐对外界施加的压力、动作、声音能做出相应的反应，尤其对母体的血液流动声、心音、肠蠕动声等更为熟悉。

妊娠20周以后，胎儿对来自外界的声音、光线、触动等单一刺激反应更为敏感。借助胎儿神经系统飞速发展的阶段，给予胎儿各感觉器官适时、适量的良性刺激，就能促使其发育得更好，为出生后早期教育的延续奠定良好的基础。

听觉训练

此阶段胎儿的听神经与听觉系统迅速发展，夫妻双方或孕妈妈可以很好地利用这一段时间，有意识地对胎儿进行相应的听觉训练，例如：可以给胎儿播放优美抒情的乐曲、把胎儿作为一个听众，与胎儿聊天、讲故事、朗诵诗歌，尤其准爸爸可以与孕妈妈体内的胎儿进行有意义的对话等。这些方法都可以刺激胎儿的听觉发育，而且对孩子未来的听力很有帮助。

触觉与动作协调训练

此阶段神经系统发育迅速，胎儿对触觉与力量付出很敏感。夫妻双方可对胎儿进行动觉、触觉训练。例如，轻轻拍打和抚摸腹部，与胎儿在宫内的活动相呼应、相配合，使胎儿对此有所感觉；按时触摸或按摩孕妈妈腹部，可以建立与胎儿的触摸沟通，通过胎儿反射性的躯体蠕动，促进其大脑功能的协调发育，尤其可以有助于孩子未来的动作灵活性与协调性。

如果能注意饮食营养、远离烟酒，能注意避免各种感染和用药，能保持平和的心态、愉快的情绪，就给了孩子一个极好的开端。

如果每天能适当、适度地抚摸腹部，和胎儿做一做体操；每天能对胎儿说一说话，请宝宝听一听优美的音乐，那么，作为未来宝宝的第一任教师就合格上任了。

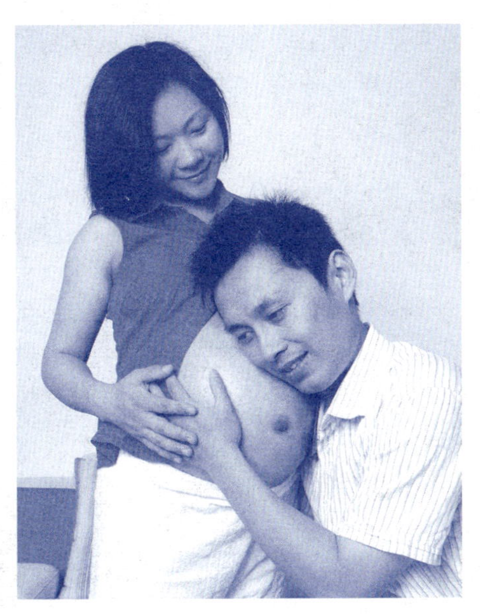

心情与运动

换个角度认识——妊娠期的收获

说到孕妇，一般给人们的印象，多数是身材臃肿，举止笨拙、反应强烈、小气好哭、脾气不好，对一切事物都不适应。人们甚至把怀孕过程，看做是理所当然的“受磨难”。

然而，换一个角度看，难忘的妊娠40周能给自身增添众多的收获。诸如可以在孕中期尽情享受性爱、养成全新的健康生活习惯、能告别困扰人的痛经、提高机体免疫力令人感官更加敏感、认识自身能力、确立自信心等，一般人只是还不完全了解这些因为怀孕给自己带来的“收获”而已。

享受“性”福

到了孕中期，因对怀孕的适应以及本身的生理变化如子宫增大、骨盆充血、孕

吐消失等因素，准妈妈对性生活的渴望会随之增加，有些平常不易达到高潮、对性生活不是很有兴趣的女性，在孕中期这段时间里，反而能够享尽高潮的美妙，甚至因而常常采取主动态度，准爸爸以前如果能够多了解这一点，并彼此配合应该是最美的一件事。

养成健康新习惯

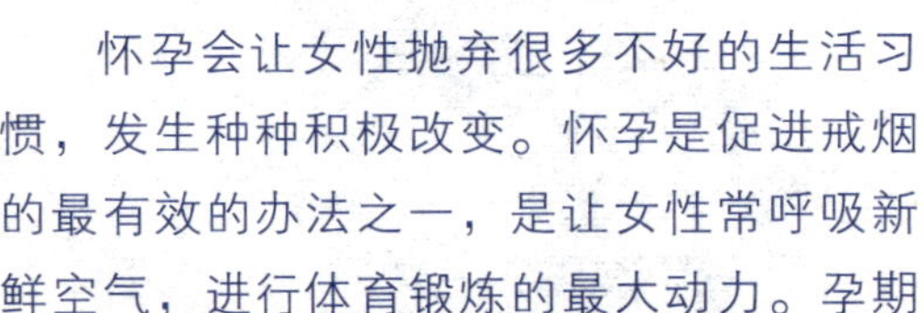

怀孕会让女性抛弃很多不好的生活习惯，发生种种积极改变。怀孕是促进戒烟的最有效的办法之一，是让女性常呼吸新鲜空气，进行体育锻炼的最大动力。孕期养成健康新习惯，会使人受益终生。

告别痛经

生产后不久，月经会恢复。孕期发生最可喜的变化，是令人烦恼的痛经减少，有些女性在生产后痛经基本消失，是很普遍的现象。因为生育消除了子宫中某些前列腺素受体点，前列腺素是多种功能激素，功能之一是令子宫收缩，是导致痛经的原因之一。

提高机体免疫力

有关文献研究资料表明，女性一生中如果有一次完整的孕育过程，就能增加约10年的免疫力，这种免疫力主要是针对妇科肿瘤的。这是因为怀孕能让女性体内产生一种抵抗卵巢癌的抗体，有效地阻止卵巢癌的发生。另外，研究调查发现，母乳哺养超过3个月以上同样会降低癌症的发生率，从未怀孕或没有哺乳过的女性则易患乳腺癌。

感觉灵敏提升

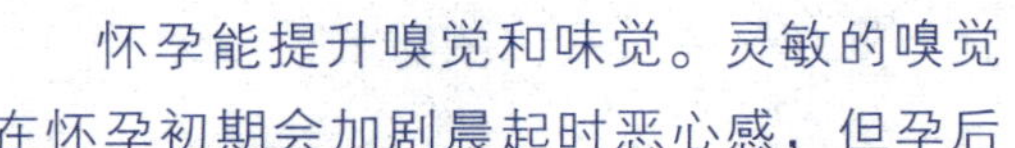

怀孕能提升嗅觉和味觉。灵敏的嗅觉在怀孕初期会加剧晨起时恶心感，但孕后

期却能让人倍加享受各种美味。这种“雷达鼻子”出于孕妈妈体内雌激素含量高，灵敏的嗅觉会让孕妈妈抵触有害物质，也是一种天生自我保护的能力。

认识自我能力

怀孕是建立自信心的一种特殊方式。女性经过生育后，会对自己的能力有一个全新的认识。可以把生育过程当作是一次人生的马拉松长跑，在孕期女性身体状况有很大改观，证明自己完全有能力参与多项活动，承受巨大压力。怀孕和生育会使人产生更乐观的生活态度。

学会求助于他人，也是在妊娠期间能学好、用好的一项能力。对于职业女性来说，掌握这种能力，对于日后重返职场，增添与人沟通、协作、互助能力，有极大的帮助作用。

孕期适宜的运动——游泳

怀孕中期是胎儿和孕妈妈的情况都比较安定的时期，比较适宜进行适当运动。在各种体育运动中，最适合孕期进行的运动是游泳。

游泳，属于节奏徐缓的柔和运动，缓慢的深度呼吸，有利于全身血液循环，促进消化吸收，对母体和胎儿都十分有益。

此外，适当注意多运动的孕妈妈，还能促进下肢血液循环，减轻腰腿酸痛和下肢的水肿症状，促进体液循环，也助于促进身体对于钙质、磷等矿物质元素的吸收。

在水中，借助水的浮力，可以使体重减轻，人的肢体活动自如，很适宜孕期运动。

游泳时，要使用全身肌肉，因而能使全身血液顺畅，还能缓解腰痛、肩部酸痛、水肿等孕期不适现象。

孕期游泳，不仅是水中活动，也包括生产时的呼吸法、换气、按摩及其他辅助动作练习。

国外的孕产专家一般鼓励孕妇游泳，认为游泳是适宜孕期舒展身体的全身运动。但要注意水不能太凉，以免下水后引起下肢肌肉痉挛。孕期游泳动作要轻柔缓慢，不要太猛烈，注意适可而止，别把自己弄得太疲劳。

进行游泳活动前，最好请教和咨询一下自己的保健医生，当然，如果怀孕前就会游泳的则更佳。

早些学做，未雨绸缪——孕妇体操

趁着现在身体还并不显得特别笨重、行动还不是特别不方便，体力和精力也比较好的时候，及早开始学着做一做孕妇体操，及早准备，未雨绸缪，养成习惯，对于度过妊娠晚期有益。

孕妇体操，是专门为孕妈妈设计的，经常做一做，活动活动浑身酸困的肌肉组织，加快新陈代谢，对于自身和腹中的胎宝宝都能起到保健作用，也是对胎儿进行胎教的方式。

脚部运动

双脚要支撑逐渐加重的身体，因此，比起平时来更加容易感觉到疲劳，也容易抽筋。因此，保持双脚良好的血液循环很重要，随时随地都可以活动脚腕、脚弓及脚趾各个部位，而且比较简单，只要有椅子坐就可以做，看电视或者工作间隙，都可以抓紧时间活动活动双脚。

脚心不离开地面，脚尖尽量向上翘，呼吸一次后把脚放平，反复几遍。

坐在椅子上把腿搭起来，将一条腿的脚尖勾回和脚腕绷紧，慢慢上下活动，然后换另一条腿再做。

鼓胸运动

取坐位，身体松弛，双手放在胸前，手向外伸展，胸部随着扩展，慢慢吸气后呼出来。妊娠后子宫变大，腹压增高，常会感觉到呼吸困难，多做鼓胸运动有益。

盘腿坐

盘腿坐，双手交叉放在膝盖上，然后轻轻地向大腿根方向推，呼吸一次把手放回膝盖上。每天早晚各做一次，持续两三分钟。习惯后可以延长到10分钟。放松腰部关节，拉长下腹及产道的肌肉，有益于临产婴儿的娩出，可以在早晚各做一次。

骨盆倾斜

从侧坐改变到卧姿，改变动作时，不要过急，不要给腹部带来震动，从侧坐到躺下时，用胳膊支撑，把头缓缓地放在枕头上。能使骨盆和腰部的肌肉松弛收缩，增强肌肉力量。可以坐在椅子上做，同时伴以弯腰动作。

骨盆震动

腰部贴在床上，轻轻挺起腹部，使背和床之间出现空隙，然后慢慢放下，再放松休息。可以根据身体情况逐渐增加次数。早晨起床前和晚上睡觉前做，同时练习深呼吸。能松弛脊柱，强壮腹部肌肉，增加支撑胎儿体重的力量，减少孕晚期疼痛感。日常生活中，有不少人有跪着用抹布擦地板的习惯，可以做这种活动。

骨盆扭转

膝盖着床，头下垂，脊背向上弓起，支撑上半身重心，然后抬头使腰部向前移动，身体重心随之前移，再逐渐恢复到卧姿。松弛骨盆关节，使肌肉韧性变强，消除腰部疲劳。还有强健腰腹部肌肉、预防便秘的效果。

松弛肌肉

肌肉持续紧张容易疲劳，松弛一两分钟，对身体有利。可以头枕着枕头，微侧身卧，手臂弯曲，在膝盖下垫一个枕头，然后轻轻做深呼吸，放松全身肌肉。

量力而行，是妊娠期间进行运动和锻炼的基本原则，一定要适度、有序、缓和地活动，以自己不感觉疲劳为准则。

本月小结

孕程已经过半，这个妊娠月里，除了要定期去医院进行例行产前检查，以确保母子的正常之外，还需要进行日常性的家中自我监护，以便及早发现胎儿生长发育的异常情况。

家庭自我监护的内容，包括观察胎动、听胎心音、测量宫高、腹围和体重等。当然，孕妈妈开始变得大腹便便的时候，很难进行自我监测。这时，就需要家人的帮助，准爸爸如果能认真地做好这些事，对于母子安康当然都是幸事。

胎儿情况

身长28~34厘米，体重600~800克，皮下脂肪开始发育，皮肤有皱纹。此时胎儿面目清楚，骨骼健全，经常改变位置。六个月的胎儿肌肉发育较快，体力增强，越来越频繁的胎动表现出活动能力。大脑继续复杂化，眉毛已长出，鼻子更挺起，脖子更长。恒牙的牙胚也开始发育。胎儿已经有了睡眠和觉醒的差别，睡觉时，两条胳膊弯曲抱在胸前，膝上提到腹部。

母体情况

孕妈妈体重持续增加，每周约增加250克。乳腺可能分泌少量乳汁，子宫底在脐上一二横指处。因为日益增大的子宫压迫到肺部，会使孕妈妈变得呼吸急促，上下楼梯会气喘吁吁。突起的腹部重荷会使人重心前移，为保持平衡不得不挺着肚子走路。身体显得笨重和迟缓。由于孕激素的作用，手指、脚趾和全身关节韧带会变得松弛，会令人觉得不舒服。

由于钙质等成分被胎儿大量摄取，有时会牙痛或患口腔炎，要注意口腔卫生。

有的孕妈妈会出现脚面或小腿水肿现象，站立、蹲坐太久或腰带扎得过紧，水肿就会加重。一般水肿不伴随血压高、尿蛋白，属于怀孕后的正常现象。如果水肿逐渐加重，要到医院检查。

这个阶段特别要注意防止便秘，多吃含粗纤维的食物，如绿叶蔬菜、水果等，还应多饮水，每天至少喝六杯开水。有水肿的孕妈妈晚上少喝水，白天要喝足够量。妊娠期易患尿路感染。多喝水是保证尿流畅通的有效方法。

保证充足的睡眠，适当的活动及良好的营养补充。最关键的是保持愉快的心情。

胎教要点

进入妊娠第六个月，孕程还有一半时间，在生活起居和日常保健方面还需要多加小心。趁着自己还不至于行动不方便，不妨去报名参加医院或妇幼保健机构举办的“孕妇学习班”，进一步全面、系统地了解孕、产、育知识，对于孕期和围生期保健有初步的掌握，于健康和实施胎教都很重要。

当然，还可以参加各种自己喜欢的活动，如琴棋书画、才艺、欣赏、旅游等多种交流活动，提高自己的生活乐趣，对胎儿更是有益。

妊娠第六个月，可以说，是整个孕期当中最为舒适、安全、稳定的时期。然而，因为胎儿迅速生长，孕妈妈心率会增快，每分钟要增加10～15次，身体也显得笨重许多，妊娠水肿、便秘等孕期特有的烦恼事也会光顾。因此，起居生活更需要规律，保持运动，均衡饮食营养，用健康的生活习惯调动机体的活力，来应对各种生理变化。

这个月的胎儿，状态比较稳定，而孕妈妈却因为身体越来越笨重，变得懒于运动。

这种情况下，要坚持每天保持一定的活动量，减轻随着妊娠月份增加而带来的水肿、便秘，还能避免肥胖，避免胎儿长得过大，使未来的分娩过程更加顺利一些。

宝宝的大脑的沟壑增多并基本定型，听觉等多种感官的神经联系建立，音乐胎教、运动胎教、对话和抚摸胎教都需要全方位地实施，但是，要特别注意不要把孕妈妈弄得太累。

本月推荐食谱

妊娠中后期，每天平均膳食要额外增加9克以上的蛋白质，相当于吃300毫升牛奶，2个鸡蛋或50克瘦肉。如果吃植物性蛋白质则要多吃15克，相当于200克豆腐或大米。

食物要容易消化吸收，各种营养物质搭配要齐全、均衡，品种要多样化，纠正偏食及素食的习惯，粗细搭配，营养全面均衡。

最好能每天安排进食四五次，更有利于营养素的摄取，有利于宝宝的发育和母体的健康。如果条件不允许，要尽可能地提高早餐的质量和分量，减少晚餐对于糖类食物的分量，增加一定的蛋白质类食物。

一日食量

主食：面粉350克，大米250克，小米或玉米面50～100克。

蛋白质食物：瘦肉、鱼、肝、豆制品50～100克，每天选择2种以上，蛋1～2个，牛奶300～500毫升。

蔬菜：黄绿色菜100克，其他蔬菜200～300克，海带、紫菜等海产品10～20克。

水果：各种瓜果100～200克。

油脂：烹调用油30毫升。

食谱列举

【汽锅乌鸡】

乌鸡1只，洗净后放入汽锅，加玉兰片、冬菇、料酒、盐各少许，蒸2~3小时。辅助治疗肝肾阴虚造成的贫血。

【虾皮豆腐羹】

豆腐、虾皮、鸡蛋各适量，葱花、盐各少许。

豆腐抹成泥状，放入洗净、剁碎的虾皮，再打入鸡蛋，放适量葱花、细盐一起调匀，边搅边加入适量水，搅成稀粥状，上屉蒸15分钟即成。吃之前滴上一些香油提味。

【焖烧冬瓜】

冬瓜250克，瘦肉50克，榨菜8克，海米10克，葱花3克，姜末1克，蒜泥1克，肉汤或开水100毫升，酱油5毫升，白糖2克，麻油5毫升。

冬瓜去皮后洗净，切成长约4厘米的厚片，瘦肉剁成肉末，榨菜和海米剁成末备用；锅内放适量油烧热后投入葱花、姜末和蒜泥煸炒一下，倒入冬瓜并加入肉汤，烧至滚沸，加入肉末、榨菜末和海米末，再加入调味品，调好口味，焖烧至冬瓜酥熟时，浇上麻油，装盘即成。

【蜜汁糯藕】

莲藕750克，糯米50克，蜜莲子25克，糖桂花5克，水淀粉15克，白糖适量，蜂蜜适量。

莲藕洗净削皮。糯米用清水浸泡2小时，灌入藕孔内，填满藕孔，放入笼屉，旺火蒸30分钟。切片，加白糖后再蒸10分钟。白糖、糖桂花、蜜莲子烧沸，加水淀粉勾芡汁浇在藕片上。

【松仁炒鱼丁】

鱼肉300克，松仁50克，青、红柿子椒各1只，鸡蛋1个（约60克），油、淀粉、胡椒粉、盐、味精各适量。

鱼肉切成米粒大的小丁，加盐、味精、胡椒粉、蛋清上浆备用；青、红椒去籽，切成米粒大小备用；上好浆的鱼肉丁和青、红椒下热锅滑油后捞出沥油；锅内留底油，下鱼肉丁、青红椒、松仁，加盐和味精翻炒，用水淀粉勾芡，装盘即成。

【补血汤】

鲤鱼1条约500克，料酒100毫升，桂圆肉、山药、枸杞子各25克，去核红枣4个。

鲤鱼去鳞去内脏，切成三段。洗净药材，加沸水，料酒一杯放锅内。小火炖3小时后即可。

清淡味鲜，营养丰富。枸杞子甘软，鱼肉鲜滑，补血活血，利水消肿。

【青椒饭】

番茄、干香菇、洋葱、甜红椒、青椒、火腿肉、米饭各适量。咖喱粉、色拉油各少许。

干香菇泡软切成细丁，西红柿、洋葱火腿切小细丁。青椒、红椒剖半去籽，一半切细丁，另一半备用。起油锅烧热把全部材料丁入锅爆香，放入米饭和咖喱粉拌匀。拌香后饭置另一半青、红椒，入烤箱烤25分钟。青椒饭能单独作为方便快餐，不须另外配菜佐餐。

【鸡丝苋菜】

嫩苋菜250克，熟鸡脯肉50克，熟火腿50克，料酒、盐、水淀粉、蒜末、植物油、味精、香油各适量，高汤少许。

苋菜去根和老叶洗净，切成寸段，放入开水锅中焯一下后，捞出用凉水浸过，挤干水后待用；熟鸡脯肉撕成丝，火腿切丝；炒锅上火入植物油烧到七成热，下蒜片炝锅，捞出蒜片不用，下入苋菜翻炒后，入料酒、盐和高汤烧开，入味后加味精，用水淀粉勾芡，淋上香油，撒上鸡丝、火腿丝后起锅装盘。

色泽翠绿，口感脆嫩，有清热除湿功效，能辅助治疗便秘。

"挺"出自豪——妊娠第七个月

妊娠第七个月，孕妈妈的身体状态、情绪一般都会比较好。应开始着手宝宝出生后的物质准备，衣物、被褥、尿布……琐碎的细节，会让每一位孕妈妈表现出极大的爱心。为宝宝做准备，也是孕妈妈和家庭成员最大的乐趣，当然，还是不能心急，不必整天都忙个不停，需要继续努力调整心态，不要过于劳累伤神。

随着妊娠月份的增加，本月过后，即将进入孕晚期，身体会越来越笨重，行动越来越不方便。有些人还会出现"第二次妊娠反应"，会感受到种种不适。但有利的因素是，孕妈妈适应能力已经越来越强，胎动、胎心音每一天都能向母亲传达胎儿的信息，越来越强烈的母爱，能给自己增加信心和耐力。

健康度孕

准爸爸的功课——母胎健康家庭监护

进行孕期家庭监护的内容，包括观察胎动、听胎心音、测量宫高、腹围和体重等常规内容。

做为准爸爸来说，对于爱妻和胎儿宝宝的健康进行家庭监护，应当是一门"必修课"，认真对待、细致做好，是为人之夫、为人之父的基本功练习。

胎动

随着妊娠时间的推移，胎动会越来越活跃，直到妊娠晚期胎头入盆固定，胎动才会逐渐减少。

从妊娠28周（即本月末）以后，要在每天的早、中、晚各计数胎动1小时，3次相加后再乘以4，胎动30次以上的为正常。如果说12小时内胎动的次数少于20次，就有异常出现的可能，少于10次则是胎儿在宫内缺氧的危险信号。胎死腹中往往会发生在胎动停止后24小时内。因此，一旦发现胎动减少，要立即就医。

体重测量

孕期体重包括自身体重、胎儿、胎盘和羊水的重量。一般情况下，妊娠1~12周（初期3个月），体重增加2~3千克，妊娠13~28周（中期4个月），体重增加4~5千

克，妊娠29~40周（后期3个月），体重增加5~5.5千克。到了妊娠中、后期，每周体重增加450克，超过或低于这个增长速度时，就应当引起关注，必要时就医检查。

胎心音

妊娠16周（4个月末）以后，用听诊器就可以在孕妈妈腹部的适当位置听到胎心音。孕晚期，在孕妈妈腹部直接用耳朵贴上就可以清楚地听到胎心音。一般胎心每分钟跳动120~160次。每天可以计数一次或数次，每次计数1~2分钟。如果胎心音超过每分钟160次或低于每分钟100次，应当及时就医。

宫高测量

从妊娠16周（4个月末）开始，从下腹部耻骨联合处至子宫底间的长度为宫高。一般在妊娠第12周时，在耻骨联合上2～3横指；到16周（4个月末）时，宫底居于耻骨和肚脐中央；20周（4个月末）时达到脐下一横指；28周（7个月末）时位于肚脐上3横指；32周（8个月末）达到脐与剑突之间。如果连续2周宫高没有变化，则需要立即就医。

腹围测量

从妊娠28周（7个月末）开始，每周一次用皮尺围绕脐部水平方向一圈，进行测量。妊娠20~24周时（5～6个月），腹围增长最快；妊娠34周（第九个月中旬）以后，腹围增长速度放慢。若腹围增长过快时，则要警惕羊水过多、双胞胎等。当然，腹围的大小，要受到孕妈妈怀孕前腹围的大小和形体的影响，需要综合分析。

家庭健康监护和测量的数值，最好每一次都记录下来，作为孕期保健的档案，每一次做产前检查时，都带给医生，作为诊断参考依据。

胎动规律——监测胎儿的健康

健康的胎儿，虽然还没有问世，但时刻都会通过“躁动于母腹中”来显示出蓬勃的生命力。

一般胎动从妊娠18～20周开始。最初的胎动很轻微，似肠子蠕动，随着妊娠的进展，胎动越来越强烈，孕妇感觉也越来越明显，到28～32周达高峰，37～38周后稍有减少，到了妊娠最后一个月，胎儿长大充满宫腔，胎动反而略有减少。

昼夜胎动变化规律，是上午均匀，下午减少，夜间8～11时胎动最多。胎动与母体关系密切，如母体休息时胎动较多，运动时较少；母体情绪紧张时胎动减少，情绪平稳后胎动恢复正常。胎动与孕妈妈体

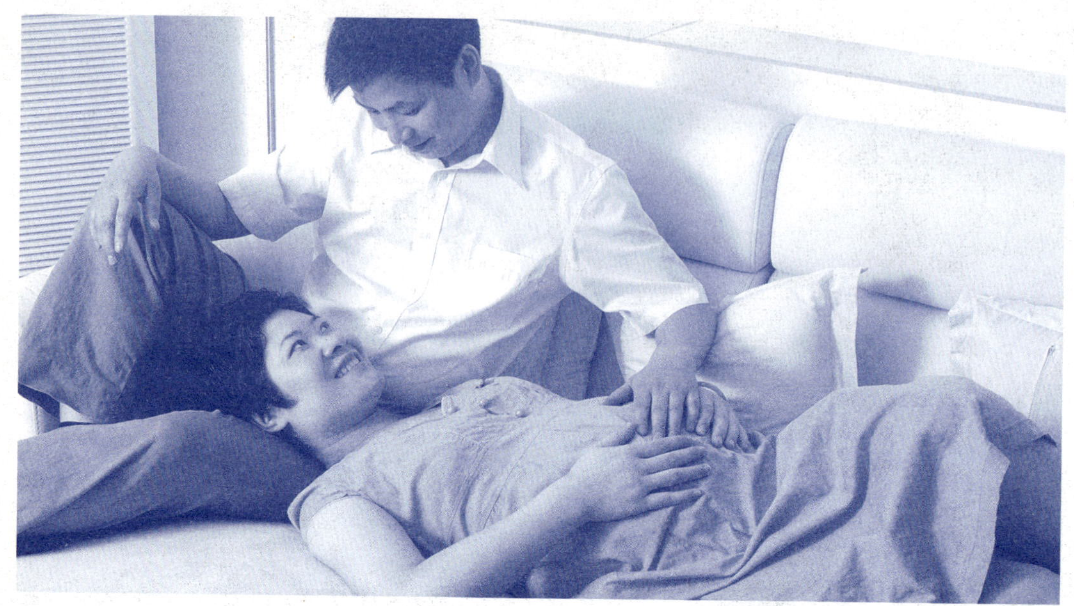

位也有关，左侧卧位时胎动最多，站立时胎动少。孕妈妈使用麻醉剂、镇静药物时胎动也受到抑制。

胎动异常的原因

胎动具有一定的规律性，孕妈妈渐渐能熟悉这种律动的规律，如果胎动出现异常，则代表胎儿有健康问题，常见的胎动异常包括：

胎盘功能不佳：造成胎盘供给胎儿的氧气不足，胎动会减缓。

脐带绕颈：由于胎儿可以在羊水内自由地活动，发生脐带缠绕住颈部的情况，虽然脐带绕颈很常见，但如果缠绕得太紧就会造成宝宝缺氧、胎动减少，甚至死亡。

胎盘剥离：通常会造成妈妈剧烈的腹痛、大量阴道出血和宝宝心跳减速，通常较容易发生在有高血压病史或腹部曾遭外力撞击的孕妈妈。因此孕妈妈在剧烈的运动后，发现胎动有突然静止的情形，就要注意了，可能有危险，应尽快就医，以确保宝宝的安全。

孕妈妈发热：轻微的发热，胎儿因为有羊水的中介和缓冲，并不会受到太大的影响，但如果孕妈妈的体温持续超过38摄氏度以上，孕妈妈身体周边血流量增加，但子宫和胎盘的血流量减少，宝宝也会变得少动。

孕妈妈吸烟或服用镇静剂，会导致胎儿活动力减低、早产儿、新生儿体重过轻，应当在怀孕前就戒除不良习惯。

胎动减缓的处理

胎儿在孕妈妈肚子里的活动，表现出健康的程度。但每一位妈妈都有个体差异，每一胎的情况也不一样。有的宝宝活动力旺盛，把妈妈的肚子当运动场；有的宝宝则偶尔才踢一下。

虽然胎动是反映胎儿活力的讯号，但也不要太过于在意，有一些紧张型的孕妈妈只要1小时感觉不到胎动，就担心胎儿是否出了问题，这样只会加重心理压力，徒增烦恼。

所以，当感觉到胎动减少时，应安静下来不要慌张，先停止正在走动或忙碌的状态，休息一会儿以后，再观察胎儿的活动。如果发现胎动真的减少，甚至是停止了，就应尽快地找医生做进一步检查。

一般情况下，怀孕到现在为止，对胎动的规律孕妈妈已经胸中有数，什么时候动得勤、什么时候动得少？如果发现在习惯频繁胎动的时间里，胎儿减缓了律动，才是有问题的。

孕期并非“绝缘”——遵医嘱合理用药

因为担心对于母体和腹中的胎儿宝宝带来不利影响，孕妈妈往往会在妊娠期谈药色变，有了不舒服的病症，宁可自己难受、硬撑硬扛着也不愿意吃药，坚持与药物“绝缘”，这是出自对于孕期用药的误解。既要承受病痛，又反倒会耽误病情，甚至会酿成更大的不利。

妊娠期间孕妈妈得了病，还是需要采用适当的药物治疗，关键在于合理使用药物。孕妈妈需要掌握的大原则，是应当相信医生，掌握妊娠期合理用药的要点：

及时用药：发生各种不适感和病症，绝对不可以硬撑硬扛，要及时就医，及时用药，避免疾病给母子带来损害，才是上策。

不宜自行用药：妊娠期用药，必须在医生的指导下进行，不能自行服用药物。如果病情允许，可用可不用药时尽量不用。尤其是要遵医嘱，避免使用危害母子健康的药物。

看清说明用药：使用复方制剂药物，必须先看清楚说明书上介绍的药物组成成分，不能简单看药名或用量就服用。

必须用药时，选择毒性较小、反应小、对胎儿无致畸作用的药物，且宜小剂量服用。

合理用药的最基本原则，就是遵医嘱。

用药分级

了解一点孕期用药分级知识，对于科学服药，不乱用药以保护母子平安很有好处。

妊娠期是一个特殊时期，一般用药分为A、B、C、D、X五个级别。

目前，已被证实对胚胎有影响的药物，包括抗癫痫药物、某些精神科用药、某些特别种类的抗生素等，这些药物被证明直接对胚胎有影响，而其他药物影响虽不明显，但仍要谨慎使用。一般医师都有《药物手册》，其中记载各种用药的分级和对胎儿的影响，基本分类如下：

A级：目前临床实验证实对胎儿无害。

B级：动物实验证实对胎儿没有致死性的或不良的反应，人体实验尚无报告。

C级：动物实验证实对胎儿有不良的反应，人体实验尚无报告，但必要时可用。

D级：目前临床实验证实对胎儿有不良的影响，但在危及母体生命情况下可用。

X级：目前临床实验证实对胎儿有不良的影响，绝对禁止使用。

日常生活中的烦恼——便秘的应对

便秘，几乎是妊娠期间，每一个孕妈妈都会遇到的难题。排便的憋气与用力，毫无疑问要运用下腹部和会阴部肌肉群，对腹中的胎儿是一份直接威胁。偏偏在妊娠期间，以前从来不便秘的女性，也往往不得不面对排便的烦恼。

什么是便秘？怎样才算排便正常？

没有便意、排便次数太少，3天以上才排便一次或每周少于3次，就可以算是便秘。反之，即使一天排便3次或是一周排便3次，只要是没有腹部胀痛或其他相关症状，例如食欲不振、虚弱等，都能算做排便正常。

造成孕期便秘的原因

许多消化功能一贯正常的女性，怀孕后也常会发生便秘。

这是因为，妊娠以后胎盘分泌的大量孕激素，使得胃肠道的平滑肌张力减低，活动减弱，影响到食物的消化吸收。因此，孕妈妈常常会有消化不良、肠道胀气和食物运送延缓的现象。食物残渣在大肠内滞留越久，水分被肠壁吸收得越多，最终形成的粪便就会干燥而坚硬。排便需要动力，但孕妇的腹壁肌肉变得松弛，收缩力不足，再加上增大的妊娠期子宫有碍下行，虽然粪便已达肛门，引起排便的感觉，但就是拉不出来。

因妊娠引起的消化系统变化人皆有之，但发生便秘的情况却与各人的体质、饮食、生活习惯、活动程度有关。对那些一向习惯于多饮水、多吃有渣食物、养成定时排便习惯、注意体育锻炼的女性来说，怀孕后一般不会便秘。反之，则容易发生。

整体上来说，造成便秘的原因包罗万象，除了孕妈妈在孕期因为子宫受到胎儿发育影响，压迫直肠，影响直肠蠕动，容易形成便秘以外，一般造成便秘的因素还包括整体环境、情绪、饮食的影响。

精神过度紧张：生活节奏太快、工作过度劳累和精神紧张是主要原因。有些人只要一紧张，或是需要时常出差、加班，大脑排便中枢神经受到抑制，就会发生便秘和腹泻交替的状况。

缺乏适度运动：对于久坐办公室的上班族，身体缺乏适度活动，使肠道肌肉逐渐松弛，蠕动功能减弱，粪便在肠道积存过久，水分一直不断被吸收，最后就变成难以排出的硬便。

饮食不均衡：尤其是上班族，因为工作因素经常无法规律进食，无暇顾及均衡营养的摄取，加上几乎每天都吃外卖，无法摄取足量的蔬菜、水果，自然就容易便秘了。

长期不良的排便习惯：很多人一旦遇上工作忙碌，或时间太过紧迫，即使是有了便意，也常常忍住，长此以往，感觉神经变得迟钝，而造成习惯性便秘。

水分摄取不足：当生活压力一大，工作一忙，会议一开，一天下来的水分摄取量往往只有早餐的那杯奶茶，时间一久，自然也容易成为便秘一族。

远离便秘这样做

远离便秘，并没有特别的绝招。在日常生活把握几个细节，自然能够远离便秘。

少吃辛辣刺激的食物：就算因为怀孕口味变重，也要少吃！孕妈妈更需要降低咖啡因的摄取量，诸如咖啡、浓茶等。此外，太过辛辣燥热的食物也应适度避免。

每天不少于4杯水（500毫升/杯）：豆浆、蜂蜜水都可以……每日饮用2000～2500毫升水，可让粪便维持适当的软硬度，尤其是起床后喝一杯温开水或无糖热豆浆，都能助于排便。

定时上厕所：培养自己在固定时间的便意，很多人喜欢边看杂志边大便，无形中拉长排便时间，“最想上厕所”的便意一淡化，更容易便秘了。

冥想法：培养自己在固定时间的便意，利用心理影响生理的方式：因为现代人的情绪长期处于紧张的状态，所以利用心理影响生理的方式，先让自己情绪放松。

顺时针轻轻按摩腹部：针对怀孕

中、后期的孕妈妈不适症状，洗澡后顺便按摩效果会加倍：每日顺时针环形按摩腹部，可以使胃肠得到适度的刺激，使排便功能恢复正常。

爬楼梯：不仅能帮助肠蠕动，还有提臀的功效，也适合怀孕后期严重便秘的孕妈妈。爬楼梯的时候，腹部自然会用力，加上全身运动，自然也能刺激肠胃蠕动。孕妈妈不妨试试看多爬楼梯，增加平时运动量，下楼时再改乘电梯，减少膝关节的负担。

吃糙米饭：糙米饭纤维丰富，如果不习惯糙米口感的话可以先试着依比例混进白米饭中。纤维素具有吸水及膨润粪便的效果，可以刺激胃肠蠕动，有利通便。因此，每天至少需要摄取五份（每份以一小碗为度）以上的新鲜蔬菜和水果。

每天固定运动30分钟：多次运动，累积起来也可以够量，孕妈妈更需要保持运动习惯：以增强体能及腹肌的收缩能力。

一有便意就上厕所：千万不要忍！长期习惯忍耐便意的人，将会使身体对排便的信息混淆不清。

常喝蜂蜜水：能防止便秘，滋养皮肤。蜂蜜的气味芳香可口，不仅是滋补、益寿延年佳品，又是治病良药。营养分析表明，蜂蜜中含有大约35％的葡萄糖、40％的果糖，这两种糖都可以不经过消化作用而直接被人体所吸收利用。蜂蜜还含有与人体血清浓度相近的多种矿物质，还含有一定数量的维生素B_1、B_2、B_6及铁、钙、铜、锰、磷、钾等。蜂蜜中含有淀粉酶、脂肪酶、转化酶等，是食物中含酶最多的一种。酶是帮助人体消化、吸收和一系列物质代谢及化学变化的促进物。

如果排泄大便艰难，喝蜂蜜水则有助于排便，但要视个人身体情况而定。

从生活习惯上着手，根本防治和改善便秘情况，是预防痔疮的最佳方案，也是保持身体正常的新陈代谢，保证皮肤光洁、减轻痘斑、孕斑的有效措施。

合理起居

睡眠质量——消除疲劳、左侧卧

妊娠期间睡眠的时间，一般要比平常多出1~2小时，每天最低睡眠不能少于8小时。睡眠不足会引起疲劳过度，特别是上班工作的劳作孕妈妈，一定要确保足够的睡眠。合理的孕期睡眠应当是夜间保证8小时，中午再睡1~2小时，让每天10小时左右的睡眠时间分为两次，极其有利于孕期健康。

孕期睡眠要注意保证质量，妊娠中期后，采取左侧卧位睡眠，舒适的睡姿可以保证睡得香甜，特别在腿脚疲劳时，或有水肿、静脉曲张时，把腿部垫高可以提高睡眠质量。睡前可以洗个温水澡，使身体清爽，提高睡眠质量。被褥常晒一晒也有益。

如果失眠，不要随便吃安眠药，应当

从调节生活节律方面入手，可以适当做一点家务事，稍累而不过度疲劳有益睡眠。临睡前，不要想不愉快的事，也不要过于兴奋，不宜过于专注于电视节目，引发兴奋。可以适当听一些古典音乐和轻音乐，达到精神放松，有助睡眠。

冬季不宜使用电热毯取暖，以防电磁场对胎儿产生不利。

妊娠中、晚期最好不要使用席梦思床垫，以保证睡眠效果，以睡硬板床或棕绷床为宜。

有不少人长期习惯于采用仰卧位睡眠，孕前倒也无妨。但在妊娠期如果仍然保持这个习惯，久而久之会失眠。因为仰卧位时，增大的子宫压迫下腔静脉，使回心血量减少，心脏输出量下降。

有一些孕妈妈会因此而突然发生胸闷、气急、面色苍白、出冷汗等症状，甚至出现血压下降、休克，称为“仰卧位低血压综合征”。长时间仰卧导致血压下降时，通过压力感受器的作用，引起交感神经兴奋，释放大量肾上腺素，导致血压急剧上升，称为“仰卧位高血压综合征”。不管是低血压还是高血压，都会对孕妈妈的健康产生不利影响。

妊娠期最合理的睡眠姿势是左侧卧，可以避免子宫对心、肺、泌尿器官产生不同程度的推移或挤压。

建议有仰卧睡眠习惯的孕妈妈，从妊娠中期以后，一定要养成左侧卧睡的习惯。

减轻身体负担——使用托腹带

应对越来越膨大的腹部的下坠，使用托腹带，可以减轻孕妈妈身体，尤其是腰、腿部的重力负担。

托腹带可以帮助孕妈妈调整身体越来越重的下垂力量，改变腰、腹部负担过重的受力，减轻妊娠中、后期身体的负担。还能对付令人望而生厌的妊娠纹，托住腹部，免得下坠得腹部皮肤有裂纹。

怀孕进入中后期，逐渐变大的子宫，会使得孕妈妈的腹部越来越突出，腰部和下肢承担了很大的重量，这时候就可以考虑用托腹带了。

托腹带是一条有弹性的宽带子，使用时，围在孕妈妈的腰腹部，可以从下腹部微微倾斜地托起增大的腹部，阻止子宫下垂，保护胎位，并能减轻腰部的压力。

使用托腹带的时间有早有晚。有些情况可以提前使用。比如，多胞胎或胎儿过大，有非常明显的骨盆或腰部酸痛，托腹带都能起到帮助作用。

如果一切正常，妊娠六七个月以后，可以考虑开始使用。

尽管托腹带好处多，但为了不影响胎儿发育，托腹带在选购和使用中，有几个注意事项。

1 使用时不可包得过紧，晚上睡觉时应解开。

2 尽量选择穿戴方便的，最好是能随腹部增大调整长度和松紧度的。

3 要挑选透气性好的，特别是夏季不会造成过度闷热，否则容易引起疾病或过敏。

市场上有一些前腹加护的内裤，也在腹部增加了弹性，这种内衣非常适合孕妈妈。不过因为厚度和弹性有限，并不能真正替代托腹带。

使用前托腹带以前，最好在产前检查的时候，找医生指导正确的使用方法，特别要注意不要强行为了遮蔽腰腹部的凸显，勒得太紧，让宝宝在腹内舒展不开身子。

自助DIY——常用的按摩

自我按摩，是缓解疼痛、舒展肌肉组织、放松身体的良方。可以经常适度做一些自我按摩，调整种种不适感。

以下几种面部按摩，对于消除皱纹、解除疲劳有很好的效果，可以经常做一做自我按摩和夫妻按摩。

前额

双手四指并拢，手指向上，用指腹从眉毛向上轻推额部到前发际，重复10次。

双手食、中指并拢，用指腹按额头中央，向两边做按揉，到太阳穴时轻按压一下再返回到额头中部，重复5次。

双手食、中指并拢，右上左下相贴按在额头中央，同时向上、下方向按压皮肤，直到整个额部。

左手中指置眉上，食指置前发际下，同时轻轻用力把额部皮肤撑开，右手食中指并拢，沿皱纹轻轻纵向按揉，渐到整个额部。

四指并拢，用指面轻轻拍打额头1分钟。

眼周

双手食指端按住双眼内角睛明穴，每秒强按压一次，共5次。

双手食指端垂直按眼眶下承泣穴，每秒按压一次，共5次。

双手食指端按双眼外角瞳子髎穴，每秒一次，按压5次后闭上双眼，再向外按此穴后放松，共10次。

双手食指腹沿眼眶周围做小幅度按揉，共5圈。

左手食、中指把眼周有皱纹处皮肤撑开，右手食、中指并拢用指腹在皱纹处轻轻按摩，共5次。

用三手指轻轻拍打眼周围皮肤数分钟。

整体按摩

日常生活中，自己按摩和适度压迫腰部，能使酸痛的腰部感到舒服。分娩时，按摩腰部配合正确的呼吸方法，有助于顺利进行分娩。

按摩腹部，同时伴以鼓腹式深呼吸，吸气时双手沿腹部向上抚摸，呼气时向下方抚摸。

用拇指按压腰肌，呼气时用力压，吸气时放松，反复做数次，能缓解腰酸痛症状。也可以用同样方法，按摩脊背疼痛部位。

由上而下用手指推、擦、按、揉，或用毛刷推擦膝盖下足阳明胃经脉络5次，按揉足三里穴1分钟。

用手指或毛刷推擦揉按膝盖下足三阴经，包括脾经、肝经、肾经脉络，从上到下5遍，按揉三阴交和血海穴各1分钟。

从上向下用手掌推擦腰背部经络依次按摩脾俞、胃俞、肝俞、肾俞穴半分钟。

以脐下至耻骨中心为轴，用手掌顺时针方向旋转，按摩腹部5~10分钟。

按摩加保养——不要妊娠纹

妊娠纹出现在腹部等因为怀孕而迅速增大的身体部位，留下永久性斑痕，虽然大多数妊娠纹出现的部位都介于私密部位，但是，毕竟会影响到整体上皮肤的光洁和美观。因此，也是怀孕期间令人烦恼的事。

妊娠纹是一种皮肤扩张纹，又称萎缩纹，是因为有强大的拉力把皮肤撑开，也就是因为腹围增长过快，皮肤来不及扩张，使得皮肤表皮与真皮层变薄，以致于产生纹路。这种现象不仅发生在孕妈妈身上，也会出现在体重增加较快的人身上，如青春期的少年，尤其是生长特别快速的位置。例如，膝盖、小腿、后腰部等。

孕妈妈的腹部，是被撑得最大的地方，最容易发生扩张纹，因此，被称为妊娠纹。除了腹部之外，臀部、大腿、手臂内侧，甚至乳房、胸部都可能会有妊娠纹产生。

另一种原因，是孕妈妈的激素影响皮肤纤维细胞的发育，阻碍了皮肤细胞的新陈代谢，使得皮肤变薄了，因此产生妊娠纹。

妊娠纹的生长，大约分为两期，初期呈现红色或紫红色的纹路，摸起来甚至有点凸起的感觉，可能会感觉到有一点痒痒的，不太舒服，类似于发炎的反应，通常都发生在怀孕后期腹部被撑大时；过一段时间后，纹路会萎缩，变成白色，就像瘢痕一样，摸起来会有一点凹下去的感觉，有凹下去的部位，代表皮肤变薄了。

大多数孕妈妈都会有妊娠纹，只是轻重程度不一，不过也有孕妈妈属于不容易

长妊娠纹的体质，是因为皮肤弹性纤维特别强韧，或是身体对怀孕分泌的激素反应不强烈。另一方面，妊娠纹从初期发展到后期所需的时间，会因人而异，每一位孕妈妈也不一样。

妊娠纹的生成，表示皮肤已被撑开，使弹力纤维变形，就不容易再恢复原状，而一旦妊娠纹变成白色萎缩的瘢痕，就更难消除掉。在孕期，涂擦妊娠霜可以减少妊娠纹的产生，皮肤本需要适度的滋润与保养，只要涂擦的保湿产品不含维生素A酸，对孕妈妈都无害。

怀孕时，适度地使用妊娠霜按摩胸部与腹部（怀孕前3个月要避免刺激乳头，以免造成子宫收缩而有流产之虞），可以帮助血液循环较顺畅，皮肤的延展性也会比较好，多少能降低皮肤被快速撑开的程度。

按摩方式是从离心远的部位朝着心脏的方向按摩，腹部则由中央（肚脐）朝两侧推，后背的部位则是由后背部中央朝两侧推。

下列几种成分，通常会被应用在妊娠霜中，以图减少妊娠纹的产生：

维生素C、维生素E、维生素A醛及A醇：作用是增加胶原蛋白的生成，不过须注意，孕期不能使用含有A酸类的产品，必须等到产后才能使用。

维生素B_5、硅胶：减少瘢痕形成。

椰子油、不饱和脂肪酸：滋润皮肤，使之更健康。

不要让自己的体重增加太多，可以减少皮肤被撑大的概率。如果已经有了妊娠纹，若妊娠纹还处于初期阶段，可在产后擦拭维生素A酸加以淡化，或是使用镭射法来治疗，但若已经变成瘢痕，表示组织已定型，就比较难消除了。

饮食营养

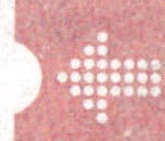

每一天都吃好——了解营养需要量

如果在以前，对于营养结构、营养素需要量等常识了解得不多，进入这个阶段，完全有必要花一点时间，费一点心思来弄明白它们，不仅仅是妊娠期间需要，未来的育儿过程中，了解相关知识，更能当好合格妈妈。

进入妊娠7个月后，胎儿牙齿、骨骼钙化加速，需要母体供给大量的钙。据国内的营养专家报告，我国人口的每日膳食，所含钙量不足500毫克，与孕妈妈所需要钙的摄入量相差很大。因为缺钙，有的孕妈妈会发生肌肉痉挛和手脚的“抽筋”现象。

每日的饮食中，应当选用牛奶、虾皮、海带、大豆、豆腐、银耳、油菜、榨菜等来充实菜谱。

每天进餐量：主食400克、牛奶250毫升、鸡蛋100克、豆腐100克、猪排骨100克、青菜400克、紫菜10克、虾皮10 克，含钙总量能达1500毫克，可以基本满足钙的需求。

妊娠中期，每日营养素需要量：

热量

我国膳食营养素每日供给量建议，妊娠中期每天增加热量摄入836千焦（200千卡）。相当于每天比平常增加2个鸡蛋和100毫升牛奶。

热量摄取和分配的适合比例：糖类占60%～70%，脂肪占20%～25%，蛋白质占15%～20%。

蛋白质

从妊娠4个月开始每天应另外增加15克的蛋白质。妊娠7个月后，每天应增加蛋白质25克。

矿物质及微量元素

钙： 孕期钙摄入量应比孕前增加1倍。每天需要量约为1200毫克。

铁： 孕妇和胎儿在妊娠期和分娩时，共需要铁约1 000毫克。其中350毫克满足胎儿和胎盘的需要，450毫克为孕期红细胞增加的需要，其余用以补偿铁的丢失。铁的膳食供给量由每日18毫克提高到每日28毫克。

锌： 孕中期应增加锌摄入量，由15毫克增至20毫克。

碘： 孕中期和末期膳食的碘摄入量，由150微克增加到175微克。

维生素A： 每日摄入量为1 000微克。

维生素D： 每日膳食供给量为10微克。

维生素E： 推荐供给量每日12毫克。

维生素B_2： 供给量为每日1.8毫克。

维生素B_1： 供给量为每日1.8毫克。

烟酸： 烟酸的膳食供给量应与维生素B_1保持合适比例，每日膳食供给量应为18毫克。

叶酸： 每天400微克。

维生素B_6： 每日膳食供给量为2.2毫克。

薯类、根茎、杂粮——健康吃不胖

不少人早在怀孕前就有体验，因为怕胖，不吃或少吃淀粉类和主食。当然，白米饭、面条或白面包的确应少吃，因为都属于精加工类食物，所含营养成分有限。同样能提供淀粉的五谷杂粮和根茎类食物却含有丰富的营养素，还能让人易有饱腹感，最适合不想发胖又希望胎儿健康成长的孕妈妈吃。

吃得好，吃得营养，有利于健康而不发胖，当然是每一个人的愿望。对于孕妈妈来说，在自己的孕期食谱中，添加大量的五谷杂粮，既能综合摄取多种营养，又能防止体重增加过快，健康而吃不胖。

全谷杂粮有哪些

稻米、小麦、大麦、玉米、燕麦、荞麦等，统称为全谷杂粮，这些食物是人类最早的食物来源之一，能提供糖类(即碳水化合物，碳水化合物中的主要成分则为淀粉)。全谷杂粮含有大量对人体有益的营养成分，不仅能提供孕妈妈孕期所需的各种营养素，更能够对抗和预防各种疾病，如癌症、心血管疾病、糖尿病与肥胖等。

但大多数人平常都极少吃杂粮，多数人平时吃的白米饭、白面包与白面条都是精加工类谷物，而原本全谷物中所含的营养素、抗氧化剂与植物性营养素都被去除掉了，只剩下淀粉。这些精加工类的谷物又被制作成饼干、面包和蛋糕，吃上去口感虽好，但吃后容易使人发胖，也没有摄取到原本存在于谷物中的维生素和矿物质。

真正的全谷物类食物，包括燕麦、大麦、小麦或其他谷物，包含谷物的三个部分：

麸皮：是谷物的外层，又称为糠，有益健康、富含纤维，含有B族维生素、矿物质、蛋白质和其他植物性化学物质。

胚乳：谷物中间部分。含有糖类、蛋白质，以及少量的B族维生素。

胚芽：谷物的核心。营养丰富，含有B族维生素、维生素E和植物性化学物质。

另外，面包是麦粒磨碎成面粉做成的食品，而全麦面包属于全谷物做成的制品。纯全麦面包是由全麦面粉所制成，全麦面粉是由一颗颗完整的麦子(包含麸皮、胚芽与胚乳)直接磨成面粉，完全未剔除任何成分。一般的白面粉则只保留中间的胚乳，其余的麸皮与胚芽则被去除掉。然

而，多数的B族维生素与其他营养素主要存在于胚芽与麸皮中，因此，全麦面粉与白面粉之间的营养成分差距极大，例如，全

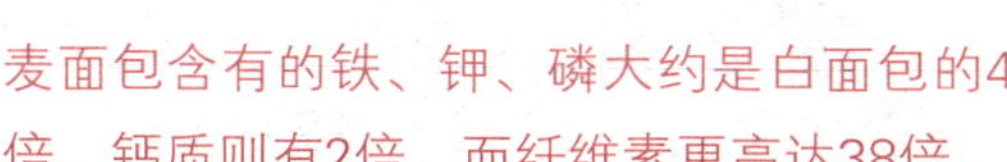

麦面包含有的铁、钾、磷大约是白面包的4倍，钙质则有2倍，而纤维素更高达38倍。

根茎类食物

同样，提供淀粉的根茎类食物比白米饭、白面条含有更多丰富的营养素。根茎类食物含有丰富的淀粉，可以作为主食。这类食物包括薯类、土豆、山药、芋头、

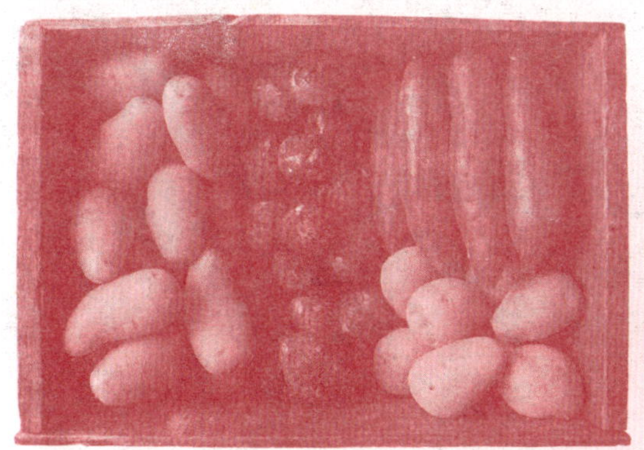

牛蒡等。这些根茎类食物不仅含有淀粉，还有丰富的纤维质、矿物质和维生素。

全谷和根茎食物的重要性

糖类也就是碳水化合物是最底层、最重要的食物之一，能直接供应身体所需的热量，是肌肉、脑部与中枢神经系统的必需养料。

根据针对孕妈妈的每日营养建议表，孕妈妈在怀孕中期与后期每天必须从六大类食物中多摄取1 254千焦（300千卡）的热量，在哺乳期时则须增加2 090千焦（500千卡），同时也必须增加矿物质与维生素的摄取量。

全谷杂粮不仅能提供丰富的维生素、矿物质、纤维，全谷杂粮还含有丰富的植物性化学成分。例如，多酚类、木酚素、香豆素、植物固醇、蛋白酶抑制剂等。这些物质虽然不是营养素，却具有抗氧化剂的功用，可以预防癌症。

吃全谷、根茎好处多

在孕期必须增加蛋白质、钙、铁、维生素B_1、维生素B_2，以及维生素C的摄取量，而全谷杂粮含有丰富的B族维生素以及铁、磷等矿物质，同样地，根茎类中的土豆与红薯不仅有丰富的维生素C，也含有钙、钾等矿物质，对于孕妈妈来说，食用五谷根茎类食物是再好不过的选择。

不要以为全谷杂粮只有B族维生素与矿物质，全谷杂粮也能提供丰富的蛋白质，尤其是黑糯米、糙米、大麦、燕麦、荞麦和小米中含量更是丰富。全谷杂粮再搭配上豆类，就能摄取到完全蛋白质，是孕妈妈在肉类之外获取蛋白质的优良来源。

防止发胖

全谷类食物含有的纤维素，能延缓胃排空的速度，以及肠道对葡萄糖的吸收，避免胰岛素过度分泌，不仅能控制血糖，还能降低热量转变成脂肪储存在体内，很适合担心发胖或是有糖尿病的孕妈妈食用。

强化胃肠功能

全谷、根茎类食物有利通便，能防止或改善孕妈妈便秘现象，因为这些食物含有许多粗纤维，例如糙米与薯类均是代表性食物，而薯类的外皮中还含有一种不溶解于水的黏多糖成分，有整肠、通便效果，而土豆还能改善肠胃道消化不良的情形。

全谷类中含有的果寡糖与菊糖的功能与水溶性纤维相同，能改变肠道的细菌生态，降低有害细菌，并且增进有益菌的生长，进而保护肠道组织，提高人体的免疫力。

与豆类混合能摄取完全蛋白质

全谷杂粮如果加豆类一起烹煮，孕妈妈可以从其中获取到完全蛋白质，也就是人体必须从饮食中摄取的8种氨基酸，这一点对于习惯吃全素食的人尤其重要。不过，全谷杂粮与豆类的混合分量比例以3:1为佳，因为豆类分量过多较不易消化，而且尿酸值容易增高。

混合种类求变不求多

孕期除了要避开食用薏仁之外，可任意选取不同的全谷类食物做搭配，但并非种类越多越好，过多可能会引起消化不良。一般来说，五六种谷物就已足够，重点在于要多变化每天食用的种类。

孕期食物多变化，每天吃多种食物，才能从不同的食物中获得不同的营养素。再者，若每天吃同一种食物，也可能会产生害处。举例来说，薯类虽然属于主食，但甜度较高，也容易产气，不建议天天吃。包括山药，虽能促进激素分泌，也不能天天吃。

连皮一起吃更好

根茎类的食物如果新鲜，鼓励清洗干净后连皮一起吃。根茎类食物除了纤维素较高之外，升糖指数也会降低。不过如果发现外皮有发霉，还是去皮为佳。

食用有禁忌

有一些病症不适合吃全谷类杂粮和根茎类食物:

有肠胃疾病：假使有肠胃疾病，如胃溃疡、肠胃炎者，必须减少或暂停食用全谷杂粮，因为它们的纤维素较高，会刺激肠胃蠕动。等到肠胃功能恢复正常之后，再食用全谷杂粮。

痛风、肾脏病：这是因为全谷杂粮中含有的嘌呤，不适合痛风与肾脏病者食用，一般人则没有这个限制，肉类所含的嘌呤最高，而全谷杂粮所含的嘌呤甚至比豆类低，三餐所吃的全谷杂粮中所含的嘌呤总量，可能还没有一块肉高，因此天天吃杂粮不会有问题。

糖尿病须避开：多数的全谷杂粮食物均为低升糖指数食物，但是根茎类除了薯类之外，土豆、山药、芋头均属升糖指数较高的食物，不过这些食物如果连皮一起吃，升糖指数会较低。再者，如果孕妈妈没有尿糖高的问题，还是可以放心地食用。

有胀气感很正常

如果刚开始食用五谷根茎食物有胀气感，可能是因为肠道内的细菌群在改变，通常这种现象会在一个星期内改善，体内的气体会随着排便而排出。排出来的气体如果有臭味，代表自己的肠道不健康，但只要坚持食用有益肠道环境的食物，如全谷杂粮、薯类或酸奶等食物，一般一个星期以后，肠道环境应能获得改善。

没吃过全谷杂粮的孕妈妈，可以先和白米饭混合着吃，或煮成粥、用搅拌器磨成浆，这样一来不仅耐受程度提高，肠胃也好消化。在进食的次数上，每天有一餐吃糙米或根茎、杂粮谷物，就有益身体健康。

胎教要点

领先、超前意识——良好的胎教需要经营

对于胎教的作用，难免会有疑问：为什么以前人们不讲究胎教，也能出人才？

今天的人们重视胎教的作用，市面上关于胎教的相关产品种类繁多，让人眼花缭乱，选都选不过来。在实施胎教的过程中，难免会让人疑问重重：既然胎教这么神奇，那么从前生活条件简陋，没有讲究胎教的环境，不是照样能生育出高素质的人才？

无意胎教

实际上，通过进行追踪调查的数据资料发现，许多成才儿童，都在不同程度上得到过胎教，他们的父母也都在无意中进行过胎教。虽然生活上比较清苦，但身体健康、感情热烈，母亲受孕时具有天时、地利、人和三大因素；受孕后的父母热爱腹中胎儿，对孩子充满希望；丈夫勤快，体贴妻子，家庭气氛温馨；母亲温和，喜欢在宁静的环境中工作和休息；饮食不高档但注意卫生、可口；整个孕期内母亲心情愉快，时时想着孩子……这些都是胎教，是实行了无意胎教。

无意胎教虽有一定作用，但科学性和实际效果都有一定限制，为此，需要推广有意胎教。

有意胎教

就是自觉地、有意识地实施胎教，追求胎教的质量。

有意胎教对儿童心理发展的影响是很

显然的，主要方法和作用如下：

音乐胎教，通过音乐声波的和谐振动，培养胎儿敏感的听音能力，并使胎儿形成外界环境是美的感觉。

触摸胎教，通过父母对胎儿的谈话、讲故事，培养亲子感情，并在胎儿脑中贮存语言信息，有利于开发胎儿潜能。

学习胎教，通过“宫内学习”形成胎儿良好的条件反射能力，在胎儿脑中积累一定的信息，以便于出生后接受知识方面比其他孩子领先一步。

现代超常儿童越来越多，与父母的有意胎教有一定关系。一代人比上一代更聪明、能力更强，是人类社会进步的大趋势。

当然，最根本的一点是，有意胎教的根本目的，并不是专门造就天才，而是为了提高下一代的综合素质，提高人口质量。

良好的胎教需经营

男、女双方在结婚之前的二十多年生活中，来自不同的家庭环境与背景，两人一定要对“新生命”的来临有共识和周全的准备。

需要了解双方家庭中每个成员的心事，并不是个人的事，更何况孕育下一代这样重大项目。经营胎教，具体的做法包括：

均衡营养的饮食。

在安静、舒适的环境中受孕；放松自己、灯光要柔和、制造幸福的气氛。

保持愉快、平稳的情绪，在家人的祝福和关怀中，享受即将成为母亲的幸福。

规律的生活，避免感冒。

听音乐：胎儿在5～7个月时，听觉正发育成长中，音乐有助于心智发展。

胎儿谈话：用爱关心胎儿，对胎儿谈话、打招呼，看树、看花，并且告诉胎儿今天的天气、妈妈在做什么等。

适度的运动，促进血液循环，提供胎儿适当的营养和健康成长的气氛，对脑部的发育成长有效。

建立属于母体与胎儿的母子理想环境，做一做手工，学习庭园盆景，或学习纸艺、黏土制作，捏塑一个想象中的孩子的脸庞，或带着胎儿一同欣赏美的事物等。

从起跑线上就让孩子优秀，超前一步，让宝宝能领先一生，自然是每一个家庭养育孩子的希望和目标。胎教，则是从新生命诞生以前、律动之后，就开始实施的百年育人大计的最初阶段。

起居作息——实用胎教日程

怎么样安排一天的起居和作息时间呢，全职孕妈妈可以参考这样做。

这里提供一个孕妈妈一日作息时间表，整个计划考虑到胎教基本要素：运动胎教、音乐胎教、情绪胎教、语言胎教、环境胎教、抚摸胎教、美学胎教等相关内容。

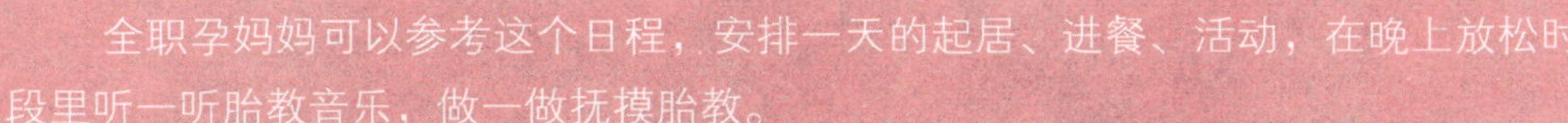
全职孕妈妈可以参考这个日程，安排一天的起居、进餐、活动，在晚上放松时段里听一听胎教音乐，做一做抚摸胎教。

上午：

7时起床；

7时至7时半户外散步；

8时至9时吃早餐、饭后休息；

9时进行音乐胎教；听音乐的内容，可以根据自己的实际情况分为上午和下午两个胎教音乐方案：上午适合听一些舒缓平稳的音乐。比如民族音乐《江南好》、《春风得意》；听一些开发胎儿大脑的音乐，比如：莫扎特的《莫扎特弦乐小夜曲》、《摇篮曲》、贝多芬的《致爱丽丝》。下午天气比较燥热，可能心情会烦躁，可以选择抒情性强的民族音乐《春江花月夜》、《平沙落雁》，还有莫扎特的《幻想曲》、《摇篮曲》、巴赫·古诺的《圣母颂》。

9时半休息喝水、吃水果、零食等；

10时进行语言胎教具体内容：听一个童话故事，或者朗诵一首古诗，阅读图画美丽的幼儿画报、与胎儿问好……

11时漫游在网海，随意休闲、浏览；

12时至1时半做午饭吃午饭；

饭后，在小区花园中散步20分钟。

下午：

下午2时开始午休；

3时起床，喝水吃零食、水果；

3时半音乐胎教；

4时阅读报纸、书籍半小时；

5时漫游网海；

6时户外散步半小时；

7时吃晚饭；

8～9时户外散步；

9时看电视和家人聊天，这可是交流感情，对胎儿实施情绪胎教、环境胎教的好时机；

10时半洗澡准备睡觉；

11时准时睡觉，同时进行抚摸胎教。因为一般胎儿宝宝在这个时候动得时间最久，所以，适合做抚摸胎教。当然，同时可以伴有准爸爸的语言对话，作为“伴奏”。

亲子谈话——父亲参与胎教

共享天伦之乐，包括腹中胎儿在内的“全家”一起其乐融融，对于正在服“预备役”的准父亲来说，其实也是一件做起来令人兴味盎然的事情。对腹中的胎儿和爱妻谈话，能加强浓厚的亲情，增进彼此之间的了解，拉近感情距离，展示自己的才艺和能力——简直是一举多得的事情，何乐不为呢?

晚饭后的一小时至一个半小时，是正式进行胎教的时间。这时，孕妈妈就可以坐在宽大舒适的椅子上，心情舒畅愉快地缝制小衣服、做手工或者干脆闭目静听“预备役”父亲对胎儿的谈话。

语言胎教—父亲谈话

国外有专家实验的资料证明，男性说话的声调、频率比女性要低沉，更能被胎儿感知，因此，主张准爸爸在妊娠中期、胎儿听觉感知能力发育后，经常对孕妻和胎儿谈话。

这样做的显著好处是：一方面可以让胎儿熟悉父亲的声音，培养亲子感情联系；另一方面，“全家”一起关注、实施胎儿的语言胎教，能提供温馨、和谐的家庭氛围，对孕妈妈和胎儿都是良好的外部环境胎教元素。

准爸爸抑扬顿挫的讲话，孕妈妈全神贯注地倾听，有了问题当场询问，要努力去弄懂丈夫讲的内容，因为这是决定孩子父亲参与胎教有效程度的关键。

由于讲话的对象是孕妈妈和胎儿两个人，所以不能离得很远，最好离开50厘米左右的距离。

对话时注意，突然用很高、很大的声音不行，这样会使胎儿受到惊吓。应当以平静的、亲切的、柔和的语调开始，随着对话内容的展开再逐渐提高，尽量使胎儿对这声音产生安全和信赖感。

作为前期课程，与父亲对话的关键不是传递知识，而是让胎儿熟悉父亲的声音，从而产生一种安全感。这是因为，胎儿一天24小时接触的主要是母亲的声音，对低沉的男性声音是不很熟悉的。

出生不久的婴儿常常会有这样的情况，即使陌生的女性逗也会笑；而父亲逗就会哭。这正是从胎儿时代到出生后的一段时间里，不熟悉男性声音造成的。为了消除孩子对男性，包括对父亲所持有的不信任感，妊娠中期进行父胎谈话，让胎儿习惯和喜欢听到父亲的声音，也很重要。

亲子谈话的内容

尽情地展示自己的才艺，对爱妻和爱儿尽可能地妙语如珠、滔滔不绝。做父亲的谈话本领，曾几何时既然能征服爱妻的芳心，难道把小家伙“拿下”，有什么困难吗！相信即使是再木讷、再不善言辞的准爸爸，面对世间自己最爱的“两个人”，也不难做到既口若悬河、又声情并茂吧。

凡是父亲能用自己的语言说明其形状、性质的事物都可以作为题材。反过来也可以说，胎教的事物和内容，只有父亲自己首先掌握了以后，然后再用简单的语言传授给胎儿，才能奏效。不要用书本上那种机械式的语言，要抓住本质，用通俗易懂的话语，对妻子和胎儿进行娓娓动听的谈话。

适合父亲进行胎教的内容，首先是关于科学、机械等方面的知识，通常父亲比母亲接触此类事物更多一些。

另外，有关政治、历史等话题，也适合由父亲来教。父亲的话题越是能唤起母亲的好奇心，胎教的效果就会越大。父亲要用母亲接触较少的事物，或是对母亲来说陌生的新知识为内容来进行对话，这样，可以通过引发母亲的兴趣来唤起胎儿的感知力。

当然，父亲胎教的这段时间，主题不需要特别规定，既可以聊一聊当天的工作，也可以根据父亲的爱好、兴趣或知识范围，随意制定每天的课程。

例如，去什么地方，遇见什么人，说了些什么话；午休时和同事谈了些什么话题；回家的路上看到的夕阳又红又亮……

孕妈妈会逐渐对准父亲所讲的事情感兴趣，因为能从中了解到丈夫的工作情况，有些是以前从没有注意到的，经常会有一种新鲜感，也有利于增进夫妻之间的交流和相互了解。

当然，绝不是要让成人使用“孩子语言”，成人标准的发音，正确的选词用句，对婴儿的情绪发育，以及正确的语言感觉、发音都是至关重要的。对胎儿也是同样，绝不能看不起胎儿，要仔细推敲选择自己的语言，要像对待一个完整的成年人那样，认真对待和胎儿的谈话。

在“学习”开始和结束的时候，可以用抚慰的语调对胎儿谈话。类似“在妈妈肚子里舒服吗？一定寂寞吧？爸爸会告诉你外界的一切，给你讲美好的事物”，“你是一个聪明的孩子，愿我对你做的，能对你将来有用”等。

共同享受天伦之乐，享受温馨和谐的家庭气氛，交流亲情——想起来，都会很令人神往。还能帮助母胎一起调整情绪，一举多得，何乐而不为呢！

心情与运动

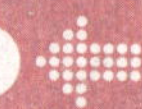

抑郁、烦躁——心理调适DIY

孕期不仅要控制发怒，遇到十分高兴的事也不要失态，始终要保持冷静，保持清醒，避免给自己和胎儿的身体和心理造成的损伤。

每天都要应对越来越臃肿笨拙的身体，越来越多的生理性不适症、越来越多的心理压力，可以采取措施来自我缓解和调适。

布置温馨的环境

在房间的布置上做一些小调整。如果家庭以前是典型的两人世界，现在可以适当地添一些婴儿用品，让可爱的小物件随时提醒自己，一个新生命即将降临。同时，还可以贴一些画片，选择自己喜欢的漂亮宝宝的照片贴在卧室里。

通过语言传递心声

每天花几分钟的时间，和腹中宝宝说几句悄悄话，比如“宝贝，我爱你”，“你知道吗？我是妈妈”等，利用外出散步的时间，可以悄悄地说“外面的天气真好！阳光明媚”等。

接受音乐的洗礼

人们都知道音乐不仅能促进胎儿的身心发育，对孕妈妈本人也能起到一定的放松作用。每天花20分钟，静静地听上一段音乐，同时想象音乐正如春风一般拂过脸庞，沐浴着自己。当然，也可以播放自己最喜欢的歌曲，大声唱出来，精神状态能调整到最佳点。

与幽默结缘

笑是人生极大的生活享受，不妨多为自己创设能开心一笑的机会。欣赏喜剧，看一些幽默、风趣的散文和随笔，还可以收集一些幽默滑稽的照片、影像制品，每天欣赏，还可以要求准爸爸收集笑话、好玩的传闻，在餐桌上发挥，让自己经常开心一笑。

记心情日记

孕期每天写一段日记，记录下每天的心情。这份长久的纪念，将来某一天也许会和宝宝一起来重温这些难忘的生活片断，珍贵的细节必定令人获得更多的天伦之乐。

对着镜子打量自己，也是一种自我心理调整的良方，带着欣赏的眼光，看一看自己在镜子里变化了的身姿，朝着镜子里的自己道一声：辛苦！都能有调整心理、改善情绪的功能。

现在开始早练习——简易产前运动

简易产前运动，也是专门针对孕期设计的活动项目，适宜在家庭环境中，随处、随意、随时做活动。具体运动包括:

足踝交叉，坐在地上，交叉的足踝尽量靠近身体，以舒服适度为原则。保持这个姿势坐几分钟，每天做两三次。

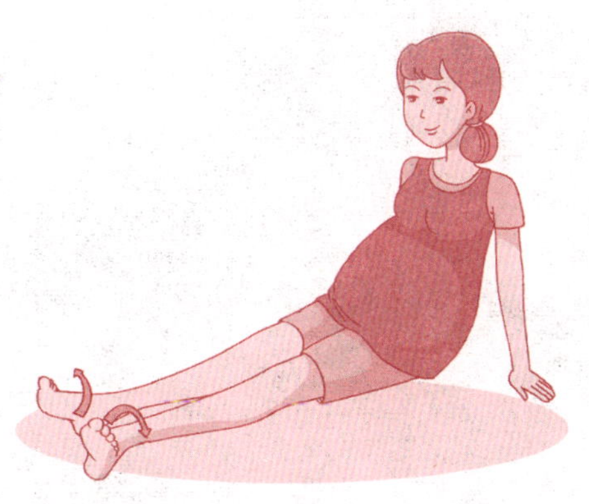

采取类似坐姿，但足踝不交叉，使双脚的脚掌相对，坐好，用双手自外侧托住双膝，双腿及膝部用力朝下压，双手用力上托。做的同时慢数拍节，随后双手和双膝一起放松。反复做数次，刚开始可以量力而行，逐渐增加到能做10次左右，每天早晚各做一回。

双腿向前平伸，坐在地上，双足相距35厘米左右。弯身试用双手触及右脚，然后坐直，再弯身试用双手触及右脚，反复练习。开始也不必贪多做，逐渐增加到可以做到10次左右，每天早晚各做一次。

取坐姿，坐定后试着收缩骨盆肌肉，从底部开始用力，然后逐渐向上收缩。配合骨盆收缩，慢数节拍，数到十以后，骨盆肌肉已经由下向上全部收缩紧张。然后，沿着相反顺序，使骨盆肌肉由上朝下逐步放松，同时数节拍由十到一。数完以后，骨盆肌肉完全放松。每天做两三回，每回坚持数分钟。锻炼骨盆肌肉收发自如的能力，有益于未来分娩。如果做得正确有效，在上厕所时，试着收缩骨盆底部肌肉，如果能止住小便，则为正确有效。

产前训练

产前训练主要是做一些呼吸方法，做一做用力和放松练习，有的练习可以从现在起，趁着行动还不是太不方便的时候开始做。

仰卧屈膝，平静呼吸，深吸气，吸满后由口腔缓慢呼出。学会做深呼吸放松肌肉动作，一边呼气，一边放松紧张的肌肉，能使局部疼痛感减轻。

通过扩张胸部吸气，腹部不动，微微张口。呼气与吸气的方法相同，每天做三四次，每次做一两分钟。

疼痛消失之前，张口轻轻呼气，腹部不用力。疼痛开始时，做深呼吸和闭口吸气，稍加停顿，使腹压加大，以利于减轻疼痛。

放松腹部和双腿肌肉，做喘息式的短促呼吸。

侧卧，上侧手臂在前，下侧手臂朝

后，下肢屈膝向前。采用这种体位可以放松全身肌肉和关节。在疼痛的间隙，可以利用这种体位休息和放松身体。

为避免溢尿症状发生，加强骨盆肌肉的锻炼很重要。采用提肛动作，轻轻吸气，并用力缩紧肛门，直到再也使不出劲为止。稍维持片刻，然后逐渐放开。开始时每天至少练习两次，熟练以后可以在任何时间练习，坐着站着均可。坚持做下去，对分娩有帮助作用。

本月小结

妊娠第七个月以后，各项产前检查项目会逐渐增多，应当了解一些关于各项检查的意义和做检查时应当注意的事项，以便好好地配合医生进行对自己和胎儿宝宝的健康监测和检查。

通常，怀孕第28周内每4周检查一次，从第28周起要每2周检查一次，到36周后则要每周检查一次。

随着身体变得笨重，种种不适感会出现：会有便秘和痔疮、腰酸、背痛等症状；也可能会出现自主神经功能不稳定状态，如头晕、恶心、呕吐，甚至突然晕倒，发生便秘和痔疮的情况也会增多。腹部的凸出会显得更为明显，必须穿上宽松的孕妇装才觉得舒适。还需要穿弹性袜，以弹性加强血液回流来防治静脉瘤。如果能用托腹带托住腹部，可以减少子宫对大腿的压迫，对减缓静脉曲张的情形能有帮助。

胎儿情况

7个月时，胎宝宝会出现打嗝似的规律性悸动，眼球开始转动，眼睑的轮廓较清楚，眼睛能睁开，出现了味觉。

胎儿身长已达30~35厘米，体重1 200克左右。皮下脂肪沉积较少，看上去像老年人。皮肤表面有一层白色或灰白色的油脂物即胎脂。全身皮肤上都有胎毛，头发眉毛已长出。指（趾）甲还未达到指（趾）尖。男性胎儿的睾丸已下降到阴囊内，女性胎儿的阴唇已经发育良好。这个月的胎儿神经系统进一步完善，胎动变得更加协调而多样化，胎儿不仅能手舞足蹈，而且会转身。眼皮也能睁开，但眼珠上还蒙着一层薄膜。如果胎儿此时出生，能啼哭，会吞咽，但由于肺部发育还不成熟，生活能力弱，必须在良好的条件及特殊的护理下才能生存。

母体情况

母体腹部变得更大，下腹部与上腹部都变得更加膨隆。

腹部越来越增大，脐上部也膨隆起来，下肢可能出现静脉曲张。稍有不慎会引发妊娠水肿，妊娠纹和脸上的妊娠斑会明显起来。有些人会觉得眼睛发干、发涩、怕光，皆属正常现象。此期间，最容易发生妊娠高血压综合征。

有一些人会觉得心神不宁、睡眠不好，经常做噩梦，是因为对即将来临的分娩感到恐惧和忧虑不安，要注意调整情绪，保持良好心境。

怀孕的过程很辛苦，常常会伴有许多不适。要掌握正确的方法来避免或减轻这些不适，顺利度过妊娠期。

胎教要点

快乐自己，就是呵护宝宝。

孕妈妈如果因为身体不适而情绪不佳，长期过度紧张，如发怒、恐惧、痛苦、忧虑，都会对胎儿产生不良影响，出生后的宝宝好动、情绪不稳定、易哭闹、消化功能紊乱。

应当继续给胎儿听音乐，抚摩腹部也是很好的胎教方法。抚摩的动作有摸、摇、搓或轻轻拍等，一天三四次。当能摸到胎头、背部及四肢时，可进行轻轻拍摸。在抚摩的同时，与胎儿对话，对胎儿更有好处。

妊娠第七个月，比较舒适的孕中期即将结束，即将进入妊娠晚期。从现在开始，要从心理上做好充分准备，随时迎接胎儿宝宝的降生，因为从现在起，小家伙随时都有可能迫不及待地提前降生。

本月推荐食谱

要继续关注自己的体重增加情况，如果体重增加过快，应当控制高热量的饮食摄入。

注意食物中要低盐、高钙、高铁，以预防妊娠高血压综合征。

从现在一直到分娩时，应当适当增加谷物类和豆类食物的摄取量，因为胎儿宝宝的迅速生长发育会耗取更多的营养素。

谷物类食物和豆类食物中富含膳食纤维，也富含维生素，对胎宝宝的大脑和机体生长发育有益，还能防止母体发生便秘。

粗细搭配：长期吃精白米和精白面一类精制食品，膳食结构中缺乏B族维生素。而粗粮中含有丰富的B族维生素可以相互弥

补，能使营养摄入更全面。

荤素搭配：动物性食物中可以提供胎儿生长发育所需要的蛋白质、脂肪等营养素，但缺乏素菜中所含的维生素和膳食纤维，因此要进行食物互补。

餐次安排：随着胎儿的增长，腹部胀大，各种营养物质需要增加，胃部受到挤压，容量减少，应当逐渐选择体积小、营养价值高的食品，要少食多餐，可以把全天所需食品分成五六餐进食，也可以在两次正餐之间，安排加餐，补充孕中后期需要增加的食品和营养。另外，缺乏某种营养时可在加餐中重点补充。

典/型/食/谱

早餐：牛奶250毫升，麦片25克，煮鸡蛋50克，主食面包50克，小菜一碟。

加餐：红枣银耳汤（红枣25克，银耳25克），苏打饼干25克。

午餐：米饭100克，玉米面粥50克，红烧排骨炖海带（排骨100克、海带25克），豆腐干炒芹菜（豆腐干50克、芹菜200克）。

加餐：番茄150克生吃，核桃3个。

晚餐：清蒸鱼150克，香菇炒青菜（香菇50克、青菜200克），米饭100克，豌豆苗汤（豆苗50克）。

加餐：苹果150克。

食谱中的鱼、肉类、米、面主食类、蔬菜可以按需等份适当做调整和更换。

每周服用维生素A胶囊1粒，按医嘱补充服用锌制剂。

食谱列举

【瘦肉冬瓜汤】

瘦猪肉75克，冬瓜150克，香菜1棵，姜葱少许，鸡汤750毫升，精盐、味精、麻油、料酒各适量。

冬瓜洗净去籽和皮切成大片，葱洗净切寸段，姜洗净切片，香菜洗净切段。瘦肉洗净切成大片后烧锅，注入鸡汤烧沸后，加入瘦肉、冬瓜煮至熟，加入精盐、料酒、葱、姜略煮一会儿，加味精、麻油各少许，加入香菜即可出锅。

冬瓜有清热、解毒、利尿功效，能帮助消退水肿。

【鱼片粥】

猪骨300克，优质粳米、草鱼或鲤鱼肉各100克，猪肉200克，腐竹40克，味精、盐、姜丝、葱、水淀粉、香菜、胡椒粉、麻油各适量。

猪骨洗净敲碎，腐竹用温水泡软，粳米淘洗干净。猪骨、粳米、腐竹同放入沙锅，加水先用大火烧沸，改用小火慢熬1个半小时左右，放入盐、味精调味，拣出猪骨；鱼肉洗净，斜刀切成大片，用盐、水淀粉、姜丝、麻油拌匀，倒入滚沸的粥内轻轻拨散，待粥再滚后离火，盛起撒上胡椒粉、麻油即可食用。

【海米冬瓜】

冬瓜250克，瘦肉50克，榨菜8克，海米10克，葱花3克，姜末1克，蒜泥1克，肉汤或沸水100克，酱油5克，白糖2克，麻油5毫升。

冬瓜去皮后洗净，切成长约4厘米的厚片，瘦肉剁成肉末，榨菜和海米剁成末备用；锅内放适量油烧热后投入葱花、姜末和蒜泥煸炒一下，倒入冬瓜并加入肉汤，烧至滚沸，加入肉末、榨菜末和海米末，再加入调味品，调好口味，焖烧至冬瓜酥熟时，浇上麻油，装盘即成。

【蒸蛋羹】

鸡蛋3个（约180克），高汤、盐、料酒各适量。

鸡蛋打散，高汤加盐打入蛋内，再加料酒，盛入大碗上屉蒸熟。

家庭制作方便、快捷，最适宜作为早餐或加餐食用。

【玉笋炒芥蓝】

芥蓝菜500克，玉米笋150克，大蒜5粒，米酒、盐各适量。

芥蓝洗净切段，玉米笋洗净切斜段，一起放入滚水氽烫，捞出沥干，大蒜去皮切末；锅中倒入2匙油烧热，爆香蒜末，放入芥蓝菜及玉米笋炒熟；最后加米酒、盐调味即可。

【沙锅炖豆腐】

豆腐500克，青菜200克，瘦肉50克，冬笋50克，火腿15克，香菇4朵，鸡汤500毫升，糖、盐、香油各适量。

豆腐切成小块用沸水焯后捞出沥水，瘦肉、冬笋、火腿切片，香菇泡软切片，青菜洗净待用。笋片平铺锅底，再放上豆腐，然后放上青菜、火腿片、香菇，加糖、盐、鸡汤后盖上，用大火煮沸5分钟后，加入香油后，用中火炖煮20分钟即可。

【腰花耳汤】

猪腰150克，水发木耳15克，笋片20克，高汤500毫升，葱段、味精、精盐、胡椒粉各适量。

猪腰从中剖切为二瓣，除去红白色臊线，洗净切成兰花片，用清水泡一会儿；木耳用清水洗净泥沙。腰花、木耳、笋片一起下水锅煮熟后捞出，放汤碗内，加入葱段、味精、精盐、胡椒粉，再将烧沸的高汤倒入汤碗内便成。

木耳有增强补益、养血润肺之功，能辅助消除水肿。

充满期待的孕晚期

8 “孕美人”有理—妊娠第八个月

有句俗话说：行百里者半九十，意思是说远行一百里路，走到九十里才能算走了一半路，越往后，越需要更大的努力。

妊娠第八个月进入孕晚期，孕妈妈好似一个长途旅行的人，已经走过了整个孕程的大半路程。眼看着离终点越来越近，却更不能稍有懈怠、掉以轻心，需要谨慎小心地提防腹中的胎宝宝急匆匆提前降生。因为如果要养育不足月的宝宝，可不是一件容易的事。

好在已经走过了近两百天的孕期，适应能力和耐性已经得到了充分的考验。临近为人之母、即将做妈妈的喜悦感，也能给自己很大的动力。每天已经成为习惯的胎教工作，也会给孕期生活添加许多生动、精彩的内容，更能给孕妈妈带来不少的生活乐趣。

这个月份，是孕妈妈“孕味”最足，而身体尚且不至于行动不方便的时候，因此，也是拍摄怀孕留念照片的最佳时期，尽可能把自己打扮成“孕美人”，留下一份孕装靓照吧！

健康度孕

孕晚期的必修课——定时产检

随着妊娠历程的增加，进入孕晚期以后，产前检查的次数、频率和检查内容会开始越来越多，直到母子平安渡过分娩大关。

定时定期做产前检查，是防止早产、前置胎盘和发现妊娠高血压综合征的最佳途径。每一次做产前检查，医生都会为孕妈妈

测量血压，化验尿液和称量体重，同时会仔细检查孕妈妈是否有腿部水肿现象。这些都是判别是否患上了妊娠高血压综合征的最重要指标，如果稍有异常，即能马上发现，医生可以及早地进行对症治疗。

进入妊娠后期以后，孕妈妈身体会越来越笨重，行走不便，食欲不振，有时候吃完饭还会有胃部不适感。但能令人欣慰的是，胎儿更加强健有力，胎动明显，甚至能在腹壁上看出明显的胎动。

孕晚期，妊娠高血压综合征、早产、前置胎盘等孕期特有疾病最易发生，定期检查会随着孕周的增加而不同。孕36周前每2周检查一次，36周以后每周要检查一次，临近预产期则要根据具体情况，改为每两三天检查一次。发生异常情况的孕妈妈，要比规定时间提前住院观察。

妊娠后期，一定要按照医生的约定时间，及时进行产前检查。

检查项目包括，常规检查如身高、体重、血压、宫高、腹围、胎位、胎心等项目与孕中期相同。此外，辅助检查项目如尿常规、血常规等根据孕妈妈是否有水肿、高血压、贫血等需要重复检查，以便诊治。B超检查在37周以后要重复检查一次，如果有条件的要做三维超声检查，可以看到比较清晰的胎儿情况。如果查出胎心异常者，可能需要做胎心监护。

大部分医院都会在妊娠37周左右进行全面检查，为分娩做准备。有的检查项目需要的时间比较长一些。高危孕妇的检查时间和项目，由医生根据具体情况决定。

第二次妊娠反应

从现在起，开始进入了比较困难的阶段，身体开始笨重、行动不便，饿得快、一吃就饱，因为腹中胎儿越长越大，占据了腹腔里的空间，把肠胃的容量减小了。

从妊娠第8个月开始，进入了怀孕晚期，孕妈妈身体到心理上都会发生更加明显的变化，有很多人会出现类似怀孕初期的生理反应，称为“第二次妊娠反应”。

随着腹中胎宝宝日渐生长发育，母体子宫迅速增大，子宫底上升到肚脐以上，孕妈妈的腹部会更显得突出，重心前挺，不论平常站立还是行走，都会因为腹部的外突和重量而不得不挺胸昂头，甚至不得不放慢脚步、向两侧摇摆来平衡越来越显得笨重的身体。

由于腹中子宫已经上升到整个腹部，迫使胸腔内心脏向左侧偏移，心脏和肺部受到压迫。加上孕晚期母体内血液输出量增加，心率加快，会出现心慌、气喘的现象。

升高变大的子宫向上压迫心、肺之外，还向下压迫肠道和膀胱，使孕妈妈出现排尿次数增多、食欲下降现象，还会出现便秘。

母体子宫底升高到肚脐与剑突之间，直接挤压胃部，则会使孕妈妈的食欲受到极大影响，使胃容量受限，饭量明显变小。偶然间子宫挤压到腹部的大血管，会使人猝然发生神志昏迷。同样，因为变大的子宫在腹腔中占有空间的原因，孕妈妈会出现一系列类似妊娠初期的各种不适症状，包括失眠、恶心、呕吐等。

这一系列生理变化，会引起种种不适感，一般被称做“第二次妊娠反应”期。

除此之外，因为身体负担加重，孕妈妈如果稍微多走一点路，就会感到腰酸背痛、小腿和脚跟痛，下肢会经常肿胀，浮现静脉曲张。有时清晨起床后会发现，头一天脸部和腿部的水肿依然没有消失。

妊娠纹在妊娠后期会更加明显，乳晕、下腹部和外阴部的皮肤由于色素沉淀作用，颜色进一步变深。有些人在耳朵、额头或嘴巴周围出现的妊娠斑会更加明显。乳房、腹部和大腿皮肤上的一道道妊娠纹，会由淡红变成紫红色线条，尤其是体重增加比较快的人，妊娠纹较容易发生一些。等到临产过后，这些妊娠纹会变淡成为灰白色，不必因此过度担心。

生理上的不适感增加，心理上也难免引起烦躁不安，尤其是会出现产前抑郁趋势。因此，近阶段，自我的身心调适很重要。

功课天天做——减轻妊娠纹

妊娠纹的发生与体质有关，并非每一位孕妈妈都会有妊娠纹，妊娠纹的严重程度也会因人而异。

然而，有妊娠纹毕竟不是令人高兴的事，孕期出现了，产后也不一定能康复。因此，防患未然，尽量减轻、减少妊娠纹的影响很重要，在妊娠后期，减轻妊娠纹就成了坚持不懈努力做的功课之一。

能减轻妊娠纹的措施包括

远离甜食与油炸类食物：要避免摄取过多的甜食及油炸物，摄取均衡的营养，便能改善皮肤的肤质，并帮助皮肤显得比较有弹性。

控制体重增长：孕期体重增长的幅度方面，每个月的体重增加不宜超过2千克，整个妊娠过程中，体重增加总量应控制在9～13.5千克。

慎用保健品：目前有一些保健品，主要是供孕期使用的，可以促进真皮的纤维生长，增加皮肤弹性，预防妊娠纹，但对于已经形成的伸展纹，至今还没有可以用的方法。建议不要随便用药，可以找医生帮忙。否则误食激素类药物，还会造成类似的萎缩纹。

淡纹方案：适度按摩，像对付伸展纹与肥胖纹一样，使用精油及专业纤体产品进行局部按摩可以增加皮肤弹性，配合除纹霜同时使用，不仅让按摩更容易进行，并保持肌肤滋润，避免过度强烈的拉扯。从怀孕3个月开始到生产后的3个月内坚持腹部按摩，可以有效预防妊娠纹生成，或者淡化已形成的细纹。

微晶磨皮去纹：实施镭射微晶磨皮手术，可以淡化甚至消除妊娠纹，但价格比较昂贵。如果妊娠纹实在明显影响美观，不妨考虑在产后进行磨皮手术。

建议选择专业的整形护肤机构，并要在手术前做好全面的咨询了解。当然，必须在分娩后的产后恢复期再做。

关注日常保健——自我监护

随着妊娠日期的逐渐增加，母体各种与产科有关的并发症都会出现，形成对母婴的最大威胁。在这个阶段的例行产前检查中，产科医生除了会继续观察胎儿的发育外，还会观察胎盘功能和胎儿宫内情况，结合并发的高危因素如妊娠高血压综合征、心脏病、甲亢、过期妊娠等综合分析，决定按计划正常分娩或是引产。

妊娠后期孕妈妈的自我监护尤其重要，特别要注意：

按时去医院做产前检查，以便及时发现异常情况，及时采取治疗措施。

多吃营养丰富的菜肴，尤其要注意摄入蛋白质、钙、铁以及微量元素。

妊娠后期汗腺分泌旺盛，要勤洗澡、勤换衣。但要洗淋浴，不宜洗盆浴。每天要清洗外阴、换内裤。

在妊娠8个月后停止性生活，以防早产和产后感染。

妊娠后期身体负担加重，容易疲乏，要注意休息。睡眠姿势宜取左侧卧位，有利于子宫、胎盘血液供应，使胎儿发育良好，还能减少水肿。

适时计算一下胎动，如果胎动数没有达到标准，应该及时到医院做检查。

出现以下情况之一时，要立即去产科医院：

- 阴道流水及流血。
- 预产期超期10天或胎动异常。
- 下肢水肿明显增加，头晕、血压增高。

合理起居

方便、宽松——孕晚期的着装

进入妊娠后期，日常生活中的行动会变得越来越不方便。最后的12周时间里，为了保持正常的日常起居，为自己选择适合妊娠后期特殊需要的着装，显得十分重要。

鞋

孕晚期足、踝、小腿等处的韧带松弛，应当选购鞋跟较低、穿着舒适的鞋。身体越来越笨重起来后，要穿平跟鞋以保持身体平衡。从现在起，足、踝等部位会出现水肿，可以穿大一点的鞋子，鞋底要能防滑。

内衣

应当选择大小合适的纯棉质的支撑式的乳罩。妊娠后期乳房变化很大，婴儿出生或断奶后，乳房还容易下垂。需要能起支托作用的乳罩，背带要宽一点，乳罩窝要深一些。先买两副，然后可以根据乳房的变化情况再买合适的，同时可以备有几个夜用乳罩。

内裤

不宜再选用三角形、有松紧带的紧身内裤。宜选择上口较低的迷你型内裤或者上口较高的大内裤。内裤前面一般要有弹性纤维制成的饰料，有一定的伸缩性，以满足不断变大的腹部需要。

弹力袜

弹力袜能协助消除疲劳、腿痒等症状，防止脚踝肿胀和静脉曲张，尤其对于孕期需要坚持上班工作者，效用会更加明显。

上衣

上衣要保证宽大和长度，宽松下垂的T恤、圆领长袖运动衫或者无袖套领恤衫，这类上衣看上去好，穿着舒适，分娩后仍然能穿。

背带裤

选用质地、造型、款式适合的背带装，或裙或裤，从视觉效果上修饰日渐臃肿的体型。

裤子

运动装裤子既舒服又无拘束，只需要把裤腰处松紧带拆掉改为背带，做成宽大的背带裤，就能适应妊娠后期变大的腰围。

水肿消除——孕妈妈水肿的日常调理

据统计，约有75%的准妈妈在怀孕期间或多或少会有水肿情形发生，且在怀孕七八个月后，症状会更加明显，这主要是由于子宫越来越大，压迫到下腔静脉，造成血液循环回流不畅而引起的。准妈妈久站或久坐后也可能发生下肢水肿，一般多发生在脚踝或膝盖以下处，通常这是正常的生理现象，一般经卧床休息后即能消退。如果休息6小时以上水肿不消退，且有加重并向全身发展的趋势，就要考虑是否为妊娠高血压综合征。如果水肿严重，并伴随有心悸、气短、四肢无力、尿少等不适症状，要及时去医院检查，确认是否为营养不良、贫血和心脏病等其他病症。

日常起居消肿法

要避免久坐久站，经常变换一下姿势，活动活动双腿。

睡前用温水泡泡脚，或在休息时将脚适当抬高。

给自己选一双好鞋，最好选择柔软天然材质的软皮或布鞋，鞋要舒适；不要穿太紧的衣物，尽量穿纯棉舒适的衣物。

要调整好工作和日常生活节奏，不能过于紧张和劳累，保证充足的休息和睡眠时间，防止情绪激动，避免较剧烈或长时间的体力劳动。

运动消肿法

1 先平躺在床上，双脚合拢伸直，将所有脚趾向内抓紧。数秒后，将所有脚趾放松。

2 躺卧在床上，双脚伸直分开，双脚脚掌先向内打圈，再向外打圈。

3 先躺卧在床上，双脚合拢伸直，慢慢将双脚提高。提高后稍停一会，将双脚慢慢放下。

饮食消肿法

多吃鲤鱼、冬瓜、老鸭、红豆、黑豆等食物。冬瓜汤不仅利水消肿，也通利乳汁。老鸭煲最具滋阴清热、利水消肿的作用，很适合体质燥热、容易水肿的准妈妈。

高质量睡眠——健康保障

随着人们生活水平的不断提高，孕期的营养一般都能得到保证，然而人们对孕期可能出现的恶心、心口灼热、发闷和打鼾等现象常常束手无策，这些反应困扰孕期睡眠，影响孕妈妈的情绪和精神状态。

试一试以下的做法，可以帮助孕妈妈安然入眠，酣然入梦。

远离烟酒：香烟中的尼古丁会通过母体危害胎儿的健康。会使人的中枢神经系统兴奋，令人难以入眠。要想睡好觉，首先要远离烟酒，还包括被动吸入的烟雾。

减少咖啡因：咖啡因有使人兴奋的作用，茶、咖啡、可乐和巧克力等都含有咖啡因，孕期每天下午起，应完全避免摄入这些食品或饮料。

卧室舒适温馨：孕期体温比常人稍高，卧室应保持清凉宜人。卧室最好采取一些隔音和遮光的措施，以避免噪声和强光影响睡眠。

睡前不运动：运动后，人体会处于兴奋状态，如果没有足够的时间使身体恢复，就会影响睡眠。睡前运动会缩短深度睡眠的时间，使人得不到充分休息，醒后依然感到疲劳。

适当午休：午饭后小睡15～60分钟能起到提神、增强记忆力的作用，提高下午的工作效率。孕妈妈由于身体负荷较重，易疲劳，午间更应抽空休息。午睡一般不宜超过1小时，否则会影响晚上睡眠质量。

按时作息：有规律的作息，对平衡人体的生物钟至关重要。应尽量在轻松、闲适的气氛中进晚餐。饭后听听音乐、看看书、洗个热水澡，都有助于身心放松，容易安眠。

床只用于睡觉：有些人长期养成在床上看书或看电视的习惯，容易导致视力疲劳。床是睡觉的场所，睡前多花些时间和丈夫温存、谈心，有利于增进夫妻间的感情，放松情绪和身体。

远离忧虑：孕晚期情绪容易焦虑，会对家庭生活、夫妻关系、未来孩子的抚养、教育和开支等产生想法和打算。建议喜欢想事的孕妈妈，把每天想到的问题用记事本记下来，在晚饭前就把问题搁置一边，想不通的事情，留到第二天再解决。

睡不着干点别的：一般人在躺下

20～30分钟后还无法入睡，容易变得烦躁不安。不要继续辗转反侧，以免更加难以入睡。不妨起床，到书房安静地听一段音乐或看一会儿杂志，到困倦时再上床睡觉。

睡前点心缓冲恶心：被恶心、呕吐所困的孕妈妈最好在正餐之间吃些小吃和点心，如牛奶、面包、饼干等。尤其在睡前，不要空着肚子上床。

避免难消化和辛辣：辣椒、番茄等辛辣、酸性的食物，易引起心口灼热和消化不良，晚餐要尽量少吃。如果临睡前吃得过饱，也会导致相同的症状。饮食宜清淡，避免暴饮暴食或忽饱忽饿。

晚上少饮水：由于体内水分增多，容易出现尿频和夜尿增多的现象。为减少夜间起床上洗手间的次数，最好在上午多喝水，下午和晚上相应减少水的摄入量。

左侧躺卧：向左侧躺卧有助母体血液和养分流向胚胎和子宫，可帮助肾排出废物和尿液。最好孕早期就开始训练向左侧睡，以便肚子渐渐隆起后睡得更香。

睡不着别着急：孕期半夜醒来是再正常不过的事，越是着急，会越发睡不着。放松身心，是尽快入梦的基本要素。

孕晚期只要坚持按建议行事，就能建立起适合自己的睡眠模式和规律。

养眼有道——远离黑眼圈、水肿、皱纹

黑眼圈、眼皮水肿、眼周围又多了一条皱纹……这些令人烦恼的皮肤细节，会不会留下永久的印记呢？保养眼睛和眼睛周围的皮肤，防止出现衰老迹象，当然是女性最关注的事。

眼部肌肤，因为许多的原因容易发生变化，基本上可分为皱纹、黑眼圈、眼袋及水肿几大问题。在保养品的选择上，要挑选针对不同眼部问题所设计的眼部专用保养品。

眼部的皱纹一般分为以下几种情况：

干燥细纹与皱纹

由于眼部肌肤几乎不能分泌油脂，所以，即使是油性肌肤，在眼部周围也容易呈现出干燥的情况。因此，眼部肌肤很容易因为干燥缺乏水分而产生细纹，需要特别加强眼部保湿品的补充。

眼部皱纹

眼部皱纹分为动态和静态两类。

表情纹（动态性皱纹），也就是俗称的鱼尾纹，常见于外眼角。因为眼部长久的表情动作如眯眼、眨眼、哭笑等造成眼部肌肉习惯性的紧缩。

增生皱纹（静态纹），这一类皱纹常见于眼部周围肌肤，产生的原因包括内在的老化及外在的刺激如阳光、自由基等，使得眼部肌肤真皮的胶原蛋白（负责肌肤的抵抗力）产生断裂，肌肤丧失弹性，因

而造成皱纹增生。

黑眼圈

黑眼圈按照形成原因，分为两种：

血管性黑眼圈：鼻塞、熬夜、生活作息不规律，都会让眼部肌肤血液循环不佳，造成血红蛋白沉淀，因为带氧力不足而造成血红蛋白颜色变深，青黑色的黑眼圈就会出现。

色素性黑眼圈：阳光中的紫外线、长期使用眼部彩妆（尤其烟熏妆）、眼部卸妆不完全、卸妆过度的刺激以及遗传因素，都很容易在眼部周围形成一圈茶褐色的黑眼圈。

眼袋水肿

眼袋的形成原因基本上可分为两种：

水肿性眼袋：眼部充水，是造成水肿眼袋的主要原因。造成水肿的原因包括过敏、缺乏睡眠（熬夜）、不当的饮食、抽烟喝酒，都会影响血液及淋巴液的循环。此外，使用过于油腻的眼部卸妆或保养品，由于渗透压的影响，也会造成眼部水肿加剧。有时候白天一早醒来，看见双眼肿得厉害，就是因为晚上睡觉眼皮呈密闭不活动的状态，少了眨眼的动作，无法进行眼部淋巴液循环，才会让眼部积水现象严重，变成泡泡眼。

松弛性眼袋：这一类眼袋的成因，主要是由于肌肤老化使得眼部周围的肌肉松弛，压迫到眼球下部脂肪，造成脂肪往前突出，在视觉上就会看到下眼睑部位鼓出，加上肌肤松弛，就容易令人看起来既苍老又疲惫。

眼袋主要是因为血液循环不好、保湿不好而使肌肤松弛、压力、疲惫等原因造成。日常护理可以利用冷热敷来加强血液循环，譬如早上用冷热水交替洗脸，或使用具有保湿效果的眼霜，让眼部肌肤充满水分，舒缓眼部肌肤让眼袋看起来不明显。不过，平日作息还是要注意，不要摄取过多盐分，临睡前不要喝太多的水。

因为作息时间不规律引起的黑眼圈，如因为疲惫而不自觉眨眼造成眼部细纹，或熬夜血液循环不好造成黑眼圈，可以先调整作息时间、保证正常睡眠之后，再依照眼部的状况使用适当的眼部保养品。

眼部肌肤需要专门保养品

眼部肌肤需要专门保养品：眼部的角质很薄，眼部肌肤的表皮层、真皮层和皮下组织也比脸部其他部位的皮肤要细薄得多。因为眼部肌肤下的组织结构比较松弛，且脂肪包含在周围，一般面霜虽然能提高皮肤的保湿度与紧实度，但是对于眼部肌肤来说，面霜的分子细致度若不够，眼部肌肤更不易吸收而产生小肉芽。

延缓眼周细纹

由于眼皮活动频繁，当皮肤开始老化，眼周围的细纹也随之出现。眼睑组织是全身皮肤中最薄弱、最敏感的部位，由于眼部周围的血液、淋巴容易循环不良，使多余的水分淤积在眼睛下方，便容易形成泡泡眼；而不当的眼部彩妆或清洁、保养品，也容易引起眼部肌肤过敏、皮肤发炎，造成色素沉淀，让黑眼圈更严重。

慎选适合肤质的眼部保养品

市面上，眼部保养品的有效成分相当多。例如，维生素A及其衍生物、维生素C及其衍生物、维生素E、还有当红走俏的胶原蛋白等，的确都是有效的成分。但是在促进肌肤新陈代谢、活化焕肤的同时，可能会发生过敏刺激，甚至出现红肿发炎的情况；或在加强滋养时，因为质地不适合，会长出难以祛除的小脂肪粒，常常觉得无法达到广告宣传的神奇功效，因此，照顾眼部肌肤，一定要选择最适合自己的产品。

眼部保养法：使用眼部保养产品时，可取适量以无名指轻点眼周肌肤，切忌用拉扯的方式，不然，是会拉出小细纹。此外，当眼周疲劳显得晦暗时，可以用中指由内而外轻压眼穴。

每天早晚，各做一次眼眶的四周穴道指压和按摩，让肌肤充分运动，帮助积压的血液流通，加速肌肤的新陈代谢，眼部肌肤的老化问题就可以获得改善。

职业孕妈妈须知——上班族提示

职业女性在怀孕期间，并不是都能全职在家休养。因此，上班途中的安全，8小时以内的自我保健，必须引起重视。

职业孕妈妈需要加强自我保护意识，对于上班途中可能碰到的意外情况，要有充分的心理准备，保障自身安全。

上班途中安全

对于职业孕妈妈来说，上班路上常常会遭遇到许多常见的意外情况，因此，上班之前提早出门，加强自我保护意识，对于途中可能碰上的意外情况要有心理准备，方能保障自身安全。

一般来说，上班路上容易碰上的意外情况会有：

鲁莽行人：上班途中，忌低头慢行，应当眼观四方，发现对面有行色匆匆的行人走过来时，即立刻避让，免得被撞过来而躲之不及。

打滑地板："腹荷"加大，使得孕妈妈的身体重心发生变化，胎儿的重量会使孕妈妈身体向前，如果在打滑的地板上行走，要稍稍向后倾，以抵消向前的重力，以免摔倒。

摇椅：不要在办公室里坐摇椅，摇来摇去极可能导致失去平衡而跌倒。

自己开车上班的孕妈妈，要牢记系好安全带。正确的系法是：横带一段箍在腹下及大腿骨之上，把带子紧贴盆骨，可以在身后加坐垫，以减轻腰背的压力。

搭乘出租车上班的孕妈妈，不要坐车前头，以防撞伤腹部。

搭乘地铁或公交车上班的孕妈妈，应选择待在车头或车尾位置，空气流通好，而且可以尽量避免被人碰撞到。

久坐须运动

妊娠期间，孕妈妈背部下方以及骨盆的肌肉会拉紧，长时间挺住腹部的负荷，坐着工作，颈、肩、背和手腕、手肘酸痛的可能性要比平时多得多。所以，工作中时常偷闲做一些小运动，非常有必要：

改善颈痛：颈部先挺直前望，然后弯向左边并将左耳尽量贴近肩膀；再把头慢慢挺直，向右边再做相同动作，重复做两三次。

改善肩痛：先挺腰，再把两肩往上耸以贴近耳，停留10秒后，放松肩部，重复动作两三次。

改善"腹荷"：将肩胛骨往背后方向下移，然后挺胸停留10秒，重复动作两三次。

改善手腕痛及手肘痛：手部合十，把手腕下沉至感觉到前臂有伸展感，停留10秒，重复两三次，接着再把手指转而向下，把手腕提升到有伸展的感觉为此，重复两三次。

饮食营养

高蛋白质、低盐分——孕晚期的营养

进入孕晚期以后，膳食应当在孕中期的基础上相应调整，多吃富含蛋白质、维生素、矿物质以及增加热量的食物，要控制食盐的摄入量，防止浮肿。

孕晚期是妊娠第29~40周，是胎儿生长最快的阶段，胎儿体重的增长约为出生时的70%。这时，除满足胎儿生长发育所需要的营养外，孕妈妈和胎儿体内还要贮存一些营养素，因而孕妈妈的进食量大幅度增加。这段时间内，膳食应当在孕中期的基础上做相应调整，多吃富含蛋白质、维生素、矿物质等可以增加热量的食物，要控制食盐的摄入。

在孕晚期，饮食中应当常包括以下食品：

鲜奶

牛奶、羊奶含有丰富的必需氨基酸、钙、磷和多种微量元素，还有维生素A、维生素D和B族维生素。条件许可者，每天饮用鲜奶250~500毫升，应当鼓励不喝奶的孕妈妈从少量开始喝奶，逐渐增加。喝奶以后如果有胀气不适，可以煮沸稍冷后，加入食用乳酸、醪糟汁或浓酸果汁制成酸奶食用。如果喝奶后引起腹泻，则不要强求饮用。

蛋

是提供优质蛋白质的最佳天然食品，也是脂溶性维生素及叶酸、维生素B_2、维生素B_6、维生素B_{12}的丰富来源，铁含量亦较高。食用蛋类不仅烹调方法简单多样，甜、咸均可，且易于保存。凡条件许可者，每天吃鸡蛋1~3个。

鱼、禽、瘦肉及动物肝脏

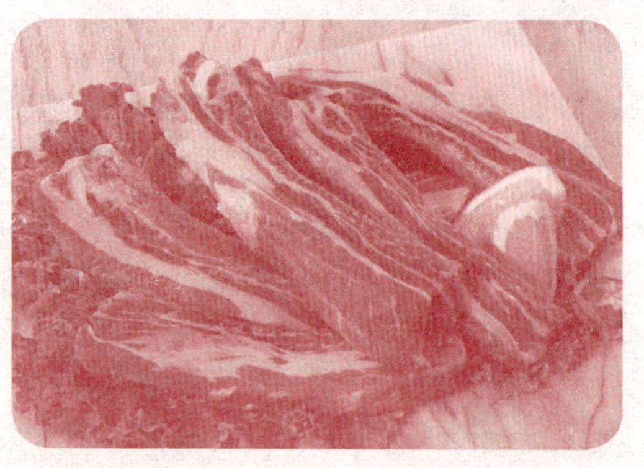

这些都是蛋白质、矿物质和各种维生素的良好来源。孕妈妈每天饮食中应供给50~150克。如果有困难，可用蛋类、大豆及豆制品替代。鱼和蛋是最好的互换食品，可根据季节选用。动物肝脏是孕妈妈必需的维生素A、维生素D、叶酸、维生素B_1、维生素B_2、烟酸及铁的优质来源，也是供应优质蛋白质的良好来源，每周至少食用1~2次，每次100克左右。

大豆及豆制品

是植物性食品蛋白质、B族维生素和矿物质的丰富来源。豆芽含有丰富的维生素C。缺少肉、奶供应的地区，每天进食豆类及豆制品50~100克，以保证孕妈妈和胎儿的营养需要。

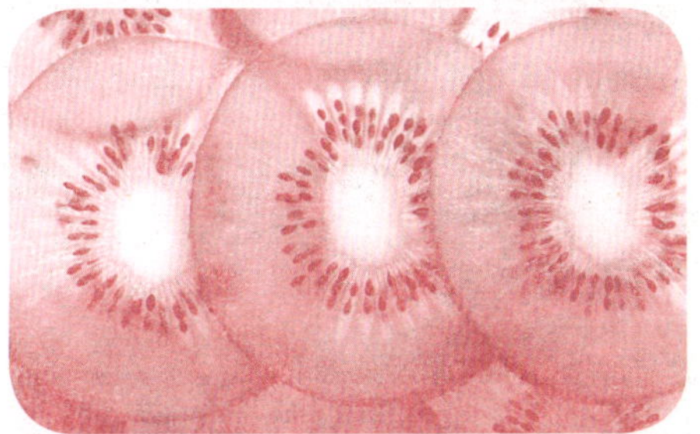

蔬菜水果

绿叶蔬菜如冬寒菜、小白菜、豆苗、青菜、菠菜，黄红色蔬菜如甜辣椒、胡萝卜、红心红薯等都含有丰富的维生素、矿物质和纤维素。每天应当摄取新鲜蔬菜250~750克，其中有色蔬菜应占一半以上。水果中带酸味者，既合孕妈妈口味，又含有较多的维生素C，还含有果胶。每天供给新鲜水果150~200克，瓜果类蔬菜中黄瓜、番茄等生吃更为有益。蔬菜、水果中含的纤维素和果胶，对防治妊娠后期便秘十分有利。

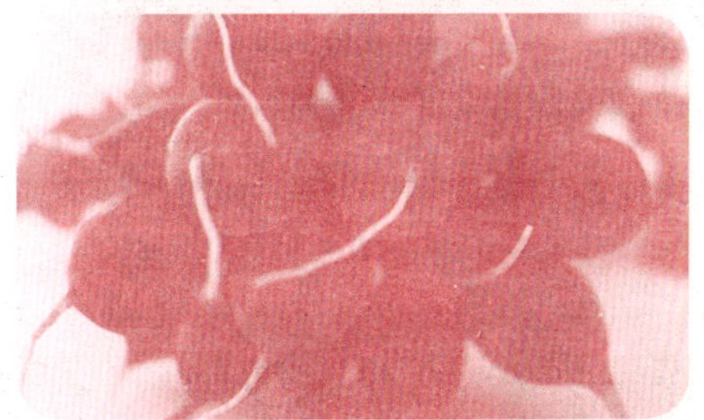

海产品

应当经常吃一些海带、紫菜、海鱼、虾皮、鱼松等海产品，以补充碘，内陆缺碘地区应当食用加碘食盐。

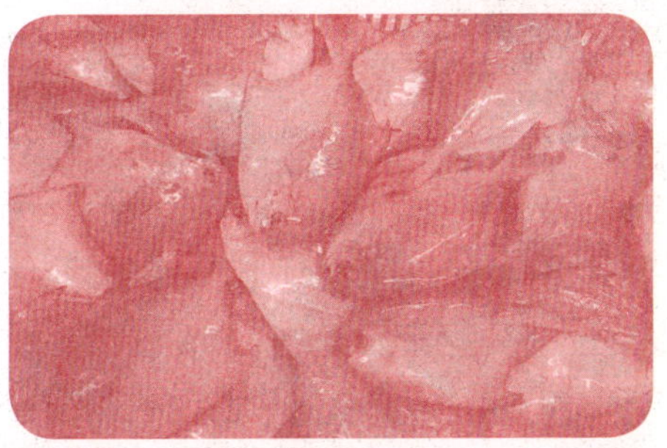

坚果类食品

芝麻、花生、核桃、葵花籽、榛子仁、松子等，蛋白质和矿物质含量与豆类相近，亦可

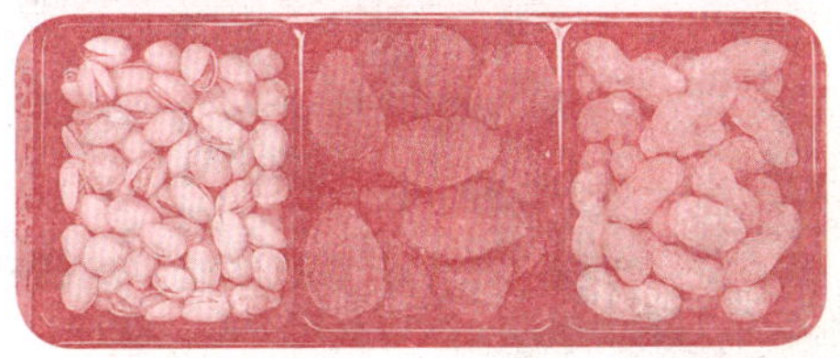

经常食用。

各种食品的供给量，以中等身材、从事脑力工作的孕期女性为例，为适应妊娠中、末期热量需要量的增加，在上列食品均能按要求提供的前提下，每天需摄取主食400~500克，炒菜用油40~50毫升。

妊娠中、后期曾有孕期水肿、低钙血症等并发症的孕妈妈，还有糖尿病患者妊娠时的饮食，都有一定的特殊性，可以咨询营养学专家或遵医嘱。

备战分娩前——饮食原则

进入妊娠后期，与宝宝见面的时间越来越近。由于孕妈妈的体重会以每周增加约500克的速度直线上升，所以，应当养成不偏食的习惯，并保持适当的运动，为顺利分娩做准备。

这个阶段胎儿成长最为快速，而母体子宫及乳房组织的成长，足以提供后期战备所需。这个时期可以称作“诞生的前奏”，孕妈妈每周体重约增加500克，各类营养素的增加量要与中期的量相同（除了铁质外）。

少量多餐、多吃营养价值高的食物

妊娠后期因为子宫体上升而压迫到胃部，容易造成胃部不适、食欲下降，应避免油腻及油炸食物；另外，用餐时要保持愉快、轻松的氛围，有助于提高用餐意愿。随着胎儿的成长、发育，进食时会感到不容易吞咽。建议少量多餐，吃些营养价值高和容易消化的食物，如瘦肉类、海鲜类、奶类、蛋品、豆腐等。

高价位食物并不代表营养价值就高，只要均衡、适量的选择当季食物，即可取得足够的营养素。

补铁

孕妈妈因为全身血液循环量增加，为避免在生产时大量失血，所以要贮备足够量的铁质，因为铁质是红细胞中血红蛋白生成的重要成分。此外，补充铁质也可预防缺铁性贫血及避免影响胎儿发育。含铁质丰富的食物包括肝脏、红肉、深绿色青菜。

增加铁质吸收率的方法：与含维生素C食物一起食用。

会影响铁质吸收的食物：含茶碱、咖啡因及单宁酸的食物（如茶品、咖啡、可乐）会影响铁质的吸收，要避免与含铁食物或铁剂一起食用。

补钙

在营养良好的状况下，胎儿对钙质的需求并不会对孕妈妈造成负面影响。若平时对含钙食物摄取不足，这时候就要选择含钙丰富的食物，必要时可补充钙片。

要注意：钙与铁两者的吸收会相互竞争，所以含铁及含钙食物最好分开吃，尤其是铁剂和钙片。

补充蛋白质

母体需要蛋白质来生长本身组织、成长胸部、弥补分娩时血液的流失，也可防止全身性水肿；胎儿也需要蛋白质来建造组织，所以蛋白质的量一定要增加。孕妈妈每天要增加10克含量，如1杯牛奶＋30克肉类或蛋、半碗饭＋1个蛋、1份豆制品＋1盘青菜。

不要摄取过多盐分

为了预防罹患妊娠高血压综合征，含盐分高的食物不能摄取太多，例如腌制品、加工食品、罐头制品，尽量不吃。烹调时，选择新鲜食材、清淡烹煮为宜。

摄取适量水分

饮用过多水分，是造成身体全身性水肿的原因之一。一天所需的水分，可依食物摄取热量数做参考，摄取4.18焦耳（1卡）热量就要摄取1毫升水分。也可以计算前一天的尿液量，再加500毫升即为应摄取的水分。一般如果有水肿发生，可以减少水分到与尿液等量；若已减少但仍无法消除水肿情况，则应请医生查明水肿原因，或咨询营养师来调整饮食。

增加胃酸分泌

情绪不稳定、焦虑或摄取油腻食物，会影响到胃酸的分泌，而蛋白质消化吸收和铁质吸收均需要胃酸的帮助，所以如果胃酸分泌不足，将会降低营养素的吸收。可以利用以下食材促进胃酸分泌：

香辛料：花椒、肉桂、薰衣草、八角。
水果入菜：菠萝、番茄、柠檬、橘子、酸梅。
调味料：白醋、乌醋、糖醋酱、酸辣酱。
酸味强的食材。

适量摄取奶类

奶类是钙质与维生素D的最佳食物来源，若每天能摄取2～3杯牛奶或2～3份乳制品，钙质、B族维生素都可以达到建议量。营养美味的乳制品包括西式浓汤、巧克力饮品、奶酪、优酪、酸奶，也可制成各式各样的水果牛奶：木瓜、酪梨、香蕉、苹果等，风味和口感都不错。

饮食禁忌

如果孕妈妈没有特殊的疾病，除了怀孕晚期的恶心、呕吐时要避免油腻及重口味食品外，一般没有特别的饮食禁忌。

怀孕是一个漫长的过程，需要耐心、细心的经营，为了健康活泼又可爱的宝宝降生，等待是值得的。再过没多久，可爱的宝宝就要出生，要好好营养身体以储存体力。

胎教要点

感觉能力发展——感官与胎教

进入妊娠后期，胎儿发育逐渐成熟，每一天的胎动，已经成为母胎交流的重要生活内容。可以开始进行全方位的胎教，各种方法都可以实施，包括音乐胎教、语言胎教、游戏互动胎教、美育胎教。由孕妈妈日常生活决定的环境胎教、营养胎教、情绪胎教，也都贯穿在为期3个月的日常生活当中。

进入妊娠第八个月的胎宝宝，以脑为主的神经系统和肺、胃、肾等脏器发育已经近于成熟。宝宝的听力增强，对外界的强烈声音有反应，内部主要脏器和脑、神经系统都发达到了一定程度。胎教可以着手进行提升胎儿的智能、加强胎儿能力的操作方式。

胎儿的感觉系统发育，是进行下一步胎教的基本前提。

妊娠30周以后，通过超声波监测，能看得出胎儿的手脚肌肉紧张程度有所提高，并且能使肌肉保持在结实的收缩状态。这个阶段以后，胎儿也会很活泼，用脚踢妈妈腹部的力量也变大了很多，甚至可以在母体的腹部外面，看得出胎儿的动作来。

听觉

胎儿的听觉在这个阶段已经成长得相当成熟。听到声音时，胎儿会稍稍停止，而胎心变化也是理所当然的事。通常，根据母亲的情绪变化，胎儿的反应分为心跳没有变化的抑制型和心跳有变化的反应型两类。除了

能分辨节奏、声音的高低和强弱，胎儿对于日常生活中的各种声音都会有一定反应，已经能区分父亲的声音和母亲的声音，并且贮存在记忆中。如果听到类似玻璃破裂的声音或者他人突然的高声叫喊，胎儿不仅会吓一跳，而且还能做出相应的动作。这个阶段，孕妈妈对胎儿温柔地、喃喃说话，胎儿也会有所反应和动作。

视觉

近期内，胎儿的视觉也基本形成，通过母亲的神经系统信息，能感觉到白天与黑夜的不同，还产生了苦味和甜味等味觉能力。当孕妈妈空腹的时候，胎儿会不断地做出吸吮手指头、张开小嘴想吃东西的

动作。胎宝宝的大部分反应，几乎已经和新生儿完全相同。

触觉

胎儿的触觉，是出现的最早，甚至要早于感觉能力最发达的听觉。由于母体内黑暗的子宫环境，限制了胎儿视力的发展，所以，触觉和听觉就相应更为发达。

皮肤，是胎儿在羊水中活动，自己发育而成的，母亲拥有温柔敦厚的情绪，则有助于胎儿健康成长。

在这个月龄，胎儿区别声音强弱的神经功能已经发育全，即使听不懂外界声音的意义，但是，却能通过母亲说话的语调来辨别情绪。因此，如果在这个时段中，夫妻发生口角，胎儿是能感觉到并且受到不良影响的。

孕妈妈如果感到不安，或者处在不愉快的激动状态，体内会释放出肾上腺素。这种激素会导致心脏加快跳动，影响到胎儿的血液供给，而肾上腺素经由脐带传递给胎儿，则有可能达到胎儿的脑部，让胎儿也处在受到压力冲击的应激状态。

胎儿的感官功能，在促进大脑的发展方面起着重要作用，通过感觉功能的发展，也相对促进了大脑的发达。但是，值得注意的是，感觉功能在胎儿期只是奠定基础，发展到一定程度，真正成熟要到出生以后再继续完成。尤其是视觉功能，要长到7岁时才完成，与其他感觉相比较，发展得非常迟缓。因为在所有的感觉功能中，视觉是最高等、最复杂的感官能力，包括有远近、立体、浓淡、色感等多项复杂的内容。

胎教期间，对于胎宝宝的感觉能力发展，不必刻意去强求或期望过高。

欣赏和参与——这个月的音乐胎教

胎儿能感知到每天听到的声音，并且能有所记忆，包括听到母体内血液流动和母亲说话的声音，是进行音乐胎教的物质基础。

妊娠第八个月的时候，胎儿与大脑连接的神经回路更加发达，而因为胎体增大，母亲的腹壁和子宫壁则会变薄。所以，胎儿更加容易听到外界的声音，而且能区别声音的差异，分辨出声音的强弱。

进行胎教的各种方法里，音乐胎教应当是最好的一种胎教方式。因为，欣赏了听到的音乐，对于人的生理、心理和情感会产生一定的影响。而给胎儿听胎教音乐，正是利用音乐的这种积极作用，来促进胎儿健康成长。

独特性格音乐

健康优美的音乐，对于陶冶人的情操和性格，加强个人修养，促进身心健康，以及激发想象力等多方面都具有良好的作用，甚至可以说，没音乐的世界，是单调、苍白的世界。音乐作品众多，怀孕期间，选择好胎教音乐，对于孕妈妈和胎宝宝具有重要意义。

胎教音乐的选择，应当根据自己的身体状况、兴趣爱好，结合胎儿的承受能力来综合考虑，不能仅凭自己的一时兴趣。选择优美的音乐，经常沉浸于优美的音乐旋律中，能使孕妈妈分泌更多的乙酰胆碱等物质，改善子宫的血流量，从而促进胎儿的生长发育，同时还能促进胎儿在子宫内安稳。

不同的音乐，听了会对人有不同的影响。欢愉明朗的音乐，听了会让人的心情舒畅起来；平静沉稳的音乐，听了会让人紧张情绪得到放松；抒情音乐听了会让人情绪舒畅；活泼轻快的音乐听了能让人解除抑郁；军乐、进行曲听了能让人精神振奋；催眠曲一类音乐听了能让人放松并且有助眠功效等。

胎儿和成年人一样，也有着自己独特的性格和气质，有好动的，也有好静的，这种特质在母体内就已经开始形成。选择音乐，则也应当因材施教。

朗读吟唱

8个月的胎儿，已经能区分声音的差异，对于声音强弱和节奏的变化，能做出不同的反应。实施音乐胎教时，在听音乐、欣赏乐曲的同时，可以伴着音乐的旋律和节奏，朗读抒情诗歌、散文，轻声吟咏伴唱。这样做，同样能有较好的怡情效果。内容比较丰富的胎教音乐作品中，往往会把器乐、歌曲、朗读三者有机组合，有条不紊、有张有弛、流畅生动，声情并茂，和谐怡然，欣赏起来能为母胎带来美的享受。

除了给胎儿听胎教音乐，自己欣赏音乐之外，孕妈妈可以在音乐旋律的伴随下，或者完全不用音乐经常为胎儿吟唱，摇篮曲、儿歌、民歌小调甚至地方戏曲，都是音乐胎教的方式。作为音乐胎教方式，吟唱的同时，陶冶了自己的情绪，抒发美好的心境，获得了良好的胎教心理环境。和谐又愉悦的身心环境，能使胎儿也得到感觉和情感上的双重满足，有益健康。

听音乐，不宜多听节奏太快的乐曲；音量也不能太大，以免影响胎宝宝的听力发育。欣赏音乐也会令听觉系统和大脑疲劳。因此，每次听音乐时间不宜过长，有5～10分钟就足够。喜欢听、听来感觉舒畅的音乐，最好反复、多次听。

母胎温馨对话——语言胎教

分娩的日期，眼看着一天一天的临近了。孕妈妈因为身体开始臃肿、行动不便，做事情会变得举止迟缓。这种变化，也会影响到平时说话的语速和语调，而这种节奏徐缓、声调悠然的喃喃细语，正是适合进行语言胎教的对话方式。

进入妊娠后期，父母每天坚持与腹中的胎儿对话，是一种积极有益的胎教手段。虽然，胎儿还听不懂父母谈话的内容，却能通过听觉，感知父母的声音和语调，感受到父母的愉悦交谈和对胎宝宝的呼唤。因此，用语言胎教的方式，刺激胎儿听觉神经系统和大脑，对于大脑发育无疑是有益的。

谈话内容扩大

与胎儿对话，对着母体中的胎儿谈话，是训练胎儿听觉和感知能力、建立亲子感情联系的重要手段之一。在上个月的家庭亲子谈话基础上，继续有计划地进行家庭对话，为母体和胎儿继续提供亲情洋溢的温馨氛围，可以结合实际生活中的各种事情，不断扩大谈话内容和对话的范围。

每天的家庭谈话时间，需要继续坚持、扩大内容之外，孕妈妈的对话可以主动掌握。因为，胎儿在母体内律动和胎动比较活跃的时刻，只有孕妈妈能感受到。每逢感到胎动频繁，胎儿觉醒状态时，就可以和胎儿对话。注意运用自己特有的喃喃细语的方式，可以说一些日常用语，也可以告诉胎儿自己正在做什么。当然，谈话内容不能过于复杂，吐字要清楚，保持声调平稳、柔和。每一次时间也不宜过长，有10分钟左右就足够。这种母胎对话，不必拘泥于专门的时间、地点，也不必在意自己是坐、是卧或是正在家里做什么事，只需保持室内相对安静，胎儿能感知到母亲温馨、柔和的声音就好。

述说生活细节

对话内容，可以把日常生活中的细节，愉快的生活环节都说给胎宝宝听，让胎儿在母体内的时候，就能感受到家庭温馨的氛围，加强亲情感受和联系。

和胎儿谈话时，不必考虑宝宝是不是能听得懂，却一定要声音平稳、缓和、轻柔。这样，仅仅听到谈话的声音，就能让胎儿产生一种安全感。

到了这个月，胎儿的听觉已经能完全区分出声音频率的高低。如果说父亲经常和胎儿对话，胎儿熟悉父亲特殊、低沉的声音以后，就能做出相应反应。而且，胎儿能在出生以后，迅速识别出自己父母的声音，对自己熟悉的父母呼唤，能有亲切感、自然而然地有所表示。这对于做父母的来说，会有很令人欣喜、激动和自豪的收获。

对于胎宝宝自身来说，出生后降临陌生、嘈杂的世界里，能听到熟悉的声音，在心理上和情绪方面，无疑能得到巨大的安慰和抚慰，消除和减轻因为适应环境突然改变带来的紧张和不安。

亲子谈话、语言胎教，重点在于建立稳定的家庭成员之间的感情联系，塑造良好的家庭氛围，享受血浓于水的天伦之乐。

心情与运动

相信科学，克服恐惧——心理保健措施

孕晚期心理保健的核心和要点，是充分了解分娩原理及有关科学知识，相信现代医学科学的水平和能力，从根本上克服对于分娩的恐惧感。

最好的办法，是自己了解分娩的全过程以及可能出现的情况，进行分娩前的有关训练。

参加产前培训

现代城市医院或妇幼保健机构均会不定期地经常举办“孕妇学校”，在怀孕的早、中、晚期对孕妈妈和丈夫进行教育，专门讲解有关的医学保健知识，以及在分娩时的配合知识。这对有效地减轻心理压力，解除思想负担以及做好孕期保健，及时发现并诊治各类异常情况等均大有帮助。通过学习，还能认识一些同处妊娠期的准父母，互相交流，成为好朋友。因此，最好能早一些报名参加学习，多交几位正在服“预备役”的准妈妈做朋友，互相交流、互相勉励。

不宜提前入院

提前入院等待临产不一定好。首先，医疗设施资源是有限的，如果提前入院，不可能像家中那样舒适、安静和方便。其次，入院后较长时间不临产，会有一种紧迫感。看到后入院者已经分娩，也是一种刺激。其三，产科病房内发生的每一件事，都可能会影响住院者的情绪，这种影响并不十分有利。

所以，应当稳定情绪，保持心绪的平和，安心等待分娩时刻的到来。除非医生建议提前住院，不要提前入院等待。

做好分娩准备

分娩的准备包括妊娠后期的健康检查、心理上的准备和物质上的准备。一切准备的目的都为母婴平安。所以，准备的过程也是对孕妈妈的一种心理安慰。如果了解到家人和医生为自己做了大量的工作，并对意外情况也有所考虑，心中就会有底得多。

孕晚期，特别是临近预产期时，准爸爸也应时刻做好准备，让妻子心中有所依托。

注重排解心理压力——多梦的孕晚期

日有所思，夜有所梦。

梦境，是心理活动的延续，这个道理原本人人皆知，然后，进入妊娠后期以后，特别多梦、梦境重复再现，会困扰大多数孕妈妈。

女性普遍想象力丰富，特别是进入妊娠后期的孕妈妈，往往容易把幻境与事实混淆。而一般的电影、电视剧、小说类文艺作品，为了情节吸引人，往往故弄玄虚，弄一些稀奇古怪的幻象，虽然明知是演戏，但恐怖、凶残的镜头，看过后往往会时常留在孕妈妈脑海里，甚至会因为印象的深刻难以入睡。孕妈妈如果接触到这一类恐怖的影像，对胎儿有很不好的影响，妊娠后期最好避免看这一类影视作品。

到孕晚期，各种噩梦往往会令孕妈妈焦虑难耐。到了此时，因为身体笨拙，全身各处不适感等多方面的因素，往往睡眠质量不好，睡不踏实，极易被惊醒。

出自生理特点和心理上的压力感，会使孕晚期孕妈妈夜间休息时，经常处在浅睡眠期。浅睡眠期里，虽然身体处在休息状态，但大脑却并没有完全休息，部分大脑区域尚且因蒙眬睡意却分外活跃。日常生活中一些琐碎小事，潜意识中担忧的一些恐惧感，往往会在这种情况下出现的梦境中出现，并且会被夸大和渲染，内容还会随着每一个人想象力和经历、见识不同，极尽丰富多样化。

因为孕晚期的身体的种种生理不适感，孕妈妈心理上焦虑和恐惧的事比较多，做噩梦也会多。会经常梦见遭遇难产、生了怪胎，会梦见孩子被人抢走，会梦见自己生了孩子以后，没有奶水哺育……种种夸张和变形的梦境，反映出的是孕妈妈自身潜意识中的担心和忧虑。

因此，对噩梦的困扰，不必忧心忡忡，整天自寻烦恼。要明白，梦境并没有预示未来的功能。孕期多梦，而且多种相同内容的梦境重复出现，只是反映出孕妈妈本人潜意识中的焦虑因素，这些夸张和渲染的噩梦梦境发生，具有缓解孕期的精神压力的作用。

明白了这些道理，通过梦境，就可以了解到自身不完全明白的隐藏疑虑，进行自我疏导，对症解决，从而加倍小心，保护好自己和腹中胎儿。

克服、舒缓——职业孕妈妈减压

现代女性普遍要扮演数种角色，身兼数职——为人妻、为人媳、为人女、为人的同事、为下属或为人的上司……以至于现代社会中，心理减压已经成为一个普及的话题。对于身处职场上的怀孕女性来说，心理上需要减压的情况更为重要。

身在职场的孕妈妈，除了要面对怀孕时生理的变化，还有工作的压力和接踵而来的疲惫要克服。这里提供几种舒缓压力的方法，帮助孕妈妈轻松减压。

职场孕妈妈最常遇到的困扰，就是担心自己因为怀孕生理变化造成疲累，进而影响工作上的表现。

缓解压力，要从全方位着手，除了基本的配合饮食调整之外，生活作息和睡眠质量也是现代人讲究的重要课题。此外，多接近大自然、听音乐、培养兴趣等，都是孕妈妈身心放松的方式。

给自己放一天假

不少孕妈妈除了白天上班，晚上回家还有做不完的家事。遇到假日加班的话，真会一点喘息的时间都没有了。建议偶然让自己缓一口气，不要为自己排任何固定行程，只做自己想做的事情，去吃自己想吃的东西，把家事托给丈夫代劳，又或是干脆和他安排一场约会，都能帮助孕妈妈转换心情。

朋友聚会

不少孕妈妈都有相同的经验，自己怀孕之后，因为行动上的不便加上怀孕时生理上的不适，久而久之，参加朋友聚会的次数也变得愈来愈少。其实，孕妈妈更需要朋友的关心和陪伴。认识新朋友或参加聚会，都是很不错的减压方式，现代也有很多提供孕妈妈交换怀孕心得或是育儿心得的网站或博客。在“大家都是孕妈妈”的前提下，彼此不但多了共同的聊天话题，也能互相分享怀孕的心情和过来人的经验，增加更多放松心情的方式和余地。

适度运动很重要

到郊外或公园散步，对孕妈妈和腹中的宝宝的健康有很大的助益。孕妈妈如果能始终坚持适度运动，譬如每天利用10分钟散步，能帮助孕妈妈在生产时更加顺利。除此之外，利用休假时，到郊外踏青，或喝一杯下午茶，不仅能让自己的心境得以转变，也能趁机和准爸爸好好温存一下呢。

饮食减压

建议工作压力过大的孕妈妈，可多补充有安定神经功能的食物，帮助自己调整情绪。

适当补充蛋白质或维生素：如维生素B_1、维生素B_2、维生素B_6、维生素B_{12}和烟酸、泛酸、叶酸，都具有稳定神经、消除疲劳、增强肌力的功效。

多吃蔬菜、水果：现代人生活节奏快、饮食精致化的结果，消化不良普遍存在，不是常拉肚子就是常便秘，因此建议多食用高纤维素的蔬菜、水果，可以祛火、缓解症状，并补充维生素C。

多喝牛奶：每天早晨饮用一杯鲜奶，除了能预防骨质疏松外，鲜奶中所含的镁、钙等矿物质，还能帮助稳定情绪。

让身体动起来

呼吸、吐纳、瑜伽、快步走等运动方式，对消除或缓解身心压力、恢复神经系统平衡都有不错的帮助。

有氧运动：所谓的运动，可不是随便动两下就好，一定要流汗才算数。例如，夫妻可一起打乒乓球，不仅能减压、增加呼吸量、使内分泌平衡、增强肌肉耐力，还能增进夫妻默契！千万不要拿没时间当借口，尤其是职场孕妈妈，更需要多多运动！

放松肌肉：哪里酸、哪里痛，就运动哪里。举例说，颈部酸就做颈部运动，转一转、捏一捏减压效果也相当好。当然，求助于丈夫，请他来帮自己揉一揉、捏一捏、按一按酸痛的肌肉，不仅放松了紧张的肌肉，还能愉悦情绪，沟通感情联系，共享温馨。可谓一举多得，为什么不试一试呢。

夫妻按摩：是一件既浪漫，又能解除压力的良方。通过按摩，还能增进亲情，融洽感情，沟通心理，真是一举多得，值得一试。

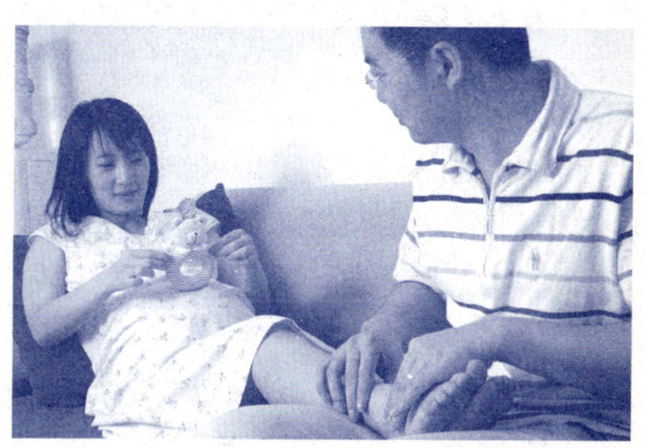

养胎最佳良方——坚持运动

进入妊娠后期，孕妈妈已经成为家庭中的重点保护对象，家务劳动不让做，活动和锻炼也普遍减少和受到限制。

身体越来越笨重，腹部膨起，行动迟缓，孕妈妈本人也会变得慵懒许多，通常会能坐不站，能靠不坐，能躺不靠。成天卧床静养时间加长，活动量减少，成为一个“养”的对象。

其实，适当的活动、适量的运动，能增强对于各种不适症状的抵抗能力，还能减少难产的发生概率。每天保持一定的户外活动时间，去空气清新的公园、郊外、田野里、江河畔，呼吸新鲜空气，接受充足的阳光照射，有助于机体合成维生素D，促进胎宝宝的骨骼生长发育。

越是进入行动不便的妊娠后期，孕妈妈坚持运动更有益于身体。适度合理的运动，能促进消化吸收功能，为腹中的宝宝提供充足营养，孕妈妈自己也会有充足的体力进行顺利分娩，还能在分娩后迅速恢复身材。

适当活动，可以促进血液循环，提高血液携氧能力，消除身体的疲劳和不适感，保持精神焕发和心情愉悦。

孕晚期的适度运动，能刺激腹中胎儿的大脑、感觉器官、平衡器官和呼吸系统良好发育。

活动能促进母体和胎儿的新陈代谢，增强孕妈妈体质，加强胎儿的免疫力。

孕晚期坚持运动，保持适度运动量，能令孕妈妈的肌肉和骨盆关节等保持活力，受到锻炼，能为顺利分娩创造条件。

缓疲劳、解压力——孕妇体操

孕妇体操不但有利于控制孕期体重，还有利于顺利分娩。进入妊娠后期以后，身体越来越显得笨重，行动一天一天越来越不方便，量力而行地学一学、做一做孕妇体操，对自己和腹中宝宝的健康都有裨益。

体操锻炼可以增加腹肌、腰背肌和骨盆底肌肉的张力和弹性，使关节、韧带松弛柔软，有助于分娩时肌肉放松，减少产道的阻力，使胎儿能较快地通过产道。坚持实施孕妇体操者，正常阴道产率显著高于没有做体操的产妇，产程也较后者短。

孕期体操能缓解孕妈妈的疲劳和压力，增强自然分娩的信心。

怀孕毕竟是一个特殊的生理过程，孕妈妈在练体操时要注意运动时间、运动量、热身准备，防止过度疲劳和避免宫缩。另外，有习惯性流产史、早产史、此次妊娠合并前置胎盘或有严重内科并发症者不宜进行孕期体操。

适合孕晚期做的几款孕妇体操：

盘腿

放松耻骨联合与股关节，伸展骨盆底肌肉群，让胎儿顺利通过产道。

笔直坐好，双脚合十，用手拉向身体，双膝上下活动，宛如蝴蝶振翅，做10次。

用同一姿势，吸气伸直脊背，呼气身体稍向前倾，做10次。

猫姿

振动骨盆的运动，可以缓解腰痛。还可以锻炼腹部肌肉，更好地支持子宫。

趴下，手与双膝分开。

边吸气边拱起背部，头部弯向两臂中间，直至看到肚脐。

边呼气边恢复到趴姿，边吸气边前抬上身。

边呼气边后撤身体，直至趴下，重复10次。

吹蜡式

锻炼腹肌。产后可恢复松弛的腹肌。

仰卧，曲起双膝，将手指立于离嘴30厘米处。把手指视为蜡烛，为吹熄烛焰而用力呼气。

电梯式

练习收缩阴道肌肉。

与活动骨盆底肌肉群同要领，收缩臀部和阴道肌肉，如开动电梯一般上抬腰部。从“1楼”到“5楼”分5层上抬，在“5楼”处保持2～3秒后，一边呼气，一边分5层放下腰部。

需要特别注意的是，猫姿和电梯式在妊娠后期、胎头入盆或胎位固定以后，就不能再做。

如果要抽出专门的时间来练习体操，许多人会嫌麻烦而坚持不下来。因此，可以一边看电视，一边顺便做操。还可以每天请准爸爸陪着自己、为自己喊着口令来做。

本月小结

可以提前开始准备迎接分娩的锻炼，练习分娩的呼吸法、按摩、压迫法和用力方法等临产前的辅助运动。

熟悉和了解分娩相关知识，对产程、分娩要素、配合医生及新生儿知识有所认知。

遵照医嘱，按照《保健手册》提示的时间，每两周一次定期到医院进行产前检查。

胎儿情况

胎儿身长约40厘米，体重1 500~1 700克。胎儿主要的器官已初步发育完毕，胃、肠、肾等功能已达到出生后的水平。覆盖在皮肤上的细绒毛消失，被胎脂取代。眼球表面的薄膜被眼睛吸收。皮肤深红，脂肪增多，位置开始稳定。生存能力比7个月的胎儿强多了，如果出生，在适当的护理下能存活。

胎儿在这个妊娠月份，会自己调整位置，很好动。因此，会让孕妈妈担心小家伙头朝上还是朝下、胎位正不正。

这个月，胎儿会自己经常变化在母体中的体位。有时候头向上，有时候又向下，还没有到固定下来的时候，当然，大多数胎儿都会因为头部较重，自然形成头向下的位置。如果需要纠正，产前检查时医生会给予适当指导。

母体情况

子宫底高达到25～27厘米，孕妈妈会感到身体沉重，经常腰背及下肢酸痛，乳晕、脐部和外阴色素加深。在仰卧时会感到不舒服。此时宫底的高度在脐与剑突之间。初产、大龄妊娠和多胎妊娠要注意，这段时间是妊娠高血压综合征的高发期，主要症状为高血压、水肿、蛋白尿等。这段时间如果有腹痛或阴道出血现象，要立即去医院诊治。

孕晚期，身体行动不便，举止受限，实施胎教会感到很辛苦。如果收不到胎儿的反馈信息，会让孕妈妈产生怀疑，甚至会有放弃继续坚持胎教的想法。准爸爸应当起到鼓励坚持的作用，激发孕妈妈持之以恒精神，克服懈怠和急功近利的心理。

胎动会越来越多，有时候甚至“拳打脚踢”地吓妈妈一跳，引起腹痛。孕妈妈的肚子偶然会一阵一阵地发紧、发硬，出现假性宫缩，也属近期内的正常现象。

由于离临产越来越近，孕妈妈对分娩既充满期待，又心存顾虑；既盼望早日和宝宝见面，又担心分娩时会出现异常情况，这种心理是普遍性的，尤其是初产孕妈妈。

胎教要点

饮食需要特别注意，每天保持适当的进食量。吃得太多很容易使母子都发胖，会造成难产。如果吃得太少，又会让胎儿发育缺乏营养。所以，一定要合理安排饮食，量少、丰富、多样是基本饮食原则。

不要因为身体笨重、行动不方便而停

止运动。孕晚期坚持适量运动，对母胎都有益。

人的性格基础，早在胎儿期已经基本形成，本月是胎儿性格形成的最重要时期。前面已经施行的胎教内容，需要继续坚持下去，才能影响到胎教效果。

面临越来越临近分娩，孕妈妈难免会有忧虑、紧张的感觉，还会感觉身体的笨重、劳累。经常在家庭播放的音乐要柔和一些，欢快一些，对孕妈妈情绪有稳定作用。还可以增强孕妈妈战胜困难的信心，产生将做母亲的幸福感和成就感，并且把这种愉快感传递给胎儿，对宝宝进行效果显著的后期胎教。

本月推荐食谱

妊娠后期，是营养素和热量积蓄的“最后冲刺”阶段。胎儿会大量贮存营养素，为出生后独立生存和生理需求做好储备。孕妈妈也要为分娩时消耗的热量和产后哺乳做好储备。为了自己和宝宝应对分娩和独立生存的重要阶段的营养需要，可以适当敞开胃口，想吃就吃，爱吃什么就吃什么。但需要适度控制，避免体重增加过快，造成生产的困难。

胎儿的主要器官已初步发育完毕，胎儿开始“为自己美容”，积蓄营养而使自己变得丰满、漂亮一些。这时的孕妈妈不要多吃辛辣食物和肥腻食物。

孕晚期营养的目的之一，是为了使胎儿保持一个适当的出生体重，从而有益于婴儿的健康生长，出生体重过低或过高均会影响婴儿的生存质量及免疫功能。

建议每天要吃到五餐或六餐较好。这一时期可以吃一些有养胃作用、易于消化吸收的粥和汤菜。家庭烹饪粥汤时，可以根据自己的口味，酌情添减配料。也可以佐配一些小菜、肉食来一起吃，粥可以按自己的习惯熬得黏稠一些或者稀一些。

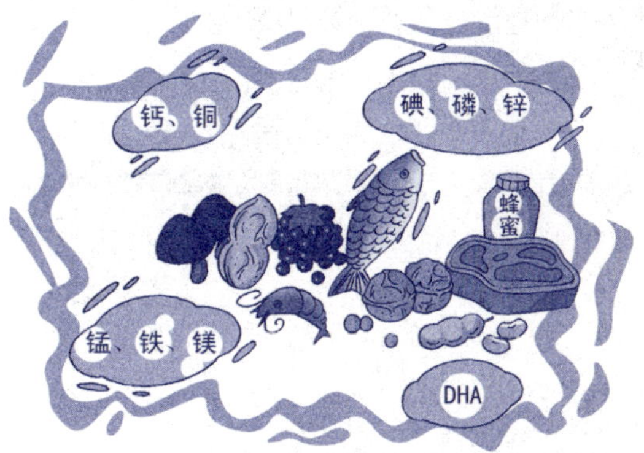

早餐、加餐和晚餐可以多吃一些粥、汤及面条一类的食物。这类食物营养丰富，易于消化吸收。

中餐的质量要有所保证，特别是还在上班工作中的孕妈妈们，一定不能再吃快餐食物。不妨让家人在头一天晚上就做好营养丰富的自制盒饭，带着上班热一热吃。当然，一定要注意食物的安全，谨防吃坏肚子。

妊娠后期除正餐外，要加吃零食和夜餐，如牛奶、饼干、核桃仁、水果等食品，夜餐要选择容易消化的食物。

为保证孕晚期的合理营养，建议每天膳食应由以下食物组成，用量可适当增减。

典/型/食/谱

主食：面粉350克，粳米250克，小米或玉米面50～100克。

蛋白质食物：瘦肉、鱼、肝、豆制品50～100克，每天选择两种以上，鸡蛋1～2个（约60～120克），牛奶300～500毫升。

蔬菜：黄绿色菜100克，其他蔬菜200～300克，海带、紫菜等海产品10～20克。

水果：各种时令新鲜瓜果100～200克。

油脂：烹调用油30毫升。

食谱列举

【果汁鱼块】

鱼肉300克，果汁120克，玉米粉30克，鸡蛋20克，植物油600毫升（实耗约50毫升），盐2克，水淀粉30克。

加工好的净鱼肉切成长3厘米、宽1.5厘米块放入碗内，用盐腌上；把鸡蛋与水淀粉放在碗里，加适量清水，搅拌均匀后把鱼块放入蘸上一层，然后再蘸上一层玉米粉；炒锅内倒入植物油，放旺火上烧到七八成热，把鱼块逐一放入，炸至金黄色，熟后捞出沥油放盘内；锅内热油倒出，留一点底油，放回火上，加入果汁炒匀；用调稀水淀粉勾薄芡，淋在鱼块上即成。

综合鱼的营养和果的香甜，不咸、不腻，少盐，适合孕晚期轻身利水的需求。

【花生炖猪蹄】

猪蹄两只约500克，花生米200克，调味料、葱花、姜片、盐各适量。

猪蹄洗净，用刀划剖开，加适量水，先旺水烧沸，撇去浮沫后加花生米、食盐，用小火炖至熟烂，骨脱时即可。

胶原蛋白丰富，有养血益阴作用。分顿佐餐，连续吃肉喝汤。孕产妇皆宜。

【番茄烧牛肉】

牛肉150克，番茄150克，植物油、酱油、料酒、葱花、姜末、盐各适量。

牛肉洗净后切成方块；番茄洗净去皮、去籽，切成块；用少许植物油入锅烧热，放入牛肉后炒至五成熟，加酱油翻炒变色，加入葱花、姜末、料酒、盐调味，略翻炒后加水，以浸没牛肉为度；煮沸后，加入番茄块，再改用小火炖至牛肉熟烂为止。

生津止渴，健胃消食。有补脾胃、益气血、消水肿、防便秘的功效。

【翠菜香卷】

生菜2小叶、豆芽菜2小把、四季豆1条、胡萝卜1个、虾仁2只、紫菜2条、沙拉酱2小匙、小麦麸2小匙。

生菜、豆芽菜、四季豆、胡萝卜、虾仁洗净；四季豆、胡萝卜对切，并以沸水烫熟，虾仁烫熟备用；在生菜叶上抹上沙拉酱，然后包入四季豆、胡萝卜及豆芽菜；夹入虾仁后，淋上小麦麸，用紫菜绑住尾端即可食用。

这道蔬菜沙拉做法简便，色彩诱人，能提供丰富的膳食纤维。小麦麸含丰富的非水溶性纤维，是防止便秘的食物。可以任意挑自己喜爱的蔬菜，进行随意搭配组合。

【醪糟蛋汤圆】

米酒酿（即醪糟）一大匙，无馅汤圆60克，鸡蛋1个（约60克），白砂糖少许。

锅中加清水1杯半煮滚，放入汤圆；待汤圆煮到开始上浮时，加入醪糟，打鸡蛋入锅，再烧滚即可放糖，熄火焖2分钟即成。

醪糟味甘，性辛、温，富含糖、有机酸、维生素，能益气、生津、活血、散结、消肿。作为早餐钠盐摄入能降到最低。利于孕妈妈利水消肿，也适合哺乳妈妈通利乳汁。

【豆腐皮粥】

豆腐皮50克，粳米100克，冰糖适量。

豆腐皮放入清水中漂洗干净，切成丝。粳米淘洗干净，放入锅内，加清水适量，置于火上，先用旺火煮沸后，再改用文火煮至粥将成，加入豆腐皮、冰糖，续煮至成粥。

特别提示

豆腐皮味甘、淡，性平，有清肺养胃、止咳、敛汗的作用。豆腐皮与健脾养胃、止渴除烦的粳米及冰糖共煮成粥，具有益气通便、保胎顺产、滑胎催生的作用。可使胎滑易产，缩短产程，是产前保健佳品。

"孕动"健母胎—妊娠第九个月

妊娠第九个月，距离预产期越来越近，有些胎儿的头已经入盆，怀胎数月已经临近了最后"冲刺"的关键时期。

孕妈妈普遍既为宝宝即将降临而期待、兴奋和愉快，又会对分娩有紧张不安的心理。

从前几个月学到的胎教、心理知识出发，应当主动、有意识地调整自己，始终保持平和、愉悦的心态，用自己的良好状态来影响胎儿的健康成长和持续胎教。

"孕动"的含义有两层，一是孕晚期胎儿活动能力更强，适合继续进行胎教；二是孕妈妈在身体负担加重、行动不便的情况下，更加需要做一做孕晚期活动和运动，才能有益母胎健康。因此，"孕动"，应当是这个月的主题。

思想压力大、情绪烦躁不安，生理上的不适感，行动举止的不便……准爸爸需要充分体谅和关心、照顾孕妻的这种特殊情况，从精神上、体力上、物质生活上多支持和关爱她，一起为分娩和宝宝的降生做好物质上、环境上的全面准备。

健康度孕

遵医嘱休养——卧床安胎

对于容易发生早产或流产现象的孕妈妈，医生通常会嘱咐卧床安胎休息；同时，卧床休息可以改善子宫内的血液循环，进而改善胎儿的养分及氧气的供应，对胎儿生长迟滞相当有帮助。因此"卧床安胎"在产科临床上是很重要的！

安胎，卧床休息很重要

卧床休息，意味着必须减少活动，或者必须整天躺在床上，后者即所谓"绝对卧床休息"。对于容易发生早产或流产现象的孕妈妈，医生通常会嘱咐卧床休息，以避免子宫和胎儿的重量直接对子宫颈造成压迫和引发子宫收缩。

同时，卧床休息可以减少热量的消耗，增加静脉回流，使心脏输出血液量增加，改善子宫内的血液循环，进而改善胎儿的养分及氧气的供应，尤其对胎儿生长迟滞是相当有帮助的。

怀孕期间医生常常会鼓励孕妇左侧躺卧，以改善静脉回流，减少头晕、虚弱无力的现象，也有助于胎儿的生长发育。

卧床安胎需要多久

卧床休息必须视状况而定，有些孕妈妈需要卧床休息至生产为止，有些孕妈妈只需要数天或数周。不同状况的安胎对策如下：

症状轻微：只要稍事休息即可，如偶发的头晕、心悸、下腹痛或小腹闷坠，这些症状大多是因为被撑大的子宫压迫下腔静脉，引起静脉回流不足所致，只要休息，减少压迫症状，即可消除，并无危险性。

有流产或早产之虞：可能要休息数天或数周至症状消失为止，如先兆性流产、早发性宫缩（即早产）、胁迫性早产。若有出血症状，则需休息至出血停止为止；有子宫收缩则休息至子宫收缩受控制为止，平日尚可从事一些简单的工作，对日常生活的影响不大。

症状严重：要休息到临产为止，常见的有前置胎盘、未经手术的子宫颈闭锁不全、子痫前症、早期破水、子宫内胎儿生长迟滞等。

各种需要卧床安胎的状况

怀孕早期出血：一般常见的是先兆性流产，只要稍事休息即可，卧床休息并不需要受到太大的限制，除非往后有其他的合并症，否则并不需要长期的卧床休息。

前置胎盘：常发生于怀孕中、后期的无痛性出血，而且每次出血大多没有预警而且量多，为避免失去急救的先机，没有出血的时候，尽可能在家休息，避免无端的意外：如撞击、跌倒和性行为。只要出现出血状况，医生通常会嘱咐：要绝对卧床休息，甚至要住院一直到生产为止。因为一旦发生出血以后，常常会反复性的出血，甚至造成母体和胎儿的窘迫现象，增加临床处理的困难和复杂度，所以卧床休息是避免这些困扰的可行方式之一。

子宫颈闭锁不全：通常发生在怀孕中期以后，因为子宫颈承受不了增大的子宫压力而发生流产或早产。如果能及早发现，经过手术缝合之后，一般可以从事一些简单的工作，平常生活起居方面不至于受太大的限制，但须避免提重物以免增加腹部的压力。如果未经手术缝合，子宫颈因为无法承受子宫及胎儿的重量，可能引发早产或流产，而且一旦子宫颈口已经自行扩张到3厘米以上，或羊膜囊已经突出在阴道内，会增加手术的难度，而使成功率下降，就有必要绝对卧床休息一直到生产为止。

子痫前症：又称妊娠高血压综合征，简称妊高征，通常发生在怀孕中晚期，需要让身心尽量保持平和，以避免刺激造成血压上升，甚至引发颅内出血（俗称中风）、抽搐和癫痫。除了卧床休息之外，还要避免过强的光线和噪声的刺激。无论是外来或内在的刺激都会引发高血压，而且子痫前症的胎儿，一般会发育得比较小，即所谓“子宫内生长迟滞”，此时卧床休息对胎儿成长有相当的正面效果。由于这一类患者的病情会随着怀孕周数增加而使病情更加恶化，必须等到生产完、胎儿离开子宫以后，才有痊愈的机会，因此，孕妈妈常常无法出院，必须在医院卧床休息至临产过后、血压恢复正常才可出院。

过早的早期破水：由于胎儿尚未达到足月，生产之后可能会因为胎儿肺尚未成熟，产生呼吸窘迫而造成缺氧，所以处理的目标就是避免引起早产。而避免引起早产的方法就是卧床休息和控制感染。卧床休息虽然对减少羊水流出没有特别的帮助，但可以减少因不当的活动造成脐带的压迫，甚至发生脐带脱垂的危险。所以尽量卧床休息直到生产时机成熟，以减少对脐带的压迫，并维持脐带适当的胎儿供氧能力是有必要的。

子宫内胎儿生产迟滞：有时常常找不到胎儿过小的原因，孕妈妈的饮食和生活也都正常，医生可能会建议孕妈妈辞去工作，在家卧床休息养胎，甚至连家务事也不要做，完全放松，减少热量的消耗，增加胎盘的血流，对胎儿成长常常有意想不到的效果。

轻松度过卧床安胎期

卧床休息，除了可以改善孕妈妈的静脉回流、减少下肢水肿，还可让肌肉松弛，避免肌肉过度紧绷而引起的酸痛；但是相对的，因为关节活动减少，容易引起关节疼痛，所以需要适当变换姿势，或在床上作一些关节伸缩的活动。此外，长期卧床还可能加速骨质流失，造成骨质疏松，所以要注意钙质的摄取。

由于在医院和在家的环境不同，所受的限制不同，卧床休息的条件和前提也不同，所以孕妈妈应对自己需卧床休息的状况做好长远的规划。

在家的环境固然比较舒适，但在医院医疗资源比较多而且比较方便。为了要轻松度过长期卧床的日子，孕妈妈可能要面临生活作息上的改变，尤其是对需要绝对卧床休息的孕妇，必须作好相当的准备，例如必须在床上盥洗，洗澡要擦澡，无法淋浴。可以安排适当的消遣，如听音乐、看书报或电视、操作计算机等，必须要在随手可得的地方。还需要考虑到可能无法上厕所，必须使用便盆，这时就要更注重局部的卫生和清洁。由于这一类患者要避免过度的使用腹压，还要尽量养成定时排便的习惯，避免造成便秘。这时就必须多喝开水，多摄取富含纤维素的食物，必要的话可以使用软便药或缓泻剂，以期保持大便畅通。

卧床安胎的日子很辛苦，也很烦闷，对因病情需要而必须长期卧床的孕妈妈而

言，做好长期的规划很重要。除了医疗资源和物质需求以外，更需要家人与朋友的协助和关怀，自己也要设法找到适当的消遣方式。利用电话、书信以及电脑和亲朋好友保持互动，可以抒发情绪，排解内心的郁闷。

孕晚期的烦恼——皮肤变化与对策

孕妈妈一方面怀着迎接新生命的喜悦，另一方面却要为怀孕期间许多身体的变化而苦恼。

瘙痒、色素沉着斑、静脉曲张、出油、多毛……

孕晚期在皮肤方面，可能会陆续出现许多恼人的生理变化，如何应对呢？

妊娠瘙痒症

由于怀孕期间，雌激素上升，胆盐代谢降低，瘀积在血液中，再加上前列腺素上升，控制痒感的阀值下降。所以，在怀孕期间常会有异常痒感，这是所谓“妊娠瘙痒症”，常常会因不当搔抓而形成皮肤炎症。

应对：怀孕期间尽量不要洗过热的水，减少使用清洁剂的次数，并在沐浴后擦一点清爽的乳液来滋养肌肤。

区域性色素沉着

约有90%的怀孕妈妈，会出现区域性色素沉着的变化，好发部位包括乳晕、腹部中线、阴部、腋下及大腿内侧；另外原本的雀斑、痣及瘢痕也可能出现变深的情况。

应对：色素沉着大多是过渡性的，在产后6个月后会完全消失。值得注意的是，如果痣不仅仅颜色变深，甚至异常地增大许多，或出现不正常的出血、溃疡，则建议立即切除做化验，排除恶性变化。

妊娠纹

妊娠纹是最让孕妈妈感到棘手的难题，有80%～90%的孕妈妈会受到困扰，但严重程度不一。通常在怀孕6～7个月后开始产生，除了腹部之外，大腿、腹股沟甚至胸部都有可能出现粉红或紫红色萎缩性斑纹。除了激素的影响，体重增加太快也是促成原因之一。虽然在产后会慢慢变白、变细，但很多人无法完全恢复。

应对：建议孕妈妈在怀孕期间，要控制体重的增加速度，另外可以涂一些含果酸的乳液或可以促进弹力纤维生成的妊娠霜，来紧致皮肤，预防妊娠纹产生。倘若妊娠纹已产生，在产后且妊娠纹尚未变白前，可以接受激光治疗，有改善的机会。

黑斑

约有70%的怀孕女性，会出现黑斑的表征。黑斑即俗称的肝斑，因其色似猪肝色故得名，其实与肝功能好坏并无相关。黑斑好发部位以两颊为主，严重者包括前额、鼻子及下巴都会受影响。黑斑产生的原因虽与日光无关，但紫外线却会使黑斑变更黑，黑斑大部分不会随着生产而消失。

应对： 在怀孕期间，应当加强防晒保护，要出门时，除了擦防晒乳、撑遮阳伞外，可加上涂抹维生素C、绿茶多酚乳剂，以预防黑素沉淀及自由基的伤害。如果黑斑已生成，在分娩以后可以找医生开退斑膏使用，或接受激光祛斑治疗。

孕期多毛和产后落发

人体的毛发成长有三个时期，分别是生长期、休止期及死亡期。怀孕的时候，大多数毛发会转变到生长期，所以较粗黑且增生，在脸部、四肢及背部都可能有毛发增生的多毛情况，且头发会变得较浓密、粗黑。但在产后，头发会进入休止期，所以，有些孕妈妈会在产后1～5个月开始，出现广泛性落发。

应对： 孕期多毛的情况，大多数会在产后6个月内慢慢恢复原状；至于产后大量落发，会在产后半年后，慢慢地重新长回来（有些人甚至会持续1年半之久）。

多汗、皮肤出油

怀孕期间，由于小汗腺的分泌增加，所以有手汗、脚汗症的人可能会更不舒服，甚至有皮炎的情况。大汗腺分泌下降。所以原本有狐臭或化脓性大汗腺炎（腋下或屁股），会有暂时缓解的情况。此外，皮脂腺分泌增加，所以会觉得脸部、头皮及背上出油变多，但痤疮（痘痘）不一定会变严重。因为痘痘的生成还取决于其他因素，如毛囊过度角化、痤疮出现与局部发炎。

应对： 要穿着透气、吸汗的衣服，做好脸部及身体清洁工作。这些腺体的变化都是过渡性的，在产后会逐渐恢复正常。

血管扩张

在怀孕期间，由于激素的影响，在局部区域会造成血管的扩张、不稳定或增生，所以可能见到掌部潮红、牙龈充血、下肢水肿，或者在脸部、前胸可见“蜘蛛斑”的微血管扩张。

应对： 属于过渡性现象，在产后3～6个月会逐渐消退。

有了一些基础认识，就不会在皮肤一出现轻微变化时就很紧张，急着要治疗。但是，的确有些皮肤疾病是在怀孕期间才产生，并需积极治疗，否则可能会影响到胎儿，如严重的皮肤红疹，甚至起水泡、脓疱时，应找皮肤科医生诊治。

了解胎位和胎位矫正

预产期一天一天的临近，胎位、胎盘、羊水、胎膜、脐带等知识，随着产前检查次数的增加，越来越拉近了孕妈妈生活距离，最需要了解的，应当是胎位知识。

了解胎位

所谓胎位，通俗地说就是胎儿在子宫内的位置和姿势。胎儿出生前，在子宫里的姿势非常重要，关系到孕妈妈是顺产还是难产。子宫内的胎儿浸泡在羊水中，由于胎儿头部比胎体重，所以胎儿多数是头下臀上的姿势。

母体的产道，是一个纵行、长而且弯的管道，如果胎儿身体的纵轴和母体的长轴互相平行，叫纵产式。最先进入骨盆入口的胎儿部分，叫先露。如果纵产式的胎儿头在下方，臀在上方，就是头先露，这样的胎位叫头位。胎儿背朝前胸向后，两手交叉于胸前，两腿盘曲，头俯屈，枕部最低，医学上称枕位的是正常胎位。

如果胎儿头和臀颠倒过来，臀在下头在上，是臀先露，这种胎位叫臀位。臀位分6种：单臀位、混合臀位、全膝位、不全膝位、全足位、不全足位。

有些胎儿虽然也是头部朝下，但胎头由俯屈变为仰伸或枕骨在后方，也属胎位不正。至于分娩时臀部先露即臀位，或脚或腿部先露，甚至手臂先露的横位等，便属于胎位不正。

这些不正常的胎位，在孕妈妈本来就很有限的分娩通道中设置障碍，容易导致难产。例如臀位容易导致胎膜早破，造成

脐带脱垂或分娩时的出头困难，从而危及胎儿安全。再如横位，由于分娩时先露部分不能紧贴宫颈，对子宫的压力不均匀，容易导致子宫收缩乏力，会致使胎儿宫内窘迫或窒息死亡。

胎位纠正

引起胎位不正的原因，有早产、胎儿畸形、羊水不正常、胎儿生长过慢、脐带过短、子宫畸形、胎盘不正常、骨盆狭窄、多胎等。发现胎儿胎位不正后，医生会详查胎

儿与孕妈妈的身体状况。

矫正的方式，一般只要按规定做产前检查，胎位不正可以及时发现。发现胎位不正后不必惊慌，一般采取以下措施解决：

在妊娠28周前，可以做胸膝卧位操纠正，每天早晚各一次，每次做10分钟，连续做1周，胎位就可以转正。

胸膝卧的姿势

胸膝卧的姿势：把胸部贴在床上，双膝及小腿也贴在床面上，两腿分开，小腿与大腿呈90°直角，以胸部和膝部力量支持全身。初练习从5分钟开始，逐步加长至10～15分钟，每天早晚各做1次。做完之后，静静地侧躺在床上休息。

倒转术

如果以上两种办法不见效，医生会考虑从外部进行倒转，让胎儿来个180°的翻转，然后用腹带布把腹部包裹起来，维持头位。具体做法是用手在腹壁上摸到胎儿的头后，把胎儿的头慢慢转到骨盆腔里，再把臀部推上去。当然做这种治疗必须由医生来做，如果自己乱来，弄不好，会导致脐带缠在胎儿脖子上或发生胎盘早剥。

假如胎儿的臀、足已经伸入小骨盆，倒转困难，或者在倒转时胎心有变化，就不能勉强，就只好让“固执”的小家伙立着出生。

自疗注意事项

孕妈妈不宜久坐久卧，要增加诸如散步、揉腹、转腰等轻柔的活动。胎位不正是常有事，而且完全能校正，孕妈妈不必焦虑、愁闷，因为情绪不好不利于转变胎位。忌寒凉性及胀气性食品，如西瓜、螺蛳、山芋、豆类等。大便要畅通，每日定时排便。

需要提醒的是，上列的疗法如果能够帮助异常胎位转正固然很好，如果转不了也不必紧张，因为现代医学早已经有较先进的方法保障胎儿及孕妈妈安全。不过，需要在预产期前1～2周住院待产，由医生根据孕妈妈的具体情况决定分娩方式。

合理起居

量力而行——自我调适

孕晚期最明显的感觉，就是总会觉得很疲倦，加上身体和动作不便，人也会显得慵懒很多，做事情常常会有力不从心，动作吃力的感觉。遇到这种情况，就不要再苛求自己做好事情，能停就停下，能歇就多歇着。

孕晚期最主要的任务，应当是保持体力。每天的睡眠时间可以适当加长，能睡到10小时左右最好。如果失眠、睡不着也没关系，躺下休息也对保持体力有益。

当然，保持体力和注意休息，并非要成天都躺着，适度做一做孕妇操，每天活动，去户外散散步，更有益于保持旺盛精力。

只要不是遇到恶劣天气，每天都坚持去户外散步，能舒活全身筋骨，转换心情，会油然产生怡然自得、心旷神怡的感觉。而保持良好心情，对于克服种种不适感、对腹中的胎儿健康都有益处。

最明显的不适症状，是出现双脚或膝关节以下的水肿，上腹部总是有饱胀感，胃部常会有烧灼感，呼吸变得粗重、动辄喘吁吁，便秘或痔疮也会显得更重。

应对种种不适，要注意避免长时间站立，休息时有意把双腿抬高一点，晚上睡觉时可以把双脚垫高，对于缓解水肿会有帮助。

每一餐都不要吃得过饱，吃到七成饱就可以。每天可以改一日三餐为五六餐，如果条件限制，可以在两次正餐之间吃一些零食。

饮食方面，在继续注意保持营养均衡的同时，注意多吃一些开胃、纤维素含量较高、容易消化吸收的食物。这样做有助于缓解胃部不适感，减轻便秘和痔疮的烦恼。

因为生理上的特殊情况，日常生活中必须格外小心谨慎:

坚持定期去医院做产前检查，出现特殊情况按照医生预约时间复检。

留意下肢或身体其他部位水肿情况，观察休息之后水肿是否减轻和消失。

避免劳累，每天坚持午睡1小时。

坚持计数胎动，掌握胎动的规律，发现胎动异常则尽快就医。

注意饮食调理，保证新鲜蔬菜和水果的摄取量，不要吃咸菜，每天用盐量控制在6克左右。

节制性生活，避免性爱。

注意个人卫生，勤换内衣，保持乳房、外阴部清洁。

家务劳动也健身——安全舒适做家务

到了妊娠后期，身体笨重、行动迟缓，日常生活和起居受到很大干扰。然而，如果能每天在家里做一些家务事，也是有益于健康的活动。

家务劳动可以随时随地做，想做就做、需要停就停、任何时候都可以接着再做，应当是最适合妊娠后期的活动项目。

做家务的基本原则，就是要安全、舒适，量力而行，根据家庭各个场所的不同，特别要注重体力和安全：

客厅

擦地、拖地时，选择清洁工具相当重要，最好使用不需要弯腰的器具，打扫时要避免蹲下或跪在地上。可以用吸尘器来代替扫把，站立式吸尘器能根据使用者高度来调整长短，很省力。如果喜欢使用拖布，最好用长度在腰部，介于胸部与颈部之间的长柄式。

浴室

不主张孕妈妈清洁浴室，除非浴室中有防滑设备，否则很容易滑倒。由于清洗浴室需要许多弯腰的动作，顶多清洗一下洗脸柜就行，清洁厕所、浴室、洗脸盆的活儿，交给先生去做。

洗衣服：贴身小衣物只需要站在浴室的洗脸池旁搓洗，大件衣物还是交给洗衣机好。

阳台

做家务时千万不要过度屈膝或过度伸展，晾衣物时，以腹部为中心点、双手向上或往下的姿势太多，会牵扯到腹部，要尽量避免类似动作。

晒衣服：个子矮小或晾衣架太高，要踮起脚尖来够衣架会很危险，最好使用可以升降的晾衣架，使用方便、安全。

厨房

因为妊娠反应，通常会对油烟味反感，不宜到厨房做饭和洗碗。

倒垃圾：不适宜提过重的东西，提东西时，两肩不要有费力提拉的感觉，使用腹肌力量会让肚子感到紧绷，一定不要让物品的重量超过自己一般能负荷的程度。

除油烟：如果必须使用化学清洁剂，才能清除厨房墙壁、器皿上的油烟，不如用类似锡箔纸类贴到墙上，只需撕掉纸，轻松方便地达到清洁墙壁的效果。抽油烟机的清洁可以购买滤网整面铺上，油垢太多时撕掉，换一张新的就行。

卧室

一般家庭中床的高度，对于孕妈妈太

低，腹部隆起时不方便，可以采用下蹲姿势铺床单，两脚叉开与肩同宽、膝盖弯曲，蹲马步似的重心往后，不致因为腹部太大而前倾。最好与家人共同完成铺床单

的动作，在妊娠28周以后，更不适合做这种家务事。

取棉被：家庭收藏棉被尽量不要放得太高，取棉被时最好有家人帮忙，以免向高处取物动作牵拉到腹部，最好使用轻巧、保暖的被子。

叠衣服：衣物的清洗、折叠是一项虽简单却极烦琐的家务事，折叠衣物时，谨记“能坐就不站，能靠就不坐”的原则，尽量不要弯着身子，让腹部承受压力。

餐厅

如果餐桌没有靠墙放置，桌子的面积又大，收拾碗碟和擦桌子时，先把桌面分成四等份，让胳膊配合腹肌的伸展幅度缩小。宁可移动身体转着圈擦桌子，也不要用腹部紧靠桌面，拼命去够擦桌子对面。如果是圆桌，就围着圆心擦，不要因为偷懒动作而牵拉到腹部肌肉，擦拭桌面的时候，双脚要勤移勤换。

做不动了，累了，就歇下来。不必强求自己，不要太劳累。降低要求，不苛求自己，别小看了这些改变，这也是一种能力哦！

饮食营养

母乳喂养——早做准备

现代家庭和育龄女性，绝大多数人都了解母乳喂养对于未来宝宝和妈妈自身健康的好处，也都懂得至少要让孩子吃母乳、吃到初乳的重要性。经历了漫长的怀孕期以后，日渐产生的母爱，更会促使多数孕妈妈做好母乳喂养婴儿的思想准备。

如果准备要用自己的乳汁喂养宝宝，那么，从妊娠后期开始，就应该为将来的母乳喂养做好各方面的准备。

注意营养

母亲营养不良会造成胎儿宫内发育不良，还会影响乳汁的分泌。在整个孕后期和哺乳期都需要足够的营养，多吃含丰富蛋白质、维生素和矿物质类的食物，为产后泌乳作好营养准备。

注意乳头、乳房的保养

乳房和乳头的正常与否，会直接影响产后母乳喂养。在孕晚期要做好乳头的准备，在清洁乳房后，用羊脂油按摩乳头，增加乳头柔韧性；由外向内轻轻按摩乳房，以便疏通乳腺管；使用宽带子、棉制乳罩支撑乳房，能防止乳房下垂。扁平乳头、凹陷乳头的孕妈妈，应当在医生指导下，使用乳头纠正工具进行矫治。

定期产前检查

发现问题及时纠正，保证妊娠期身体健康及顺利分娩，是孕妈妈产后能分泌充足乳汁的重要前提。

了解母乳喂养知识

取得家人特别是丈夫的共识和支持，树立信心，下定决心，母乳喂养才能更容易成功。

吃得要巧——高蛋白质、低脂肪

妊娠后期饮食，应当把握高蛋白质、低脂肪的概念。因为食物中的蛋白质成分，可以促进身体内细胞组织的生成，帮助细胞成长，有助于胎儿健全发育；减少吃汉堡、炸鸡、薯条、肥肉等高热量、高脂肪的食物，才能帮助控制体重增加的速度，减少脂肪堆积，造成产后瘦身的负担。

建议孕妈妈尽量减少摄取富含动物性脂肪的食物。譬如，肥肉、牛油、猪油、汉堡、香肠、炸鸡、薯条、冰淇淋等。

食物种类

五谷根茎类：淀粉类食物。譬如，米饭、面食等，作用是提供身体基本运行功能以及产生热量。孕后期一天宜摄取3～4

份，其中稀粥二碗约等于一碗干饭、一碗面条、5片苏打饼干的量。

蔬菜和水果类：富含维生素A、维生素C的深绿色蔬菜、水果，能帮助体内生理作用的调节，蔬菜中的纤维质更可以促进肠胃蠕动，帮助排便，预防或改善孕期便秘的状况。因此，怀孕期间，蔬菜的摄取量每日宜增加为三份（约等于三小碟），水果二份（一份约拳头般的大小或是一小饭碗的量）。

奶类：每天两杯牛奶为最佳摄取量，钙质及蛋白质皆有助胎儿发育，酸奶、奶酪等乳制品也能和牛奶互相交替食用，增添饮食变化。

鱼、肉、蛋、豆类：建议应增加4份的摄取量，以重约30克的肉类为一份的量计算，一只蛋、一块豆腐，也都相当于一份的量。在怀孕中后期时，每天要多摄取1 254千焦（300千卡），也就是相当于多吃一份的肉、鱼、蛋、豆类，另外，牛奶的补充除了能提供丰富的蛋白质和维生素B_2外，还有丰富的钙质可以帮助胎儿骨骼的生长。若不喜欢或是不能喝牛奶者，可以用海鲜类替代，如小鱼干、蛤、牡蛎等，并请教营养师或医生的建议。

油脂类：在油脂类的摄取上，每日建议的摄取量约3汤匙（40毫升）。烹调时，应以市面上一般卖的纯植物油为主，动物性的油脂不宜多吃，避免胆固醇过高，增加心血管的负荷。

孕期不可或缺的营养素

叶酸：叶酸能预防胎儿脑神经管发育异常，孕期若缺乏叶酸，则容易造成胎儿患无脑症或脊椎裂症。

日常生活中，绿色蔬菜、芦笋、肝、豆类等，都是叶酸含量较高的食物。不过，蔬菜中的叶酸容易随着烹调时间及包装处理而逐渐流失，因此，烹调时应尽量避免高温烹煮。

此外，酒精会让体内贮存的叶酸排出，并减低人体对叶酸的吸收力，因此孕期更应减少酒精的摄取，诸如调料酒、以酒烹调的料理都要少吃。

钙：孕期钙质摄取不足，则容易影响胎儿骨骼与牙齿发育，也会影响新生儿的智力与神经系统发育。孕妈妈缺乏钙质，也会容易有抽筋、腰腿酸痛、骨关节痛、

水肿等现象，甚至可能导致高血压、难产、骨质疏松、软骨症、产后乳汁不足等情况。

平日的饮食方面，奶酪、奶类、绿色蔬菜都含有丰富的钙质。一杯（240毫升）牛奶有约240毫克的钙质，小鱼干也是不错的钙质来源。

铁： 孕期为了供应胎儿成长及体内循环的需要，血液需求量增加，铁质的摄取量更加重要。若孕期对铁的摄取不足，则容易产生早产或新生儿体重不足的状况。

食物中，肝脏、牡蛎、贝类、瘦肉、蛋类、豆类、全谷物和绿色蔬菜都含有丰富的铁。需注意的是，茶和咖啡中的咖啡因，会抑制人体对铁质的吸收，因此，孕期应减少饮用。

复合维生素不可取代正餐

市面上可以购买到孕期专用的复合维生素。但是，复合维生素只能当做正餐以外的营养补给品，绝对不可代替正常饮食。其实，最佳的营养补品，是食物杂一些、种类多一些，均衡摄取各种营养素。

孕期调理饮食时，应当把握中庸之道，尽量避免猛吃同一类食物的情况。例如像知道了某样食物对胎儿发育有帮助，就拼命多吃，如此一来，反而会造成孕妈妈的健康负担。

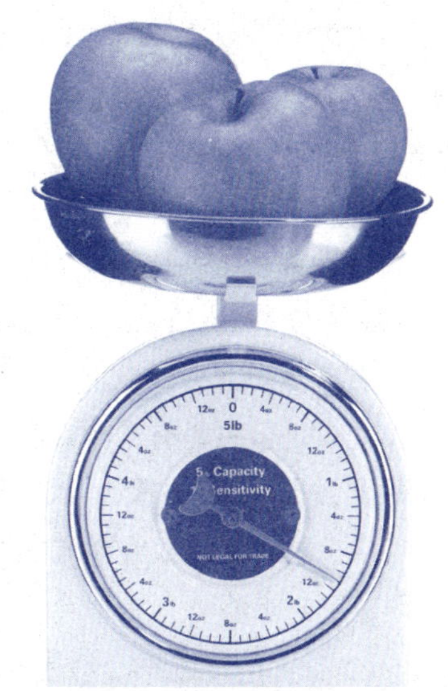

自己动手——蔬菜食疗改善不适

蔬菜富含纤维，以及各种丰富的营养素，多吃蔬菜不仅能提供宝宝成长所需的营养素，也能减轻孕期不适症状。下面针对孕期常见的身体不适，包括水肿、贫血与便秘，提供几种改善身体不适，又能摄取营养的美味蔬菜食疗方法。

改善贫血

孕妈妈比一般人需要摄取更多铁质，提到富含铁质的食物，人们总会想到牛肉、猪肝，不过除了这些食物之外，植物性的食物例如紫菜、黑豆、龙眼干、金针菜以及红糖等都含有丰富的铁质，而紫菜更是其中的佼佼者。

【土豆补血什锦汤】

功效：改善贫血。

材料：土豆1个，胡萝卜半条，干海带5厘米长，红枣10枚，当归1片，干金针菜10克。

做法：土豆与胡萝卜去皮切块；红枣泡软切开去核。

海带泡软切细丝；金针菜以沸水汆烫1分钟后捞起沥干。

全部材料加水1000毫升，大火煮沸后转小火续煮20分钟，酌加盐、淀粉与香油调味即可，宜趁热进食。

土豆的钾含量高，而钾是制造胰岛素不可或缺的矿物质，经常榨土豆生汁饮用，对降血糖有效，而钾也能结合体内多余的钠代谢出去，有助于改善高血压和水肿。另外，土豆也富含果胶与膳食纤维，能促进胃肠蠕动，改善消化不良与便秘。

胡萝卜有清热解毒、润肠通便，并有补血、明目作用，能改善下半身怕冷的症状，尤其对病后体虚或是孕妈妈有食疗滋补的功效，也有助于孕妈妈产后补充母乳。

金针菜富含β-胡萝卜素、磷、钙、铁、维生素B_1（硫胺素）、烟酸、维生素B_2（核黄素）等，日本把金针菜列入植物性食物中最具有代表性的健脑食物之一，适合孕妈妈进食，对胎儿脑发育十分有益。

【紫菜芝麻糊】

2

功效：改善缺铁性贫血。

材料：紫菜（干）10克，甘草粉2克，黑芝麻粉5克，黑糖10克。

做法：紫菜加水300毫升，大火煮滚后转小火续煮5分钟，关火待凉，然后加入甘草粉、黑芝麻粉与红糖，以果汁机拌匀即可。

紫菜除了含有丰富的铁质之外，也富含钾、钠、钙与食物纤维，其独特的滑溜成分为褐藻酸，一旦进入胃中就会因胃酸而释放出钾，进入小肠后会排出多余的钠，能有效防止高血压。而紫菜所含的粗纤维，有助于排泄坏的胆固醇，可防止动脉粥样硬化与高脂血症的发生。

3

【芦笋汁阿胶牛奶】

功效：改善贫血。

材料：绿芦笋汁100毫升，阿胶15克，鲜牛奶200毫升。

做法：将阿胶去除杂质，晒干后敲碎，研成细粉，放入沙锅，加入适量清水，用小火炖煮，兑入煮沸的牛奶离火，再加入绿芦笋汁，拌和均匀即成。

芦笋含有甘露糖、天门冬氨酸、天门冬酰胺、精氨酸、维生素A、维生素B_1、维生素B_2、维生素C、烟酸、叶酸、芦丁、胆碱、硒等成分，因此，芦笋味鲜美、营养丰富、纤维柔软可口，能增进食欲，帮助消化，能抗癌、防癌，阿胶有明显的补血作用，疗效优于铁剂。

防止便秘

由于激素的影响，孕妈妈肠胃的蠕动会变得较慢，在这样的情形下，更需要多吃高纤食物来防止便秘。孕妈妈可以放心地食用高纤蔬果，不过要避免食用太多木耳类的食物，因为木耳有可能会影响胚胎的安全。如果担心食物比较寒凉，可以在料理时加入姜。

【牛蒡泡菜】

功效：帮助排便。

材料：牛蒡1条、黑白芝麻数十粒。

做法：牛蒡去皮刨细丝，马上浸入盐水中，半分钟后捞起，再用沸水氽烫1分钟后沥干。牛蒡丝与红糖、醋、盐及冷压麻油拌匀，撒上黑白芝麻粒，放入冰箱冷藏半天即可。可当做正餐的佐菜。

牛蒡根部内含丰富的菊糖，有助于胰岛素的分泌，最适合糖尿病患者食用，并能刺激肠道蠕动，防止便秘。另外，牛蒡含有大量的膳食纤维木质素，能抑制体内有毒代谢物的形成，降低胆固醇，防止细胞突变，预防癌症的发生。

【荸荠西瓜汁】

功效：改善排便不顺、水肿。

材料：荸荠10粒，西瓜（连皮）300克。

做法：荸荠去皮切半，用沸水氽烫30秒后捞起。

西瓜去绿色外皮，将西瓜肉与白色内皮用榨汁机榨出原汁。

将西瓜汁与荸荠以果汁机拌匀即可。宜趁鲜饮用。

中医认为，荸荠具有清凉解毒、利尿通便、消食除胀等功效，能治腹胀、便秘等症。此外，荸荠是蔬菜类中热量较高者，含有大量淀粉及磷质，能促进大肠蠕动、调理人体酸碱平衡，增进牙齿、骨骼、神经组织的健康。

去水肿

除了冬瓜之外，玉米须子也是很好的消肿食物，如果担心消除水肿的食物较为寒凉，只要在食物中加入姜。

1

【玉米须瓜皮汤】

功效：改善肾炎水肿、孕期水肿。

材料：老玉米须30克，西瓜白色内皮250克，冬瓜皮250克，赤小豆150克。

做法：老玉米须彻底洗净，并用沸水汆烫1分钟，沥干备用。

将老玉米须放入药袋（或纱布袋）中，连同西瓜皮、冬瓜皮、赤小豆加水3000毫升，大火煮滚后转小火续煮约半小时，滤渣后饮用。老玉米须一般中药房有售。

中医学认为玉米具有补中健胃、滋养、利尿功效。玉米须能清热、利尿、平肝，能改善高血压、糖尿病、肾炎、水肿、黄疸、肝炎、胆结石引发的小便困难等。

2

【凉拌萝卜洋葱】

功效：利尿消肿。

材料：洋葱1/8个，小黄瓜1条，白萝卜1/4条，醋50毫升，冰糖30克，葡萄干60克。

做法：洋葱、白萝卜去皮切丝；小黄瓜切片。

洋葱、小黄瓜、白萝卜、醋、冰糖拌匀，食用前再加入葡萄干即可。宜尽快吃完。

洋葱可以提高胃肠道张力、促进胃肠分泌消化液，有助于整肠健胃，促进食欲。

小黄瓜所含的钾能利尿消肿，排除体内多余的盐分与废物，使血液净化、改善高血压。另外，其嫩籽富含抗氧化剂，能预防流产。

白萝卜生吃，能帮助排出胃部、肺部的秽浊之气，同时能解毒、利尿，并有良好的清水退火作用。熟吃能改善腹胀、促进肠道蠕动。

烹/调/小/技/巧

切洋葱时常常会让人热泪盈眶，可以先把菜刀沾上冰水再切，或在砧板旁放一杯水，让水分子稀释洋葱的催泪元素即可。吃过洋葱后口腔若有异味，只要喝浓茶或柠檬汁便能迅速消除。

每一种蔬菜都具有多重功效，想要获取均衡的营养，千万不要局限自己只吃某几种蔬菜，而是要轮流吃多种不同的蔬菜，才会获得多种营养素，让自己和宝宝都健康。

胎教要点

孕九月的功课——巩固胎教效果

孕晚期，胎儿各器官、系统发育逐渐成熟，对外界的各种刺激反应更加积极。

坚持各种胎教训练

妊娠后期，孕妈妈常常动作笨拙、行动不便。许多孕妈妈因此而放弃孕晚期的胎教训练，这样不仅影响前期训练对胎儿的效果，而且影响孕妈妈的身体与生产准备。

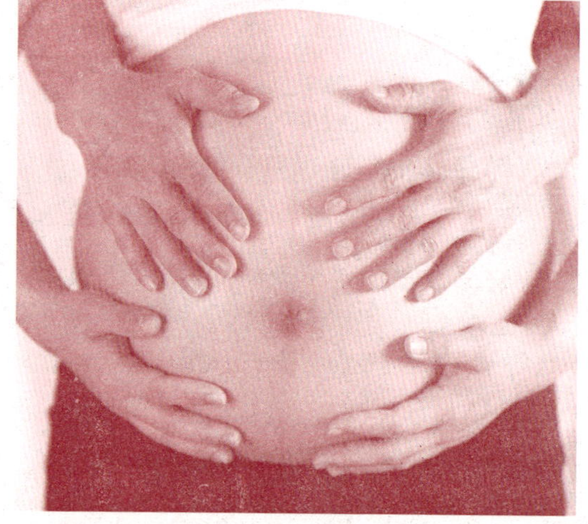

因此，孕妈妈在孕晚期最好不要轻言放弃，自己要坚持运动和对胎儿的胎教训练。因为，适当的运动可以给胎儿躯体和前庭感觉系统自然的刺激，能促进胎儿的运动平衡功能。

为巩固胎儿在孕早期、孕中期对各种刺激已形成的条件反射，孕晚期更应坚持各项胎教内容。

继续与胎儿对话

妊娠后期，不仅可以在前几个月的基础上有计划地继续进行对话，还可以结合实际生活出现的各种事情，不断扩大对话的内容和对话的范围。

可以把生活中的每个愉快的生活环节讲给孩子听，通过和胎儿共同生活、共同感受，使母子，父子间的纽带更牢固，并且为今后智力发展打下基础。使胎儿对母亲、父亲和其他人有信赖、安全感，生活适应能力强，会感受到人世间的幸福。

针对分娩即将来临的特点，主动进行沟通。比如可以告诉胎儿："我的小宝宝，不久以后你就要出来了，妈妈好盼望这一天。你一定很想和妈妈见面了，是吗？"或者夫妻一起对胎儿说："爸爸妈妈为迎接你的诞生，已经准备了整整10个月。外面的世界很美丽，你一定喜欢的。"通过对话，促进情感的建立和心灵的沟通。

触摸胎教

妊娠9个月后，由于胎儿的进一步发育，孕妈妈或准爸爸用手在孕妈妈的腹壁上，便能清楚地触到胎儿头部，背部和四肢。

可以轻轻地抚摸胎儿的头部，有规律地来回抚摸宝宝的背部，也可以轻轻的抚摸孩子的四肢。当胎儿可以感受到触摸的刺激后，会促使宝宝做出相应的反应。

触摸顺序可由头部开始，然后沿背部到臀部至肢体，要轻柔有序，有利于胎儿感觉系统、神经系统及大脑的发育。

触摸胎教最好定时，可选择在晚间9 时左右进行，每次5~10 分钟。

触摸时要注意胎儿的反应，如果胎儿是轻轻的蠕动，说明可以继续进行；如胎儿用力蹬腿，说明被抚摸得不舒服，胎儿不高兴，就要停下来。

互动胎教

孕晚期，是孕妈妈和胎儿体重增长最快，也是胎儿生长发育最快的时候，除了摄入必需的营养，同时注意适当控制体重外，与胎儿的亲情互动也很重要。胎儿七八个月时，胎动最明显，经常与胎儿交流，对胎儿的智能和感觉发育都有益处。不妨常与胎儿一起做做胎教游戏：

用一只手压住腹部的一边，另一只手压住另一边，轻轻挤压，感觉胎儿的反应，这样做几次后，胎儿可能会将手或脚移向妈妈的手。

随着音乐的节奏轻轻在肚子上打拍子，通常重复几次后，胎儿会有反射动作。

以二、三拍的节奏轻拍腹部，拍过几次后，再拍两下，胎儿会在刚刚拍过的地方回踢两下，若轻拍三下，胎儿可能会回踢三下。

胎儿睡觉时，最好不要去打扰宝宝。

一边玩一边放轻柔、舒缓的音乐，给胎儿一个良性刺激。但如果感觉到胎儿不喜欢，就不要进行，玩的时间也不宜太长。

准爸爸的胎教任务

准爸爸和孕妻一起，已经度过了两百多天的胎教里程，临产时间越来越近，身为一家之主，下面提示的事，是孕晚期应当策划好，准备到位，尽力做到的：

临近生产，要经常向妻子和胎儿传达爱的信息。

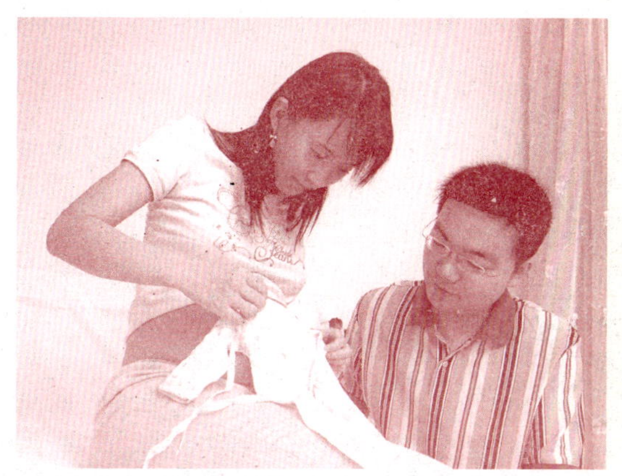

多为孕妻做腿部及腰部按摩，鼓励和增加妻子顺利生产的自信心，与胎儿进行交谈。

怀孕后期易增加体重，因此要多陪妻子一起散步，做运动胎教。

多想象和讨论几次即将出生的孩子的模样，与妻子一起准备生产和婴儿用品。

因为随时会有早产危险的可能性，要把自己的行踪告诉妻子，以便随时都可以联系到自己。

到医院所需要的时间、交通状况要事先计划好，最好能实地勘查，走一走，试一试。

要做好准备，一旦有了临产的症状即能去医院，必须提前准备好必须用品。

妻子不在家的期间，要预先做好家中一切需要的准备。

抽出时间，给妻子读一些幼教读物或童话。

胎教的方法很多，自始至终坚持不懈地胎教，对夫妻双方和孕妈妈都不是一件容易的事情。但相信每一个迎接宝宝的家庭，都会为了自己的孩子付出加倍的爱、耐心和时间，别人能做到的事情，自己也一定能做到。

想象宝宝——美育胎教

美育能陶冶性情，净化环境，开阔眼界，具有奇妙的魅力。

生活中处处充满了美，把美的信息传递给胎儿的过程，就叫做美育。美育，是母亲与胎儿交流的重要内容，也是净化、美化胎教氛围的必要手段。

对胎儿的美育就是音乐美、色彩美和形体美的信号输入。轻快柔美的抒情音乐能转化为胎儿的身心感受，促进脑细胞的发育。大自然对促进胎儿细胞和神经的发育也是十分重要的。另外，孕妈妈可欣赏一些绘画、书法、雕塑以及戏曲、影视文艺作品，接受美的艺术熏陶，孕妈妈可把内心的感受描述给腹中的胎儿。

临产的不安，可以用系统学习分娩知识和做练习来解除，虽然已经学了好多次了，现在不妨和准爸爸再一起学一次吧！练习呼吸法，或是准备住院必要物品等。

此外，现在可以考虑到出院后的生活，动手改变一下家里的布局。看着婴儿床，整理一番备好的婴儿用品，想象着婴儿天使一般的笑脸，一定会幸福得不得了！

自家先生想成什么样的爸爸？自己想成什么样的妈妈呢？想必大家都决心要成为世界上最好的父母。

在今后的生活中，除了“二人世界”的照片之外，将要增加一个“第三者”的照片，他（她）的到来，会给家庭增添无穷乐趣。

育儿的开始，也就是胎教宣告结束，自我检视一番，是不是充满了期待、充分准备好了迎接宝宝？

保持乐观，远离抑郁

生育期女性，是精神疾病高发人群。如果自我调节能力差的女性，在这个阶段没有得到适当照顾，心理压力过大，会表现出躁狂、抑郁、精神分裂的症状，甚至会出现意识障碍和幻觉，以致发生难以预料的意外事件，这就是产前抑郁症。

产前抑郁与产后抑郁病症表现差不多，例如容易哭、好发脾气等。产前抑郁症患者更容易产生焦虑，会担心生产过程的痛楚，会不会生下畸形胎儿，分娩过程是否会出错，会不会遭遇难产等，患产前抑郁症的孕妈妈，通常都会把忧虑和抑郁延续至生产后，较容易患上产后抑郁症。

孕妈妈情绪波动对胎儿会有很大影响，精神状态的突然变化，如惊吓、恐惧、忧伤或其他原因引起的精神过度紧张，会使大脑皮质与内脏之间的平衡关系失调，引起循环系统功能紊乱，导致胎盘早期剥离，甚至造成胎儿死亡。此外，孕妈妈情绪不安时，胎动次数会较平常多3倍，甚至高达正常的10倍，如胎儿长期不安、体力消耗过多，出生时往往会比一般婴儿体重轻。孕期情绪长期受到压抑，婴儿出生后会出现身体功能失调，特别是消化系统功能紊乱，母体情绪起伏会刺激神经系统分泌不同的激素，透过血液进入胎儿体内，从而影响宝宝的健康。

因此，妊娠期间保持乐观稳定的情绪十分重要。一旦发现孕妈妈有产前抑郁症趋向，要及时采取措施，千万不可随便用药，应该马上去找心理医生或者妇产科医生，听取专业意见，及时治疗。

孕妈妈极其有必要了解一些生育的基本知识。在产前，应该对分娩和产后的卫生常识有所了解，减轻对分娩时疼痛的恐惧感和紧张感。要学会自我调节情绪，放

松心情。适当参加一些户外运动，如短途旅游、做孕妇操等，参与一些社交活动。保持充足的孕期营养，足够的营养和充分的休息能够避免心理疾病的发生。

现代医学越来越发达，完全没有必要对分娩的问题多疑或者过度焦虑。只要按时进行产前检查，听取医生的指导，安心度孕期，一定能顺利生下健康的宝宝。

心情与运动

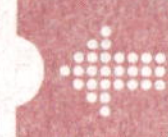

注意情绪警示——产前抑郁

几个月前，刚刚得知怀孕的消息时，曾经令人兴奋得好几天都睡不好觉。但快乐的情绪却延续不久，随着妊娠后期的来临，孕妈妈会发现自己的情绪越来越差，出现经常性失眠，成天头脑昏昏沉沉，胃口不好、浑身乏力，而且开始了数不清的担心，担心这种坏情绪会影响到胎儿宝宝，担心自己会因为生育而变丑、变胖，担心自己会失去幸福的一切……

在女性的生命历程中，怀孕和生产是相当重要而关键的时刻。在这个阶段，生理上的变化绝对不亚于初潮或停经期，而心理层面所承受的压力，可能会远远超过人生其他阶段，焦虑情绪和抑郁症状往往不期而至。

抑郁症症候在产前、产后，临床特征和严重程度没有差别，忧郁症出现在产后，不会比妊娠期间更严重。怀孕第32周的抑郁指数最高，产后第8个月指数最低。

在整个怀孕、生产、育婴过程中，抑郁症状随时都可能向妈妈袭来，甚至在妊娠后期降临，因此，千万不可掉以轻心。临床根据这个时期孕妈妈们的情绪障碍程度，分为三种疾患：

短暂性情绪失调

短暂性情绪失调：80%的孕妈妈都会出现这种现象，通常伴随有意志消沉、精神不佳、对未来感到焦虑、缺乏安全感等。如果家人能及时给予精神支持和保障，短暂时间内，多数能自动康复。

产前、产后忧郁症

有10%～20%的孕妈妈可能出现较严重的抑郁状态，症状包括失眠、爱哭泣、自责、无望感、无助感、食欲差等，严重的会影响到日常生活和产后独自育婴的可能性。

产前、产后精神病

前期症状主要表现为易怒、情绪不稳、坐立难安等，后期表现为多疑、思路不连贯、情感表达不确切等，甚至会出现妄想和幻觉症状。这种疾患有可能属潜存的精神疾病，因为妊娠期间体质上的变化诱发。

产前、产后忧郁症发生的原因多样且复杂，而治疗方式却常常会使孕妈妈们担心，莫过于药物不良反应对于胎儿发育、哺乳计划可能造成影响。除少数情绪障碍十分严重，甚至会危及母胎安全的个例外，一般都不需要药物治疗。

适当的支持性心理治疗、家人的关爱和鼓励，可以有效地提供情绪缓解的健康通道，逐渐消除抑郁情绪。

动一动更健康——有助分娩的锻炼

妊娠最后2个月不宜进行剧烈运动，以免早产。但运动胎教还是要继续进行，可以经常做一做放松运动。

学会放松有助于保持健康、顺利分娩，同时享受与胎儿共处的每一刻。

可以每次拿出20分钟时间，找到自己肌肉紧张和放松的区别，然后做几项放松身心的运动：

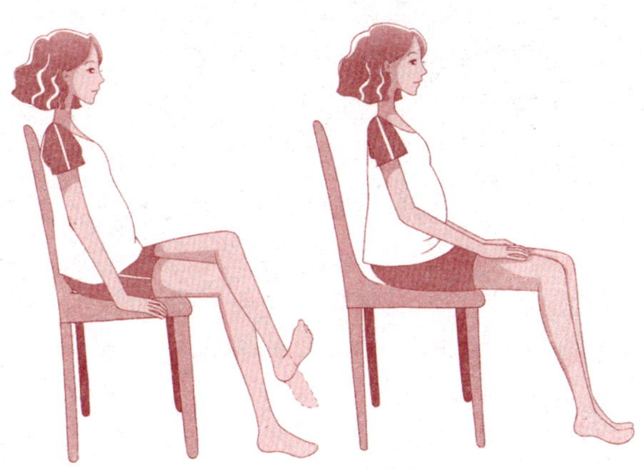

戴上耳机，调暗灯光，坐在舒适的椅子上或躺下。孕晚期不能平躺，可以用垫子支撑住腰腹部或侧卧。

用一段时间平静下来，脑子里什么都不想。

伸展脚趾，感受到牵拉力，然后慢慢放松，再摇几下。

用力绷紧双膝和大腿肌肉，保持几秒钟，然后再放松，让大腿向两侧摆动。

轻轻地适当绷紧腹肌，给胎儿一点儿紧缩力量，然后尽量放松，使胎儿活动空间加大。

握紧拳头，保持一小段时间，然后尽量放松手指。

尽量向上提肩，保持一小会儿后再放下，反复几次，使双肩得到放松和舒适。

深呼吸，体会身体放松的感觉，让胎儿在越来越拥挤的空间中得到更多的氧气。

运动注意事项

运动和锻炼，会增加母体各个系统的负担，因此，孕妈妈在妊娠后期的锻炼必须注意适度和适量，注意事项：

妊娠后期3个月，任何剧烈和过重的运动，均有可能引起早产，一定要选择轻松、稳妥的运动，避免挤压和震动腹部。

避免仰卧运动，以防沉重的子宫压迫腹内下腔静脉血管，使血液运行受阻。睡觉起床的动作最好也改为侧卧位，起身时，先用手臂支撑上身改成侧身斜卧状态，然后再缓缓移动起来。

避免做需要平衡的运动，以防因为体态改变而影响身体平衡，发生跌倒摔伤。

避免做关节紧张的运动，保护好孕晚期已经变得较松弛的关节韧带。不要做伸展运动，防止腰部损伤。

腰胯和会阴运动

摆胯运动，直立，双手叉腰，向前、后、左、右推动胯部活动，或者扭动胯部，做圆周运动。可以锻炼腹肌和背肌，以承受胎儿对于母体腹部的压力。

伸腿运动，仰卧姿势，左膝屈起，右脚伸直，收缩腰侧肌肉，使右脚沿着床向上收缩，然后放松，再把右脚沿床朝下滑，做5次。然后右膝屈起，左脚伸直重复同样动作，也作5次后放松休息。

注意要量力而行，不宜过度吃力。

会阴肌肉运动，也采取仰卧位置，双膝屈起，尽量使会阴部收缩，保持一会儿，然后放松。这项动作可以重复20次，每5次一组。

注意中间要适度休息后再接着做，不宜一次做得过于劳累。

爬行活动

爬行，并不是婴幼儿的专利，孕妈妈也可以用来作为妊娠后期的锻炼方式。

长期的直立，会使人体极易诱发脑血管病变和脊椎、腰肌劳损。孕晚期进行适度的爬行，能增强腹肌力量，预防难产。产后爬行则会有利于子宫复位。

练习爬行前要注意，爬行时穿一些宽松、舒适的衣物；可以给膝盖戴上护膝；爬速宜慢，爬幅宜小，重复二三次，间歇20~30秒。

妊娠30周以后，如果胎儿还是臀位，也不必过于担心。此时孕妈妈不能强行伸展腹部。可以在征求医生意见和指导下，使身体呈胸膝卧位，通过改变胎儿的重心，增加胎儿转为头位的机会。

保健操两款

预防小腿抽筋的操：用手指头沿着脚趾头向上，一直到膝盖，逐一按摩小腿。然后，沿着手指头按摩顺序，逐一不停地按压小腿。再双手握紧拳头，由下朝上轻轻锤打小腿，使腿部肌肉放松后，用一手按住膝盖，另一手轻轻拉扯脚趾头，抻拉舒展小腿筋肉。

松弛运动：能使关节和肌肉更柔软，减轻临产前阵痛，为分娩作准备。可以在家自己做或去孕妇产前运动班练习。

在开始练习时，如果已过了妊娠反应期而进入各方面都正常的阶段，也不必担心。不要认为现在再做开始得太迟。只要逐步建立起做松弛练习的习惯，做到每天至少能练习20分钟。

学习松弛训练很重要，可以使情绪平静下来，有效地应对以后的临产阵痛阶段，对缓解紧张有效，还可以增加输进胎盘的血流。即使平时并不喜欢运动，也可以试做一试。

为分娩临产做准备——呼吸和训练

产前肌肉组织用力训练、呼吸法训练，都是主动配合产程，有助于顺产、有助于减轻产痛和母子健康的方法，从现在起，可以开始有意识地练习，找专人指导，早一些熟悉。

产前训练

产前训练，最好找有经验的助产士辅导学习。当然，能参加妇幼保健机构举办的孕产学习班去上课，则收益会更佳。

仰卧屈膝，平静呼吸，深吸气，吸满后由口腔缓慢呼出。学会做深呼吸放松肌肉动作，一边呼气，一边放松紧张的肌肉，能使局部疼痛感减轻。

通过扩张胸部吸气，腹部不动，微微张口。呼气与吸气的方法相同，每天做3～4次，每次做1～2分钟。

疼痛消失之前，张口轻轻呼气，腹部不用力。疼痛开始时，做深呼吸和闭口吸气，稍加停顿，使腹压加大，以利于减轻疼痛。

放松腹部和双腿肌肉，做喘息式的短促呼吸。

侧卧，上侧手臂在前，下侧手臂朝后，下肢屈膝向前。采用这种体位，可以放松全身肌肉和关节。在阵痛的间隙，可以利用这种体位休息和放松身体。

为避免孕晚期和产后溢尿症的发生，加强骨盆肌肉的锻炼很重要。

具体做法：采用提肛动作，轻轻吸气，并用力缩紧肛门，直到再也使不出劲为止，稍维持片刻，然后逐渐放开。开始时每天至少练习2次，熟练以后可以在任何时间练习，坐着站着均可，坚持做下去，届时能对分娩有帮助作用。

腹式呼吸

学会腹式呼吸，有利于平安度过孕晚期，分娩时也用得上。

到了孕晚期，孕妈妈会呼吸急促，喘气困难，还会有些胸闷的感觉。到医院做产检，一切都正常，会因此十分紧张。

孕晚期应学会腹式呼吸。因为到这个时期，孕妈妈的耗氧量明显增加，胎儿生长发育最快，宝宝居住的腹腔环境也变得越来越小，如果孕妈妈练习腹式呼吸，不仅能多给胎宝宝输送新鲜的空气，而且可以镇静母体的神经，消除紧张与不适，在分娩或阵痛时，还能起到缓解紧张心理作用。

腹式呼吸法的具体做法是：首先，平静心情，并轻轻地告诉胎儿："宝宝，妈妈给你输送新鲜空气来啦。"然后，把背部紧靠椅背挺直，全身尽量放松，双手轻轻放在腹部，在脑海里想象：胎儿宝宝此时正舒服地居住在一间宽敞的大房间里，然后，慢慢地长吸一口气，直到腹部鼓起来为止，随后缓慢地呼出。每天不少于3次。

不过，值得注意的是，这种练习最要好请专业人士指导进行，避免做法不得当。

胸式呼吸

胸式呼吸也是助产方法之一。

胸式浅呼吸运动，目的：临产时胎头娩出，做这项运动能避免胎儿快速冲出，而损伤婴儿或导致母体会阴严重裂伤。

动作：平躺下把双腿伸直，张口做浅速呼吸，每秒钟呼气一次，每呼吸10次必须休息一下，再继续做，早晚各做3～4次。

妊娠后期做运动时，不宜忽略的细节：

做所有的运动都要舒缓而有节律。

运动时要连续呼吸，不要屏气。

运动前做热身，运动后做放松练习。

要避免猛力转身和用力过猛。

游泳和较快的步行比缓慢散步好。

避免坐姿抬双腿运动，因为会增加腹、背肌的张力。

如果出现疼痛、恶心、眩晕症状，则是身体发出了停止或减轻运动强度的信号。

要尽可能和朋友或家人一起做运动，以保障安全。

运动前后都要多喝水，防止脱水。

放松与用力练习

放松练习和用力练习，是配合分娩应当提前学会的动作。

放松的体位可以采取侧卧，上侧手臂在前，下侧手臂伸向后方，上侧腿屈膝朝前，下侧腿轻度弯曲。不管哪一侧腿放在

下侧，只要自己感觉到舒适即可，也可以经常改变方向练习。做松弛练习，可以两侧都学，届时怎么舒服就怎么做。

具体做法：先做深呼吸的同时，握紧拳头；然后把拳头松开，整只手臂放松下垂，反复进行；做掰手腕的动作，用力要均匀，往回掰，再放松。腿脚、腹部、颈部等身体主要部位都做一紧一松练习，反复进行。

放松练习和分娩时用力的方法完全相反。

用力练习：分娩时，如果用力得当，能使胎儿受到强大压力，能被持续的推动力从产道顺利娩出。临产前学会用力方法，对于顺利完成分娩有利。

具体做法：身体放直仰卧，双膝弯曲，双腿分开。双手握住床沿或栏杆，背部贴床。大口吸气使胸部充满，然后轻轻地呼出，憋气，像排解大便时一样，慢慢地向肛门运气和用力。此时，下颌部要抵在胸口，后背紧贴在床上。用力期间不要漏气，不要弓起后背。等到充分用力后再慢慢呼气。要领在于不要使腰和背部抬起，头部和上身保持正直不要弯曲。

做用力练习时，最好在有经验的助产人员或医生指导下进行，不可用力过度，重在掌握方法，要防止练习过度，引起不适甚至早产。

本月小结

确定自己的分娩医院，最好是在孕期一直做保健和产前检查的医院，一直到度过整个围生期。

做好临产前的物质准备，可以为分娩学习和练习一些辅助动作。

注意休息，保持体力，防止体力较大的消耗。

随时随地保持自我监护意识，通过产检医生的嘱咐，充分了解腹中胎儿的基本情况、胎盘成熟程度、胎儿成熟程度、羊水量的多少和有无异常情况。

分床而居，远离夫妻性生活，减少刺激，确保宝宝平安。

这个月末，可能会有疲惫与体力充沛的状况交替出现。体力充沛时，做一些必须要做的事，为分娩和产后作准备。只是要注意别劳累过度，要为以后保持体力。

妊娠后期，孕妈妈的行走、睡眠等日常活动都会受到影响，为保证胎儿健康成长和维护自身健康，衣食住行、日常起居都必须格外小心，但也要保持适度活动，才有利健康。

胎儿情况

胎儿身长45~46厘米，体重2 300~2 500克，皮肤为玫瑰色，指（趾）甲已达指（趾）尖，能啼哭，也能吮吸。全身浑圆，皮下脂肪较多，身体上被覆的毳毛明显减少，面部皱纹消失。

此时胎儿头部大都朝下，进入临产前准备姿势。胎儿已经充满整个子宫，因而子宫不能再扩大。胎儿在子宫内也难以翻身了，但体重会继续增加。此时出生，存活率较高。

有的胎宝宝的头部已经开始下降，进入母体盆腔，有的胎儿已经长出了一头的胎发。

宝宝对于外界的声音，尤其是母亲的声音有了心跳速度变化的反应，对光照也有了明显的反应，胎儿的意识开始萌芽，因此，适宜继续实施综合的对话、运动、音乐胎教。

母体情况

越来越感觉到身体沉重，因为子宫向上挤压心脏和胃，引起心跳、气喘或胃胀，影响到食欲。小便次数频繁，阴道分泌物增多。腹重的增加会引起腰、背痛，足部的扎痛感也会明显。腿脚水肿更重，甚至会出现在面部和手臂上。孕妈妈会懒于活动，容易疲惫。会有轻微的子宫收缩，子宫底高度在剑突下二横指。

身体负担变得沉重，行动不方便，弯腰和下蹲困难，人也变得容易疲倦、浑身无力且懒于动弹。种种生理上的不适感，引起孕妈妈多少会有一些焦躁情绪，盼望着早一点把宝宝生出来，当然，这可是急不得的事儿，如果不及时排遣这种心理，会影响到胎儿的心智发育。

因为胎儿的成长子宫逐渐变大，宫底的位置也逐渐上升，子宫底上升到最高位置大约在本月底，上升到心窝附近，直接压迫到胃部，引起胸口总像是有被顶住的感觉，造成食欲不振。

胎教要点

着重情绪的调节和做好产前的良好心理准备，是这个月的胎教内容重点。

根据自己的爱好和性格特点，可以通过一些能放松身心的活动来消除消极因素，消除畏惧难产、担心胎儿不健全等情绪，同时还能起到胎教得好效果，类似的有益活动包括唱歌、绘画、看艺术展、看电影等。

不能因为预产期临近而放松了胎教，现在胎儿发育已经近乎完善，接受各种胎教的效果会更好，孕妈妈对各种胎教方法运用得也会比较熟练，可以轮流使用，让胎儿在母体中最后阶段过得愉快和轻松。

妊娠后期，需要做好产前心理疏导，排除恐惧与紧张的情绪，保持良好的心态，有利于顺利分娩。母亲散步，心情愉快舒畅时，胎儿会体察到母亲恬静的心情，随之安静下来。母亲盛怒时，胎儿会变得躁动不安。可以根据自己的爱好及特点，参加一些娱乐活动，如唱歌、绘画、编织等项目，以分散注意力，消除身心的消极情绪。

本月推荐食谱

随着腹部的膨大，消化功能继续减退，更加容易引起便秘。多吃些薯类、海藻类和含纤维较多的蔬菜。

有不少人在近期会再度出现妊娠呕吐的现象，影响胃口。

每天的餐次，可以根据各人情况不同适当灵活掌握，如果胃口恢复了，可以改成每天吃5餐，如果食欲缺乏或者吃得不多，还是按每天6餐为佳。还可以在晚上八九点钟时，再吃上一些东西，只是要注意吃容易消化的食物，热量不宜太高，最好是喝粥或者喝汤。

近期里，也许自己不会感到十分饿，但腹中的胎宝宝需要妈妈吃东西来补充营养需求。

典/型/食/谱

一日多餐，每餐少食，对于大多数孕妈妈来说，都是最好的选择。

越来越膨大的腹部，会使孕妈妈心慌气喘、胃部胀满，要注意一次进食不要太多，少食多餐，把平时吃零食也算作饮食的一部分。

食谱列举

【爆炒五样】

鸡脯肉、鸡胗、羊肚仁、鱼肉、虾仁共100克，黄瓜25克，牛奶 50毫升，料酒、姜汁各5毫升，鸡蛋清1个，水淀粉50克，鸡油25毫升，蒜汁10毫升，花生油300毫升(实耗15毫升)，盐适量。

鸡肉、鱼肉洗净，切成丁；肚仁洗净切成丁；黄瓜切成丁；鸡胗两面刻花刀纹。将虾仁、鸡胗、鱼丁分别用水淀粉和鸡蛋清浆好。牛奶、盐、料酒、姜汁、蒜汁、水淀粉放碗内，调成芡汁。锅上火入花生油烧至五六成热时，按鸡胗、虾仁、鱼丁 、鸡丁、肚仁、黄瓜先后顺序放入，炒滑透后倒出沥油。再用原材料回锅上火后，入芡汁翻炒均匀，淋入鸡油，出锅即可。

富含优质蛋白质、矿物质、维生素，营养可口。

【肉丁豌豆饭】

大米250克，青豌豆150克，咸肉丁50克，植物油25毫升，猪油、盐各适量。

大米淘洗净，沥水3小时左右；青豌豆冲洗净。锅置旺火上入猪油，烧至七成热时，下咸肉丁翻炒几下，倒入豌豆煸炒1分钟，加盐和水(以漫过粳米二指为度)，加盖煮开后，倒入淘好的大米，用锅铲沿锅边轻轻搅动，此时锅中的水被大米吸收而逐渐减少，搅动的速度要随之加快，同时火力要适当减小，待米与水混合时把饭摊平，用粗竹筷在饭中央扎几个孔，以防米饭夹生。盖锅焖煮至锅中蒸气急速外冒时，转微火焖15分钟左右即成。

软糯滑润，味道鲜美。含有丰富的蛋白质、脂肪、糖类（碳水化合物）、钙、磷、铁、锌和维生素及尼克酸等多种营养素。豌豆有和中下气，利小便，止泻痢，消痈肿等功效。

【爆炒三丝】

芹菜100克，瘦猪肉50克，豆腐丝25克，酱油、植物油、盐、葱、姜丝、淀粉各适量。

瘦猪肉横断面切成细丝，用淀粉、酱油、料酒调汁拌好。油锅热后入肉丝，用大火爆炒至八成熟时倒出待用。炒锅再上火入油烧热，葱姜丝炝锅，放入芹菜丝、豆腐丝，煸炒至八成熟时，放入炒好的肉丝及余下的酱油、料酒，用大火炒熟即可上桌用。

色彩诱人，搭配合理，色香俱佳，含优质蛋白质、铁、锌。

【口蘑鸡片】

鸡肉200克，口蘑50克，青菜100克，青豆20克，笋片30克，高汤一升，鸡蛋清一个，水淀粉、盐、料酒、烹饪油、香油各适量。

鸡肉切成薄片，用鸡蛋清、水淀粉调匀；青菜切成片后下沸水锅内氽焯一下捞出沥水；水发口蘑切片后，加少量盐搓洗净。锅置火上入油烧热，下入鸡肉片滑开后捞出沥油。锅中留底油，加入高汤、青豆、笋片、盐和料酒烧沸，撇开浮沫，用水淀粉勾芡后，加入口蘑片、鸡肉片和青菜，烧入味后即可出锅，淋上香油即成。

富含优质蛋白和多种微量元素，有清肠道、防便秘功效。

【糯香排骨】

嫩猪排180克，糯米200克，生姜5克，青、红椒各1只，花生油5毫升，盐7克，鸡精2克，白糖1克，水淀粉适量。

糯米用温水泡15～20分钟，嫩猪排剁成长条形块，生姜去皮切末，青、红椒成细末。剁好的排骨调入盐、鸡精、姜末腌10分钟，逐块粘上泡好的糯米，入蒸笼蒸20分钟拿出待用；烧锅下油，入鸡汤和青、红椒末，调入盐、鸡精、白糖烧开，用水淀粉勾芡淋到蒸好的排骨上即可。

含钙质丰富，补肾健脾，对产前补益、增加盆骨伸缩力有较好作用。

【虾仁鳝段面】

面条 200克，虾仁50克，去骨鳝鱼段25克，高汤750克，蛋清1个，湿淀粉15克，精盐、花生油、葱、姜、酱油、料酒、味精、香油各适量。

虾仁洗净，加精盐、蛋清、味精和湿淀粉搅匀。炒锅放油烧热，加入虾仁炒熟。鳝鱼剖洗净，沥干后切段。锅内放油烧热，下入鳝段爆炒2分钟，至黄亮香脆时，取出沥干。锅底留油放入葱、姜煸香，下入爆好的鳝段和炒过的虾仁，再放入酱油、料酒、味精，加高汤，烧开后，放入面条煮熟，然后把配料和面条盛入碗中，淋上香油即可。

柔滑爽口，富含优质蛋白质、钙、铁、锌和维生素，容易消化，适合孕晚期食用。

【山药红枣排骨汤】

怀山药250克，红枣6枚，排骨250克，生姜2片，盐适量。

山药去皮、切小块；排骨洗净、汆烫后去血水；锅中加清水煮开后，放入排骨、怀山药煮5～10分钟，快煮熟时，放入红枣、姜片，再稍煮即可。

山药性平味甘，有清虚热、固肠胃的作用，红枣性平味甘，健脾胃，能改善孕妈妈脾胃虚弱、食欲不佳或疲劳等症状。

【归苓乌鸡】

乌鸡1只，茯苓、当归各10克，盐、味精、鸡精各少许。

乌鸡洗净切块，用沸水焯过，沙锅内加适量水、盐、味精、鸡精，下入乌鸡块、茯苓、当归，用小火炖3小时左右即成。

当归补血活血、调经止痛；茯苓能镇静、安神、降低血糖；乌鸡为妇科圣药，肉质鲜美，对白带、不育、女性虚损有奇效，妊娠后期食用能安神、助眠。

【芹菜粥】

新鲜芹菜100克，粳米100克。

先煮粳米粥，临熟前下入芹菜，再煮片刻，充做早点或加餐食用。有祛内热、利肠道的功效，适用于口干喜饮，大便干燥者。

【甘蔗奶】

甘蔗汁50毫升，牛奶150毫升。

用新鲜甘蔗榨汁，与牛奶一起混匀即可。

能改善怀孕后期胎火大、口干、便秘等症状，且有保养皮肤功效。

10 兴奋期待——妊娠第十个月

妊娠第十个月，越来越临近宝宝“瓜熟蒂落”、呱呱坠地的时刻，想起来都会激动人心，也会令孕妈妈的精神更加兴奋，多少会有些忐忑不安。

面对盼望已久的正式“荣升”为新妈妈的时机，可能会感到惶恐，会有些不知所措，临产前频繁失眠、多梦等现象都很正常。

现在最要紧的，是保持平常的心态去面对分娩，应当明白，自己的承受能力、坚强意志、耐心和品格，都会传递给腹中的胎儿宝宝，成为胎教的“冲刺”元素，成为婴儿性格形成的最早期教育奠基工程。

健康度孕

什么时候去医院——待产时机

随着预产期的临近，孕妈妈和家人都要做物质和精神方面的准备。一般在预产期前3周，即怀孕第37周左右，就要准备好产妇及新生儿所需要的物品，因为一般到了37周以后，随时都可能临产。

除过物质上的准备之外，还要做好思想准备。夫妻两人都要事先阅读一些有关分娩方面知识的书籍，对分娩的过程有一个大体的了解，做到心中有数。

孕妈妈要坚定信心，安定乐观，睡眠充足，休息充分，以充沛的精力和愉快的心情来迎接新生命的降临。

在临产期即将来临前，孕妈妈和家人应当事先选择好一家条件比较好，离家近的医院，免得届时临阵磨枪、慌了手脚。事先还要了解好，临产后到医院需要办理哪些手续和办手续的准确地方，同时还要

了解清楚，哪些情况下孕妇应当去医院准备生产，以免耽误入院时机。

一般人们都在到了预产期后，才去医院住院待产。然而，有许多情况下，不到预产期的孕妈妈会出现腹胀腹紧、阴道流水或流出血性分泌物（俗称“见红”），即使不到孕40周，也必须住院待产。

孕晚期，如果孕妈妈出现头昏、眼花、胸闷、气短等不适感，也要及时去医院查诊。这个阶段的孕妈妈，宁可被视为“娇气”、“过度小心”一些，也不敢轻易放过任何不适感，以防引起威胁到母子健康情况的发生。

到了妊娠后期，不一定非要等到预产期才去医院待产，只要出现不适，一定要及时去医院就诊，防止意外。

做好住院准备——以免到时手忙脚乱

孕10月，准妈妈及家人一定要提前做好准妈妈住院准备，以免到时候手忙脚乱。一般来说，准妈妈住院要做的准备有：

在预产期前1个月左右，就应准备好所需物品，如毛巾、拖鞋、牙刷、牙膏、水杯、内衣裤、卫生巾、卫生纸、哺乳乳罩、乳垫、巧克力或一小盒洋参丸(补充产时体力)、孩子的一次性尿布、湿纸巾、纱布(给宝宝擦口水，给自己擦溢出的奶)等，放在一个包内，以防临产入院时手忙脚乱，遗漏东西。另外，前往医院时别忘了带好孕妇保健卡。

除了物质上的准备以外，准妈妈一家要做好路线勘探工作：家离医院有多远；乘什么交通工具去医院；在上下班时间交通拥挤时，从家大约需多长时间到达医院；最好寻找到一条备用的路，以便当第一条路堵塞时能有另外一条路供选择，尽快到达医院。

在分娩之前，要将分娩前后的家务安排妥当，比如是否有人时刻守护在孕妇身边？谁陪护？分娩阶段，家人如何轮流前往医院照料产妇？孩子出生后是否请人帮助照顾孩子、料理家务？

这些情况有危险——意外现象

怀胎十月，在临产前的这个月，要特别小心一些生理现象，防止意外。

头痛、水肿、看东西模糊

这些症状是典型的妊娠高血压综合征的表现。特别是头痛剧烈，伴有眩晕、胃痛、呕吐，则是子痫症的信号。

血压增高

如果孕妈妈原来就有高血压，孕晚期要积极控制血压。如果血压高的同时，伴有蛋白尿、水肿，则应当警惕妊娠高血压综合征。

体重增加

孕晚期，体重增加要适当，每周不宜超过500克。如果体重增加过快，要设法查明体重过快增长的原因，若单纯因为饮食过量造成，则必须适当减少饮食摄取量。

阴道流血

无论阴道流血量多少，都属于异常表现。特别要注意有无发生前置胎盘、胎盘早剥等情况，发生流血，必须找医生检查。

阴道流液

是胎膜早破的表现，而发生破膜之后，随时都可能发生宫缩，应当及早住院。

腹痛

单纯发生腹痛而无其他症状，可能属于卵巢囊肿蒂扭转、阑尾炎等急腹症。如果腹痛伴有阴道流血，则可能是胎盘早剥。腹痛发生，还要警惕早产发生。

胎动减少或频繁

胎动有一定的规律性，如果比较平时有减少或过度频繁的情况发生，则胎儿可能有危险，要尽快去医院。

胎动消失

胎儿有危险，必须快速就医。

合理起居

临产自我关注——生活细节

由于本月已经接近临产，胎儿宝宝在妈妈子宫内的位置下降，胎头沿着妈妈骨盆轴的方向，降到骨盆内，孕妈妈腹部凸出部分会感觉到稍有缩回。

由于子宫底比起前两个月有所下降，在腹部对心脏、胃、肺部的压迫感会有所减轻，呼吸不再觉得困难，会感到顺畅多了。同时，前一阵子那种“一吃就饱”、吃不下饭的感觉也减轻，胃口开始逐渐变好，食欲也好多了。

孕妈妈现在会身体变得沉重，特别懒于活动。还经常会有背痛、腰腿部的不适感，总是觉得疲倦，行动的难度也增加了许多。这个月一定要记着：动作缓慢一些并不要紧，主要的麻烦是因为腹部的膨大影响，走路时不容易看清脚下。因此，步行在外和上、下楼梯时，都要格外注意，一定要踩踏实了再走。

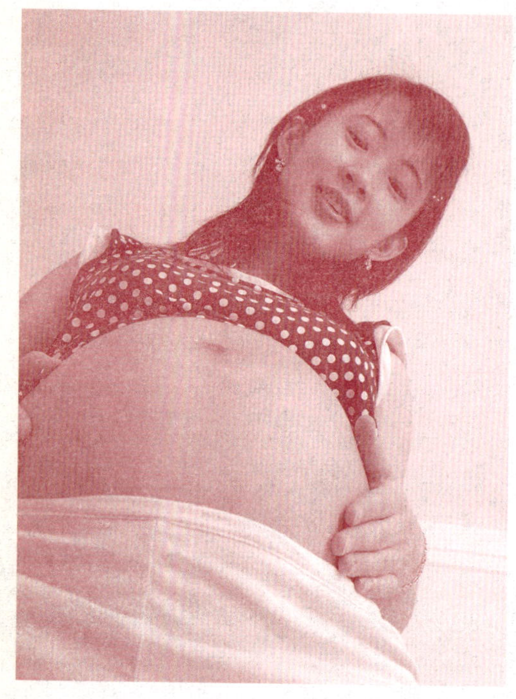

如果感到子宫收缩腹痛或发胀，就要赶紧停下来休息。睡眠要充分，平时要抓紧一切时间休息，以确保自己精力的充足。

从现在起，孕妈妈不宜再穿着紧身的衣服，千万不能为了形体的好看束胸勒腰，因为这样做会限制血液的流动，导致四肢末端的血液回流不畅，会伤害到腹中的胎宝宝。

睡觉的姿势，最好采取左侧卧为佳，以免身体受到压迫。

注意尽可能不要坐低矮的小凳子和较为松软的沙发。

坐椅子的时候，双脚不要交叉，因为有可能会限制到腿部的血液回流，增加心脏负担。

孕妈妈可能会发现，自己的头上油性分泌物开始增多，汗腺分泌也有所增加，皮肤会变得容易积存污垢，阴道的分泌物也增加，外阴部不再容易保持洁净。然而，对于孕晚期比较容易慵懒的孕妈妈来说，更加要注意保持良好的个人卫生，经常洗头洗澡，勤换内衣内裤，外阴部要天天用温水清洗，以避免感染，促进血液循环和有利于皮肤排泄汗液，让自己清爽一些。

进入妊娠后期以后，一定要用淋浴方式洗澡，如果用盆浴方式洗澡，极其容易感染阴道疾病。而且，长时间的盆浴会使子宫部充血，危害胎宝宝的中枢神经系统。

淋浴则除了不易感染疾病之外，不需要屈身弯腰，对孕晚期的孕妈妈来说，再合适不过。但是一定要注意，洗澡时要特别小心，站稳走好，防止滑倒，最好有人陪护。

妊娠后期的几个月，原则上要禁忌性生活。临产前的这个月，更要特别注意，禁忌性爱，以免受到刺激，引起早产。

胸襟宽广、性格乐观——准爸爸的作用

父母的乐观性格，会影响到胎儿性格形成的大趋势。母亲如果豁达乐观，每一天良好的情绪必然会有助于小生命的健康成长，更有助于出生以后形成活泼开朗的性格。

作为一家之主的准爸爸，不仅要周到呵护孕妻和胎儿，更加需要用自己的乐观、大度、临危不乱的胸襟，来影响母子双方。

临近分娩，孕妈妈难免会有些急不可待，做为准爸爸的丈夫，何尝又不盼望早一些见到自己的宝宝！

这个时候，更要显示出为人之夫、初为人父的宽广大度胸襟来，要掩藏起自己同样盼望宝宝的心情，劝慰、安抚妻子，陪着她愉快地度过妊娠最后冲刺的这一段时光，携手走向迎接新生命的最后关头——分娩。

有不少宝宝出生以后，似乎会更加喜欢爸爸的声音一些，这与胎儿在母体中，喜欢低沉、宽厚的准爸爸的声音有很大的关系，因此，每天多对着胎儿说一说话，创造出与出生后宝宝建立密切、浓厚感情的基础条件。

由于孕妈妈行动不便，要多方面细致、耐心地呵护和照料她，做到体贴入微。而且，耐心地坚持施行最后的胎教课内容的重任，主要靠准爸爸来完成。每一天，要陪同孕妈妈散步、活动，帮助按摩不适的腰、颈、腿部，陪同爱妻一起温习分娩呼吸方法、做孕前体操，还要悉心观察、掌握尺度，不要让孕妈妈太疲倦。此外，还要充分关注她的营养，让她保持充足体力来迎接临产。

在临产前的关键时刻，准爸爸的乐观态度和关爱呵护，正是孕妈妈的坚强后盾。

临产前关怀爱妻——准爸爸须知

临产时，孕妈妈因为分娩前阵痛来临，有可能因为生理疼痛和心理上紧张兼而有之，很难清楚地表达自己的状况。此时，做为准爸爸，需要及时给医生通报相关的所有内容。

在入院之初，就要把孕妈妈的详细健康状况报告给医生，尽可能地配合做好医生的临产检查，准确的报告内容包括：

什么时候开始了有宫缩，每次的持续时间和间隔时间。

有无见红的情况，流血的时间、量、颜色等状况。

有无破水的状况，破水的发生时间、羊水颜色、变化等。

自我感觉有无头痛、呕吐、心悸、气喘等症状。

曾经患过的病症，如有无高血压，有无阴道流血史，有无肝功能异常等。

分娩开始后，准爸爸也扮演着很重要的角色，要为妻子准备好第一产程中需要的食物、水等外，还要及时给予产妇以精神上的鼓励与支持，即使产妇因为宫缩疼痛难耐而脾气暴躁或说气话，准爸爸也一定要宽容忍耐。

此外，如果准爸爸曾经和妻子一起上过孕育知识课程，就会大有用武之地，可以和临产的妻子谈一谈话，引导较理性地分散注意力，合理调整呼吸，或为妻子做一点按摩以减轻疼痛，直至成功分娩。

住院时，可以带上一些能使孕妈妈得到心理安慰的东西，比如平时喜欢的娃娃、衣服、小摆设等，让孕妈妈即使在医院里，也能感觉到熟悉和温馨。

饮食营养

冲刺阶段——临产前的饮食

临产前这一个月，最需要提醒是：一定要随时监测体重增加速度，如果每天增加体重总量超过100克，就必须适度控制饮食，避免宝宝过大，造成生产和宝宝娩出的困难。

临产前的一个月，是营养素和热量积蓄的最后“冲刺阶段”。胎儿会大量贮存营养素，为出生后独立生存和生理需求做好储备，孕妈妈也要为分娩时消耗的热量和产后哺乳做好营养储备。

“冲刺阶段”的营养

在临产前最后阶段孕妈妈，虽然会有种种不适症状光临自己的身体。但总体上，仍属于食欲旺盛、胃口大开的阶段，为了自身应对分娩和宝宝独立生存的重要阶段的营养需要，不妨适当放开食欲，想吃就吃，爱吃什么就吃什么，为了自己，也为了胎宝宝的营养素需求。

要知道，在妊娠最后的这一个月里，宝宝每在妈妈腹中多生活一天，就能从妈妈那里获得14克脂肪，为出生后身体储备热量。

好好抓紧这难得享受各种各样美食的契机，不失时机，合理化调整自己的食谱，享用这难得的补充各种充足营养素的良好机会，为了自己、更为了腹中的胎儿宝宝！

临产前，每天的营养素摄入量为：蛋白质90～100克，糖类（碳水化合物）350～450克，脂肪70～100克，维生素C100毫克，维生素A 1 500微克，维生素$B_1$1.8毫克，维生素$B_2$1.8毫克，钙质1200毫克，铁28毫克，锌20毫克，热量9204～9623千焦（2 200～2 300千卡）。

妊娠后期，由于胀大的子宫在腹内上升，顶到孕妈妈的胃部，普遍会出现食欲下降、胃口不佳的情况，更加要以饮食种类的多样化，来调动胃口，以保证必需营养素的摄取。到临产前这一个月，由于临近分娩，胎儿的位置下降，胎头入盆以后，那种胃部在腹腔中被顶的感觉消失，准妈妈会恢复食欲、胃口畅开，能吃起来。这时要注意不可以吃太多的脂肪，免得胎儿身体脂肪积存过多、长得太胖，不利于分娩。

更主要的是，饮食种类多样化，能保证膳食均衡，营养全面，避免各类营养素比例失调，保证孕妈妈和胎儿宝宝在最后数十天的“冲刺阶段”，能得到足够的营养。所以，在餐桌上，一定要在主食和副食上尽可能地多样化，尽量做到花样翻新，粗细粮要搭配，肉、菜、蛋、奶类食物交替，不要有丝毫偏食的倾向。

每一餐都不要吃得过饱，吃到七成饱就可以。

改一日三餐为五六餐，如果条件受限制，可以在两次正餐之间吃一些零食来加餐。

饮食方面，在继续注意保持营养均衡的同时，注意多吃一些开胃、纤维素含量较高、容易消化吸收的食物。这样做有助于缓解胃部不适感，减轻便秘和痔疮的烦恼。

临产前吃的建议

临产前，正是胎儿脑细胞和脂肪细胞剧烈增殖的“敏感期”，更要注意补充富含蛋白质、磷脂和维生素的食物，以促进胎儿智力的发育。要限制脂肪和糖类食物，以免热量过多，使胎儿长得过大，影响到顺利分娩。

“怎么会饿得这么快呢？”一方面，因为新陈代谢快、体能消耗高，所以会感觉饿得快；另一方面，腹中胎儿长大，子宫向上顶，占据了胃部的位置，让人还没吃多少就有了饱腹感，所以，饭量下降、饱得快也饿得快，是临产前的普遍特点。一般来说，只要不偏食，食物选配得当，在临产前需要适当增加一些副食品的种类和数量，就能满足胎儿宝宝和母体自身营养储备的需要。

产前阶段，需要供给充足的蛋白质、卵磷脂和维生素，能使胎儿脑细胞数目增殖，有利于胎儿的智力发育。孕妈妈的食量会明显增加，但因为腹部容量受限的因素，又会总是感觉到吃不饱、饿得快。应当多吃一些含蛋白质、矿物质和维生素丰富的食物，如牛奶、鸡蛋、动物肝脏、鱼类、豆制品、新鲜蔬菜和新鲜水果。此外，还要多吃富含铁、维生素B_{12}和叶酸的食物，如动物血、内脏和深色蔬菜等。

要尽量少吃过咸的食物，避免过量饮水，以防止妊娠高血压综合征的发生。

还要注意少吃高能量食物，避免自己过于肥胖、胎儿长得过大。

进入临产前最后阶段，母体会分泌大量的孕激素，使得孕妈妈胃肠平滑肌松弛，水分被肠壁吸收，常常会引起便秘。要注意多吃一些含有粗纤维的新鲜蔬菜和水果。此外，为了胎儿大脑的发育，可以吃一些核桃、花生、芝麻、葵花籽等坚果类食物，富含的不饱和脂肪酸，还能减少将来宝宝的皮肤病发病率。

多吃一些肝、青菜、豆制品等营养物质，能减少宝宝出生后贫血症的发病率。

特别提醒

临产前这一个月，要严加节制食物中水分和盐分的摄取量，以免引起妊娠高血压综合征。

“伴产”佳品——巧克力

据产科专家研究，临产前，正常子宫每分钟收缩3～5次，而正常产程需要12～16小时，总共约需消耗相当于跑完1万米所需的热量。而这些被消耗的热量，必须在产程中加以进补，才能保证有充足的体力使分娩顺利进行。

有人试过，让产妇在产前吃桂圆鸡蛋，实践证明桂圆有使子宫乏力之弊；也有人主张让产妇临产前喝人参汤或口含人参，效果却不尽理想。

什么食品能担当“伴产”食品呢？

营养学家首推巧克力，据测定，每100克巧克力中含有糖类50余克，蛋白质15克，还有微量元素、维生素、铁和钙等，能在短时间内被人体很快消化、吸收和利用，产生出大量的热量。

巧克力的营养价值，符合临产妇生理需要的几个特点：

1 含有大量能很快被产妇吸收利用的优质糖类，被吸收利用的速度是鸡蛋的5倍、脂肪的3倍；

2 富含临产妇十分需要的微量元素和维生素、铁及钙等。不但能加速产道创伤的恢复，还能促进母乳的分泌与增加母乳的营养成分；

3 体积小，发热量高，而且香甜可口，吃起来也很方便，产妇只要在临产前吃上一两块巧克力，就能在分娩过程中产生出更多热量。因此，产前让产妇适当多吃些巧克力，对分娩母亲与婴儿都十分有益。

为分娩储蓄精力——催产食谱

到妊娠后期，适宜吃一些营养含量较高，脂肪和热量较低的食物，既补益于身体，为临近到来的分娩储蓄精力，也为腹中胎儿宝宝的营养贮备提供来源。

1

【红枣炖猪肘】

大红枣、水发黄豆、猪肘、生姜、盐、冰糖、红糖、料酒各适量。红枣洗净，猪肘去净毛，生姜去皮切片，葱洗净捆成把。锅内加水烧沸入猪肘、料酒，用中火煮至血水净，捞起冲净。把猪肘放入盅内，加入生姜、葱、红枣、黄豆、冰糖、红糖、盐，入清水加盖，入蒸屉隔水炖2小时，去掉姜、葱即可使用。

和胃健脾、气血两补，对临产阴虚气弱、乏力、口干等症有功效，且有助产后恢复。

2

【空心菜粥】

空心菜200克，粳米100克，精盐少许，清水适量。空心菜择洗干净，切细；粳米淘洗干净。锅置火上入适量清水、粳米，煮至粥将成时，加入空心菜、精盐，续煮至粥成。

菜粥稠，味清淡，爽滑。有清热、凉血、利尿、助产的作用。临产前食用能滑胎易产。

3

【小米面茶】

小米面100克，麻酱25克，芝麻10克，香油、精盐、姜粉各适量。芝麻去杂用水冲洗净，沥干水分，入锅炒焦黄色后擀碎，加入精盐拌和在一起。锅置火上入适量清水、姜粉，烧沸后用小米面调成稀糊状倒入锅内，略加搅拌，开锅后盛入碗内。麻酱和香油调匀，用小勺淋入碗内，再撒入芝麻盐，即可食用。

咸香可口，补中益气、增加营养、有助顺产。

4

【马齿苋粥】

新鲜马齿苋150克，粳米100克，精盐、味精各少许，清水适量。马齿苋择洗净，入开水中焯一下，捞出后漂去黏液，切成碎段；粳米淘洗净。锅置火上入清水、粳米煮至半熟时，加入马齿苋，续煮至粥成，用精盐、味精调味后即可食用。

马齿苋有散热消肿、利肠滑胎、解毒通淋的功效，粳米具有养胃的功效。有健脾胃、清热、凉血、利尿、助产功效，临产前食用，滑胎易产。

为宝宝准备“口粮”——产前促乳

临产期将至，适当吃一些有促进乳汁分泌作用的饮食，对新生儿宝宝进行母乳喂养、对于婴儿宝宝的健康成长有利，更是有益于新妈妈身体功能的全面恢复。

1

【菠菜鱼片汤】

鲤鱼一条约1 000克，菠菜300克，火腿200克，葱、姜、料酒、盐、植物油各适量。鲤鱼去鳞及内脏洗净后切成半厘米的薄片，用盐和料酒腌渍半小时；菠菜择洗净切段；火腿切成末。锅入油上火烧到五成热后入姜、葱，爆出香味后下入鱼片，稍煎至发白后，加入适量水和料酒旺火烧开，改用文火煮20分钟后入菠菜段，汤沸后加入火腿末、盐即可。

2

【奶油白菜】

白菜500克，牛奶100克，高汤适量，盐、味精、淀粉各少许。白菜洗净切段，锅上火入油烧热后，加白菜翻炒后入高汤，煮沸至菜熟后，入盐和味精调味，淀粉用水调匀后，加入牛奶混合加入菜中收汁即可。

3

【香菇豌豆】

鲜豌豆300克，鲜香菇100克（或干香菇10克泡发），高汤、盐、味精、水淀粉适量。香菇去蒂洗净切丁，与豌豆一起入热油锅内煸炒，至豆由青变深色后，加入高汤和盐、味精调味，用水淀粉收汁即可。

4

【螵蛸蛋茶饮】

桑螵蛸（又名桑寄生，中药店有售）100克，鸡蛋两个（约120克），红糖50克，茶叶5克。桑螵蛸、鸡蛋洗净后同入沙锅加清水，用小火炖煮1小时后，加放红糖和茶再煮沸，等到茶煮出香味后，取出蛋去壳，食蛋饮茶，每天饮数次。有强筋壮骨、安胎催乳功效。

胎教要点

产前听音乐——放松身体运动

现代围生医学研究成果推广应用快捷广泛，一般都有在产房中播放音乐，来缓解产妇分娩疼痛。熟悉、优美、能唤起愉快情绪的音乐，能放松肌肉、减轻疼痛，这种试验的效果已经被认可。

最好在产前就进行音乐训练，以便在产程中挑出产妇最喜欢、最熟悉、最能唤起愉快情绪的音乐，起到最佳的镇痛效果。

通常，产前训练部分最好在妊娠36周开始，可以每周训练三四次，包括听音乐、配合身体运动练习和音乐配合呼吸练习（腹式呼吸和哈气练习）等。

听音乐配合身体运动练习，目的是使孕妈妈在音乐的带领下，把身体各个部位活动开来。此外，还有助于改变对分娩的消极期待心理。

在音乐的节奏中，用手依次轻拍大腿、腰部、手臂、手腕和头部，活动全身。

这是一种比较轻度的运动，可以采用坐姿进行。在选择乐曲上，最好挑一些速度稍快、节奏均匀、轻松的音乐类型，比如克莱德曼的《爱的协奏曲》，有轻快节奏的轻音乐、室内乐也可以采用。

音乐配合腹式深呼吸，可以帮助产妇放松身体，进入到一种舒适的状态。训练时，先慢慢将气吸入腹部，然后再缓慢张嘴吐出。吸气和吐气各自占4拍节奏。

哈气练习，则可以帮助产妇能够在生产过程中迅速换气，有助于分娩时向下用力。在这个练习当中，孕妈妈要保持躺卧的姿势，随着音乐节奏哈气，寻找向下用力的感觉，但不要真的用力。进行练习时，应该选用一些长拍子、轻松、速度在每分钟60拍左右的音乐，比如巴赫的《勃兰登堡协奏曲》等乐曲，一般巴洛克音乐作品就非常适合。

如果熟悉和了解音乐，产前的音乐训练可以自己练习做。如果条件允许，最好找专业音乐治疗师指导。

胎教“加时课”——临产前的胎教

在怀胎十月期间，孕妈妈已经下了不少工夫，用了不少时间来实施胎教，给胎儿音乐、语言、触摸的刺激，为宝宝输入了良性的信息，对胎儿的感觉器官和大脑产生了一定的影响，促进了神经元结构的形成，一般认为，胎教应当终结于分娩。

由于孩子出生后的6个月之内，是大脑细胞增殖的又一个高峰期，所以，新生儿和胎儿一样，也需要充分的营养供给，继续需要适宜的信息刺激，才能有利于进一步促进神经系统的发展。

从这个意义上，胎教还需要持续一段时间，直到与早期教育衔接。

“加时课”的理由

孩子出生的时候，大脑的重量和体积只有成年人的1/3，神经细胞尚未成熟，神经纤维也没有形成完善的髓鞘，而且相互之间的联系几乎没有形成。所以，在出生后的新生儿期，只有把大量的刺激信息传输到感觉器官中，再通过感觉细胞传达到大脑，才能促进神经细胞的成熟。因此，尽管胎儿根本不懂语言的意思，却也还是要给予各种声音的刺激，包括语言和音乐的刺激。当然，除了声音刺激外，还要同步提供足够的视觉、触觉刺激。及时给予胎儿较为适宜的感觉、视觉、触觉刺激，就是胎教的“加时课”，进行加时课的目的，是与早期教育做好衔接。

胎儿生长到第十个月时，已经发育成熟，自主性变强，每一个动作都能自主地做。由于胎头已经进入母体盆腔，活动减少，睡眠增多，因此，这个阶段的胎教应当以孕妈妈保持良好的情绪、维持环境为主，不宜再实施过多、过重的接触式胎教。

睡眠模式

在胎儿出生前两三周里，用仪器检查脑波，发现这个阶段的胎儿也有深度睡眠和浅睡之分。这种睡眠模式有别于成人和儿童，在医学上称为“第三睡眠”。

睡眠模式会随着婴儿成长，逐渐接近于成年人的模式。初生儿在睡眠中就会掀动嘴唇，做出类似吮吸动作。采用超声波观察胎儿，在妊娠25周左右，也曾有同样的动作，到妊娠后期后几周，这种动作会更加明显。

母体的行为大多数会传导给腹中的胎儿，为了让胎儿宝宝能在母体内睡得安稳，妊娠后期孕妈妈应当保持充足的睡眠，使胎宝宝也能睡得安稳踏实。形成良好的睡眠模式是胎教的重要内容，更是宝宝出生以后早期智能开发的基础。

怡情养性

由于临近生产，孕妈妈难免心理上紧张，情绪抑郁，这种状况对胎儿很不利。这个月的胎教重点，就是要尽量调整好自己的心态，培养良好情绪，把美好的情绪

传导给胎儿。怡情养性的胎教，就是要孕妈妈通过欣赏音乐，阅读诗歌，鉴赏艺术作品，在自然美景中放松心情，呼吸新鲜空气来怡然性情，达到对胎儿产生良性影响的效果。

适度的语言、音乐

临产前，不必过多地采用刺激性较强的胎教方法，像运动胎教、游戏胎教等，最好是孕妈妈经常听一些平时喜爱的音乐，尤其是表现自然景色、天籁之声，还有虫鸣、鸟啼、溪流、海浪一类比较舒缓、平稳、节奏变化不强的乐曲，都有安抚孕妈妈精神状态，松弛紧张情绪的作用。语言胎教以母亲喃喃自语和轻声吟咏、诵读、哼唱为主，还可以温习一些古典诗词、儿歌、童话，为未来对孩子实施早期教育和智能开发做好准备。

在分娩前的最后一段时间中，坚持像怀孕数月以来那样，每天给胎儿讲一讲大千世界，说一说父母对宝宝的相爱相思之情，听一听熟悉的胎教音乐，或高唱、或低吟几句心爱的歌曲，咏诵朗读几句诗词名句。一方面继续坚持对胎儿的胎教，一方面，也对自己在孕期中这10个月来学到的知识，做一个全面梳理回顾。别小看这天长日久的一点一滴积累，等到胎儿真正降生到世间来，准爸爸和妈妈开始正式“上任”，荣任宝宝的“第一任教师”的时候，就会发现，自己前几个月的功夫，一点都没有白费力气，儿歌、诗词名句脱口而出，音乐、运动，样样拿得起来放得下，功夫不负有心人啊！

利用遗传信息——设计宝宝的形象

在两百多天的妊娠期里，夫妻二人想必已经设想了多次，宝宝到底长得什么样？现在，如果夫妻俩一起来用遗传信息原理，一起来设想宝宝的形象，会更有乐趣，“全家人”一起乐陶陶——当然，也包括腹中的胎儿，宝宝也能感受到父母的乐趣。

身高、胖瘦、脸型、皮肤、声音……孩子的这些外部形象条件，基本上可以通过父母双方的遗传学信息，加以综合分析，用概率设计和判断出来，一旦孩子出生以后，外貌特征中肯定综合和遗传着父母双方的特质。

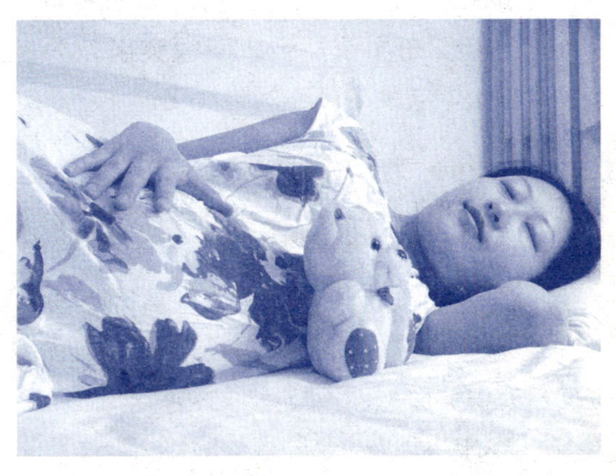

孩子的身高

孩子的身高，受父母遗传的影响很大。爸爸、妈妈各决定35%左右，父母双方中，有一个是高个子，孩子将来也会较高。推测宝宝未来的身高，有一个公式：

男孩身高（厘米）=（父亲身高+母亲身高）×1.08÷2

女孩身高（厘米）=（父亲身高+母亲身高）×0.923÷2

此外，孩子的身高还要受到后天因素如营养和锻炼等情况的影响，充足的睡眠对孩子的身高也很重要。

孩子的胖瘦

人的胖与瘦，与父母的胖、瘦有一定关联，也可以通过后天的合理营养、正确训练来塑造健康匀称、胖瘦适度的体格。

下颌

父母的遗传因子，对孩子的下颌影响很大，只要父母中有一个人下颌突出较为明显，那么宝宝的下颌必然会突出。

肤色

皮肤颜色肯定也要受到遗传影响，有的会像爸爸，有的则会像妈妈，也有的会取父母双方的肤色而不偏于一方。

痘痘

青春痘和遗传关系密切，只要父母任何一方出过青春痘，子女长痘痘的可能性会增加20倍左右。

秃顶

虽然常听人有“聪明绝顶”一说，然而，真正有秃顶的男士却大都为此而苦恼。这种现象也基于遗传，而且只传男不传女，并且隔代遗传的可能性很大。如果父母自己和亲属没有秃顶，就尽管放心。当然，如果生的是女孩儿，就干脆省下这份心了。

嗓音

一般男孩子声音会像父亲，女孩子的声音则遗传于母亲。但是，声音具备可塑性，通过后天的训练和调教，能发生较为明显的变化。

胎教衔接早教——跟进新生儿教育

对新生儿的教育任务，主要是培养孩子的感官能力，促进大脑结构和功能的进一步发展，特别是“六感”，包括听声音、看物体、受抚摸、闻气味、尝味道和平衡能力训练培养。

出生后，一直哭闹不停的新生儿，一旦接触到母亲的肌肤，听到母亲熟悉的心跳和温柔的声音，就会立即停止哭闹，安静下来。

这正是育儿专家们主张的安抚情绪教育的原因，也是最重要的育儿条件，因为通过母子亲密无间的接触，可以同时安定母亲和婴儿的情绪，消除新生儿初降临人世的不安心理因素，能稳定新生儿的情绪，这就是最初的感官教育。

不仅这样，在产后30分钟左右，如果感受到母亲的肌肤接触，并且能享有母亲的温柔爱抚和轻度抚摸，能安定情绪，对于初步形成良好性格和个性都有益。

健康的新生儿与母亲一起生活、起居，则有利于孩子的进一步成长。

情绪教育

培养新生儿愉快的情绪，是进行情绪教育的重要内容。刚刚出生的孩子，无论饿、冷、困、尿布湿了不舒服，都只会用哭声来表达；满月后会出现愉快情绪，会微笑，甚至会手舞足蹈。因此，发展孩子的良好情绪，让宝宝及早建立良性情绪，就要在孩子觉醒的状态下多与其交流、说话，逗笑，尽早让孩子会笑，在觉醒状态下保持愉快情绪，积极活动。

感觉教育

新生儿宝宝，需要继续进行“六感”教育，具体说来，衔接早教的工作包括：

感觉刺激，出生后要立即把宝宝抱在怀里，最好皮肤贴皮肤，每天都要给孩子以充满爱意的抚摸。

视觉培养也是在出生后进行，刚出生的婴儿视觉是模糊的，出生后两三周才开始注视色彩鲜艳的物体，利用孩子的视觉发展规律，适度给予色彩刺激，就是进行

视觉训练。

听觉的集中，是随着视觉的集中而发展的，婴儿在出生后两三周内就有了集中听声的能力，因此，在孩子出生以后，每天最好定时播放音乐，从胎儿期在母体内听熟悉了的胎教音乐开始，唤起在母体中的胎教回忆和对音乐的感受，然后逐渐加播复杂一些的音乐，还可以利用铃铛、铃鼓一类玩具吸引注意力，在照料婴儿的时候，母亲可以继续喃喃地说话给孩子听，也可以轻声吟唱胎教时期熟悉的歌曲、儿歌等。

继续听熟悉的胎教音乐，每天坚持三四次，每次15分钟左右。

只要宝宝处在觉醒状态，随时随地不要忘记和宝宝说话、聊天，喋喋絮语。

用丰富的表情对着宝宝，经常逗笑宝宝。

训练宝宝听父母说话，和对于声音的反应能力。

坚持每天都为宝宝做婴儿操，促进孩子运动能力发展，增加肌肉关节的力量。

保持愉悦情绪，培养孩子良好的个性和社会适应能力。

注意生活规律和良好的生活习惯培养。

在妊娠期，孕妈妈每天和胎儿心意相通，常对宝宝说话、抚摸以表达爱意，出生后的新生儿宝宝听到妈妈熟悉的声音，会有安全感，会宁静安详。出生后，继续对宝宝说话，给新生儿以良性的外部环境刺激，每天多花一些时间在早教的初级阶段，那么，接下来的早教育儿会变得轻松容易许多。

多鼓励、多夸奖、多欣赏婴儿，多陪伴孩子，多跟宝宝一起做一做婴儿操、做一做游戏，让宝宝的大脑中更多地输入良性刺激，写入好的信息，为开发孩子的智能，奠定优良的基础。这样做，才能让已经做过的胎教更好地与未来的早教衔接好。

心情与运动

临近分娩不必怕——心理准备

临近预产期，孕妈妈对分娩的恐惧、焦虑或不安全加重，对分娩“谈虎色变”。担心发生临产先兆时来不及到医院，稍有“风吹草动”就赶往医院，甚至在尚未临产，无任何异常的情况下要求提前住院。

越是小心翼翼，就越容易杯弓蛇影，稍有风吹草动就会紧张得不得了，生怕自己的反应慢了，影响到正常的分娩。这种紧张状态会越来越重，形成心理上的强大压力，弄得孕妈妈吃不好、睡不着，日有所思、夜梦不断，疲惫不堪，说到底，其实是一个心理保健问题。

了解分娩原理及有关科学知识，才能克服对于分娩的恐惧，最好的办法是自己了解分娩的全过程以及可能出现的情况，进行分娩前的有关训练。现代城市医院或妇幼保健机构均经常举办“孕妇学校”，在怀孕的早、中、晚期对孕妈妈和丈夫进行教育，专门讲解有关的医学知识，以及在分娩时的配合知识。这对有效地减轻心理压力，解除思想负担以及作好孕期保健，及时发现并诊治各类异常情况等均大有帮助。因此，最好能早一些报名参加学习，还可以多交几位孕妈妈朋友，相互交流。

做好分娩准备，包括妊娠后期的健康检查、心理上的准备和物质上的准备。一切物质准备的目的都为母婴平安，所以，准备的过程也是对孕妈妈的一种心理安慰。如果了解到家人和医生为自己做了大量的工作，并对意外情况也有所考虑，心中就会有底得多。

把对分娩的恐惧转移到别的方面，是“船到桥头自然直”的想法。不要把分娩当做过于严重的事情，生活中避免谈论分娩话题，尽量少听“过来人”描述的分娩经历。

正视分娩的恐惧，反复讨论分娩的事情，把各种可能遇到的问题事先想清楚，找出每个问题的解决方法。做好分娩前的物质准备，就不会临时手忙脚乱，能帮助稳定情绪。

人的恐惧，大多是缺乏科学知识、胡思乱想而造成。所以，在怀孕期间，多看一些关于分娩知识的书，了解了整个分娩过程，以科学的态度去取代恐惧的心理，不但效果好，还能增长知识。

妊娠后期，由于生理上的原因，多数孕妈妈会变得比较脆弱，心里常会产生一些莫名其妙的失落感、压抑感、恐惧感，遇事容易发怒、焦虑、惊慌、悲伤等。不过，为了让胎儿出生后能形成稳定的性格，碰到不愉快的事情时，一定要主动及时地说出来，把不愉快的情绪早些释放掉。因为，这些情绪能通过胎盘传递给胎儿。

这时候的准爸爸，一定要当好“出气筒”。做丈夫的一定要明白，此时的关怀、理解和鼓励有多么的重要。当然，孕妈妈也一定要及时和家人多做交流，说清楚自己恐惧什么、忧虑什么、希望得到什么等，请家人帮助找出症结所在，出谋划策，以及时消除心中种种烦恼。平时，还应当多和准爸爸交流胎儿的情况，一起去观察胎儿活动、一起去想象胎儿的模样……这些做法，都会使孕妈妈的心情迅速兴奋和快乐起来。

还有，可以约上几位好朋友，一起吃饭聊天，宣泄心中的不快；或约上别的孕妈妈，一起交流“妈妈经”，共渡难关。

要学会一些自我排忧的方法，比如经常听听音乐、唱歌、看喜剧片或读一点轻松愉快的书刊等，这些都能使孕妈妈和胎宝宝放松愉悦，对宝宝将来的性格培养有好处。

临产有数不紧张——分娩前心理保健

虽然分娩是一个自然生理过程，可对人来说却往往是一起重大的应激事件，尤其是初产妇容易出现复杂的心理变化，对分娩产生不良的影响。

当代在围产保健领域，不但重视生理因素对分娩的影响，更关注社会和心理因素对分娩过程的影响，这样，有助于提高自然分娩的安全性。

分娩应激反应

是产妇对内外环境中各种因素作用于身体时，产生的非特异性反应，从妊娠期间就开始了这种心理应激反应。

对怀孕后身体的生理变化不适应，尤其是妊娠早期。胎儿作为一种异物刚刚被接受，加上妊娠反应引起的呕吐不适等，孕妈妈对怀孕及分娩有不同程度的恐惧心理。

过于关注怀孕过程，如经常担心妊娠不顺利，担心胎儿发育不正常。研究表明，对怀孕表现出消极态度，对胎儿状况太担心的孕妈妈，容易发生并发症，分娩时也常会更危险。

担心分娩不顺利，害怕手术，害怕分娩时的宫缩痛。

害怕陌生的分娩环境，害怕周围产妇痛苦的呻吟或喊叫，害怕医务人员冷漠的面孔或语言刺激。

为胎儿性别烦恼，担心分娩后遗症，担心胎儿不能存活，担心产后无人照顾及经济费用等。

分娩时的反应

包括生理应激反应和心理表现。

分娩时生理反应表现特点：血压升高、心率加快、呼吸增加、血糖升高、肌肉紧张等。

内分泌系统发生变化，尤其是垂体—肾上腺皮质系统，使得肾上腺素分泌增加，导致子宫收缩乏力，影响产程的顺利进展。

分娩时心理反应表现特点：焦虑、恐惧、抑郁是心理应激最常见的反应。适当的焦虑，能提高个体适应环境的能力，而过度焦虑则不利于适应环境，容易导致子宫收缩乏力，是增加助产率和产后出血的一个因素。

不良的情绪反应会使痛阈下降，加重疼痛。紧张—疼痛综合征会使产程延长，同时减少子宫血流，使胎儿缺氧。

应激状态的产妇，心理承受能力下降，自我评价下降，缺乏自信。

由应激引起的强烈情绪反应，会使产妇分娩的自控力降低或丧失。

提前心理保健

怀孕期间，许多心理和生理的变化交织在一起，会形成孕妈妈独特的心理应激反应。这些心理和情绪的变化会延续到产时，并逐渐加重。孕妈妈对分娩的认识，对疼痛的心理准备以及家庭成员和周围朋友的态度，都会对分娩过程产生巨大的影响。

因此，临产心理保健应该从孕期开始，消除对分娩的紧张恐惧心理。

了解分娩知识：要知道，分娩能否顺利完成，取决于产力、产道、胎儿这三个传统的要素。

精神心理因素对分娩过程影响很大，被认为是第四要素。四个要素中任何一个不正常，都会影响产程顺利进行。只有四个因素相互协调配合，才能顺利完成分娩过程。

了解正常分娩经过：自然分娩经历三个阶段，称为三个产程。只有充分了解分娩中各个产程的特点，并在分娩前开始积极做好心理准备，分娩时才能充满信心，积极与医护人员配合。

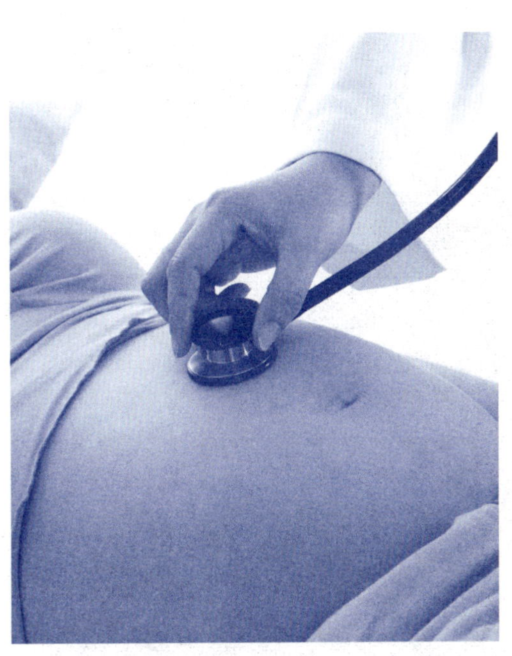

第一产程为宫口扩张期，是指从产妇出现规律性的子宫收缩开始，到宫口开大10厘米为止。这一阶段时间很长，一般初产妇8～12小时，经产妇6～8小时，宫口扩张的速度不是均匀的。开始时（宫口扩张3厘米之前）较慢，随着产程进展宫缩越来越频、越强，宫口扩张速度也会加快。产妇应做的心理准备是，正确对待宫缩时的疼痛，因为宫缩带来疼痛也带来希望，应该想到每次宫缩就是胎儿向目的地前进了一步。

第二产程为胎儿娩出期，是指从宫口开全到胎儿娩出为止。这一阶段初产妇需1～2小时，经产妇1小时以内。此时产妇会感觉宫缩痛减轻，但在宫缩时会有不由自主的排便感，这是胎头压迫直肠引起的。

应做的心理准备是，学会宫缩时正确屏气向下用力，调动腹直肌和肛提肌的力量帮助胎儿顺利娩出。宫缩间歇时停止用力，抓紧休息。当胎头即将娩出时要张嘴哈气，避免猛劲使胎头娩出过快，造成会阴撕裂。

第三产程为胎盘娩出期，是指从胎儿娩出到胎盘娩出的过程，一般在10～20分钟。胎儿娩出后不久，随着轻微的疼痛胎盘剥离排出。胎盘排出后，医生会检查产道有无裂伤并缝合伤口。

学会减痛

减轻产痛，并非做不到，除了产妇有权要求使用减痛措施之外，关键还在于自我的情绪反应，会影响到自身的痛阈值。

焦虑、恐惧等不良的情绪反应可使痛阈下降，加重疼痛。而疼痛又加重焦虑、恐惧等情绪，形成恶性循环。

应当正确对待产痛，学会减轻产痛的方法：增强分娩的信心，保持良好的情绪，尽可能提高对疼痛的耐受性。

想象和暗示：想象宫缩时宫口在慢慢开放，阴道在扩张，胎儿渐渐下降；同时自我暗示，“我很顺利，很快就可以见到我的宝宝了！”

有助于放松的方法：肌肉松弛训练、深呼吸、温水浴、按摩、改变体位。

分散注意力：看自己最喜欢的照片或图片，看书、看电视、听音乐、交谈。

微弱宣泄：借助于哼、呻吟、叹气等动作减轻疼痛。

亲人陪产有积极作用

在产程过程中，一般鼓励准爸爸积极参与，能给予产妇心理及精神上的支持是其他人不能取代的，并在促进夫妻感情上也有积极意义。

准爸爸陪伴产妇具有独特的作用，因为准爸爸最能知道妻子的爱好，可以在她疼痛不安时给予爱抚、安慰及感情上的支持。产妇在得到丈夫亲密无间的关爱与体贴时，可以缓解紧张恐惧的心理，减少了孤独感。而且，准爸爸还可以在医务人员的指导下帮助产妇做一些事情，如握手、抚摩、按摩、擦汗等，使产妇感受到亲情的温暖。

在温馨舒适的环境中分娩

现代产科医院开始重视让分娩过程更

加人性化的需求，力争做到分娩的环境家庭化，让产妇有宾至如归的感觉，舒适、温馨、宁静、安全。

为满足产妇产程的变化，医院一般都备有可自动调节的产床、专为产妇设计的步行车等设施，以及为产妇准备的洗浴室和卫生环境良好的厕所；产妇身着棉质、宽大、舒适的睡袍，准爸爸应着睡衣，不戴帽子和口罩；墙边的桌子上，还可以摆放鲜花、饮料和可口食品等。这样，会使产妇感觉自然、亲切。

分娩前的人性化服务，目前也被作为新事物普遍推广于各大中城市医疗中心的妇产科，最为有名的就是“导乐”服务，虽然收费较高，但是却普遍能减轻产妇心理上的压力，进而把分娩痛苦从环境氛围上，降低到尽可能小的地步。

减痛、助产——学做拉梅兹法

越临近产期，孕妈妈的心情就会越紧张、害怕。现代围生医学研究成果表明，拉梅兹呼吸法是公认能有效减痛的方式，孕妈妈如果能勤加练习，绝对有助于顺利生产，减轻分娩时令人难以忍受的疼痛。

拉梅兹生产法，最早由俄罗斯发明，俄国心理学家称为“心理预防法”，目的在于训练产妇利用放松技巧和各种呼吸技巧，来应付子宫收缩时的痛楚。而后，法国产科博士拉梅兹又根据临床实践加以研究改进，成为目前使用广泛的“拉梅兹生产减痛法”。

拉梅兹运动法包括：神经肌肉控制运动；产前运动；呼吸技巧的运动。

其中，呼吸运动是进入分娩产程时，最广泛被使用的减痛方式。

在怀孕7个月后，就可以和丈夫，或其他陪产者一起接受呼吸技巧训练，持之以恒地练习有以下好处：

夫妻共享怀孕及生产过程，培养默契，增加亲密感。

减少对生产的陌生及恐惧，并拥有足够的信心迎接生产。

生产时，利用呼吸技巧，控制子宫收缩引起的产痛，维持镇定及保持体力，使生产过程更顺利 。

拉梅兹呼吸法的注意事项

想要练习拉梅兹呼吸法的孕妈妈，必须先做到下列事项，才能发挥拉梅兹呼吸法的减痛功效：

胎位正常，无任何危险妊娠征兆，可自然生产，并通过产科医生同意。

建立基本生产过程（包括产兆）概念，以配合呼吸技巧应用。

怀孕满7个月后开始练习呼吸技巧，需要反复练习至技巧熟练。

需丈夫(同伴)一起陪同接受训练和练习。

拉梅兹运动法包括三大内容：

❶ 神经肌肉控制运动；

❷ 产前运动；

❸ 呼吸技巧的运动。

下面以呼吸方法为主，因为产前运动种类众多，这里择要介绍。有需求的准爸妈们，可以边读边做。

练习前的原则

在练习拉梅兹呼吸法之前，孕妈妈要遵守几个原则：

选择坚固的硬板床或地板做练习，避免在弹簧床或是软床上练习。

运动前先排尿，排空膀胱。

穿着较宽松的衣服。

空腹或饭后2小时做。

次数由少逐渐增多，并配合个人身体情况，避免过于疲倦。

练习环境要保持温暖。

廓清式呼吸运动

适用时间：在所有的运动开始及结束前，需做一次廓清式呼吸。

方法：鼻子慢慢深吸一口气，再以口缓慢吐出，并全身放松。

练习姿势：孕妈妈如果上了产台(产床)，通常身体会呈现半躺的姿势，在家中练习运动时，可采取坐姿练习，最重要的是熟悉控制身体与呼吸的方式。

神经肌肉控制运动

目的：

❶ 使产妇在产痛发生时，仍能自由自在的放松全身肌肉，不至于无谓地浪费体力，还能让胎儿持续得到足够的氧气。❷ 生产时能将产痛解释为“开始工作——呼吸”的信号，并非只是感觉疼痛和紧张。❸ 集中精力在呼吸技巧上，控制宫缩引起的产痛，提高

对产痛的忍受力。❹ 保持体力，较轻松地度过产程。

神经肌肉控制运动原则：

❶ 选择清静、不受干扰的环境练习，才容易进入情况。❷ 与同伴一起练习，随时检查放松情况，才容易达到效果。❸ 每天练习，才能熟练。❹ 须习惯于同伴的指挥（口令）。

神经肌肉控制运动方法：

❶ 孕妈妈背部平躺在地板上，头下、膝下各垫一枕头，或坐在地板上，深深地吸气和呼气，全身放松(如果只练习手部放松，站立亦可)。❷ 进行廓清式呼吸。❸ 缩紧身体某部位（例如右臂、左臂、右腿、左腿）。❹ 放松同一部位。❺ 进行廓清式呼吸。❻轮流练习缩紧与放松四肢，亦可应用到全身任何一个部位的肌肉。

神经肌肉控制运动练习步骤：

❶ 缩紧右臂。❷ 缩紧左臂。❸ 缩紧右腿。❹ 缩紧左腿。❺ 缩紧右手右腿。❻ 缩紧左手左腿。❼ 缩紧右手左腿。❽ 缩紧左手右腿。

呼吸运动

呼吸运动是进入临产状态以后，最有效、也最有利的加快产程和减轻产痛的内容，能够为各个产程的顺利完成而充分调动产妇的能力，科学有效的保证顺产。

胸式呼吸

适用时间：第一产程初步阶段。

当孕妈妈开始有不规则阵痛(有时伴随有腰酸)的现象，但每次阵痛的时间间隔较久，且阵痛的程度较低时，便可进行。

此时子宫颈变薄扩张，开2～3厘米，子宫收缩30～50秒，收缩间隔(两次阵痛的间隔时间)5～20分钟(持续8～9小时)。

胸式呼吸方法：

❶ 身体完全放松，眼睛选定一个定点凝视。

❷ 进行廓清式呼吸。

❸ 鼻子吸气5秒，再以口缓慢吐气5秒，腹部保持放松。

❹ 一次吸气吐气过程约10秒，并进行6～9次胸式呼吸，直到子宫变软、不痛为止，结束后再做一次廓清式呼吸。

❺ 每天进行5次，每次约60秒。

胸式呼吸口令：

“收缩开始”、“廓清式呼吸”、吸二……三……四，吐二……三……四(进行6～9次后)、“廓清式呼吸”、“收缩结束”。

浅而慢加速呼吸

适用时间：第一产程加速阶段。

此时进入规则性阵痛，子宫收缩压力增大，孕妈妈感受到的阵痛更强烈，孕妈妈的脾气会变坏。

子宫颈变薄扩张约开4～8厘米，子宫收缩60秒，收缩间隔2～4分钟(3～4小时)。

浅而慢加速呼吸方法：

❶ 完全放松，眼睛选定一个固定点凝视。❷ 先做廓清式呼吸，放松身体。❸ 鼻子吸气，再以口缓慢吐出，腹部保持放松。❹ 配合子宫收缩的强弱，来决定呼吸的快慢，子宫收缩增强则加速呼吸速度，子宫收缩减缓则减慢呼吸速度。由于子宫收缩程度会由弱至强，再由强至弱，因此，呼吸的速度应由慢而快，再由快而慢。❺ 吸气吐气过程配合子宫收缩持续时间，为45～60秒，最后以廓清式呼吸结束。❻ 每天5次，每次以60秒为计。

浅而慢加速呼吸口令：

“收缩开始”、“廓清式呼吸”。吸二……三……四，吐二……三……四。吸二……三，吐二……三。吸二……吐……二。吸……吐，吸……吐(再逐渐减缓呼吸速度至吸二……三……四，吐二……三……四)。“廓清式呼吸”“收缩结束”。

浅式呼吸

适用时间：第一产程转换阶段。

孕妈妈阵痛最剧烈的时刻，会感觉到产道有东西，或有想大便的感觉，产妇可能会失去耐性，发脾气、大喊大叫。

子宫收缩最强烈，子宫颈变薄扩张约开8～10厘米，子宫收缩60～90秒，收缩间隔30～90秒。

浅式呼吸方法：这个时候因为产妇已痛到无法吸饱一口气，因此要分段吸气，再一次吐完气，确保胎儿拥有足够的氧气。这个阶段无论宫缩程度大小，均维持快速吸吐的速度。

❶ 完全放松，眼睛选定一个固定点凝视。❷ 进行廓清式呼吸。❸ 微张开嘴巴吸吐发出“嘻嘻嘻”的声音。❹ 连续四～六个节拍的快速吸气，再吐一次气，以一吸一吐为一个循环，并反复进行，直到子宫收缩结束。❺ 随子宫收缩强度调整速度。❻ 吸和吐的气的量需一样(即分段将气吸饱，再一次将吸饱的气吐完)，避免换气过度，因为孕妈妈如果换气过度，会使体内二氧化碳过度排出，造成手脚麻的不适情况。❼ 再以廓清式呼吸做结束。

浅式呼吸口令：

“收缩开始”、“廓清式呼吸”、吸吸吸吸吐、吸吸吸吸吐……吸吸吸吸吐、“廓清式呼吸”、“收缩结束”。

闭气用力运动

适用时间：子宫颈全开，胎儿随时娩出时。

产妇是否能正确地用力，将决定这个阶段的时间长短，正确方式是在子宫收缩时用力，子宫收缩时停止用力并完全放松，以便获得力量继续奋斗。

闭气用力运动方法：

❶ 孕妈妈平躺在地板上，或坐在地板上，两腿跷高贴放在椅子或沙发上，两膝屈曲，两腿分开，臀部移近椅子边缘，手握住椅子的脚。坐在地上，双腿张开的姿势亦可。❷ 大口吸气后憋气、往下用力将力用在肛门上，像排解较硬的大便一样。❸ 头抬高看肚脐，下巴向前缩。❹ 憋气20～30秒，吐气后马上再憋气用力直到收缩结束。❺ 预产期前3周每天练习2次即可，但切记在做练习时不可真的用力。

闭气用力运动口令：“收缩开始”、“廓清式呼吸”、吸一口气、憋气、往下用力、用力……吐气。

吸一口气、憋气、往下用力、用力……吐气……“廓清式呼吸”、“收缩结束”。

哈气运动

适用时间：不能用力，却不自主用力时。

❶ 子宫未扩张而有强烈的排便意，想要用力，用哈气运动，以避免子宫颈水肿，延迟产程。❷ 当胎头已娩出2/3，但为了避免冲力太大造成会阴撕裂伤而要求产妇不要用力，此时可使用哈气运动，口张开连续喘气，直到想用力的冲动过去时为止，并等待医护人员再次提示。

哈气运动方法：

❶ 嘴巴张开像喘息式的急促呼吸。❷ 不可憋气，并全身放松。

哈气运动口令：不要用力、哈气(要练习到有很快的本能反应才行)。

本月小结

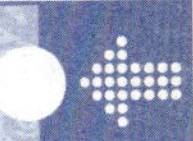

进入妊娠第十个月，随时可能突然发生临产征兆而入院。临产和住院的物质准备要做得充足一些，有备无患、有益无害。不要因为突发情况，使家人措手不及。

因为随时都有可能破水、阵痛而临产，应当避免独自外出、出门远行或长时间在外，最好留在自己的家中等待分娩。

适当的运动，仍然是每天不可缺少的内容，但注意不要过度消耗体力和精力，影响到即将来临的分娩，营养、睡眠和休养体力三大要素都要保持充足。

做好预防急产等情况出现的充分物质准备，对可能出现的情况胸中有数。

保持平和、宁静的心态，坚持为胎儿上好最后阶段的胎教课，对胎教与宝宝出生后的早教衔接知识有所了解。

医生会在产前检查时，检查胎儿是否入盆、何时入盆，胎位是否正常，是否已经固定。如果胎位尚不正常，胎儿自动转为头位的机会很小，如果医生也不能纠正，则可能会建议采取剖宫产，以确保母子安全。

胎儿情况

在这个月出生的胎儿，称为足月胎儿或成熟胎儿。胎儿已发育成熟，身长约50厘米，体重3 000克以上。皮肤呈粉红色，皮下脂肪发育良好，外观体型丰满。除肩、背部外其余地方的毳毛均脱落。指甲已超过指尖。能脱离母体很好地独立生活。

胎宝宝现在以每天20~30克的速度，继续增长体重，身体会努力从母体摄取降生前的营养贮备。在妈妈体内，胎儿以睡眠为主，很少活动，已经表现出随时准备好面对外部世界的状态。

在母体子宫内这最后几周，宝宝继续从妈妈的血液里、脐带里，也从羊水里吸取生存最重要的物质——抗体。抗体能提供免疫力，对抗许多疾病。

从本月开始，胎儿在妈妈的子宫里每多待一天，会获得14克脂肪。

从妊娠满38周开始到42周内降生的新生儿，都称为足月儿。

母体情况

90%以上初产妇，在预产期前2~6周，胎先露部位下降到骨盆入口平面以下，胸腹憋闷的症状得以缓解，食欲变好。子宫较宽，宫底降至脐与剑突之间。

进入了怀胎十月的最后阶段，意味着已经接近于完成妊娠使命，宝宝随时可能降临人世间，母子血脉相通数月之久，马上就要见面了！

子宫变得柔软而富于弹性，在为胎儿的出生做准备，外阴分泌物会增多，有些人还会出现宫口提前张开的现象。要充分保持心神稳定，注意观察身体的细微变化。

时常会有腹部收缩性疼痛，如果属于不规则性的疼痛，就应当判定并非阵痛，而是身体为适应生产阵痛而出现的正常状况。

胎儿在母体内的位置不断下降，会导致母亲逐步形成腹坠胀感，不规则的宫缩出现的频率增加。孕妈妈会总是想上厕所，排便次数增加，阴部分泌物也会更多，要注意充分保持身体的清洁卫生。

最重要的事情是充分休息，吃好睡好，保持旺盛精力和充足的体力，迎接随时随地可能发生的分娩。

胎教要点

临产将近，胎儿身体的各个系统已经发育得比较完善，各种胎教方法对胎儿都可以使用，需要综合实施、灵活应用，对胎儿进行几个月来已经养成习惯的胎教。结合自己的分娩前训练，从心理上、精神面貌上影响宝宝的同时，也调整了自己的状态。

这个月的胎教，可以继续坚持音乐、抚摸、运动、营养、语言胎教的综合做法，多和胎儿说话，告诉妈妈爸爸对宝宝的爱意和企盼心情，传达自己和孩子共同努力，迎接平安诞生的决心。

经过妊娠期间的胎教，采取了各种人为干预刺激训练，新生儿会具有良好的感觉器官功能和反应能力，为早期教育打下基础。如果出生后即停止训练，胎教的效果就会逐渐地消退乃至消失。因此，要特别重视把胎教和宝宝的早期教育衔接起来。

牢牢记住，紧张与烦躁情绪，是妊娠和分娩的大敌。

本月推荐食谱

只要注意营养的均衡与搭配合理，想吃什么可以根据自己的喜好来决定，因为，近期内的食欲虽然不错，但总是会觉得没吃就饱，抑或有些人会出现刚刚吃过就饿的情况。为了自身和胎宝宝的营养贮备，尽可能多吃一些，吃得好一些。

我国传统有产后进补的习惯，把鸡、鸭、鱼、肉等营养品集中放在产后短时期内混补，并不很合理。如果把这些营养品适当提前到妊娠后期几个月里均匀地吃，对孕妈妈和胎儿的健康更有益。

孕期的营养是否调理得当，也应当以胎儿的生长为标准。妊娠后期3个月内，如果每周增重500克左右，则属于正常。如体重增加过快，往往是水肿的先兆，此时应少吃含盐或碱的食物。如果每周增重不到500克，可能是胎儿发育迟缓，需要详细检查原因。为了避免胎儿长得过大，造成分娩时的困难，孕妈妈在饮食中应适当控制含脂肪和糖类多的食物。

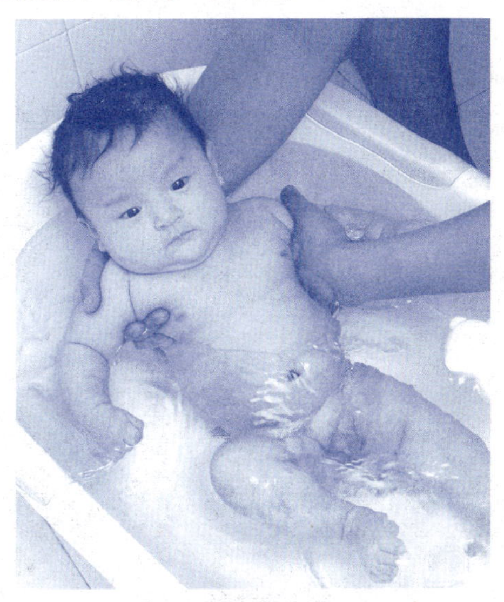

典/型/食/谱

每天可以吃到超过“三餐两点”，五餐、六餐甚至更多一些餐次，都是适合近期内食物摄取特点的。

为充分摄取营养，以少食多餐为原则，应选择体积小、营养价值高的食物，如动物性食品等，减少营养价值低而体积较大的食物，如土豆、红薯等。

食谱列举

【八宝菜】

虾仁、瘦肉、香菇、火腿、青花菜、白花菜、竹笋各100克，盐、水淀粉、米酒、糖、胡椒粉、高汤各适量。

瘦肉、火腿、大白菜、竹笋切片，香菇泡软，花菜切块、虾仁由背部剖切开去黑线后洗净备用。虾仁和肉片拌上作料，水烧沸后，加入大白菜焯烫1分钟，青、白花菜烫2分钟捞起。烧锅热油先把虾仁、肉片分别炒熟，捞起入作料及香菇、火腿、青白花菜和笋片，炒2分钟，续入虾仁、肉片，加作料勾芡即可。

【炝肚丝】

熟猪肚200克，胡萝卜10克，香菜10克，冬菇10克，精盐、味精、花椒油、姜各适量。

猪肚、胡萝卜、冬菇洗净切丝，香菜洗净切段，姜洗净切末，肚丝、胡萝卜丝、冬菇丝、香菜段放入沸水锅中烫一下，捞出控水后入大碗内，加姜末、精盐、味精、花椒油拌匀，装盘即可。

清淡鲜香，含有蛋白质、脂肪、钙、磷、铁和维生素等多种营养成分。

【草鱼豆腐】

草鱼1条约500克，豆腐两块，腌雪里蕻、青蒜、植物油各少许，酱油、料酒、高汤、白糖各适量。

草鱼去掉鳞和内脏后洗净，切成三段。雪里蕻洗净切成小块，与草鱼段一起放入碗中。豆腐切成4厘米见方块，放入另一碗中。青蒜洗净，切成段。锅内加入植物油烧热，把鱼块和雪里蕻放入，加入料酒、酱油、白糖、高汤烧煮。汤烧滚后放入豆腐，汤再烧开改微火焖烧五六分钟，待豆腐浮起，放入青蒜即成。

【猪肝炒油菜】

猪肝50克，油菜200克，酱油25毫升，植物油15毫升，盐、料酒、葱、姜各2.5克。

猪肝切成薄片，用酱油、葱、姜、料酒等浸泡；油菜洗净切成段，梗、叶分别放置。锅置火上，放油烧热，入猪肝快炒后起出锅备用，再把油烧热后加盐，先炒菜梗，稍缓下油菜叶炒至半熟，入猪肝、酱油、料酒，旺火快炒即成。

肝嫩香，菜烂滑，治疗缺铁性贫血、妊娠水肿。

【豆芽炒猪肝】

黄豆芽400克，猪肝100克，淀粉10克，花生油、盐、酱油、醋、料酒、味精各适量。

豆芽择去须、根，洗干净，入沸水焯一下，捞出，控净水。猪肝洗净，切成薄片。淀粉放入大碗内，加适量水调成稠糊状，放入切好的肝片搅拌均匀。锅置火上，烧热后放入花生油，油热后倒入豆芽翻炒几下，滴几滴醋炒匀后，入精盐炒匀，盛入盘中。锅置火上入花生油，待油烧至七成热时，倒入肝片，迅速炒散，然后加入酱油、料酒翻炒几下，炒好的豆芽倒入锅内，加味精翻炒均匀，装盘即成。注意肝片宜多炒一下，以杀死细菌。

豆芽脆，猪肝嫩，味美爽口。富含蛋白质及人体易吸收利用的矿物质和多种维生素，常吃能预防贫血。

【藕莲炖排骨】

排骨500克，莲子200克，莲藕500克，料酒、盐、姜、葱各适量。

排骨剁块洗净，入沸水煮20分钟后，撇去浮沫，捞出待用，莲藕刮皮切块，莲子洗净备用。沙锅加清水入莲藕煮沸，加入排骨和莲子，改用小火炖煮，入盐和料酒、姜、葱，炖约一小时，待骨烂肉酥菜熟即可。有补心益脾、止血安神作用。

【瓦罐鸡汤】

净膛肉鸡250克，植物油15克，味精2克，葱末5克，姜末4克。

鸡肉剁块，腿与翅要整切。炒锅置旺火上入植物油烧热，鸡块和葱末、姜末一起下锅爆炒，至香，炒到鸡块呈黄色时，入味精、盐，起锅盛入瓦罐中，放入清水置微火上，敞盖煮至汤汁浓稠，盛入汤碗即成。

鸡嫩汤稠，味道鲜美。怀孕期间和哺乳期可以常备，作为方便加餐随时食用。

【什锦鸭汤】

熟鸭肉、掌、舌、脑、腰、肝、心、翅、熟火腿各取适量，冬菇、玉兰片、菜心共250克，葱、姜片共10克，水淀粉20克，盐、料酒、味精、胡椒粉各少许，高汤1 000毫升。

主料全部切成薄片，入开水锅中氽透捞出，沥去水分；锅放火上入油烧热，入葱、姜煸香后，入主料、高汤，再入料酒、盐、味精，调味后勾芡，撒上胡椒粉起锅盛碗即可。什锦熟软，汤鲜味美，营养丰富。

【紫苋菜粥】

紫苋菜250克，粳米100克，精盐、味精、植物油各适量。

紫苋菜择洗干净，切成细丝。粳米淘洗干净，放入煮锅内，加清水适量置火上，煮至粥快熟时，入植物油、紫苋菜、精盐、味精稍煮即成。

特别提示

菜粥清香爽口，具有清热止痢、顺胎产的作用。适用于产前产后赤白痢疾、急性肠炎、宫颈炎等症，特别是临产时进食，能利窍滑胎易产，为保健食品。

附录：这些知识很重要

附录一

1 谷物营养成分(每100克)

种类	蛋白质（克）	脂肪（克）	碳水化合物(克)	热量(千卡)	粗纤维（克）	钙(毫克)	磷(毫克)	铁(毫克)	维生素B_1(毫克)	维生素B_2(毫克)	尼克酸(毫克)
稻米	7.6	1.1	77.3	350	0.3	8	162	—	0.15	0.05	1.3
糯米	6.7	1.4	76.3	345	0.2	19	155	6.7	0.19	0.03	2.0
标准粉	9.9	1.8	74.6	354	0.6	38	268	4.2	0.46	0.06	2.5
富强粉	9.4	1.4	75	350	0.4	25	162	2.6	0.24	0.07	2.0
小米	9.7	3.5	72.8	262	1.6	29	240	4.7	0.57	0.12	1.6
玉米面	8.4	4.3	70.2	353	1.5	34	—	—	0.31	0.10	2.0
黄豆	36.3	18.4	25.3	412	4.8	367	571	11	0.79	0.25	2.1
红小豆	21.7	0.8	60.7	337	4.6	76	386	4.5	0.43	0.16	2.1
绿豆	23.8	0.5	58.8	335	4.2	80	360	6.8	0.53	0.12	1.8

注：谷类的主要成分是淀粉，营养成分是碳水化合物即糖类，糖类是最经济、产热最快的热能来源，它在体内分解快、耗氧少，最易消化吸收，为人体各种生理活动提供60%～70%的能量，大脑组织耗热的主要来源是糖。此外，碳水化合物能增加蛋白质在体内的合成；帮助脂肪在体内氧供热；糖在肝脏中转化为糖原，能增强肝细胞的再生，促进肝脏的代谢和解毒作用，有利于保护肝脏。

（1千卡=4.184千焦）

附录二

2 蔬菜营养成分(每100克)

种类	蛋白质(克)	脂肪(克)	碳水化合物(克)	热量(千卡)	粗纤维(克)	钙(毫克)	磷(毫克)	铁(毫克)	胡萝卜素(毫克)	维生素B_1(毫克)	维生素B_2(毫克)	尼克酸(毫克)	维生素C(毫克)
大白菜	1.1	0.2	2.4	51	1.4	207	126	1.7	0.03	0.07	0.14	1.0	68
油菜	2.6	0.4	2.0	22	0.5	140	30	1.4	3.15	0.08	0.1	0.9	51
菠菜	2.4	0.5	3.1	27	0.7	72	53	1.8	3.87	0.04	0.13	0.6	39
芹菜	2.2	0.3	1.9	19	0.6	160	61	8.5	0.11	0.03	0.04	0.3	6
韭菜	2.1	0.6	3.2	27	1.1	48	46	1.7	3.21	0.03	0.09	0.9	39
胡萝卜	0.6	0.3	8.3	38	0.8	19	29	0.7	3.62	0.04	0.04	0.4	12
白萝卜	0.8	0.1	6.6	30	0.8	61	28	0.7	0.01	0.02	0.03	0.8	19
黄瓜	0.6	0.2	1.6	11	0.3	19	29	0.3	0.13	0.04	0.04	0.3	6
西红柿	0.8	0.3	2.2	15	0.4	8	24	0.8	0.37	0.03	0.02	0.6	88
辣椒	1.6	0.2	4.5	26	0.7	12	40	0.8	0.73	0.04	0.03	0.3	185
口蘑	35.6	1.4	23.1	247	6.9	100	1620	32	—	0.02	2.53	55.1	—
绿豆芽	3.2	0.1	3.7	29	0.7	23	51	0.9	0.04	0.07	0.06	0.7	6
海带	8.2	0.1	56.2	258	9.8	1177	216	150	0.57	0.06	0.36	1.6	—

注：蔬菜不但含有丰富的维生素和矿物质，而且还含有大量的粗纤维。如芹菜、韭菜、萝卜等都含有大量的粗纤维。粗纤维容易和胆盐结合成复合物，可以阻止胆盐促使胆固醇形成微小胶粒，使胆固醇不易被吸收。这对高胆固醇血症的病人有极大意义。另外，由于粗纤维在直肠中吸收水分的能力强，能促进肠管蠕动，使废物及时排出体外，避免由于各种原因引起的便秘。

附录三

3 水果类营养成分(每100克)

种类	蛋白质（克）	脂肪（克）	碳水化合物(克)	热量(千卡)	粗纤维（克）	钙(毫克)	磷(毫克)	铁(毫克)	胡萝卜素(毫克)	维生素B_1(毫克)	维生素B_2(毫克)	尼克酸(毫克)	维生素C(毫克)
西瓜	1.2	—	4.2	22	0.3	6	10	0.2	0.17	0.02	0.02	0.2	3
柑橘	0.9	0.1	12.8	56	0.4	56	15	0.2	0.55	0.08	0.03	0.3	34
苹果	0.4	0.5	13	58	1.2	11	9	0.3	0.08	0.01	0.01	0.1	1
梨	0.1	0.1	9	37	1.3	5	6	0.2	0.01	0.02	0.01	0.1	4
桃	0.8	0.1	10.7	47	0.4	8	20	1.2	0.06	0.01	0.02	0.7	6
柿	0.5	0.1	18.6	77	0.4	9	21	0.2	0.1	0.01	0.02	0.2	21
枣(鲜)	1.2	0.2	23.2	99	1.6	14	23	0.5	0.01	0.06	0.04	0.6	540
香蕉	1.2	0.6	19.5	88	0.9	9	31	0.6	0.25	0.02	0.05	0.7	17

注：水果含有丰富的营养,含蛋白质、维生素A、维生素B_1、维生素B_2、维生素C、维生素D、维生素E、维生素K、铁、钙、钾、镁和果胶。这些营养能增强皮肤的抵抗力，预防口角炎、坏血病、软骨痛、高血压、器官老化，可增强食欲。

附录四 4 肉禽鱼营养成分与胆固醇含量

100克	克				毫克			
种类	蛋白质	脂肪	碳水化合物	热量（千克）	钙	磷	铁	胆固醇
猪肉(瘦)	16. 7	28. 8	1. 0	330	11	177	2. 4	77
猪肝	21. 3	4. 5	1. 4	131	11	270	25	368
牛肉	20. 1	10. 2	0	172	7	170	0. 9	63
羊肉	11. 1	28. 8	0. 8	307				65
兔肉	21. 2	0. 4	0. 2	89	16	175	2. 0	83
牛奶	3. 3	4. 0	5. 0	69	600	465	1. 0	13
鸡肉	21. 5	2. 5	0. 7	111	11	190	1. 5	117
鸡肫	22. 2	1. 3		101	161	502	22. 1	229
鸡蛋(全)	14. 7	11. 6	1. 6	170	55	210	7. 7	680
鸭肉	16. 5	7. 5	0. 5	13. 6				101
鸭蛋(全)	8. 7	9. 8	10. 3	164	71	210	3. 2	634
大黄鱼	17. 6	0. 8		78	33	135	1. 0	79
带鱼	18. 1	7. 4		139	24	160	1. 1	97
胖头鱼	15. 3	0. 9		69	36	187	0. 6	97
墨斗鱼	13	0. 7	1. 4	64	14	150	0. 6	275
甲鱼	17. 3	4. 0		105	15	94	2. 5	77
对虾	20. 6	0. 7	0. 2	90	35	150	0. 1	150
河蟹(全)	14. 0	5. 9	7. 4	139	129	145	13. 0	235
海参	14. 9	0. 9	0. 4	69	357	12	2. 4	0
鸡蛋黄								1705
鸭蛋黄								1522

附录五

5 常见食物中的钙含量(毫克/100克)

食物名称	含量	食物名称	含量
人乳	24	干海带	1177
牛奶	120	发菜	767
全脂牛奶粉	1030	咸带鱼	132
奶酪	590	咸小黄鱼	385
干酪	900	带骨刺鱼松	7705
大豆	367	干淡菜	277
豆腐丝	284	牡蛎	118
嫩豆腐	240	蛤	118
老豆腐	277	海参	357
青豆	240	海米	882
黑豆	250	虾皮	2000
豇豆	100	海蟹	384
豌豆	84	毛蟹	679
白芸豆	163	火腿	146
炒西瓜子	237	猪肉松	74
炒南瓜子	235	板鸭	64
核桃仁	119	银耳	330
五香豆	803	芝麻酱	870

附录六

6 含铁量高的常见食物(毫克/100克)

食物名称	含　量	食物名称	含　量
黑木耳（干）	97.4	松蘑（干）	86
紫菜（干）	54.9	蘑菇（干）	51.3
芝麻酱	50.3	鸭肝	50.1
桑葚	42.5	青稞	40.7
五香粉	34.4	鸡血	25
豆腐干	23.3	黑芝麻	22.7
猪肝	22.6	香菜	22.3
口蘑	19.4	油菜	19.3
藕粉	17.9	芥末	17.2
腐竹	16.5	豆瓣酱	16.4
海带	15	猪血	15.0
陈醋	13.9	豆腐皮	13.9
大豆	11	荞麦	10.1
黑豆	10.5	面条	9.6
蛋黄	7.0	葡萄干	9.1
胡萝卜	8.5	白菜	13.8

附录七

7 含叶酸量高的常见食物(微克/100克)

食物名称	含量	食物名称	含量
鸡肝	1172.2	猪肝	425.1
黄豆	181.1	鸭蛋	125.4
茴香	120.9	花生	107.5
核桃	102.6	蒜苗	90.9
菠菜	87.9	豌豆	82.6
鸡蛋	70.7	芦荟	85
西兰花	120	燕麦	190
胡萝卜	67	奇异果	30
牛奶	20	油菜	103.9
奶白菜	116.8	豌豆苗	99.5
鸡腿菇	351.8	榴莲	116.9
草莓	90.7	莴苣	53.9
樱桃	59	香蕉	20.2
糙米	250		

附录八 8 食物纤维素含量

食物名称	膳食纤维(克/100克)
辣椒粉	41.4
砖茶	39.5
大料	39.3
冬菇	35.3
花椒	33.8
银耳	33.7
木耳	33.4
香菇	29.4
小茴香	28.9
紫菜	27.3
铁观音茶	23.1
黑芝麻	19.8
花茶	19.0
西瓜籽	18.3
口蘑	17.2
红茶	14.8
绿茶	14.8
青豆	12.9
枸杞子	12.6
松子	12.4
黄豆	11.9
核桃	11.6
玉兰片	11.3
酸枣	10.6
辣酱	8.9
榛子	8.2
玉米面	7.8
豌豆(白)	7.8
花生	7.7
小枣	7.3
小豆	7.1

（续表）

食物名称	膳食纤维(克/100克)
芸豆	6.6
芝麻酱	6.4
金针菜	6.2
海带	6.1
莲子	5.6
月饼	5.4
绿豆	5.2
黄豆粉	5.0
葵花子	4.8
豌豆(花)	4.6
毛豆	4.5
黄酱	3.9
开口笑	3.8
燕麦片	3.7
酥糖	3.6
冬菜	3.5
蘑菇	3.4
茯苓夹饼	3.4
红果	3.3
八宝菜	3.2
蒜肠	3.2
山楂	2.9
青梅果脯	2.9
蜜枣	2.9
果丹皮	2.9
黑米	2.8
素虾	2.7
茭白	2.6
柿饼	2.6
黑枣	2.6
小麦粉	2.5
榨菜	2.5
桃脯	2.5
豌豆黄	2.4
苋菜	2.3
辣椒	2.3
挂面	2.2
豆腐丝	2.2
姜	2.2

图书在版编目（CIP）数据

280天同步胎教全程指导 / 陈诚编著. -- 北京：中国人口出版社, 2016.1

ISBN 978-7-5101-3695-5

Ⅰ. ①2… Ⅱ. ①陈… Ⅲ. ①胎教 – 基本知识 Ⅳ. ①G61

中国版本图书馆CIP数据核字(2015)第231111号

280天同步胎教全程指导

陈诚　编著

出版发行：中国人口出版社
印　　刷：北京柏玉景印刷制品有限公司
开　　本：710毫米 × 1000毫米　1 / 16
印　　张：22
字　　数：280千字
版　　次：2016年1月第1版
印　　次：2016年1月第1次印刷
书　　号：ISBN 978-7-5101-3695-5
定　　价：29.80元

社　　长：张晓林
网　　址：www.rkcbs.net
电子信箱：rkcbs@126.com
总编室电话：(010)83519392
发行部电话：(010)83514662
传　　真：(010)83515922
地　　址：北京市西城区广安门南街80号中加大厦
邮　　编：100054